专利商标

行政执法实务

ZHUANLI SHANGBIAO

XINGZHENG ZHIFA SHIWU

江苏省知识产权局　编写

支苏平　黄志臻◎主编

知识产权出版社

全国百佳图书出版单位

—北京—

图书在版编目（CIP）数据

专利商标行政执法实务/支苏平，黄志臻主编；江苏省知识产权局编写. —北京：知识产权出版社，2020.12

ISBN 978-7-5130-7150-5

Ⅰ.①专… Ⅱ.①支… ②黄… ③江… Ⅲ.①专利权法—行政执法—中国②商标法—行政执法—中国 Ⅳ.①D923.42②D923.43

中国版本图书馆 CIP 数据核字（2020）第 252033 号

责任编辑：刘　睿　刘　江		责任校对：王　岩	
封面设计：博华创意·张冀		责任印制：刘译文	

专利商标行政执法实务

江苏省知识产权局　编写

支苏平　黄志臻　主编

出版发行：**知识产权出版社**有限责任公司		网　　　址：http://www.ipph.cn	
社　　　址：北京市海淀区气象路 50 号院		邮　　　编：100081	
责编电话：010-82000860 转 8344		责编邮箱：liujiang@cnipr.com	
发行电话：010-82000860 转 8101/8102		发行传真：010-82000893/82005070/82000270	
印　　　刷：天津嘉恒印务有限公司		经　　　销：各大网上书店、新华书店及相关专业书店	
开　　　本：787mm×1092mm　1/16		印　　　张：21.5	
版　　　次：2020 年 12 月第 1 版		印　　　次：2020 年 12 月第 1 次印刷	
字　　　数：460 千字		定　　　价：128.00 元	
ISBN 978-7-5130-7150-5			

《专利商标行政执法实务》

编 委 会

主　编　支苏平　黄志臻

委　员　肖桂桃　汤茂仁　陈世林　朱志虹

　　　　雷玉德　吴广海　董新凯　张晓阳

　　　　王　刚　李　伟　杨　晶　刘得胜

　　　　洪玉海　刘迷迷

前　言

近年来，随着我国改革开放的不断深入和自主创新能力的不断提升，知识产权保护越来越受到社会各界的广泛关注。党中央、国务院作出一系列关于加强知识产权保护的重大决策部署，各级党委和政府将知识产权保护工作提上重要议事日程，知识产权保护对促进自主创新、优化营商环境、支撑经济社会高质量发展的重要作用日益凸显。习近平主席在 2018 年博鳌亚洲论坛发表主旨演讲时指出，加强知识产权保护是完善产权保护制度最重要的内容，也是提高中国经济竞争力最大的激励。加强知识产权保护已成为我国进一步扩大对外开放的重大举措之一。

2018 年 2 月，党的十九届三中全会审议通过《中共中央关于深化党和国家机构改革的决定》，对知识产权行政管理体制作出重大改革，将专利、商标、地理标志、集成电路布图设计行政管理职能划入知识产权行政管理部门，建立市场监管体制下知识产权行政管理和执法体制。鉴于新组建的知识产权管理部门行政管理和行政执法职能作出重大调整，行政执法人员作出重大调整，为指导专利、商标行政执法人员开展行政执法工作，规范行政执法行为，江苏省知识产权局组织专利、商标行政执法人员编写了《专利商标行政执法实务》。本书共十四章，包括专利商标行政执法概述、执法对象、执法管辖、侵权纠纷处理程序、侵权判定、侵权抗辩、行政处罚程序、行政调解程序、技术鉴定、特殊领域的专利商标行政执法、执法协作与监督、行政复议、行政应诉、文书档案管理等内容，涵盖专利、商标行政执法的实体判定、程序规范及相关工作要求，全面梳理了相关法律、法规、规章、司法解释关于专利、商标行政执法的规定。本书可作为专利、商标行政执法人员的执法办案指导用书，也可作为知识产权执法研究人员、教学人员、知识产权代理服务人员、企事业单位知识产权管理人员的参考用书。

本书第一章由黄志臻、董新凯撰写，第二章由王刚、刘得胜撰写，第三章由陈世林、刘得胜撰写，第四章由黄志臻撰写，第五章由汤茂仁撰写，第六章由张晓阳撰写，第七章由杨晶撰写，第八章、第九章由刘迷迷撰写，第十章由洪玉梅撰写，第十一章由李伟撰写，第十二章由陈世林撰写、第十三章由肖桂桃撰写，第十四章由王刚撰写，由支苏平、黄志臻统一审核、定稿。在本书撰写过程中，张传博、马毅为本书商标执法撰稿提供专业指导，在此，致以衷心感谢。由于撰稿人员水平有限，错误不当之处，敬请读者批评指正。

编委会

2020 年 9 月

目 录

CONTENTS

第一章　专利商标行政执法概述

第一节　专利商标行政执法的概念与特点

一、专利商标行政执法的概念

专利、商标行政执法属于行政执法的一种。广义的行政执法是指根据国家立法、执法、司法三权设置，由法定的国家行政机关和法律法规授权的组织及其公职人员依照法定职权和程序行使行政管理权，贯彻实施国家立法机关所制定的法律，维护公共利益和为社会提供服务的行政行为。狭义的行政执法是指行政机关的具体行政行为，即国家法律、法规、规章所规定的行政执法主体，把法律、法规、规章和规范性文件的规定适用于具体对象或案件的活动。

本章所述专利、商标行政执法是狭义的行政执法，是指国家专利商标行政管理机关及其公职人员执行国家专利、商标法律规范的具体行政行为，具有行政执法的一般属性，但其行政执法行为发生在专利、商标管理的特定领域，具有相应的特殊性。根据国家知识产权局《专利行政执法办法》的规定，专利行政执法是指国家管理专利工作的部门为了保护专利权人和社会公众的合法权益，维护社会主义市场经济秩序，依法处理专利侵权纠纷、调解专利纠纷以及查处假冒专利行为的具体行政行为。根据《商标法》《商标法实施条例》及相关政策规定，商标行政执法是指商标管理部门为了保护商标权人的合法权益、维护消费者利益和市场经济秩序，依法处理商标侵权案件和各种商标违法行为、调解商标侵权赔偿争议的具体行政行为。

2018年国家机关机构改革后，国务院将国家专利、商标、地理标志、集成电路布图设计管理职能划转由国家知识产权局行使，并赋予国家知识产权局对地方专利、商标、地理标志行政执法实施业务指导的职能。相应地，地方政府机构改革后，也将专利、商标、地理标志、集成电路布图设计管理职能划转地方知识产权局或者市场监督管理局（知识产权局）行使，省、市级知识产权局或者市场监督管理局（知识产权局）被赋予对下级市场监督管理局（知识产权局）专利、商标、地理标志行政执法的业务指导职能。因此，在全国专利、商标行政执法层面，其行政执法职能的行使主要是各级知识产权局或者市场监督管理局（知识产权局）。为叙述方便，本书将行使专利、商标行政执法职能的知识产权局或者市场监督管理局（知识产权局）统称为专利、商标行政管理机关。

二、专利商标行政执法的特点

专利、商标行政执法是由国家专利商标行政管理机关实施的具体行政行为，与其他行政执法行为相比，专利、商标行政执法具有以下主要的特点。

1. 执法主体特定

专利、商标行政执法的主体是国家法律法规规定的专利、商标行政管理机关及其执法人员，执法主体是特定主体，在我国现行行政管理体制下，一般仅指国家和地方各级知识产权局或者市场监督管理局（知识产权局）及其相应执法人员。这既区别于当事人自力救济的维权行为，也有别于司法机关的审判行为。

2. 执法目标特定

专利、商标行政执法的主要目标是保护专利权人或者商标权人的合法权益，同时也保护专利或者商标纠纷对方当事人的合法权益不受损害，维护专利运用和商标使用过程中的市场秩序，防止社会公众的利益受到专利商标侵权、假冒等违法行为的损害。也就是说，从主观目的上看，无论是专利行政执法，还是商标行政执法，既有保护当事人私人权益的一面，也有维护公共经济秩序、保护消费者利益的一面。专利商标行政管理机关通过行政执法的有效介入，不仅能够打击专利商标侵权、假冒等违法行为，解决专利商标纠纷，还能预防和减少社会公共安全事件的发生，保护消费者权益，提高产品质量监督的水平，防止不正当竞争的蔓延。

3. 处理事务特殊

专利、商标行政执法不是处理涉及专利或者商标的一般性行政管理事务，也不是处理所有涉及专利、商标的事务，而是针对特定的专利权、商标权保护的事务。就专利行政执法而言，其处理的事务是针对特定的专利侵权纠纷、其他专利纠纷、假冒专利违法行为以及专利代理违法行为和违规违纪行为等特定的事项；就商标行政执法而言，其处理的事务是针对商标侵权及相关违法行为、商标违法使用行为、商标代理违法行为等事项。狭义的行政执法包含强制性含义，涉及行使公权力的行政执法部门对私有财产权、人身权的强行限制，而专利、商标行政执法对专利和商标侵权纠纷、假冒行为及其他违法行为的处理，兼具行政裁决、行政强制、行政处罚、行政调解等特点，既具有较强的强制性，也具有非强制性。

4. 执法依据特殊

按照我国依法行政、建设社会主义法治国家的要求，所有国家行政机关的行政执法活动都必须依照法律法规的授权进行，受到严格的法律规制，只不过是不同的行政机关法律赋予的职能不同，其行政执法行为的法律依据不同。专利商标行政执法活动，除了应当遵守一般的行政实体法和行政程序法外，还应当遵守其特别法的规定。专利行政执法应当遵守其特定的法律规定，主要包括《专利法》

《专利法实施细则》《专利代理条例》等专门法律和行政法规，以及国家知识产权局颁布的《专利行政执法办法》《专利行政执法操作指南》《专利代理管理办法》等专门实体规范和程序规范；商标行政执法也应当遵守其特定的法律规定，主要包括《商标法》《商标法实施条例》等专门法律和行政法规，以及《集体商标、证明商标注册和管理办法》《商标印制管理办法》《驰名商标认定和保护规定》《商标代理管理办法》等部门规章。此外，无论是专利行政执法，还是商标行政执法，都应当遵守国家专利商标行政管理机关对于专利商标行政执法活动的规范性文件和政策文件的规定；同时，应当参照执行国家司法机关关于专利商标违法行为处理的司法解释。

第二节　专利商标行政执法的目标与功能

一、专利商标行政执法的目标

我国的专利、商标行政执法的目标都是多元化的，兼顾公私法益的保护。从我国现行专利、商标法律规定和执法实践看，我国专利、商标行政执法的目标可以概括为以下三个方面。

1. 保护专利权人、商标权人的合法权益

我国现行《专利法》《商标法》的立法宗旨之一就是保护专利权人、商标权人的合法权益。由于我国建立知识产权制度的时间不长，社会公众对知识产权的知识了解不够，知识产权保护意识还不够强，为了更好地保护专利权人、商标权人的合法权益，我国专利、商标法律制度同时设定了对专利权、商标权的行政保护和司法保护，通过行政和司法两条途径保护专利权和商标权。设立专利权、商标权的行政保护途径，通过法律赋予专利商标行政管理机关专利、商标行政执法职能，有利于克服专利权、商标权司法保护"不告不理"被动司法的不足，充分发挥专利商标行政管理机关对专利、商标违法行为依职权主动查处的职能，为专利权人、商标权人提供高效快捷的维权服务，快速处理专利、商标侵权纠纷，快速制止专利、商标假冒行为及其他违法行为。同时，专利、商标行政执法具有不收取案件处理费用的优点，也为该两类知识产权权利人维权提供重要选择途径，有利于减少两类知识产权权利人的维权成本，为其提供更好的保护。

2. 有效维护市场秩序

专利、商标行政执法是通过以国家强制力为保障的行政执法职能作用实现定分止争的重要手段。国家各级专利商标行政管理机关通过专利行政执法职能的行使，能够有效打击专利侵权行为和假冒专利行为，有效维护各类市场主体技术创新形成的专利技术成果，激励创新，规范市场竞争行为，规范创新成果的运用，保证技术创新和技术运用有序开展；通过对专利纠纷行政调解职能的行使，能够及时化解企业和个人在专利技术成果创新与运用过程中的各类矛盾，保证技术市场秩序的稳定。同样，商标行政执法也是专利商标行政管理机关规范各类市场主体对商业标志的使用行为、维护市场竞争秩序的重要手段。专利商标行政管理机关通过对商标侵权行为、商标违法使用行为及商标违法代理行为的查处，能够有效规范商标注册、商品贸易的市场交易行为，减少市场贸易中的不和谐因素，促进各类市场主体诚信经营，营造良好的营商环境。

3. 防止公众利益受到不法侵害

专利商标行政管理机关通过专利行政执法，及时处理专利侵权行为和调解专利纠纷，可以防止专利侵权状态的长期存在，及时化解纠纷，规范技术创新行为，激励创新主体为社会提供更多的创新产品，促进技术进步，增进社会利益，同时可有效防止专利侵权产品的市场流通造成对公众的误导和消费权益的损害。专利商标行政管理机关通过对假冒专利等违法行为的查处，能够有效防止公众因假冒行为受到欺诈，从而保证公众利益免受欺诈的损害；通过商标行政执法，能够及时制止商标侵权行为和商标违法使用行为，防止广大消费者对于商品来源及其他相关信息产生误认，避免消费者因为混淆而遭受的利益损害。

二、专利商标行政执法的功能

专利、商标行政执法能够在多方面发挥有效作用，其突出作用主要体现在以下四个方面。

1. 促进专利、商标法律制度实施

与其他法律制度的实施一样，专利法律制度和商标法律制度的实施，既需要社会公众的自觉遵守和正确运用，也需要国家机关有效执行和宣传普及。法的实施包括司法和行政执法两个方面，专利、商标行政执法是专利法律制度和商标法律制度实施的重要内容。从我国专利、商标行政执法的实践看，专利、商标行政执法活动将专利、商标法律规范的释法工作贯穿其中，以案说法，教育民众，已经成为专利商标行政管理机关贯彻国家专利、商标法律制度，宣传普及专利、商标法律知识的重要途径，对我国专利、商标法律制度的有效实施发挥了重要作用。

2. 推动专利、商标法律制度完善

专利商标行政管理机关通过专利、商标行政执法实践，能够及时发现我国专利法律制度、商标法律制度存在的缺陷与不足，通过其行政管理职能的行使，各级专利商标行政管理机关可以将专利、商标法律制度存在的问题与不足向上级机关反映，直至向国务院专利商标行政管理机关、国务院反映，向全国人大及其常委会反映，一方面可以推动国务院及其知识产权主管部门及时制定行政法规和部门规章，对现行法律制度的缺陷与不足作出完善与补充，或者制定相关政策、发布必要的行政解释；另一方面，可以有效促进全国人大对我国专利、商标法律制度的修改和完善。

3. 制止专利、商标违法行为

第一，专利、商标行政执法是我国《专利法》《商标法》赋予专利商标行政管理机关的重要职能。《专利法》赋予专利行政管理机关处理专利侵权纠纷、查处假冒专利行为、调解专利侵权赔偿费用纠纷及其他专利纠纷的执法职能；国务院颁布的《专利代理条例》赋予省级专利行政管理机关查处专利代理机构、专利代理师违规违纪行为的职能；《商标法》赋予商标行政管理机关处理商标侵权纠纷、查处商标侵权行为及其他商标违法行为、查处商标代理违法行为、调解商标侵权赔偿费用纠纷等职能。专利商标行政管理机关通过主动行使上述职能，可有效弥补司法审判机关"不告不理"的被动执法不足，及时处理专利、商标侵权纠纷及其他违法行为，提高执法效率。第二，专利商标行政管理机关通过依职权查处专利、商标违规违纪行为，有利于弥补司法机关对违规违纪行为无司法管辖权的不足，能及时制止专利、商标违规违纪行为，维护专利、商标权人的合法权益和社会公众的合法权益，维护市场经济秩序。第三，专利商标行政管理机关通过行政调解职能的行使，有利于快速化解专利、商标其他纠纷，降低当事人的维权成本，维护社会稳定和谐。

4. 弥补司法救济不足

建立行政保护、司法保护两条途径保护专利权、商标权是我国专利、商标法律制度的鲜明特色。在当前我国社会公众的知识产权意识不够强、知识产权知识普遍不足的现实条件下，专利、商标侵权行为仍然比较突出，虽然司法保护是有效保护专利权和商标权的重要保障，但司法保护遵循"民不告官不理"、收费执法、被动执法的原则，且案件受理和审理时间较长、审理程序复杂，同时受到审判量的限制，面对现阶段我国专利、商标侵权行为比较突出的现状，司法保护还不能有效满足专利权人和商标权人不断增长的维权需求，特别是随着技术进步的加快，技术研发的周期越来越短，产品的市场更新周期越来越快，专利权人、商标权人对低成本、高效率、快速保护其专利权、商标权的需求也越来越强烈。建立专利、商标行政执法制度有利于发挥专利、商标行政执法的主动、快捷、低成本等优势，形成对专利、商标司法执法的有益补充，有利于更好地维护专利权人、商标权人的合法权益。同时，专利、商标行政执法还兼具对大量专利、商标违规违纪行为的执法监督职能，可有效弥补专利、商标司法保护无权管辖的不足，有利于进一步规范专利、商标市场行为，维护良好的市场秩序。

第三节　专利商标行政执法的基本原则

专利商标行政管理机关实施的专利、商标行政执法行为属于具体行政行为，为羁束行政行为，受到执法程序规范和实体规范的严格约束，必须严格遵守相应的实体规范和程序规范。因此，专利、商标行政执法必须遵守相应的基本原则，这些基本原则是专利、商标行政执法活动必须遵守的基本要求，是指导专利、商标行政执法人员办案的基本准则。

一、依法行政原则

依法行政是推进我国社会主义法治建设，建设社会主义法治国家对行政机关的基本要求，是国家各级行政机关执行国家法律法规、实施具体行政行为和抽象行政行为的基本要求，也是法治政府建设的重要内容。国家知识产权局颁布的《专利行政执法办法》《专利行政执法操作指南（试行）》以及国家市场监督管理总局颁布的《市场监督管理行政处罚程序暂行规定》《市场监督管理行政处罚听证暂行办法》是贯彻国家《专利法》及其实施细则、《商标法》及其实施条例的具体措施，是指导全国各级专利商标行政管理机关开展专利、商标执法办案的行为准则，其根本目的就是推进全国各级专利商标行政管理机关依法执法，依法行政。专利商标行政管理机关开展专利、商标行政执法工作，必须以事实为依据，以法律为准绳，严格执行法律、法规及有关规定，严格执行办案实体规范和程序规范，接受社会监督，超越职权违法执法，滥用职权渎职失职行为，都将承担相应的法律责任。依法行政原则贯穿于专利商标行政管理机关执法活动的全过程，主要包括以下内容。

1. 依法行使执法职能

第一，专利、商标行政执法职能法定。专利、商标行政执法职能的行使，必须是符合《专利法》及其实施细则、《商标法》及其实施条例授权的行政机关，其他行政机关无权行使专利、商标行政执法职能。根据现行《专利法实施细则》第79条规定，专利行政执法机关是省、自治区、直辖市人民政府以及专利管理工作量大又有实际处理能力的设区的市人民政府设立的管理专利工作的部门，因此，专利行政执法职能只能由设区市级及以上知识产权局行使；按照现行《商标法》及其实施条例的规定，商标行政执法机关应当是县级及以上国家各级工商行政管理机关。2018年政府机关机构改革后，国务院将商标及地理标志管理职能划转至国家知识产权局行使，相应地，地方各级商标、地理标志行政管理职能也划转至各级知识产权局，因此，法定的商标行政执法职能应当由县级及以上知识产权局或市场监督管理局（知识产权局）行使。但是，我国幅员辽阔、地区差异大，具体专利、商标行政执法职能的行使，专利行政执法法定职能的行使只能由被人民政府赋权的设区市级及以上知识产权局或者市场监督管理局（知识产权局）行使，商标行政执法职能的行使只能由各级地方政府批准设立并赋权的知识产权局或者市场监督管理局（知识产权局）行使，没有被赋予专利、商标执法职能的行政管理部门无权执法。

第二，专利、商标行政执法职权法定。我国现行《专利法》及其实施细则、《商标法》及其实施条例对专利、商标行政执法的对象和管辖具有严格界定：现行《专利法》及其实施细则规定，专利行政执法的对象限于专利侵权纠纷处理、假冒专利行为查处、其他专利纠纷调解，同时，我国《专利代理条例》赋予省级专利行政管理机关处理专利代理违规违纪行为。我国现行《商标法》及其实施条例规定，商标行政执法的对象限于处理商标侵权纠纷、查处商标侵权行为、查处其他商标违法行为、处理商标代理违法行为，调解商标侵权赔偿费用纠纷。因此，专利商标行政管理机关必须在上述法定职权范围内行使行政执法职权，同时，根据我国行政管理地域管辖的规定，专利商标行政管理机关行使上述法定行政执法职权也不得超出其管辖的地域范围，也就是说，无论是专利、商标行政执法机构，还是专利、商标行政执法人员，都不能超出其执法权限范围和地域范围进行执法，否则违背依法行政原则。

第三，专利、商标执法职权行使法定。具有专利、商标行政执法职能的专利商标行政管理机关并非所有人员都可以行使专利、商标行政执法的职权，因为专利、商标行政执法是法定的国家机关执行法定的国家公务的行为，其执法人员必须是被赋予执行国家专利、商标执法公务的人员，即必须是国家正式在编、被赋予专利、商标执法职权的公务员。各级知识产权局或者市场监督管理局（知识产权局）内设的非执法机构及其公务员不具有专利、商标行政执法职权；即使是执法机构中的公务员也并非都具有专利、商标执法职权，按照我国依法行政的要求，在行政机关执行行政执法公务的公务员必须取得省级政府或其国务院主管部门颁发的行政执法证件，方能上岗执法。因此，专利商标行政管理机关执法机构中未取得专利、商标行政执法证件的人员，如内勤人员，不得对外行使专利、商标行政执法职权。

2. 执法依据合法

专利商标行政管理机关及其执法人员，无论是处理专利、商标侵权行为，查处假冒专利行为、商标违法使用行为、专利商标违法代理行为，还是调解专利纠纷或者商标侵权赔偿纠纷，都必须做到依据合法。首先，要有事实依据。即专利商标行政管理机关执法人员在处理专利、商标案件时，必须查明案件事实，其处理决定的作出或者处理措施的采取，都必须建立在对案件事实材料的充分分析和判断基础之上，以案件的事实为依据，做到事实清楚、证据确凿。其次，要有法律依据。即专利商标行政管理机关执法人员对于专利、商标违法案件作出的任何处理决定或者处罚措施，都应当基于法律的规定，在法律规定的处理、处罚措施的种类和限度之内，超出该范围就是于法无据，违法执法。例如，专利商标行政执法人员处理专利侵权纠纷案件，在判断和认定当事人的行为是否构成专利侵权行为时，应当符合《专利法》关于专利权归属的规定和专利侵权行为构成要件的规定，作出处理决定的措施仅限于责令侵权人立即停止侵权行为。专利商标行政执法人员处理商标侵权纠纷案件，在判定当事人的行为是否属于商标侵权行为时，应当符合《商标法》关于商标权的归属、商标侵权行为的类别及其构成要件的规定，处理决定的措施仅限于责令侵权人立即停止侵权行为，没收、销毁侵权商品和主要用于制造侵权商品、伪造注册商标标识的工具，有违法所得的，给予《商标法》规定数额的罚款。

3. 执法程序合法

按照我国现行法律规定，行政管理机关实施行政执法具体行政行为，所作出的处理、处罚决定，应当符合实体合法、程序合法的要求。所谓程序合法，是指行政机关的行政执法行为应当符合法定的方式、法定的顺序、法定的期限和法定的附款规定。专利商标行政执法机关及其执法人员实施执法行为，应当严格按照有关法律、法规及部门规章和规范性文件的要求进行，严格遵守法定的程序、方式和期限要求。在执法程序上，既要符合我国《民事诉讼法》《行政处罚法》《行政强制法》《行政复议法》《人民调解法》等相关普通法的规定，更要遵守我国《专利法》及其实施细则、《商标法》及其实施条例等特别法的规定，也要符合《专利行政执法办法》《市场监督管理行政处罚程序暂行规定》《专利行政执法操作指南（试行）》等部门规章、规范性文件的规定。

4. 执法接受监督

专利商标行政执法机关及其执法人员实施的行政执法行为，是依法行使国家行政管理权力，执行国家公务的行为，其权力的行使依法受到监督。国家对专利商标行政执法机关及其执法人员执法行为的监督主要有：国家权力机关的监督，即各级人大及其常委会对本地区专利商标行政执法机关的执法监督；行政监督机构的监督，即各级行政监察机关对本地区专利商标行政执法机关及其执法人员的执法行为监督；司法监督，即各级人民法院、检察机关对本地区专利商标行政执法机关及其执法人员执法行为的监督，人民法院、人民检察机关对专利商标行政执法机关及其执法人员违法执法行为可以提出司法建议、检察建议，实施监督；系统内部监督，即上级专利商标行政执法机关有权对其下级专利商标行政执法机关及其执法人员的执法行为实施监督，本级专利商标行政执法机关对其内部执法机构及其执法人员的执法行为实施内部监督；社会监督，即社会公众对专利商标行政执法机关的违法执法行为有权投诉和举报，进行监督；舆论监督，即各类新闻舆论机构对专利商标行政执法机关实行的舆论监督。

5. 违法执法依法担责

专利商标行政执法机关及其执法人员超越职权执法、滥用执法职权、徇私舞弊、失责渎职等行为，造成对当事人或者其他人损害的，或者造成严重不良社会影响的，都应当依法、依纪承担相应的法律责任和纪律处分责任。法律责任的承担主要包括国家赔偿责任、行政责任和刑事责任。

二、积极办案原则

专利商标行政执法是国家《专利法》《商标法》赋予专利商标行政管理机关的法定职责，是专利商标行政管理机关必须履行的法定义务。专利商标行政执法机关执法人员积极办案，是对专利商标行政管理机关及其执法人员在执法态度上的基本要求，主要体现在两个方面。

一是不得拒绝办案。专利商标行政执法机关及其执法人员必须依法履责，不得拒绝办案。对于应当依当事人的请求才能启动的专利、商标行政执法事项，如专利侵权纠纷、商标侵权纠纷的处理，当专利权人、商标权人的合法权益受到不法侵害，专利权人、商标权人依法向专利商标行政管理机关提起处理请求时，经执法人员审查，符合案件受理条件的，专利商标行政管理机关不得拒绝受理，也不得拖延受理。对于社会公众对假冒专利行为、假冒商标行为或其他专利、商标违法行为向专利商标行政管理机关投诉举报的案件，专利商标行政管理机关执法人员应当热情接待，符合立案条件的，应当及时进行案件受理登记，立案查处，并告知投诉举报人，不得不予受理和立案。对于专利商标行政管理机关应当依职权查处的专利、商标违法行为，专利商标行政管理机关执法人员应当履行法定职责，积极主动加强执法监管，加强案件查处，不得行政不作为或消极作为，怠于行使职权。

二是积极主动办案。专利商标行政管理机关执法人员在案件受理、立案后，应当依照相应法律法规的规定，在法律法规规定的期限内，按照法律法规规定的程序，积极开展案件调查和案件处理工作，并应当做到尽可能缩短每个程序和环节的处理时间，以提高执法效率，努力减轻当事人的负担。

三、公开公正原则

专利商标行政管理机关实施的行政执法行为，属于应当接受社会监督的羁束行政行为，其执法活动应当遵守公开公正原则，贯彻执行国务院颁布的《中华人民共和国政府信息公开条例》，凡是其规定应当公开的执法信息，都应当依法公开，接受社会监督。公开公正原则是对各级国家行政管理机关行政执法行为的基本要求，专利、商标行政执法行为也不例外。公开公正原则的基本要求体现在以下几个方面。

一是案件信息公开。专利商标行政管理机关对于依当事人请求受理、立案的案件信息以及依职权立案处理的案件信息，在案件立案后，都应当及时公开案件当事人的基本信息、案件性质、涉嫌违法行为的种类、立案时间等基本信息。

二是处理过程公开。专利商标行政管理机关在处理专利、商标侵权纠纷案件，查处假冒专利行为、商标违法行为或查处专利、商标违法代理行为案件，除涉及国家秘密、商业秘密、个人隐私以及法律法规规定不宜公开处理的案件外，案件的处理都应当公开进行，允许旁听和报道，以接受社会监督。

三是处理结果公开。专利商标行政管理机关处理专利、商标侵权纠纷案件，查处假冒专利行为和商标违法行为案件，查处专利、商标违法代理行为案件，不论是否公开处理，其对案件的处理结果，即处理、处罚决定都应当及时以适当的方式公开。

四是秉公执法、公正处理。专利商标行政管理机关实施专利、商标政执法行为，应当坚持秉公执法，公平对待双方当事人或行政执法相对人，平等保护双方当事人或行政执法相对人的合法权益，对于专利权、商标权的权利归属，专利、商标侵权行为或者其他违法行为的认定，违法所得额的认定等事项，应当在查清事实、分清是非，全面、客观、依法分析和判断的基础上，公平地作出决定，既要追究违法行为人的责任，也要保护违法行为人的正当合法权益。

四、高效便民原则

效率原则是我国国家行政机关实施行政执法行为必须遵守的基本原则，提高行政执法效率是国家行政机关贯彻国家法律法规的重要价值追求。

第一，要提高执法时间效率。在当前我国还没有出台行政程序法的条件下，专利商标行政管理机关及其执法人员实施专利、商标行政执法行为，既要遵守国家有关法律法规关于行政执法的程序规范和实体规范，又要在法律法规规定的期限内完成相应的执法事项，并且在不影响办案质量的前提下应尽可能缩短每个办案程序和环节的办案时间。除了案情特殊、复杂的案件外，专利商标行政管理机关应当在规定的期限内办结案件，从而提高执法办案时间效率。

第二，要提高执法成本效率。专利商标行政管理机关实施专利、商标行政执法行为，应当做到以尽可能少的调查取证频次，查清案件事实和案件处理需要的证据；对于可以合案处理的专利、商标案件，应当尽可能合案处理；对于可以指定管辖、委托调查取证、委托送达等开展执法协作的事项，应当大力推进，以努力降低办案成本、节省办案费用，提高案件处理的成本效率。

第三，要执法便民。专利商标行政管理机关及执法人员在办理专利、商标案件时，应当尽可能减少对当事人的调查取证和询问次数，尽可能在有限次数内查清案件事实和证据，减少当事人的负担。在实施调查取证、选择办案地点和办案方式时，应当尽可能为当事人提供便利，方便当事人参与，特别是不得给当事人造成不合理的负担。

五、谦抑执法原则

谦抑性原则是刑事立法的重要原则，是指立法者应当力求以最小的支出，即少用甚至不用刑罚，而用其他刑罚替代措施，以便获取最大的社会效益，有效地预防和控制犯罪。谦抑性原则已经成为国家公权力行使的普遍原则，同样适用于行政执法，不仅适用于行政执法的实体处理，也适用于行政执法的程序操作。当公权力机关对公民、法人或者其他组织的违法行为作出行政处罚或民事制裁时，应当秉持谦抑的原则和理念，不能过度或者过分，超出必要的限度。法学上主张对违法行为的处罚应当遵循"比例原则"，即体现了谦抑的价值内涵。

我国现行《专利法》《商标法》对专利、商标违法行为的处罚，赋予了专利商标行政管理机关一定幅度的自由裁量权。专利商标行政管理机关及其执法人员在实施行政处罚时，应当贯彻谦抑性原则，一是实施行政处罚应当遵循"比例原则"，在行政处罚的幅度内，根据违法行为的性质、情节和造成的后果实施处罚，以教育、纠错、弥补损失为前提，处罚裁量不要过分，应当"过罚相当"，审慎适用最高处罚；二是实施行政处罚应当于法有据，查清事实，掌握确凿证据，不要武断和勉强定案；三是对待证据的认定，应当严格遵守证据认定规则，对证据的采信不要主观武断和存在侥幸心理。

行政执法是以国家强制力为保障，以国家公权力保护私权利，制止违法行为的行政管理活动，行政权的本质属性是服务性权力，是为民服务的。因此，行政权行使应当保持克制，保持宽容，保持谦卑，保持"合比例性"，以有效制止违法行为，教育民众为宗旨。专利商标行政管理机关及其执法人员实施行政活动应当将谦抑性原则贯彻始终。

六、务实创新原则

务实创新是行政执法的客观要求。社会在发展、在进步，新事物、新业态层出不穷，国家法律的规定往往滞后于社会的发展，需要在社会的发展中不断修正和完善。这就需要行政执法机关在执行国家法律法规时，坚持务实创新，一方面，要坚持务实执法，根据经济社会发展的现状，正确理解法律，灵活运用法律，解决实际问题；另一方面，要坚持创新执法，创新执法手段和方式，充分运用科学技术进步成果，解决执法工作中遇到的实际问题和困难。

1. 务实执法

所谓务实执法，是指国家执法机关在执行国家法律时，既要严格按照国家法律法规的规定行使执法职能，又要根据经济社会发展的现状，正确适用法律，解释法律，解决实际问题。专利商标行政管理机关及其执法人员实施执法活动，应当遵循务实执法的原则，在调查取证、采取执法措施或者作出处理、处罚决定时，既要符合国家法律法规的规定，严格执行国家法律规定的方式和措施，又要恪守谦抑性原则，符合当事人的实际，具有可执行性。特别是对于专利、商标侵权纠纷的处理，假冒专利行为和商标违法行为的处罚，既要查清案件事实和证据，又要认真分析违法行为人或者案件当事人的实际情况，确定罚款数额或者采取强制措施，不能脱离当地经济发展状况和当事人的实际情况，处罚过轻，不能有效惩戒违法行为人；处罚过重，超出必要限度，就会导致处罚决定无法执行或者履行，影响行政执法的权威性。

2. 不断创新

专利、商标行政执法是国家专利商标行政管理机关贯彻国家专利、商标法律制度，打击专利、商标领域违法行为的法定职责。随着科学技术的快速发展和我国经济社会的快速发展和变革，新知识、新技术、新业态、新模式不断涌现，对于新业态、新模式，如互联网、物联网、大数据、云平台等新的业态和技术领域的专利、商标侵权、假冒和其他违法行为，如何打击和规制，具体如何操作，法律规定有的相对滞后，专利商标行政管理机关及其执法人员执法往往面临新挑战。这就需要专利商标行政管理机关及其执法人员充分发挥主观能动性，在执法体制机制、执法方式方法、执法具体措施等方面不断进行探索，努力创新执法方式方法和措施，积极学习新知识、运用新知识，破解新难题，因此，执法方式、方法、手段和措施的创新将贯穿专利商标行政执法活动的始终。

第四节　专利商标行政执法相关法律法规和规范

专利商标行政执法相关法律法规，在国家层面主要包括全国人大及其常务委员会颁布的相关法律、国务院颁布的相关行政法规、党中央国务院颁发的政策性文件以及国务院有关部门颁布的部门规章；在地方层面主要包括有立法权的地方人大颁布的地方性法规、地方人民政府及其相关部门颁布的规范性文件。

一、专利商标行政执法相关国家法律法规和政策规章

国家层面有关专利、商标行政执法的法律法规和政策，主要包括两个方面：一是国家相关法律法规和政策，二是有关专利、商标行政执法的部门规章和规范性文件。

1. 国家相关法律法规和政策

国家有关专利、商标行政执法的法律、法规和政策，是指专利商标行政管理机关实施专利、商标行政执法行为应当遵守，并且作为专利、商标行政执法实体依据或者程序依据的国家法律、行政法规和党中央国务院颁发的政策性文件。与专利、商标行政执法的部门规章和规范性文件相比，这类法律法规和政策并非专门针对专利、商标行政执法活动，但是其部分规范对于专利、商标行政执法应当遵守和适用。这类法律法规，有些主要涉及专利、商标行政执法必须遵守的实体规范，如《民法通则》《民法总则》《侵权责任法》《专利法》及其实施细则、

《商标法》及其实施条例、《合同法》等；有些主要涉及专利、商标行政执法必须遵守的程序规范，如《行政诉讼法》《行政复议法》《行政强制法》《民事诉讼法》《人民调解法》等；有些既包括专利、商标行政执法必须遵守的实体规范，也包括专利、商标行政执法必须遵守的程序规范，如《专利法》及其实施细则、《商标法》及其实施条例、《行政处罚法》、《国家赔偿法》等。有关政策性文件涉及专利、商标行政执法工作的政策导向，如《国家知识产权战略纲要》《关于新形势下加强知识产权强国建设的若干意见》《"十三五"国家知识产权保护和运用规划》等。

2. 相关部门规章和规范性文件

专利、商标行政执法的部门规章和规范性文件指国务院有关主管部门专门就专利、商标行政执法制定的部门规章、规范性文件或政策文件。为了加强和规范专利行政执法工作，国家知识产权局于 2001 年 12 月以第十九号令发布了《专利行政执法办法》，经过全国执法实践，于 2010 年加以修订完善，同年 12 月颁布新的《专利行政执法办法》，于 2015 年 5 月再次进行修订，颁布现行《专利行政执法办法》。该《办法》除了对专利行政执法的管理体制、基本原则、基本制度作出规定外，还对专利侵权纠纷的处理、专利纠纷的调解、假冒专利行为的查处、调查取证和法律责任等作出了专门而详细的规定，成为规范我国专利行政执法程序的基本制度。同时，为了加强对全国专利行政执法在执法操作层面的工作指导，国家知识产权局于 2016 年 2 月颁布了《专利行政执法操作指南（试行）》，对专利案件的办理流程和要求作出具体规定。2016 年 8 月，国家知识产权局颁布《专利行政执法案卷评查办法（试行）》，对于专利行政执法案卷评查的基本要求、评查范围和标准、评查程序、评查结果等作出了相应的规定；2016 年 9 月，国家知识产权局颁布《专利行政执法证件与执法标识管理办法（试行）》，对于专利行政执法证件与执法标识的申领、核发，专利行政执法证件和执法标识的使用、管理，专利行政执法证件的核检等事项作出了详细规定。为规范商标行政执法工作，原国家工商行政管理总局于 1999 年颁布了《关于商标行政执法中若干问题的意见》，2015 年颁布《工商行政管理机关执法监督规定》；2018 年政府机构改革后，国家市场监督管理总局于 2018 年 11 月颁布《市场监督管理行政处罚程序暂行规定》，12 月颁布《市场监督管理行政处罚听证暂行办法》。上述部门规章和规范性文件都是专利、商标行政执法的重要依据。

二、专利商标行政执法地方性法规和规范性文件

除了国家颁布的有关专利、商标行政执法的法律、法规、部门规章和政策性文件外，为了规范和促进本地的专利、商标行政执法工作，各有关地方人大、政府及其主管部门也颁布了与专利、商标行政执法有关的地方性法规、知识产权战略纲要、知识产权发展规划、商标战略纲要或实施意见等，这些地方性法规、规

范性文件和政策性文件也是专利、商标行政执法的依据。例如，江苏省第十一届人民代表大会常务委员会于 2009 年 5 月颁布《江苏省专利促进条例》；江苏省知识产权局于 2002 年 5 月发布《江苏省专利行政执法规程（试行）》，经修订于 2010 年 4 月实施《江苏省专利行政执法规程》，对专利行政执法程序作出详细的规定；为了加强对专利行政执法的监督检查，江苏省知识产权局于 2011 年 2 月颁布施行《江苏省专利行政执法监督检查办法（试行）》。原江苏省工商行政管理局于 2005 年颁发《江苏省工商行政管理机关行政处罚自由裁量权适用规则（试行）》。广东省知识产权局于 2010 年 11 月 19 日颁布《广东省知识产权局系统专利行政执法专项行动实施方案》，广州市人民政府于 2014 年 7 月颁布《广州市专利行政执法办法》。江西省知识产权局于 2003 年颁发《江西省专利行政执法实施办法（试行）》。安徽省知识产权局于 2010 年 1 月 1 颁发《安徽省专利行政执法办案细则（试行）》。北京市工商局制发《商标执法工作规范》。

第五节　专利商标行政执法的主体

行政执法主体，是指行政执法活动的承担者。一般是指由国家法律法规赋予行政执法职能的行政机关或者法律、法规授权的组织。要成为行政执法的主体，必须具备下述要件：一是法律要件。行政执法主体资格的取得只有在法律、法规、规章授权的前提下才能取得。二是组织要件。首先，根据我国《宪法》《国务院组织法》和《地方各级人民代表大会及地方各级人民政府组织法》的规定，行政执法机关的成立必须获得权力机关的批准，行政执法机关的组成，必须遵守法律规范。其次，有法定编制并按编制配备了相应的执法人员。第三，有明确的职责范围。行政执法主体的职责范围是该组织行使行政执法权力的空间，也是其执法活动发生法律效力的空间。任何一个行政执法主体都必须具备明确、具体的职责范围，只能在法定的职责范围内活动，任何程度的超越职权、滥用职权都会导致该行为无效，其执法活动的法律效力也无法实现。第四，必须按照法定的方式向社会公布。

一、专利、商标行政执法的执法主体概述

根据国家法律法规对行政执法主体的规定，专利、商标行政执法主体是专利、商标行政执法活动的承担者，即根据国家法律、行政法规的规定专门负责专利、商标管理和执法工作的组织。我国现行专利、商标法律制度对专利商标行政执法主体的称谓有所不同，《专利法》《专利法实施细则》和国家知识产权局颁发的《专利行政执法办法》将其称为"管理专利工作的部门"；《商标法》及《商标法实施条例》将其称为"工商行政管理部门"。

2018 年政府机构改革后，国务院将专利、商标、集成电路布图设计、地理标志管理职能划转至国家知识产权局，由国家知识产权局统一行使。相应地，地方政府机构改革后，各地地方政府根据当地实际，对专利、商标、地理标志的行政管理职能也进行调整。目前，全国地方政府批准设立的专利、商标行政管理机关设置有如下几种模式：一是在省、自治区、直辖市层面，有的地方政府在市场监督管理局下设独立的知识产权局，作为部门管理的二级行政局，行使专利、商标、地理标志管理职能；有的地方政府在市场监督管理局中加挂知识产权局牌子，内设若干处室，行使专利、商标、地理标志管理职能；有的地方政府设立独立的二级行政局建制的知识产权局，作为政府直接管理的二级局，负责行使专利、商标、地理标志管理职能。二是在设区市和县（市、区）层面，各设区市、县（市、区）政府一般在设立的市场监督管理局中加挂知识产权局的牌子，内设若干处（科、室），行使专利、商标、地理标志管理职能。根据我国现行《专利法》及其实施细则的规定，专利行政执法的主体是省级"管理专利工作的部门"以及专利管理工作量大又有实际处理能力的设区的市人民政府设立的"管理专利工作的部门"，因此，专利行政执法的主体是省级人民政府设立的知识产权局或者市场监督管理局（知识产权局）、设区的市人民政府设立的市场监督管理局（知识产权局），由其行使专利侵权纠纷处理、假冒专利行为处罚、其他专利纠纷调解职能。根据我国现行《商标法》及其实施条例的规定，商标行政执法职能由县级及以上工商行政管理部门行使，而 2018 年机构改革后，经各级人民政府批准，商标行政管理职能已经划转至知识产权局或市场监督管理局（知识产权局）行使，因此，在省级层面，商标行政执法的主体为知识产权局或者市场监督管理局（知识产权局）；在设区市及县（市、区）层面，商标行政执法的主体为市场监督管理局（知识产权局），由其行使商标侵权纠纷处理及其他商标违法行为查处职能。

二、专利商标行政执法主体的基本要求

根据国家法律法规规定的行政执法主体资格和条件要求，专利、商标行政执法主体必须具备下列基本条件要求：（1）必须是经各级地方人民政府批准设立、被授予专利商标行政执法职能，并向社会公示的行政机关或者组织，即为各级人民政府批准成立的知识产权局或者市场监督管理局（知识产权局）。但是，即使是人民政府批准成立的知识产权局或者市场监督管理局（知识产权局），如果未被授予专利、商标行政执法职能，也不得对外行使专利、商标行政执法权。根据我国现行《专利法》的规定，专利行政执法职能只能由设区市级以上管理专利工作的部门行使。（2）具有满足实施专利、商标行政执法活动所需要的场所。（3）具有满足实施专利、商标执法活动所需要的必要装备，如开展执法活动必需的交通工具、通信设备、现场勘验设备、执法全过程记录设备、拍照和摄像等调查取证设

备，并且应当配备统一的执法标志，向执法对象表明身份。（4）严格执行国家法律法规章和规范性文件要求的专利、商标行政执法程序规范和实体规范，制定专利、商标行政执法的规范性文件、工作制度，作为实施专利、商标行政执法行为依据的，应当向社会公示，否则，不得作为实施专利、商标行政执法行为的依据。（5）配备有实施专利、商标行政执法行为必要的执法人员。（6）有必要的执法经费保障。专利、商标行政执法行为是专利商标行政管理机关依法行使公权力的活动，按照我国现行行政法规的规定，行政执法部门实施行政执法行为，不得向当事人收取任何费用。因此，专利商标行政管理机关实施专利、商标行政执法行为的费用支出应当由政府公共财政承担，执法人员违法执法，对当事人造成的损害，应当由国家赔偿。

三、专利商标行政执法主体的执法人员要求

专利、商标行政执法人员是专利商标行政执法主体的重要组成部分，是专利商标行政管理机关实施专利、商标执法行为的具体承担者。为贯彻落实国家专利、商标法律制度，各级专利商标行政管理机关都应当配备满足专利、商标行政执法活动所需要的执法人员。没有配备执法人员，或者配备执法人员不实施执法行为，都将导致行政不作为，影响国家专利、商标法律制度的实施。因此，专利商标行政管理机关配备必要的专利、商标行政执法人员是其法定义务。

为建设一支高素质的专利、商标行政执法队伍，有效制止专利、商标违法行为，保证专利、商标行政执法的质量和效率，执法人员的配备应当满足下列要求：（1）属于专利商标行政管理机关正式在编的公务人员。专利商标行政管理机关的辅助人员、临时聘用人员不得从事专利、商标行政执法活动。（2）依法取得行政执法资格。按照我国依法行政和对行政执法人员的资格要求，专利、商标行政执法人员应当取得省级人民政府或国家知识产权局、国家市场监督管理总局颁发的行政执法证件，不满足上述条件的人员，即使是专利商标行政管理机关的公务员也不具备专利、商标行政执法人员资格，不得对外实施行政执法行为。（3）具备实施专利、商标行政执法活动必须具备的法律知识和专业技能。专利、商标行政执法人员应当熟悉国家专利、商标法律法规及行政执法相关法律法规，熟悉专利、商标行政执法程序规范和实体规范及具体操作实务，具有一定的理工科专业技术知识。（4）严格遵守行政执法行为规范。专利、商标行政执法人员是代表专利商标行政管理机关行使公权力的公务人员，其执法行为要受到专利、商标法律法规及相关法律法规的严格规制，必须按照法定的实体规范和程序规范实施执法行为。同时，作为国家公务员，应当严格遵守公务员行为规范，严格遵守党和国家的各项纪律规定，依法行权，秉公执法。（5）不断提升执法业务素质。专利、商标行政执法人员应当与时俱进，不断加强专利、商标法律法规及行政执法相关法律法规的学习，参加执法业务培训，接受执法业务继续教育，加强执法实务研究，开

展执法业务交流，促进相互借鉴、共同提高，不断增强执法办案能力。

四、专利商标行政执法协作主体

专利、商标行政执法与其他行政执法活动一样，其突出特点是追求执法时效和效率。随着科学技术的快速发展，知识产权违法、犯罪行为科技含量也越来越高，隐蔽性也越来越强，对专利、商标行政执法工作带来新的挑战。这就需要专利商标行政管理机关之间加强执法办案协作，对发现的案件线索，快速反应，协同查处。专利、商标行政执法协作主体通常有以下三种。

1. 受委托的主体

根据我国《行政处罚法》的规定，行政机关依照法律、法规或者规章的规定，可以在其法定权限内委托符合规定条件的组织实施行政处罚。受委托组织必须符合以下条件：一是属于依法成立的管理公共事务的事业组织；二是具有熟悉有关法律、法规、规章和业务的工作人员；三是对违法行为需要进行技术检查或者技术鉴定的，应当有条件组织进行相应的技术检查或者技术鉴定。因此，专利商标行政管理机关对于处理专利侵权纠纷、查处假冒专利行为、查处商标侵权行为以及其他商标违法行为、调解专利纠纷等行政执法行为，可以委托其他专利商标行政管理机关或者具有专利商标事务管理职能的事业组织处理。实践中，一般为上级专利商标行政管理机关委托下级专利商标行政管理机关或者具有专利商标事务管理职能的事业组织处理。但受委托的专利商标行政管理机关或者事业组织应当符合下列条件：（1）受托的专利商标行政管理机关或者组织应当为经县级及其以上人民政府依法批准设立的专利商标行政管理机关，即知识产权局或者市场监督管理局（知识产权局）或者是具有专利商标事务管理职能的事业组织；（2）受委托的机关或者事业组织应当具有相应的处理能力，包括技术条件保障能力和人员保障能力，即具有处理专利、商标案件的技术和装备保障能力和具有熟悉专利、商标法律法规规章和案件处理业务的工作人员；（3）受委托的专利商标行政管理机关或者事业组织在处理委托事项时，应当接受委托方的监督和指导；（4）受委托的专利商标行政管理机关或者事业组织处理委托事项所产生的法律责任由委托方承担。

2. 执法协作的主体

协作执法是指对于跨地区的违法行为，由不同地区、具有相同执法职能的执法机关相互协作实施的行政执法行为。对于跨地区的专利、商标违法案件，根据专利、商标案件行政管辖的规定，通常由违法行为人所在地、违法行为实施地专利商标行政管理机关管辖。随着我国市场经济的快速发展，特别是互联网商品交易业的快速发展，跨区域的专利、商标违法行为经常发生，跨多个地区的互联网网络交易的专利、商标侵权假冒等违法行为也经常发生。因此，对于跨地区的案件，为查明案件事实，案件受理地专利商标行政管理机关通常需要到本辖区外实施案件调查，这就需要不同地区的专利商标行政管理机关加强执法协作，相互配合，形成执法合力，及时有效打击跨地区的专利、商标违法行为。专利、商标行政执法协作，可以由一个地方的专利商标行政执法机关直接向其他地区的专利商标行政执法机关提出，提出机关应当明确提出需要协作机关实施协作的具体事项，协作机关应当予以协作；也可以由其共同上级专利商标行政管理机关提出协作办案事项，并进行执法协调。例如，国家知识产权局颁布的《专利行政执法办法》规定，对于行为发生地涉及两个以上省、自治区、直辖市的重大案件，有关省、自治区、直辖市管理专利工作的部门可以报请国家知识产权局协调处理或者查处。同样，对于专利、商标违法行为发生地涉及同一省、自治区、直辖市两个以上设区市的重大案件，有关设区市的专利商标行政管理机关可以报请共同的省级专利商标行政管理机关协调处理或者查处。对于跨省、自治区、直辖市的市、县（区）之间的专利、商标违法行为的查处，其市、县（区）专利商标行政执法机关之间也可以开展执法协作。

3. 联合执法的主体

联合执法是指与案件处理具有相关性的不同执法主体之间联合实施的执法行为。专利商标行政管理机关在办理专利、商标违法案件时，根据案件处理的特定事项，需要相关职能部门提供协助的，可以请求相关职能部门联合执法。例如，专利商标行政管理机关在查处假冒专利、假冒商标案件时，发现假冒产品已经到达海关，即将出口，可以请求相应海关联合执法，查扣假冒产品；专利商标行政管理机关在查处专利、商标违法案件时，当事人拒不配合，妨碍执法，专利商标行政管理机关可以请求公安机关联合执法，对当事人采取行政强制措施。知识产权行政执法机关在执行打击制售假冒伪劣商品和侵犯知识产权专项行动时，由于执法对象涉及多种类型的知识产权，相关行业行政主管机关和相关知识产权行政主管机关、公安机关可以组织实施联合执法行动，各自依职权查处其管辖范围内的违法行为。

4. 知识产权维权援助服务机构

为贯彻落实党中央、国务院关于加强知识产权保护，实行严格的知识产权保护要求，国家知识产权局、原国家工商行政管理总局相继推进地方政府及其主管部门设立一批公益性知识产权维权援助服务机构，涉及专利、商标维权援助服务的，主要有国家知识产权局批准地方政府设立的公益性知识产权保护中心、知识产权快速维权中心、知识产权维权援助中心以及各地建立消费者协会。它们虽然不是专利、商标行政执法的主体，但在调解专利、商标纠纷，专利、商标侵权技术鉴定，专利、商标违法行为举报投诉受理和案件移送，专利、商标行政执法协助，知识产权咨询服务等方面做了大量工作，在依法保护知识产权，帮助专利权人和商标权人维权方面发挥了重要作用，也是专利、商标行政执法的重要辅助主体。

第六节　专利商标行政执法参与人

专利、商标行政执法参与人是指专利商标行政管理机关实施专利、商标行政执法行为所指向的特定行为人。主要包括如下行为人。

1. 专利、商标侵权案件当事人

专利、商标侵权案件当事人是指参与专利、商标侵权纠纷处理活动的行为人。按照我国现行《专利法》及其实施细则、《商标法》及其实施条例的规定，专利商标行政管理机关处理专利、商标侵权纠纷案件的行政执法行为属于依请求的具体行政行为，只有当事人提起处理请求，才能启动处理程序。因此，专利商标行政管理机关处理专利、商标侵权纠纷案件时，将向其提起处理请求，请求保护专利权、商标权的行为人统称为请求人，将被请求人指控实施了专利、商标侵权行为的行为人统称为被请求人。根据国家知识产权局颁布的《专利行政执法办法》规定，参照《最高人民法院关于审理商标民事纠纷案件适用法律若干问题的解释》规定，专利、商标侵权案件的请求人包括：（1）专利权人或者商标权人；（2）专利权人或者商标权人的合法继承人；（3）专利实施许可合同或者注册商标使用许可合同的被许可人，后两种权利主体统称为利害关系人。请求人既可以是自然人，也可以是法人或者其他组织。被请求人是指请求人提起处理请求所针对的对方当事人，即涉嫌侵犯请求人专利权、商标权的当事人，包括自然人、法人或者其他组织。需要特别注意的是：（1）请求人为利害关系人的，如果是专利权人、商标权人的合法继承人，提起处理请求的请求人应为全体继承人，除非继承人声明放弃请求权；如果是专利实施许可合同或者注册商标使用许可合同的被许可人，属于普通许可的，只有合同约定被许可人有请求权的，才能提起处理请求；属于独占许可的，被许可人有单独请求权，属于排他实施许可的，被许可人在专利权人或者商标权人不提起处理请求时，有请求权。（2）专利权人或者商标权人为两个及其以上的，应当以全体共有人作为共同请求人提出处理请求，除非共有人声明放弃请求权。（3）实施专利、商标侵权行为人为两个或者两个以上的，可以作为共同被请求人。（4）实施专利、商标侵权行为人作为被请求人，应当符合我国法律规定的主体资格要求，必须具有民事行为能力和民事责任能力。例如，实施专利、商标侵权行为人为个人合伙企业的，应当以全体合伙人为被请求人，不得以其企业为被请求人。（5）在专利、商标侵权纠纷案件中，如果双方或者一方当事人依法委托代理人参加案件处理的，代理人也是专利、商标侵权案件的当事人。

2. 专利、商标纠纷调解当事人

专利、商标纠纷是指个人、法人或者其他组织之间在与专利、商标相关的事项上发生的争议，通常是因相关权益的归属或者经济利益而发生的争议。专利、商标纠纷当事人一般是与涉及的专利、商标相关事项具有直接利害关系的个人、法人或者其他组织。

在专利商标行政管理机关可以进行行政调解的专利、商标纠纷中，纠纷当事人主要有如下几种：（1）在专利申请权或者专利权归属纠纷中，如果专利申请权或者专利权涉及的技术产生属于职务发明创造还是非职务发明创造的争议，则当事人一方是发明人或者设计人，另一方是相关的单位；如果涉及合作研究或者委托研究成果的，当事人一方是委托人，另一方是受托人，或者合作研发合同的各方。（2）在职务发明创造的发明人或者设计人资格纠纷中，当事人一方是对完成发明创造做出贡献的个人，另一方是其所在的单位。（3）在职务发明创造奖励或者报酬纠纷中，当事人一方是完成发明创造成果的发明人或者设计人，另一方是拥有专利权的单位。（4）在发明专利申请公布后、授权前使用费纠纷中，当事人一方是获得专利权的单位或者个人，另一方是在专利申请公布后至专利授权前实施了该专利技术的单位或者个人。（5）在侵犯专利权、商标权的赔偿金额纠纷中，当事人一方是专利权人或商标权人，另一方当事人是被确定侵犯专利权、商标权的单位或者个人。（6）在专利、商标实施许可合同纠纷中，当事人为合同各方。在上述纠纷调解案件中，如果双方或者一方当事人依法委托代理人参加调解的，其代理人也是调解案件的参与人。

3. 假冒专利行为当事人

假冒专利行为是指行为人实施了现行《专利法实施细则》第84条所规定的行为。专利商标行政管理机关在查处假冒专利案件中，当事人主要为假冒专利行为实施人。另外，假冒专利案件也可因专利权人、社会公众的举报而成为立案查处的对象，此时举报人也是专利行政执法活动的参与人。

4. 商标违法行为人

本书所称商标违法行为，是指除商标侵权行为以外的违反商标法律法规规定的行为，主要是以未注册商标冒充注册商标、商标使用行为违反了法律的禁止性规定、商标代理机构违法实施代理行为等。对于这些商标违法行为，由专利商标行政管理机关根据社会公众举报或者依职权进行查处，商标违法行为人是商标行政执法行为的相对人。

第七节　专利商标行政执法方式

专利、商标行政执法方式是指专利商标行政管理机关实施专利、商标行政执法行为所采取的形式。专利商标行政管理机关的行政执法方式应当符合我国现行《专利法》及其实施细则、《商标法》及其实施条例以及其他相关法律法规规章的规定，做到形式合法，否则会影响专利、商标行政执法行为的效力。按照我国现行《专利法》及其实施细则、《商标法》及其实施条例以及其他相关法律、行政法规、部门规章的规定，专利、商标行政执法的方式主要有行政裁决、行政处罚、行政调解三种执法方式。

一、行政裁决

（一）行政裁决的概念与特点

1. 行政裁决的概念

行政裁决是指行政机关或法律法规授权的组织，对平等主体之间发生的、与行政管理活动密切相关的、特定的民事纠纷（争议）进行审查并作出裁决的具体行政行为。行政裁决的主体和对象具有法定性，行政机关只有获得法律、法规的授权，才能对其授权范围内的民事纠纷案件进行审查并作出裁决，没有法律、法规的授权，行政机关无权自行决定和裁决民事纠纷案件，否则就会构成违法行政。

2. 行政裁决的特点

第一，行政裁决的主体必须是法律、法规授权的行政机关或者组织。行政裁决的实施主体是经法律法规授权的特定行政机关或者组织，而不是司法机关。同时，并非任何行政机关都可以成为行政裁决的主体，只有国家法律法规明确授权其对特定行政管理事项有管理职权的行政机关，才能对其管理职权内的有关民事纠纷进行裁决，成为行政裁决的主体。

第二，行政裁决的民事纠纷或争议与行政管理有关。行政裁决的前提是行政管理相对人之间发生了与行政管理活动密切相关的民事纠纷。随着我国社会主义市场经济的快速发展和政府职能的调整优化，国家机构改革的深化，国家行政机关的职能进一步整合，赋予行政机关对民事纠纷的裁决权也相对集中。但行政机关参与民事纠纷的裁决并非涉及所有民事领域，只有在民事纠纷与行政机关的行政管理活动密切相关且争议事项属于该行政机关的职权范围的情况下，行政机关才具有对该民事纠纷的裁决权，以实现行政管理的目的。

第三，行政裁决是依申请的行政行为。当事人发生争议，产生纠纷后，可以依据国家法律法规的规定，在法定的期限内向有管辖权的特定行政机关申请裁决。如果当事人没有申请行为，行政机关即使发现在其管辖的职权范围内行为人的行为违法，也不能自行启动裁决程序。

第四，行政裁决具有准司法性质。行政裁决是行政机关行使裁决权的活动，其行政裁决一旦作出即具法律效力，当事人拒不履行裁决决定，行政机关可以实施强制执行或者申请人民法院强制执行。行政机关在实施行政裁决时，是以第三者的身份居间裁决当事人之间的民事纠纷，具有司法性质，同时又是以行政机关的身份裁决争议，具有行政性质。因此，行政裁决具有司法性和行政性，即准司法性。

第五，行政裁决是一种具体行政行为。行政机关依照法律法规的授权，针对特定的民事纠纷进行裁决，是对已经发生的民事纠纷依职权作出的法律结论，这种行政裁决区别于抽象行政行为，具有具体行政行为的特征。行政管理相对人不服行政机关的行政裁决产生的纠纷，属于行政纠纷，而非民事纠纷。对此，除法律规定行政机关的行政裁决为终局裁决的情形外，当事人可依法申请行政复议或提起行政诉讼。

（二）专利商标行政裁决的适用范围

专利商标行政管理机关行政裁决权的产生源于法律法规的授权。根据我国现行《专利法》第60条的规定：未经专利权人许可，实施其专利，即侵犯其专利权，引起纠纷的，专利权人或者利害关系人可以请求管理专利工作的部门处理。专利商标行政管理机关对专利侵权行为的处理具有行政裁决的特点，因此，专利商标行政管理机关对专利侵权行为具有行政裁决权。但是，并非所有专利商标行政管理机关对同一专利侵权行为都具有行政裁决权。根据我国现行《专利法实施细则》第81条的规定，专利商标行政管理机关对专利侵权纠纷的处理，应当严格按照其职责分工进行，即严格遵守案件管辖的规定，只有专利侵权纠纷的被请求人所在地或者侵权行为地管理专利工作的部门才具有处理职权，对该侵权纠纷实施行政裁决。根据我国现行《商标法》第60条规定：有《商标法》第57条所列侵犯注册商标专用权行为之一，引起纠纷的，商标注册人或者利害关系人可以请求工商行政管理部门处理。2018年政府机构改革后，商标管理职能已划转知识产权局或者市场监督管理局（知识产权局）行使。由于专利商标行政管理机关对商标侵权行为的处理也具有行政裁决的特点，因此，专利商标行政管理机关对商标侵权行为具有行政裁决权。同样，并非所有专利商标行政管理机关对同一商标侵权行为都具有行政裁决权。虽然我国现行《商标法》及其实施条例对工商行政管理部门处理商标侵权纠纷的职责分工即案件管辖没有作出明确规定，但参照最高人民法院《关于审理商标民事纠纷案件适用法律若干问题的解释》第6条的规定，对侵犯注册商标专用权行为的行政裁决，应当由侵权行为实施地、侵权商品储藏地或者查封扣押地、被告住所地工商行政管理部门处理。综上所述，专利商标行政管理机关可以对专利、商标案件实施行政裁决的范围仅限于专利、商标侵权行为，且裁决权仅限于对专利、商标侵权行为有管辖权的专利商标行政管理机关。

（三）专利商标行政裁决的特点

专利商标行政管理机关对专利、商标侵权纠纷的行政裁决具有行政裁决的一般特点，也有其特有的特点：一是实施行政裁决的行为主体特定。只有国家专利、商标法律法规授权，经各级人民政府批准设立，且具有专利、商标侵权纠纷管辖权的专利商标行政管理机关才具有对专利、商标侵权行为的行政裁决权。二是实施的行政裁决行为是被动行政行为。专利商标行政管理机关对专利、商标侵权纠纷的行政裁决有赖于专利权人、商标权人或者其利害关系人的请求，当事人不提起处理请求，专利商标行政管理机关对专利、商标侵权纠纷无权启动行政裁决程序。三是行政裁决的实施通常为合议制。专利商标行政管理机关对专利、商标侵权纠纷的处理，由于其专业性、技术性较强，对执法人员的专业技术要求较高，通常由 3 人或以上的单数组成合议组，实施合议制审理。四是行政裁决程序要求严格。专利商标行政管理机关对专利、商标侵权纠纷的处理，不仅要严格执行国家相关的实体法规范，也要严格执行相关的程序法规范，更要执行上级机关对于专利、商标侵权纠纷处理的规范性文件。专利商标行政管理机关对专利、商标侵权纠纷的处理一般要经过案件受理和立案、调查收集证据、口头审理、证据认定、作出裁决决定、结案、裁决决定执行、案件信息公开等程序，且每一个程序都有具体的要求。五是案件处理的重点为侵权判定。专利、商标侵权纠纷处理有别于其他民事纠纷处理，其案件审理的重点是在查明案件事实的基础上，通过技术对比分析，作出侵权与否的判定，并据此作出裁决决定。这就要求专利商标行政执法人员不仅要熟悉专利、商标法律法规的规定，更要有相关专业技术知识的支撑。六是案件处理行为属于可诉具体行政行为。根据我国现行《专利法》《商标法》的规定，专利商标行政管理机关对于专利、商标侵权纠纷作出的行政裁决，当事人不服的，可以提起行政诉讼。

（四）专利商标行政裁决的方式

专利商标行政管理机关处理专利、商标侵权纠纷案件，其处理方式通常有两种：一是口头审理。这是专利商标行政管理机关处理专利、商标侵权纠纷案件的常规方式，类似于民事诉讼中的开庭审理，通常在案件受理立案、答辩期满后，由专利商标行政管理机关执法人员组成合议组，通知双方当事人在规定的时间、地点，进行案件面对面审理，以充分听取双方当事人陈述和申辩，查明事实，作出裁决。二是书面审理。这是专利商标行政管理机关处理专利、商标侵权纠纷案件的特殊方式，仅适用于案件事实清楚、证据确凿充分的简单案件。其处理方式通常由专利商标行政管理机关执法人员根据双方当事人提交的证据材料或者其依职权调查收集的证据材料进行处理，不要求双方当事人到场陈述和申辩。对于专利、商标侵权纠纷案件的处理，是采用书面审理方式处理，还是采用口头审理方式处理，一般由专利商标行政管理机关根据案件的实际情况自行决定。

二、行政处罚

（一）行政处罚的概念和特征

行政处罚是指法定的行政执法主体依照法定职权和程序对违反法律法规规定、尚未构成犯罪的行政管理相对人给予行政制裁的具体行政行为。行政处罚具有如下基本特征：一是实施行政处罚的主体是法定的行政机关和法律法规授权的组织。二是行政处罚的对象是实施了违反法律法规规定行为的公民、法人或其他组织。三是行政处罚的性质是一种以惩戒违法为目的、具有制裁性的具体行政行为。

（二）行政处罚的基本原则

行政执法主体实施行政处罚应当遵守下列基本原则。

1. 处罚法定原则

处罚法定原则是行政合法性原则在行政处罚行为中的集中体现。其主要内容是：（1）处罚依据法定，即行政执法主体实施行政处罚必须依据法律法规的规定实施；（2）处罚主体法定，即只有法律法规规定具有行政处罚权的行政执法主体才能实施行政处罚；（3）处罚职权法定，即对于行政管理相对人某一违法行为的处罚，只有法律法规赋予相应处罚职权的行政执法主体方能对该违法行为实施行政处罚；（4）处罚程序法定，即行政执法主体对于行政管理相对人某一违法行为的处罚必须严格按照法律法规规定的程序实施。

2. 公正公开原则

行政处罚公正原则，是指行政执法主体对行政处罚的设定和实施必须与行政管理相对人的违法事实、性质、情节以及社会危害程度相当；行政机关实施行政处罚对受罚者应当采取同一尺度，平等对待。行政处罚公开原则，是指行政执法主体实施行政处罚的依据、过程及结果必须公开；行政机关对于有关行政处罚的法律规范、执法人员身份、主要事实根据等与行政处罚有关的情况，除了法律法规有特别规定的以外，都应向当事人公开。

3. 一事不再罚原则

一事不再罚原则主要包括以下四个方面的内容：（1）同一行为不再理。即行政执法主体对违法行为人的第一次处罚决定尚未失去效力时，不能基于同一事实和理由给予违法行为人第二次处罚，除非该第二次处罚是对第一次处罚的补充、更正或者补正。如果第一次处罚决定违法不当，行政执法主体应当先撤销第一次处罚决定，再重新作出处罚。如果第一次处罚决定违法，必须撤销，对受处罚人造成损失的，应当依法给予赔偿。（2）同一行为不再罚。即除了法律法规有明确规定的情形外，行政执法主体应当严格遵循对同一个违法行为实施一次处罚的原则。（3）同一行为不再实施同种罚。即对于行为人的同一个违法行为，行政执法主体不能给予两个以上相同种类的处罚。这主要指一个违法行为触犯几个法律条文的情形，即法条竞合或规范竞合。一旦出现规范竞合，允许各个法律条文对应的相关行政主体依据不同理由分别作出处罚。但为体现公平和公正，各个行政执法主体不能对违法行为人采取相同种类的处罚。（4）同一行为不得给予两次以上罚款。对于行为人的同一个违法行为，无论触犯几个法律条文，构成几个处罚理由，以及由几个行政执法主体实施处罚，只能给予一次罚款。如果几个行政主体对涉案违法行为都有罚款权，根据效力优先原则，谁先罚款谁有效。

4. 罚教结合原则

行政处罚是法律制裁的一种手段，但它不仅是一种制裁，也兼有惩戒与教育的双重功能。行政处罚不是目的，而是手段，即通过处罚达到教育的目的。行政执法机关实施行政处罚应当始终坚持教育与处罚相结合。

5. 处罚不免责原则

处罚不免责原则是指行政处罚不得免除民事责任、不得取代刑事责任的原则。行政管理相对人因实施违法行为受到行政处罚，其违法行为对他人造成损害的，应当依法承担民事责任；违法行为严重，构成犯罪的，应当依法追究刑事责任，不得因为已经给予行政处罚而免予追究其民事责任或刑事责任。

6. 申诉和赔偿原则

申诉和赔偿原则是指行政管理相对人对行政执法主体给予的行政处罚依法享有陈述权、申辩权；对行政处罚决定不服的，有权申请行政复议或者提起行政诉讼。行政管理相对人因为行政执法主体违法实施行政处罚使其受到损害的，有权提出赔偿要求。

7. 处罚时效原则

按照我国《行政处罚法》规定，违法行为在二年内未被发现的，不再给予行政处罚，法律另有规定的除外。该规定的期限是从违法行为发生之日起计算，违法行为有连续或者继续状态的，从行为终了之日起计算。

（三）专利商标行政处罚的适用范围

专利商标行政处罚是专利商标行政管理机关贯彻国家专利、商标法律制度，维护专利、商标秩序的重要执法手段，具有行政处罚的一般特点，也必须严格遵守行政处罚的基本原则。按照我国现行《专利法》及其实施细则、《专利代理条例》、《专利行政执法办法》的规定，对专利违法行为实施行政处罚的主体范围是：设区的市级及以上管理专利工作的部门，即设区的市级及其以上知识产权局或者市场监督管理局（知识产权局）。知识产权局或者市场监督管理局（知识产权局）对专利违法行为实施行政处罚的范围是：假冒专利行为，专利代理违法违规违纪行为。按照我国现行《商标法》及其实施条例的规定，对商标违法行为实施行政处罚的主体范围是：县级及以上工商行政管理部门。2018 年政府机构改革后，商标行政管理职能划转至知识产权局，因此，对商标违法行为实施行政处罚的主体范围是：县级及以上知识产权局或者市场监督管理局（知识产权局）。知识产权局或者市场监督管理局（知识产权局）对商标违法行为的行政处罚范围是：商标侵权行为、商标违法使用行为、商标违法代理行为。

三、行政调解

根据我国对民事纠纷调解的法律规定和实践，对于平等主体之间产生的民事纠纷调解有多种形式，根据主持调解的主体性质，可将调解分为民间调解、人民调解、仲裁调解、行政调解、司法调解等。

（一）行政调解的概念和特点

行政调解是指在国家行政机关主持下，以当事人双方自愿为基础，由行政机关主持，以国家法律、法规及政策为依据，以自愿为原则，通过对争议双方当事人的说服与劝导，促使双方当事人互让互谅、平等协商、达成协议，解决有关争议的活动。

行政调解是国家行政机关处理平等主体之间民事争议的一种方法，具有以下特点：（1）依当事人请求为前提。平等主体之间产生民事争议，只有一方当事人向行政机关提起行政调解请求，其他当事人一致同意行政调解，行政机关才能启动调解程序。（2）基于当事人的自愿。行政调解必须建立在各方当事人同意的基础上，这种同意可以体现为当事人事前就纠纷行政调解达成协议，也可以体现为在纠纷发生后各方当事人达成通过行政调解解决纠纷的共同意愿。如果一方当事人申请行政调解，其他当事人不同意行政调解，则行政机关不能启动行政调解。（3）争议事项属于行政机关管辖范围。只有当事人之间产生的争议事项属于法律法规规定的行政机关管辖范围，该行政机关才具有实施行政调解的职权。如果争议事项不属于该行政机关的管辖范围，则该行政机关无行政调解职权。（4）调解必须合法进行。行政调解是有效解决争议、保护争议各方当事人合法权益的纠纷处理方式，因此，行政调解必须符合法律法规的规定。依据合法性要求，行政机关实施行政调解，应当在查明事实、分清是非、明确责任的基础上进行，应当以事实为根据、以法律为准绳，通过释法和说理教育，引导当事人互谅互让、平等协商，以促成争议的解决。（5）调解方式灵活。与司法审判、行政裁决、行政处罚、仲裁等解决争议的方式相比，行政调解的形式更为灵活，可以根据案件的特点、当事人的情况，采取灵活多样的调解方式。（6）不具有强制执行效力。通过行政调解达成的协议对于当事人具有法律效力，但不具有强制执行效力。如果一方当事人不履行调解协议，另一方当事人可以向人民法院起诉。

（二）专利商标纠纷行政调解的概念和特点

专利商标纠纷行政调解是指专利商标行政管理机关在其职权范围内，根据当事人的请求，在双方当事人自愿的基础上，对于平等民事主体之间就专利、商标相关事项发生的争议，依据国家专利、商标法律法规及其相关法律法规和政策规定，通过教育引导和释法说理，促使双方当事人互让互谅、平等协商、达成协议，解决相应争议的活动。

专利、商标纠纷行政调解，具有行政调解的一般特点，也具有其自身的特点：（1）调解机关特定。平等民事主体之间产生专利、商标纠纷，只能依据国家专利、商标法律法规和部门规章的规定，向有管辖权的专利商标行政管理机关提出。如果当事人之间产生的专利、商标纠纷超出其请求调解的专利商标行政管理机关管辖范围，该专利商标行政管理机关一般不进行调解。（2）调解事项特定。专利商标行政管理机关调解专利、商标相关民事纠纷，应当遵守我国专利、商标法律法规及部门规章的规定，对其有明确规定应当接受调解的专利、商标纠纷，专利商标行政管理机关应当进行调解。但就行政调解的法律属性而言，涉及专利、商标的纠纷，只要是属于平等主体之间产生的民事纠纷，当事人都可以申请专利商标行政管理机关调解。（3）调解依据特定。专利商标行政管理机关调解专利、商标民事纠纷，应当以专利、商标法律制度为主要依据，根据我国专利、商标法律法规及相关法律法规的规定，向当事人解释相关争议的法律规定，通过释法说理，使当事人正确理解我国专利、商标法律制度的规定，促成双方当事人互让互谅、平等协商、达成协议，解决争议。

（三）专利商标纠纷行政调解的适用范围

从行政调解的概念可知，专利商标纠纷的行政调解仅适用于平等主体之间产生的专利、商标民事纠纷。理论上，对于因专利、商标产生的相关民事纠纷，当事人均可以向专利商标行政管理机关申请调解。但考虑到专利商标行政管理资源的有限性，我国专利、商标法律制度对专利商标行政管理机关可以调解的专利、商标民事纠纷作出了专门规定。根据我国现行《专利法》《专利法实施细则》和国家知识产权局颁布的《专利行政执法办法》的规定，管理专利工作的部门可以调解的专利纠纷范围是：（1）专利申请权和专利权归属纠纷；（2）发明人、设计人资格纠纷；（3）职务发明创造的发明人、设计人的奖励和报酬纠纷；（4）在发明专利申请公布后专利权授予前使用发明而未支付适当费用的纠纷；（5）侵犯专利权赔偿数额的纠纷；（6）其他专利纠纷。根据我国现行《商标法》规定，工商行政管理部门可以调解的商标纠纷范围是：对侵犯商标专用权的赔偿数额的争议。因此，专利商标行政管理机关可以调解的专利、商标纠纷仅限于上述范围的民事纠纷。

（四）专利商标纠纷行政调解的适用程序

虽然我国现行《专利法》及其实施细则、《商标法》及其实施条例对于专利、商标民事纠纷的行政调解没有作出程序性规定，但是专利商标行政管理机关调解专利、商标纠纷属于行政调解的范畴，应当遵循行政调解的基本原则：一是公平公正原则。即秉持公平、公正立场，对双方当事人不论单位大小，是本地人还是外地人，在调解地位上应当一视同仁，照顾各方关切，不偏不倚，秉公调解。二是合理原则。即坚持从实际出发，实事求是地对待发生的纠纷，坚持释法说理，说服教育，以理服人。三是自愿原则。即实施行政调解时，应当尊重当事人的意愿，一方或者双方当事人不同意行政调解的，不得强制调解，应当向其指明解决纠纷的途径，如申请仲裁或者诉讼。四是合法原则。即实施行政调解应当依据专利、商标法律法规部门规章及相关法律法规的规定，向双方当事人释明涉及争议的有关的法律法规规定，依法进行调解，不能无原则迁就当事人，充当和事佬。调解成功后，调解书的内容应当符合法律法规规章的规定，不得有违反法律法规规章规定的条款。

专利商标行政管理机关调解专利、商标纠纷虽然不像诉讼、仲裁和行政裁决那样具有严格的程序要求，但是为了充分保障双方当事人的合法权益，保证纠纷调解的顺利进行，提高纠纷调解的效率，专利商标行政管理机关调解专利、商标纠纷首先应当遵循《人民调解法》的实体规定和程序性规定。其次，应当遵守国家知识产权局、国家市场监督管理总局有关部门规章或者地方人民政府及其主管部门的有关规章对专利、商标纠纷行政调解的程序性规定。例如，国家知识产权局颁布的《专利行政执法操作指南（试行）》对专利纠纷的调解，规定了调解申请和相关材料的提交、送达和立案、证据审查、现场调解、结案等程序，专利商标行政管理机关调解专利纠纷应当按照上述规定程序进行调解。又如，国家原工商行政管理总局颁布的《工商行政管理部门处理消费者投诉办法》也规定了消费者投诉举报的调解程序，涉及商标纠纷投诉，专利商标行政管理机关组织调解的，也可以参照其调解程序实施调解。

第二章　专利商标行政执法的对象

通常人们在两种意义上使用"行政执法的对象"这一概念：第一，用来表述"行政相对人"。例如，"行政执法的对象非常广泛，它涉及社会方方面面的公民、法人和其他组织"❶；"知识产权行政执法的对象是涉嫌侵权的人"❷。第二，用来表述"行政执法权所指向的行政相对人的行为"。例如，"行政执法对象以个案为重点，或者说是以'点'为主，却忽视在'面'上的功夫……执法者在面对不同的'点'时……既可以出手严打，也可能睁一只眼闭一只眼"❸。本书是在第二种意义上使用"行政执法的对象"，是指行政执法权所指向的客体即行政相对人的行为。因此，专利、商标行政执法的对象，就是指法律授予专利、商标行政执法主体行使的专利商标行政裁决、行政处罚和行政调解职权所指向的专利、商标侵权等违法行为及相关民事纠纷。

专利、商标行政执法的对象与专利、商标行政执法的职权范围密切相关。依照现代民主法治理论，行政执法应当具有明确的法律授权，才能获得正当性与合法性，进而获得国家强制力的保障。"政府职能是政府一切活动的逻辑与现实起点。……实现政府职能的法定化，是建设法治政府的本质要求。"❹ 因此，专利、商标行政执法机构是否具有相应的法定职权直接涉及专利、商标行政执法的正当性。而法律往往以规定相应的专利、商标行政执法对象的方式限定专利、商标执法机构的职权范围，从而防止行政执法权对行政相对人的过度使用，同时也明确各行政执法机关之间的职能分工。因此，明确专利、商标行政执法的对象，有利于准确判定专利、商标行政执法的职权范围，从而正确地受理案件。

第一节　专利行政执法对象

专利行政执法对象是指专利行政执法机关执法职权所指向的对象。主要包括：

---

❶ 上官丕亮. 论行政执法中的应用性法律解释 [J]. 行政法学研究，2014（2）：72.

❷ 李永明. 论知识产权行政执法的限制——以知识产权最新修订法为背景 [J]. 浙江大学学报（人文社会科学版），2013（5）：165.

❸ 胡宝玲. 中国行政执法的被动性与功利性——行政执法信任危机根源及化解 [J]. 行政法学研究，2014（2）：96.

❹ 石佑启，杨治坤. 中国政府治理的法治路径 [J]. 中国社会科学，2018（1）：79 - 80.

专利侵权行为、假冒专利行为、专利权归属及其相关纠纷、专利代理违法行为等。

一、专利侵权行为

专利侵权行为包括直接侵犯专利权的行为和间接侵犯专利权的行为。根据我国现行《专利法》第 60 条规定，专利商标行政管理机关对专利侵权纠纷具有行政执法权。

（一）直接侵犯专利权的行为

直接侵犯专利权行为是指未经专利权人许可，以生产经营为目的，实施其专利的行为。认定构成侵犯专利权需要满足五项条件：（1）存在合法有效的专利权；（2）未经专利权人许可；（3）为生产经营目的；（4）进行了制造、使用、许诺销售、销售或者进口等实施专利的行为；（5）上述第（4）项行为涉及的是"其专利产品""其专利方法"或者"依照该专利方法直接获得的产品"。

上述五项都是构成侵犯专利权行为的必要条件，不满足其中任何一项条件都不构成侵犯专利权的行为。

1. 存在合法有效的专利权

专利权的效力自专利权被授权后才能产生，即在被授予专利权后，实施其专利的行为才有可能构成侵犯专利权的行为，专利权人在专利授权后，才能追究行为人的侵权责任。在发明专利申请公布日至专利权生效日之间实施同样的发明创造的行为，不是侵犯专利权的行为。同时，专利权因超过法定保护期限或未及时缴费而失效的，实施该专利技术也不导致专利侵权。

2. 未经专利权人许可

未经专利权人许可是指没有经专利权人许可实施其专利权的行为。经专利权人许可而实施专利的行为，不构成侵犯专利权的行为。专利实施许可合同的被许可方经专利权人许可取得该专利的实施权，属于对该专利权的合法使用。但是，如果专利权人在专利实施许可合同中没有授予被许可人许可第三人实施该专利的权利，则被许可人再行许可第三人实施该专利的行为构成专利侵权行为，第三人实施该专利的行为也构成专利侵权行为。

"从属专利"❶ 的实施需要同时获得在先专利权人和从属专利权人的许可。但

---

❶ 北京市高级人民法院《专利侵权判定指南（2017）》第 43 条规定："在后获得专利权的发明或实用新型是对在先发明或实用新型专利的改进，在后专利的某项权利要求记载了在先专利某项权利要求中记载的全部技术特征，又增加了另外的技术特征的，在后专利属于从属专利。从属专利的形式主要有：（1）在包含了在先产品的全部技术特征的基础上，增加了新的技术特征。（2）在原有产品专利技术特征的基础上，发现了原来未曾发现的新的用途。（3）在原有方法专利技术方案的基础上，增加了新的技术特征。"

是，符合强制许可条件的除外。❶

3. 为生产经营目的

为生产经营目的是指实施人实施专利的行为是为了生产经营目的，即以营利为目的。任何单位或个人为私人利用等非生产经营目的实施他人专利的，不构成侵犯专利权。❷

4. 实施专利的行为

依照《专利法》第 11 条的规定，对发明和实用新型产品专利权而言，实施专利的行为，是指制造、许诺销售、销售、使用、进口其专利产品的行为；对方法专利权而言，实施专利的行为，是指使用该专利方法或者使用、许诺销售、销售、进口依照该专利方法直接获得的产品的行为；对外观设计专利权而言，实施专利的行为，是指制造、许诺销售、销售、进口其专利产品的行为。

北京市高级人民法院《专利侵权判定指南（2017）》对专利法意义上的制造、使用、销售、许诺销售和进口行为作了详细规定。

（1）制造专利产品的行为。

制造发明或者实用新型专利产品，是指专利权利要求中所记载的产品技术方案被实现，产品的数量、质量不影响对制造行为的认定。以下行为应当认定为制造发明或者实用新型专利产品行为：以不同制造方法制造相同产品的行为，但以方法限定的产品权利要求除外；将部件组装成专利产品的行为。

制造外观设计专利产品，是指专利权人向国务院专利行政部门申请专利时提交的图片或者照片中的该外观专利产品被实现。

正常的修理行为一般不被视为专利法意义上的制造，但是，如果专利产品实质性损毁，利用其残存部件重新制造一个新的专利产品，则可能被视为专利法意义上的制造行为（再造）。❸

（2）许诺销售专利产品的行为。

在销售侵犯他人专利权的产品行为实际发生前，被诉侵权人作出销售侵犯他人专利权产品意思表示的，构成许诺销售。

以做广告、在商店橱窗中陈列、在网络或者在展销会上展出等方式作出销售侵犯他人专利权产品的意思表示的，可以认定为许诺销售。

---

❶ 《专利法》第 51 条规定："一项取得专利权的发明或者实用新型比前已经取得专利权的发明或者实用新型具有显著经济意义的重大技术进步，其实施又有赖于前一发明或者实用新型的实施的，国务院专利行政部门根据后一专利权人的申请，可以给予实施前一发明或者实用新型的强制许可。""在依照前款规定给予实施强制许可的情形下，国务院专利行政部门根据前一专利权人的申请，也可以给予实施后一发明或者实用新型的强制许可。"

❷ 北京市高级人民法院《专利侵权判定指南（2017）》第 130 条规定："为私人利用等非生产经营目的实施他人专利的，不构成侵犯专利权。"北京市高级人民法院《专利侵权判定指南（2013）》第 118 条规定："任何单位或个人非生产经营目的制造、使用、进口专利产品的，不构成侵犯专利权。"

❸ 崔国斌. 专利法：原理与案例［M］. 2 版. 北京：北京大学出版社，2016：559.

（3）销售专利产品的行为。

侵犯专利权的产品买卖合同依法成立的，即可认定构成销售侵犯专利权的产品，该产品所有权是否实际发生转移一般不影响销售是否成立的认定。

搭售或以其他方式转让侵犯专利权产品的所有权，变相获取商业利益的，也属于销售该产品。以生产经营目的赠送侵犯他人专利权的产品的，亦同。

将侵犯发明或者实用新型专利权的产品作为零部件或中间产品，制造另一产品后，销售该另一产品的，应当认定属于对专利产品的销售。但该中间产品在制造过程中的物理化学性能发生实质性变化的除外。

将侵犯外观设计专利的产品作为零部件，制造另一产品并销售的，应当认定属于销售外观设计专利产品的行为，但侵犯外观设计专利的产品在另一产品中仅具有技术功能的除外。仅具有技术功能，是指该零部件构成最终产品的内部结构，在最终产品的正常使用中不产生视觉效果，只具有技术作用和效果。

将侵犯他人专利权的产品用于出租的，应当认定属于对专利产品的销售。

（4）使用专利产品和专利方法的行为。

使用发明或者实用新型专利产品，是指专利权利要求所记载的产品技术方案的技术功能得到了应用或者效果得以实现。将侵犯发明或者实用新型专利权的产品作为零部件或中间产品，制造另一产品的，应当认定属于对专利产品的使用。

使用专利方法，是指权利要求记载的专利方法技术方案的每一个步骤均被实现，使用该方法的结果不影响对是否构成侵犯专利权的认定。❶

使用外观设计专利产品，是指该外观设计产品的功能、技术性能得到了应用。外观设计专利权人的禁止权不包括禁止他人使用其外观设计专利产品的权利。

（5）进口专利产品的行为。

进口专利产品，是指将落入产品专利权利要求保护范围的产品、依照专利方法直接获得的产品或者含有外观设计专利的产品在空间上从境外越过边界运进境内的行为。

依照 TRIPS 协议第 60 条规定，缔约方可以将旅行者个人行李中的少量的非商业货物，以及托运的少量产品排除在边境保护措施之外。

（二）间接侵犯专利权的行为

间接侵权是指行为人虽然没有直接侵害专利权，但是诱使直接侵权行为的发生，或者在明知或者应知的情况下为直接侵权人提供实质性的帮助。❷ 依照《最高人民法院关于审理侵犯专利权纠纷案件应用法律若干问题的解释（二）》（法释

---

❶ 方法专利保护范围延及产品，即一项方法发明专利权被授予后，任何单位或个人未经专利权人许可，除了不得为生产经营目的使用该专利方法外，还不得为生产经营目的使用、许诺销售、销售、进口依照该专利方法所直接获得的产品。

❷ 崔国斌. 专利法：原理与案例［M］. 2 版. 北京：北京大学出版社，2016：749.

〔2016〕1 号）第 21 条规定，间接侵权包括以下两类：

1. 引诱侵权行为

引诱侵权行为，即明知有关产品、方法被授予专利权，未经专利权人许可，为生产经营目的积极诱导他人实施了侵犯专利权的行为。有学者认为，引诱侵权行为可能有以下表现形式[1]：（1）销售非专利产品时诱使购买者利用该产品制造专利产品或实施专利方法；（2）按照专利技术的方案为他人设计产品；（3）越权转让专利或许可他人实施专利技术；（4）为直接侵权人提供责任担保以降低其侵权顾虑；（5）公司的管理人员积极引诱公司从事专利侵权活动等。

2. 帮助侵权行为

帮助侵权行为，即明知有关产品系专门用于实施专利的材料、设备、零部件、中间物等，未经专利权人许可，为生产经营目的将该产品提供给他人实施了侵犯专利权的行为。

所谓"专门用于实施专利的材料、设备、零部件"，是指这种专用品除了用于实施他人产品专利或者方法专利，构成实施他人专利技术（产品或方法）的一部分外，没有其他用途。一般来讲，专利间接侵权行为人提供、出售或者进口的是专门用于制造某专利产品的主要或者核心的原料、零部件，或专门用于该专利方法的主要或者核心的材料、器件、设备等。对于一项产品专利而言，间接侵权是提供、出售或者进口用于制造该专利产品的原料或者零部件；对一项方法专利而言，间接侵权是提供、出售或者进口用于该专利方法的材料、器件或者专用设备。

二、假冒专利行为

根据我国现行《专利法》第 63 条规定，专利商标行政管理机关对假冒专利行为具有行政执法权。

（一）假冒专利行为及其种类

假冒专利行为，是指行为人实施了为《专利法》所禁止、以假冒他人有效专利、冒充有效专利等手段侵害专利标识管理制度、他人商誉以及社会公众利益的违法行为。[2] 根据现行《专利法实施细则》第 84 条规定，下列行为属于假冒专利的行为：（1）在未被授予专利权的产品或者其包装上标注专利标识，专利权被宣

---

[1] 崔国斌. 专利法：原理与案例 [M]. 2 版. 北京：北京大学出版社，2016：749.

[2] 根据现有文献，专利法律、行政法规和规章以及研究知识产权的学者均未对"假冒专利行为"作出权威定义。但一些刑法学的研究观点具有启发意义，即认为假冒他人专利行为侵害是复合客体，包括专利标识安全制度、专利权人的商誉以及社会公众的利益。详见：贺志军. 刑法中的"假冒他人专利新释"[J]. 法商研究，2019（6）：64 - 75. 石圣科. 假冒他人专利罪实证研究 [J]. 四川师范大学学报（社会科学版），2010（5）：15 - 19.

告无效后或者终止后继续在产品或者其包装上标注专利标识，或者未经许可在产品或者产品包装上标注他人的专利号；（2）销售第（1）项所述产品；（3）在产品说明书等材料中将未被授予专利权的技术或者设计称为专利技术或者专利设计，将专利申请称为专利，或者未经许可使用他人的专利号，使公众将所涉及的技术或者设计误认为是专利技术或者专利设计；（4）伪造或者变造专利证书、专利文件或者专利申请文件；（5）其他使公众混淆，将未被授予专利权的技术或者设计误认为是专利技术或者专利设计的行为。专利权终止前依法在专利产品、依照专利方法直接获得的产品或者其包装上标注专利标识，在专利权终止后许诺销售、销售该产品的，不属于假冒专利行为。国家知识产权局 2014 年印发的《专利侵权行为和假冒专利行为判定指南》第三编第一章对上述假冒专利的行为类型作了详细规定。

1. 在产品或产品的包装上标注专利标识

（1）产品本身不具有任何有效的专利权，却在产品或包装上进行专利标识标注。其中，专利权被无效或终止的，也属于不具有有效专利权的情形。

（2）标注的专利号虽然合法有效，但标注专利标识的行为人并不是专利权人或被许可人。

2. 销售上述标注了专利标识的产品

专利权有效期内在产品或其包装上标注专利标识，在专利权终止后销售上述产品的，不构成假冒专利行为。销售不知道是假冒专利的产品，并且能够证明该产品合法来源的由管理专利工作的部门责令停止销售，但免除罚款的处罚。

3. 在产品说明书等材料中标注专利标识

涉嫌构成假冒专利行为的方式包括在产品说明书、产品宣传资料、广告中将未被授予专利权的技术或者设计称为专利技术或者专利设计，将专利申请称为专利，或者未经许可使用他人的专利号，使公众将所涉及的技术或者设计误认为是专利技术或者专利设计。

4. 伪造或者变造专利证书、专利文件或者专利申请文件

（1）伪造专利证书、专利文件或者专利申请文件，是指行为人编造国家知识产权局并未颁发过的专利证书、没有公告过的专利文本、并未受理过的专利申请文件。

（2）变造专利证书、专利文件或者专利申请文件，是指行为人以篡改方式变造国家知识产权局颁发过的专利证书、公告过的专利文本、受理过的专利申请文件，上述行为实质上都会误导公众。

5. 其他使公众混淆或误认的行为

其他使公众混淆，将未被授予专利权的技术或者设计误认为是专利技术或者专利设计的行为包括以下三类。

（1）错误标注专利类型。主要是将实用新型专利或外观设计专利称为发明专利，使得公众混淆其内容。例如，使公众将产品包装的外观设计专利误认为是涉

及产品本身的发明专利。

（2）在改变的产品上标注原专利标识。

（3）实际产品与标注的专利标识不一致。

（二）假冒专利犯罪行为

根据国家知识产权局 2015 年《专利行政执法办法》第 31 条规定，管理专利工作的部门在查处假冒专利的过程中，发现行为人涉嫌犯罪的，应当移送公安机关。因此，准确理解假冒专利犯罪行为的内涵尤为必要。

1. 假冒专利罪的概念

假冒专利罪，是指违反专利法等法律，假冒他人专利，情节严重的行为。

我国 1997 年《刑法》第 216 条 "假冒专利罪" 在犯罪客观方面仅限定为 "假冒他人专利的行为"，且在《最高人民法院、最高人民检察院关于办理侵犯知识产权刑事案件具体应用法律若干问题的解释》（法释〔2004〕19 号）中得以进一步明确❶，2017 年修正的《刑法》第 216 条依然延续了原有的表述。但是，从法理上应当对假冒专利罪的客观方面 "假冒他人专利" 的内涵作扩张解释，以涵盖 "冒充专利行为"。理由是：（1）根据 2020 年《专利法》第 68 条规定，假冒专利构成犯罪的，依法追究刑事责任。可见，假冒专利犯罪行为是假冒专利行为的加重情形，而现行《专利法》第 63 条所述 "假冒专利行为" 涵盖了 2000 年《专利法》第 58 条规定的 "假冒他人专利行为" 和第 59 条规定的 "冒充专利行为"。（2）"冒充专利行为" 与 "假冒他人专利行为" 所侵害的客体相同，均为专利标识安全制度，都会引起公众的混淆误解。❷

2. 假冒专利罪的构成要件

假冒专利罪的犯罪构成包括以下四个要件：

（1）犯罪的主体是一般主体，企业、事业单位和个人均可构成。

（2）犯罪的主观方面是故意，一般具有非法获取经济利益的目的，但也有的是出于损害他人的声誉，破坏他人专利权益的目的。出于何种目的不影响本罪的成立。

（3）犯罪的客观方面表现为违反国家专利管理法规，在法律规定的专利有效期限内，假冒他人被授予的专利，情节严重的行为。

（4）犯罪侵害的客体是专利管理制度，以及专利权人的专利标注权和商业信

---

❶ 第 10 条规定："实施下列行为之一的，属于《刑法》第二百一十六条规定的‘假冒他人专利’的行为：（1）未经许可，在其制造或者销售的产品、产品的包装上标注他人专利号的。（2）未经许可，在广告或者其他宣传材料中使用他人的专利号，使人将所涉及的技术误认为是他人专利技术的。（3）未经许可，在合同中使用他人的专利号，使人将合同涉及的技术误认为是他人专利技术的。（4）伪造或者变造他人的专利证书、专利文件或者专利申请文件的。"这些行为均为假冒他人专利的行为，并未涉及冒充专利行为。

❷ 贺志军. 刑法中的 "假冒他人专利新释" ［J］. 法商研究，2019（6）：71-72.

誉。行为人既有假冒他人专利行为，又有非法实施他人专利的行为，构成专利侵权。

根据《最高人民法院、最高人民检察院关于办理侵犯知识产权刑事案件具体应用法律若干问题的解释》（法释〔2004〕19号）的规定，假冒专利行为具有下列情形之一的，属于《刑法》第216条规定的"情节严重的"行为，应当以假冒专利罪判处3年以下有期徒刑或者拘役，并处或者单处罚金：（1）非法经营数额在20万元以上或者违法所得数额在10万元以上的；（2）给专利权人造成直接经济损失50万元以上的；（3）假冒两项以上他人专利，非法经营数额在10万元以上或者违法所得数额在5万元以上的；（4）其他情节严重的情形。

其中"非法经营数额"，是指行为人在实施假冒他人专利行为过程中，制造、储存、运输、销售假冒他人专利产品的价值。已销售的产品的价值，按照实际销售的价格计算。制造、储存、运输和未销售的产品的价值，按照标价或者已经查清的产品的实际销售平均价格计算。产品没有标价或者无法查清其实际销售价格的，按照市场中间价格计算。

违法所得数额，可以按照下列方式计算：（1）销售假冒他人专利的产品的，以产品销售价格乘以所销售产品的数量作为其违法所得；（2）订立假冒他人专利的合同的，以收取的费用作为其违法所得。

三、专利权归属及其相关纠纷

现行《专利法实施细则》第85条规定，管理专利工作的部门应当事人请求，可以对下列专利纠纷进行调解：（1）专利申请权和专利权归属纠纷；（2）发明人、设计人资格纠纷；（3）职务发明创造的发明人、设计人的奖励和报酬纠纷；（4）在发明专利申请公布后专利权授予前使用发明而未支付适当费用的纠纷；（5）其他专利纠纷。

（一）专利权归属纠纷

专利权归属纠纷是指在专利授权后，双方或多方当事人之间对专利权的归属产生争议而引起的纠纷。

专利权归属纠纷发生在授权之后，专利权的法律地位已经确定，专利权人可以行使法律规定的各种权利并履行规定的义务。依照2016年国家知识产权局《专利行政执法操作指南（试行）》第4.1.1.2条规定，专利权归属纠纷的形式有四种：

（1）职务发明创造被发明人或设计人以非职务发明申请专利并获得了专利权而引起的纠纷；

（2）非职务发明创造被单位以职务发明申请专利并获得了授权而引起的纠纷；

（3）在当事人未明确约定的情况下，委托开发完成的发明创造的委托开发方申请专利并获得了授权而引起的纠纷；

（4）在无合同约定又无其他方声明放弃其所共有的专利申请权的情况下，合作开发所完成的发明创造被共有人中的一方或几方申请专利并获得授权而引起的纠纷。

（二）专利申请权纠纷

专利申请权纠纷是指双方或多方当事人之间对专利申请权的归属产生争议而引起的纠纷。专利申请权纠纷主要包括以下几类。

1. 关于职务发明与非职务发明的纠纷

依照《专利法》第6条规定，职务发明创造是指执行本单位（包括临时工作单位）的任务或者主要是利用本单位的物质技术条件（包括资金、设备、零部件、原材料或者不对外公开的技术资料等）所完成的发明创造。职务发明创造申请专利的权利属于该单位；申请被批准后，该单位为专利权人。依照《专利法实施细则》第12条规定，职务发明创造包括发明人或设计人在本职工作中作出的发明创造，或者在履行本单位交付的本职工作之外的任务所作出的发明创造，以及在退休、调离原单位后或者劳动、人事关系终止后1年内作出的，与其在原单位承担的本职工作或者原单位分配的任务有关的发明创造。

关于职务发明创造和非职务发明创造的申请权纠纷最常见的情形为：

（1）本应属于单位的职务发明创造，而发明人以非职务发明创造个人申请了专利，并许可或转让给其他单位实施而引起的专利申请权纠纷。

（2）单位不愿为在本职工作中完成的职务发明创造提供专利申请费用而放弃申请，发明人以个人名义申请了专利，但在发明人取得经济收益之后原单位反悔，认为是职务发明而引起的专利申请权纠纷。

（3）非职务发明创造完成人在申请专利之初，考虑申请费用或者与单位的关系，愿以职务发明创造申请专利，在以后专利实施收益分配上，发明人只能以奖励的形式得到一小部分时，便要求重新确认申请权，因而发生纠纷。

2. 关于合作完成或者接受委托完成发明创造后专利申请权归属的纠纷

在合作完成或委托完成发明创造的情况下，事先没有在合同中约定申请权的，按照《专利法》第8条的规定，申请专利的权利属于完成或者共同完成的单位。但由于合作各方或委托方对专利法律规定的不理解或理解偏差，仍然可能产生下列纠纷：

（1）委托方投入了大量的研究费用及物质条件，但没有参加实际发明创造，又不愿因事先没有合同约定而放弃申请权而引起纠纷。尤其是在与境外单位合作研究时，外方往往要求申请权，中方单位因不熟悉法律规定而不主张申请权，在国内单位合作研究中也存在上述情形。

（2）两个单位合作研究，在申请专利时一方不愿承担申请费用而放弃申请，但随后看到专利技术有潜在的经济效益或已经获得经济效益又要求恢复申请人资格而引起纠纷。

（三）发明人、设计人资格纠纷

按照我国《专利法实施细则》第13条规定，发明人或设计人是指对发明创造的实质性特点做出创造性贡献的人。在完成发明创造过程中，只负责组织工作的人、为物质技术条件的利用提供方便的人或者从事其他辅助工作的人，不是发明人或者设计人。

这类纠纷是指一项发明创造申请专利以后，关于谁是对该发明创造做出了创造性贡献的人（发明人或设计人）而产生的争议。发明人或者设计人资格纠纷的产生主要有以下几种形式：一是专利文件中真正的发明人或者设计人被遗漏；二是专利文件中有真正的发明人或者设计人，也有未对该发明创造内容做出创造性贡献的人；三是专利文件中只写了一部分共同发明人或者设计人，而遗漏了一部分发明人或者设计人。产生这些情况的原因是多方面的，有的是单位在申请专利时，没有认真了解谁对该发明创造的完成做出了创造性的贡献，草率地填写了发明人或者设计人；有的是根据做辅助性工作的人的要求将其作为发明人；也有的是出于其他目的将非发明人、设计人填写为发明人或设计人，如为了评职称、晋级等。

（四）职务发明创造发明人、设计人奖励、报酬纠纷

该纠纷是指职务发明单位对发明人或设计人没有依法给予相应奖励或报酬而引起的纠纷。

《专利法》第16条规定，被授予专利权的单位应当对职务发明创造专利权的发明人或者设计人给予奖励，发明创造专利实施后，根据其推广应用的范围和取得的经济效益，对发明人或者设计人给予合理的报酬。《专利法实施细则》第76~78条对职务发明创造的发明人或者设计人的奖励和报酬作了具体规定。

（1）被授予专利权的单位与发明人、设计人约定了或在依法制定的规章制度中规定了《专利法》第16条规定的奖励、报酬的方式和数额的，从其约定或规定。

（2）被授予专利权的单位与发明人、设计人未约定也未在依法制定的规章制度中规定《专利法》第16条规定的奖励、报酬的方式和数额的，依照下列规定处理：

① 被授予专利权的单位应当自专利权公告之日起3个月内发给发明人或者设

计人奖金。一项发明专利的奖金最低不少于 3000 元；一项实用新型专利或者外观设计专利的奖金最低不少于 1000 元。

② 被授予专利权的单位在专利权的有效期限内，实施发明创造专利后，每年应当从实施该项发明或者实用新型专利的营业利润中提取不低于 2% 或者从实施该项外观设计专利的营业利润中提取不低于 0.2%，作为报酬给予发明人或者设计人，或者参照上述比例，发给发明人或者设计人一次性报酬。

③ 被授予专利权的单位许可其他单位或者个人实施其专利的，应当从收取的使用费中提取不低于 10% 作为报酬给予发明人或者设计人。

然而，以上规定依然存在几点不足：一是法律对单位与发明人、设计人之间约定的奖酬不予兑现应承担的法律责任没有明确规定，对单位履行奖酬兑现义务缺乏威慑力；二是法定的奖酬最低限额以营业利润为基准，可能因单位营业利润对发明人或设计人缺乏透明度而导致奖酬额争议；三是奖酬兑现的具体程序不明确。以上问题往往引发发明人、设计人与单位之间的奖酬纠纷。

（五）发明专利申请公布后、专利权授权前使用费纠纷

《专利法》第 13 条规定，发明专利申请公布后，申请人可以要求实施其发明的单位或者个人支付适当的费用。由此产生的纠纷即发明专利申请公布后专利权授予前使用费纠纷。

由于我国发明专利审批采取早期公开、延期审查制度，在发明专利申请公开后到授权前的这段时间，申请人并没有获得专利权，也就无法行使专利的排他权。但专利申请公开后，其他人通过阅读公开的专利申请文件了解发明创造的内容后，有可能会实施其公开的技术方案。因此，专利法中设置临时保护条款，目的在于平衡专利权人和实施人的利益，对专利申请公布后授权前使用其专利技术给予一定的补偿。

当前我国发明专利申请使用费用保护纠纷的解决途径，主要由行政调解和司法诉讼两种方式。《专利法实施细则》第 85 条规定，发明专利申请公布后专利权授予前使用发明而未支付适当费用的纠纷，管理专利工作的部门应当事人请求，可以进行调解，但应当在专利权被授予之后提出。

（六）专利申请权、专利权转让合同纠纷

依照《专利法实施细则》第 85 条规定，管理专利工作的部门应当事人请求，可以对其他专利纠纷进行调解。这里的"其他专利纠纷"包括专利申请权、专利权转让合同纠纷和实施（使用）许可合同纠纷。

依照《专利法》第 10 条第 3 款规定，转让专利申请权或者专利权的，当事人应当订立书面合同，并向国务院专利行政部门登记，由国务院专利行政部门予以

公告。专利申请权或者专利权的转让自登记之日起生效。

因专利申请权转让、专利权转让引起纠纷的主要原因有以下几个方面：

（1）在专利申请权或者专利权存在争议的情况下，专利申请人或专利权人与他人签订有关权利转让合同，可能损害真正权利人的合法权益，给受让人造成损失，引起纠纷。

（2）没有取得共同专利申请人或者共同专利权人的全部同意，一方或几方单独将权利转让，引起纠纷。

（3）专利权已经失效（自动放弃或被撤销或被宣告无效），但专利权人没有及时通知受让人，从而引起纠纷。

（4）由于双方没有履行合同义务而引起纠纷。

（七）专利实施许可合同纠纷

专利实施许可合同纠纷是指在专利实施许可合同中因对权利、义务约定不明确产生的纠纷。按照《合同法》规定，专利实施许可合同只在该专利权的存续期间内有效。专利权有效期限届满或者专利权被宣告无效的，专利权人不得就该专利与他人订立专利实施许可合同。

专利实施许可合同引起纠纷的原因很多，实务中大致有以下几种❶：

（1）被许可的专利无效而引起的合同纠纷。专利无效可能是第三人提起无效宣告请求而引起，也可能是专利权人未缴纳专利年费而引起。

（2）权利人许可他人使用"从属专利"，被许可人在使用该专利技术时依赖于在先专利的实施，若未得到在先专利权利人的许可，则可能面临侵权指控而引起的合同纠纷。

（3）权利人普通许可他人实施专利后，对第三人的专利侵权行为怠于维权，造成被许可人利益受损而引起的合同纠纷。

（4）权利人许可他人实施专利后，第三人指控被许可人侵犯其专利权而引起的合同纠纷。

（5）权利人滥用优势地位引起的合同纠纷，包括权利人在专利许可他人实施后限制被许可人改进专利技术、扩大生产规模等。

四、专利代理违法行为

专利代理违法行为是指专利代理机构或者专利代理师违反国家法律、法规、规章的规定，实施了为其所禁止的行为。主要包括无资质代理行为、代理机构违法行为和代理师违法行为。

---

❶ 漆苏. 专利实施许可中的风险及其控制研究［J］. 电子知识产权，2009（9）：23－27.

（一）无资质代理行为

《专利代理条例》第27条规定："违反本条例规定擅自开展专利代理业务的，由省、自治区、直辖市人民政府管理专利工作的部门责令停止违法行为，没收违法所得，并处违法所得1倍以上5倍以下的罚款。"

《专利代理条例》第24条规定，以隐瞒真实情况、弄虚作假手段取得专利代理机构执业许可证、专利代理师资格证的，由国务院专利行政部门撤销专利代理机构执业许可证、专利代理师资格证。专利代理机构取得执业许可证后，因情况变化不再符合《专利代理条例》规定的条件的，由国务院专利行政部门责令限期整改；逾期未改正或者整改不合格的，撤销执业许可证。

（二）专利代理机构违法行为

《专利代理条例》第25条规定，专利代理机构有下列行为之一的，由省、直辖市、自治区人民政府管理专利工作的部门责令限期改正，予以警告，可以处10万元以下的罚款；情节严重或者逾期未改正的，由国务院专利行政部门责令停止承接新的专利代理业务6～12个月，直至吊销专利代理机构执业许可证：

（1）合伙人、股东或者法定代表人等事项发生变化未办理变更手续；

（2）就同一专利申请或者专利权的事务接受有利益冲突的其他当事人的委托；

（3）指派专利代理师承办与其本人或者其近亲属有利益冲突的专利代理业务；

（4）泄露委托人的发明创造内容，或者以自己的名义申请专利或请求宣告专利权无效；

（5）疏于管理，造成严重后果。

专利代理机构在执业过程中泄露委托人的发明创造内容，涉及泄露国家秘密、侵犯商业秘密的，或者向有关行政、司法机关的工作人员行贿，提供虚假证据的，依照有关法律、行政法规的规定承担法律责任；由国务院专利行政部门吊销专利代理机构执业许可证。

（三）专利代理师违法行为

《专利代理条例》第26条规定，专利代理师有下列行为之一的，由省、直辖市、自治区人民政府管理专利工作的部门责令限期改正，予以警告，可以处5万元以下的罚款；情节严重或者逾期未改正的，由国务院专利行政部门责令停止承办新的专利代理业务6～12个月，直至吊销专利代理师资格证：

（1）未依照《专利代理条例》规定进行备案；

（2）自行接受委托办理专利代理业务；

（3）同时在两个以上专利代理机构从事专利代理业务；

（4）违反《专利代理条例》规定对其审查、审理或者处理过的专利申请或专利案件进行代理；

（5）泄露委托人的发明创造内容，或者以自己的名义申请专利或请求宣告专利权无效。

专利代理师在执业过程中泄露委托人的发明创造内容，涉及泄露国家秘密、侵犯商业秘密的，或者向有关行政、司法机关的工作人员行贿，提供虚假证据的，依照有关法律、行政法规的规定承担法律责任；由国务院专利行政部门吊销专利代理师资格证。

第二节　商标行政执法对象

商标行政执法对象是指商标行政执法机关执法职权所指向的对象，主要包括商标侵权纠纷、注册商标专用权转让纠纷、注册商标专用权使用许可合同纠纷、假冒商标犯罪行为、违反商标使用管理规定的行为、商标违法代理行为。

一、商标侵权纠纷

（一）侵犯注册商标专用权的行为

依照《商标法》第 60 条规定，有《商标法》第 57 条所列侵犯注册商标专用权行为之一，引起纠纷的，当事人可以请求工商行政管理部门处理；而依照《商标法》第 61 条规定，对侵犯注册商标专用权的行为，工商行政管理部门有权依法查处；涉嫌犯罪的，应当及时移送司法机关依法处理。因此，侵犯注册商标专用权的行为是商标行政执法的重要对象。

1. 商标假冒行为

依照《商标法》第 57 条第（1）项规定，未经商标注册人的许可，在同一种商品上使用与其注册商标相同的商标的，属于侵犯注册商标专用权的行为。商标假冒行为是最典型、最直接的商标侵权行为。

商标假冒行为的构成要件包括以下三项：

（1）商标相同。依据 2002 年《最高人民法院关于审理商标民事纠纷案件适用法律若干问题的解释》第 9 条规定，商标相同是指被控侵权的商标与原告的注册商标相比较，二者在视觉上基本无差别。例如，"**五斗米**"和"**五斗米**"均是中文商标，且文字构成、排列顺序完全相同，只是字体存在细微差别，二者构成相同商标；"**Susanna**"和"**SUSANNA**"商标在字母排列、组成上完全相同，仅字母大小写存在细微差别，二者仍构成相同商标。

（2）商品或服务相同。所谓商品或服务相同，是指商品或服务的通用名称相同，或者虽然名称不相同但所指商品或服务为相同的商品或服务。例如，浙江绍兴的"花雕"和"黄酒"虽然名称不同，但实际上指的就是同一种商品。

（3）未经商标注册人许可实施了商标使用行为。依照《商标法》第48条规定，商标的使用，是指将商标用于商品、商品包装或者容器以及商品交易文书上，或者将商标用于广告宣传、展览以及其他商业活动中，用于识别商品来源的行为。商标使用行为在本质上是指将一个特定的商标标识附着于商品或服务或与之有关的对象上，用来指示特定商品或服务来源的使用，具有商誉承载、品质保证等功能。

"商标假冒"行为直接由法律推定"混淆可能性"的存在，商标权人无须承担举证责任。即只要该行为成立，混淆可能性就存在，除非行为人确有证据证明其行为不会造成混淆。

2. 商标仿冒行为

《商标法》第57条第（2）项规定，未经商标注册人的许可，在同一种商品上使用与其注册商标近似的商标，或者在类似商品上使用与其注册商标相同或近似的商标，容易导致混淆的，属于侵犯注册商标专用权的行为。《商标法实施条例》第76条规定，在同一种商品或者类似商品上将与他人注册商标相同或近似的标志作为商品名称或者商品装潢使用，误导公众的，属于《商标法》第57条第（2）项规定的侵犯注册商标专用权的行为。上述行为均属于商标仿冒行为。

商标仿冒行为的构成要件包括以下四项：

（1）商标近似。根据《商标司法解释》第9条规定，商标近似，是指被控侵权的商标与注册商标相比较，其文字的字形、读音、含义或者图形的构图及颜色，或者其各要素组合后的整体结构相似，或者其立体形状、颜色组合近似，易使相关公众对商品的来源产生误认或者认为其来源与注册商标的商品有特定的联系。

（2）商品或服务相同或类似。根据2020年《最高人民法院关于审理商标民事纠纷案件适用法律若干问题的解释》第10条规定，类似商品，是指在功能、用途、生产部门、销售渠道、消费对象等方面相同，或者相关公众一般认为其存在特定联系、容易造成混淆的商品。类似服务，是指在服务的目的、内容、方式、对象等方面相同，或者相关公众一般认为存在特定联系、容易造成混淆的服务。商品与服务类似，是指商品和服务之间存在特定联系，容易使相关公众混淆。有关"商品或服务相同"的内容可见本节"商标假冒行为"中"商品相同"的内容。

（3）未经商标注册人许可实施了商标使用行为。见本节"商标假冒行为"中"商标使用"的内容。

（4）容易导致混淆。判定一行为是否属于商标仿冒行为，应当以该行为是否容易导致相关公众混淆为认定标准。而认定混淆，不能仅考虑商品类似、商标近似这两个因素，而是应当结合具体案情，综合考虑相关标识与商标之间的近似程度、消费者对商标和商品的认知情况、相关标识和商标在市场上的实际使用情况等多种因素。

认定混淆可能性归根结底是一个事实判断问题，必须结合个案才能确定，但是这并不意味着认定混淆可能性没有任何规则可循。一些国家和国际组织在认定"混淆可能性"的过程中已经逐渐梳理出一些需遵循的原则，如 TRIPS 协议采用推定原则，即在相同商品或服务使用相同或近似商标则推定存在混淆的可能。美国法院在多年商标审判实践中，也归纳了认定"混淆的可能"需要考虑的诸多因素，概括起来主要有以下几项：①商标的强度；②商标的近似程度；③商品的接近程度；④在先所有人扩充生产的可能或产品扩展的可能性；⑤实际混淆的证据；⑥被告选择商标的意图；⑦被告在选择商标时是否有恶意；⑧被告产品的质量；⑨消费者的专业水平；⑩商品种类及消费者购买时的注意程度；⑪销售渠道。❶ 我国司法机关在认定混淆可能性时，也借鉴了上述国家或组织的一些有益做法，根据 2002 年《最高人民法院关于审理商标民事纠纷案件适用法律若干问题的解释》的规定，在判定商标近似或者商品类似时，应以相关公众的一般注意力为准，应当考虑商品的功能、用途、生产部门、销售渠道、消费对象以及请求保护的商标的知名度和显著性等因素。

实践中，判定混淆可能性可以采取"一般推定"与"特殊排除"相结合的原则。"一般推定"是指如果符合"在相同或类似商品、服务上使用相同或近似商标"这一条件，就可以推定存在"混淆可能性"。"特殊排除"是指如果具有某种特殊情形，就可以排除存在"混淆可能性"。这些情形主要有以下三种：① 被控侵权人没有将其商品投放于商标所有人商标权法律效力所及地域范围内的市场；② 商标注册人没有在核定使用的商品或服务上实际使用核准注册的商标；③ 两个近似商标已经长期共存于类似商品或服务上，消费者不会对贴附近似商标的商品来源发生混淆或误认。

3. 销售侵犯商标专用权之商品的行为

根据《商标法》第 57 条第（3）项规定，销售侵犯注册商标专用权之商品的行为属于商标侵权行为。此种情况下，认定商标侵权行为不要求销售者明知其销售的商品为侵权商品，只要客观上实施了销售行为，就认定为侵权。

但是，依照《商标法》第 64 条第 2 款规定，销售不知道是侵犯注册商标专用权的商品，能证明该商品是自己合法取得并说明提供者的，不承担赔偿责任。这一规定是为了保护善意销售者的利益，即销售者在不具有主观上的过错时侵犯商标权不承担赔偿责任，只需承担停止侵权、消除影响等其他民事责任。也就是说，销售者只有在"知道或者应当知道"其销售的系侵犯商标权的商品时才需要承担赔偿责任。销售侵犯商标专用权之商品行为的构成要件包括：（1）存在侵犯他人注册商标专用权的商品；（2）存在销售该侵权商品的行为。

---

❶ 黄晖. 商标法 [M]. 北京：法律出版社，2004：141 – 142.

因此，销售者在面对侵犯商标权的情况下，可以通过提供证据以证明该商品是自己合法取得，并说明提供者的方式来免除因侵权而产生的赔偿责任。其中，可以提供的证据包括进货商品的发票、付款凭证或其他相关证明；说明提供者是指销售者能够说明供货商的姓名或名称、住所及其他线索，并能够查证属实。

但是，若有证据证明存在下列事实，则可推定销售者属于"知道或应当知道其销售的是侵权商品"的情形，可以作为要求销售者承担赔偿责任的依据：

（1）更改、换掉经销商品上的商标而被当场查获的；

（2）同一违法事实受到处罚后重犯的；

（3）事先已被警告而不改正的；

（4）有意从不正当进货渠道进货且价格大大低于已知正品的；

（5）在发票、账目等会计凭证上弄虚作假的；

（6）专业公司大规模经销假冒注册商标商品或其他商标侵权商品的；

（7）案后转移、销毁物证，提供虚假证明、虚假情况的。❶

4. 非法制造及销售他人注册商标标识的行为

根据《商标法》第 57 条第（4）项规定，伪造、擅自制造他人注册商标标识或者销售伪造、擅自制造的注册商标标识的行为构成商标侵权。

"非法制造及销售他人注册商标标识行为"的构成要件包括以下两项：

（1）权利人已将相关标识作为商标注册，享有注册商标专用权。商标标识，是与商品配套一同进入流通领域的带有商标的有形载体，如酒类商品上的瓶贴、自行车上的标牌等。注册商标标识受法律保护，任何人不得伪造、擅自制造他人注册商标标识或者销售伪造、擅自制造的注册商标标识。

（2）存在伪造、擅自制造或者销售伪造、擅自制造他人的注册商标标识的行为。所谓伪造，是指未经商标权人同意或许可，摹仿商标权人的注册商标图样或实物，制作与商标权人之注册商标标识相同的商业标识；所谓擅自制造，主要是指未经商标注册人许可在商标印制合同规定的印数之外，又私自加印商标标识的行为。伪造与擅自制造有一个共同的特点，即都是未经商标注册人许可的行为，区别在于前者的商标标识本身就是假的，而后者的商标标识本身是真的。所谓销售伪造、擅自制造的注册商标标识的行为，是指采用零售、批发、内部销售的方式，出售伪造或者擅自制造的商标权人之注册商标标识。其中，伪造、擅自制造、销售行为，三者满足其一即构成侵权。

5. 反向假冒行为

《商标法》第 57 条第（5）项规定，未经商标注册人同意，更换其注册商标并将该更换商标的商品又投入市场的，属于侵犯注册商标专用权。这是商标法对反向假冒行为的认定。与一般的假冒商标行为中将他人商标冒用在自己制作或销

---

❶ 中华全国律师协会知识产权专业委员会. 商标业务指南［M］. 北京：中国法制出版社，2007：219.

售的商品上不同，"反向假冒"是未经商标权人许可，将其合法贴附在商品上的商标更换后再将商品投入市场的行为。

"反向假冒行为"的构成要件包括：（1）未经商标注册人同意，更换其注册商标；（2）将该更换了商标的商品又投入市场。

反向假冒行为主要是为了达到两方面目的。一方面是利用商标权人价廉质高的商品谋取高额利润。例如，1994年的"枫叶"与"鳄鱼"商标争议案，是我国第一起反向假冒商标侵权案件。该案中，新加坡鳄鱼公司授权同益公司在北京地区销售鳄鱼公司生产的"卡帝乐"牌服装，并在百盛购物中心设立专柜。之后，同益公司购入北京服装一厂生产的"枫叶"牌服装，撕去"枫叶"注册商标，换上"卡帝乐"商标，以高出原"枫叶"服装数倍的价格出售，谋取高额利润。另一方面是利用商标权人的价廉质高的商品为自己"创牌子"。例如，1997年，国家工商局认定天津油漆厂的"灯塔"为驰名商标，有人专门针对它从事反向假冒，即撤换掉"灯塔"商标，附加上假冒者自己的商标，用天津油漆厂价廉质高的产品，为假冒者"创牌子"。显然，反向假冒行为会给原商标权人和消费者带来多方面的损害，属于商标侵权行为。

首先，反向假冒行为损害了商标的推销功能。商标是商品无声的推销员，一旦将商标从商品上更换，消费者便无法识别商品的真正来源，购买到想要的生产者的商品。这样，商标所有人的商标广告推销功能便无法实现。从短期看，商标的广告推销功能一旦受损，商标所有人的商品销售势必受到负面影响，从而直接减损商标所有人的经济收益；从长远看，商标的广告推销功能受损，意味着商标所有人无法通过商品销售的方式培育起商标信誉，不能取得"商品推销商标、商标推销商品"的功效。

其次，反向假冒行为损害了商标所有人使用自己标识的权利，进而损害了商标权人因使用商标能够获得的期待利益。商标权首先表现为自己的使用权，其次表现为对他人的禁用权。在商品上使用商标，是商标权人获得商标推销功能和各种利益的基础。没有使用行为，商标就不可能产生应有的功能并为商标权人带来利益。

最后，反向假冒行为损害了商标所承载的信誉。擅自更换他人使用在商品上的商标，从商品外表上消除了商标权人的商标，割断了商标与商品之间的对应关系，阻断了商标权人利用商标传递商品信息的渠道，使商标权人的商品从市场上"蒸发"，进而使商标权人失去了培育商标信誉的机会，由此商标权人为创造品牌所付出的努力将化为乌有。❶

因此，商标反向假冒行为，不仅妨碍商标权人商标功能的实现，损害商标权人的利益，还破坏了消费者和原商标权人之间通过商标而进行的信息传递与交流，损害消费者的知情权和相关利益，也危害正常的市场竞争环境。

---

❶ 刘期家. 商标侵权认定法律问题研究［M］. 北京：知识产权出版社，2014：149-154.

6. 商标帮助侵权行为

根据《商标法》第 57 条第（6）项规定，商标帮助侵权行为，是指故意为侵犯他人商标专用权行为提供便利条件，帮助他人实施侵犯商标专用权的行为。《商标法实施条例》第 75 条规定，为侵犯他人商标专用权提供仓储、运输、邮寄、印制、隐匿、经营场所、网络商品交易平台等，属于提供便利条件。侵权商品从生产开始到消费者手中要经过很多环节，除生产和销售这些重要环节外，运输、仓储等环节亦是侵权行为所不可分割的组成部分，商标权人对这些侵权行为同样可以主张追究其侵权责任。

"商标帮助侵权行为"的构成要件包括以下两项：

（1）提供者必须具有协同或协助侵权的故意，并实施了帮助行为。所谓"故意"，是指便利条件提供者"明知"他人实施商标侵权行为而为其提供帮助的情形。行为方式主要包括：知道或者应当知道他人从事商标侵权活动，而为其提供仓储、运输、保管等，或者不介意他人经营的商品曾因侵权受到过行政处罚，而为其提供经营场所或网络交易平台；为他人假冒商标标识、包装装潢、商标授权文件等，提供印制、伪造、涂改等技术支持或邮寄服务；为逃避监督检查，协助转移、藏匿或销毁物证，或者提供虚假证明、虚假情况掩盖事实真相等。提供者只要具备上述情形之一，均可认定为主观上具有商标侵权的故意。

（2）需以他人行为已经构成商标侵权为前提，如果他人商标侵权行为不成立，则不构成商标帮助侵权行为。而且，"便利条件"与商标侵权行为之间存在一定关联性，并为他人所利用。这两方面要件相互关联，必须同时具备，才可构成商标帮助侵权行为。

7. 给他人的注册商标专用权造成其他损害的行为

《商标法》第 57 条第（7）项对上述六种行为之外的商标侵权行为做了兜底性规定。根据《商标司法解释》第 1 条规定，"造成其他损害的行为"至少包括：将与他人注册商标相同或者近似的文字作为企业字号在相同或者类似商品上突出使用，容易造成相关公众误认；复制、摹仿、翻译他人注册的驰名商标或其主要部分在不同或者不相类似商品上作为商标使用，误导公众，致使该驰名商标注册人可能受到损害；将与他人注册商标相同或者相近似的文字注册为域名，并且通过该域名进行相关商品交易的电子商务，容易使相关公众产生误认。

（二）侵犯他人在先未注册商标的行为

商标权的客体既包括注册商标，又包括未注册商标，因此，不仅注册商标所有人依法享有商标权，未注册商标所有人也依法享有商标权，当未注册商标经过使用而具有越来越高的商业价值，承载了权利人的商誉时，其同样可以主张商标权保护。

商标法对未注册商标保护的具体情形有以下三种：

1. 未注册驰名商标的保护

《商标法》第13条规定："为相关公众所熟知的商标，持有人认为其权利受到侵害时，可以依照本法规定请求驰名商标保护。就相同或者类似商品申请注册的商标是复制、摹仿或者翻译他人未在中国注册的驰名商标，容易导致混淆的，不予注册并禁止使用。"

2. 禁止违反诚实信用原则的商标抢注和使用

（1）《商标法》第15条第1款规定，未经授权，代理人或者代表人以自己的名义将被代理人或者被代表人的商标进行注册，被代理人或者被代表人提出异议的，不予注册并禁止使用。

（2）《商标法》第15条第2款规定，就同一种商品或者类似商品申请注册的商标与他人在先使用的未注册商标相同或者近似，申请人与该他人具有前款规定以外的合同、业务往来关系或者其他关系而明知该他人商标存在，该他人提出异议的，不予注册。

（3）《商标法》第16条规定，商标中有商品的地理标志，而该商品并非来源于该标志所标示的地区，误导公众的，不予注册并禁止使用。

3. 在先使用并有一定影响的商标保护

《商标法》第32条规定，申请商标注册不得损害他人现有的在先权利，也不得以不正当手段抢先注册他人已经使用并有一定影响的商标。

商标权可以分为使用权和禁用权两个方面。使用权，即可以使用商标的权利；禁用权，即禁止他人在相同或类似商品、服务上使用与其相同或近似的商标，亦即禁止他人的商标使用行为侵犯其商标权。就在先使用的未注册商标而言，尽管权利人可以在不侵犯他人商标权的前提下使用这一未注册商标，但在禁用权方面，显然不如在先注册商标能够达到的力度强。

在先使用的未注册商标权人在多大程度上可以禁止他人使用其商标，除了要对比商标之间的近似程度、商品或服务间的类似程度以外，还需要综合考虑这一在先使用的商标实际使用情况，例如，商标持续使用的时间、方式，权利人对其宣传推广的程度，商标在相关公众中的知名度和影响力，商标在多大程度上承载了权利人的商誉，等等。商标具有的知名度和影响力越高，商标承载的商誉越多，商标受到保护的可能性越大。当未注册商标能够达到驰名商标的认定标准，其即能达到相当于注册商标专用权的保护程度。根据《巴黎公约》的规定，在未注册商标中，驰名商标所有人也享有商标专用权。

因此，当在先使用的未注册商标遭遇商标侵权时，权利人同样可以主张保护其商标权，但是这种情形下对未注册商标的知名度与影响力等方面要求更高，权利人亦要承担与注册商标权人相比更重的举证责任，来证明这一未注册商标同样值得保护。

二、注册商标专用权转让纠纷

（一）转让的概念

注册商标专用权转让是指商标权利人将自己享有的注册商标权转让给他人。《商标法》第 42 条规定：转让注册商标的，转让人和受让人应当签订转让协议，并共同向商标局提出申请。转让注册商标经核准后，予以公告，受让人自公告之日起享有商标专用权。

（二）转让纠纷的形式

实践中，商标转让纠纷主要体现为商标转让合同纠纷。具体包括以下两种。

1. 发生在转让人一方的违约

这种违约主要有转让人没有按照合同约定的要求向受让人交付有关该注册商标的证件资料；所转让的商标权由于超过有效期限未申请续展、被国家商标局依法注销等原因而归于无效；转让人违反商标法的规定，对其在同一种或者类似商品上注册的相同或近似的商标没有一并转让；转让人在转让该注册商标之前已与第三人订有商标使用许可合同，但未经被许可人同意，又将该注册商标擅自转让；未按照商标法的规定向国家商标局办理商标注册转让手续。

2. 发生在受让人一方的违约

这种违约主要有受让人不符合商标法规定的资格条件；受让人没有按合同约定的条件（包括数额、币种、期限、地点、方式等）向转让人支付该注册商标转让价款；受让人使用该注册商标所生产的商品或提供的服务没有达到合同约定的质量要求；受让人未按照商标法的有关规定向国家商标局办理商标注册转让手续。

三、注册商标专用权使用许可合同纠纷

（一）许可的定义和类型

注册商标的使用许可，是指商标注册人或其授权人通过签订商标使用许可合同，将其注册商标以一定的条件许可他人使用的行为。《商标法》第 43 条规定：商标注册人可以通过签订商标使用许可合同，许可他人使用其注册商标。

《商标法》和《商标法实施条例》没有明确规定商标使用许可的类型，按照《商标司法解释》，商标使用许可分为三类。

（1）独占许可：是指商标注册人将注册商标权仅许可一个被许可人在约

定的期间、地域内以约定的方式使用，而许可人在上述约定范围内不得使用该商标。

（2）排他许可：是指商标注册人将注册商标权仅许可一个被许可人在约定的期间、地域内以约定的方式使用，商标注册人在上述约定范围内也可以使用该注册商标，但不得另行许可他人在上述约定范围内使用该注册商标。

（3）普通许可：是指商标注册人在约定的期间、地域和以约定的方式，许可他人使用其注册商标，并可自行使用该注册商标和许可他人使用其注册商标。

（二）许可合同纠纷的形式

1. 许可人一方的违约行为

这种违约行为主要表现为许可人未经被许可人同意，将该注册商标擅自转让给合同外第三人；许可人对于该注册商标期限届满而不申请续展注册；许可人在该注册商标期限尚未届满时申请注销该商标，自动放弃该商标专用权；许可人未按合同约定的要求对被许可人的商品进行质量监督；如合同约定需要办理许可备案，许可人未办理备案手续。

2. 被许可人一方的违约行为

这种违约行为主要表现为被许可人不符合商标法规定的资格条件；被许可人未按照合同约定的使用范围使用该注册商标（使用范围包括使用的期限，使用注册商标的商品或服务种类，使用该注册商标所生产的商品的销售范围等）；被许可人没有按合同约定的条件（数额、币种、期限、地点或方式）向许可人支付使用该注册商标的使用费；被许可人使用该注册商标生产的商品或提供的服务不符合合同约定的质量要求，或拒绝许可人对其质量进行监督检查；被许可人违反商标法的规定，在其使用该注册商标的商品上没有标明被许可人的名称和商品产地。

四、假冒商标犯罪行为

依据《商标法》第61条的规定，专利商标的行政管理机关在查处侵犯注册商标专用权的行为时，发现该行为涉嫌犯罪的，应当及时移送司法机关依法处理。依据《刑法》第213～215条的规定，侵犯商标罪主要类型有以下三种。

（一）假冒注册商标罪

假冒注册商标罪的犯罪主体包括自然人和单位，即年满16周岁、具备刑事责任能力的个人或者企业、事业单位。该罪要求犯罪主体具有故意，过失不构成本罪。该罪的构成必须符合下列条件。

1. 使用的商标与注册商标相同

假冒注册商标罪侵犯的商标只能是经国家商标局核准注册的商标，如果侵犯的商标尚未注册或者已经被撤销，则行为人的行为不构成犯罪。

"与注册商标相同"是指该商标与被假冒的注册商标完全相同，或者与被假冒的注册商标在视觉上基本无差别、足以对公众产生误导。

根据 2011 年《最高人民法院、最高人民检察院、公安部关于办理侵犯知识产权刑事案件适用法律若干问题的意见》第 6 条的规定：具有下列情形之一，可以认定为是"与注册商标相同的商标"：

（一）改变注册商标的字体、字母大小写或者文字横竖排列，与注册商标之间仅有细微差别的；

（二）改变注册商标的文字、字母、数字等之间的间距，不影响体现注册商标显著特征的；

（三）改变注册商标颜色的；

（四）其他与注册商标在视觉上基本无差别、足以对公众产生误导的商标。

判断商标是否相同，应当在两商标进行隔离的情况下，以相关公众的一般注意力进行比对，从而得出正确判断。

2. 使用的商品是同一种商品

根据 2011 年《最高人民法院、最高人民检察院、公安部关于办理侵犯知识产权刑事案件适用法律若干问题的意见》第 5 条的规定，名称相同的商品以及名称不同但指同一事物的商品，可以认定为"同一种商品"。"名称"是指国家商标局在商标注册工作中对商品使用的名称，通常即《商标注册用商品和服务国际分类》中规定的商品名称。"名称不同但指同一事物的商品"是指在功能、用途、主要原料、消费对象、销售渠道等方面相同或者基本相同，相关公众一般认为是同一种事物的商品。

3. 使用商标的行为未经商标权人许可

未经商标权人许可是指尚未取得商标权人的许可，无论这种许可是从未取得还是虽然曾经取得但是在犯罪时已经解除许可。

该罪的"使用"是指在商品、商品包装或者容器以及产品说明书、商品交易文书、广告宣传、商业展览以及其他商业活动中用于识别商品来源的使用行为。

4. 情节严重或特别严重

按照 2011 年《最高人民法院、最高人民检察院、公安部关于办理侵犯知识产权刑事案件适用法律若干问题的意见》规定，下列情形属于"情节严重"：

（1）非法经营数额在 5 万元以上或者违法所得数额在 3 万元以上的；

（2）假冒两种以上注册商标，非法经营数额在 3 万元以上或者违法所得数额在 2 万元以上的。

下列情形属于"情节特别严重"：

（1）非法经营数额在 25 万元以上或者违法所得数额在 15 万元以上的；

（2）假冒两种以上注册商标，非法经营数额在 15 万元以上或者违法所得数额在 10 万元以上的；

（3）其他情节特别严重的情形。

（二）销售假冒注册商标的商品罪

销售假冒注册商标的商品罪的犯罪主体包括自然人和单位，即年满 16 周岁、具备刑事责任能力的个人或者企业、事业单位。该罪要求犯罪主体明知是假冒注册商标的商品而销售，过失不构成本罪。

1. "明知"的认定

《最高人民法院、最高人民检察院、公安部关于办理侵犯知识产权刑事案件适用法律若干问题的意见》中规定，具有下列情形之一的，应当认定为属于《刑法》第 214 条规定的"明知"：

（一）知道自己销售的商品上的注册商标被涂改、调换或者覆盖的；

（二）因销售假冒注册商标的商品受到过行政处罚或者承担过民事责任、又销售同一种假冒注册商标的商品的；

（三）伪造、涂改商标注册人授权文件或者知道该文件被伪造、涂改的；

（四）其他知道或者应当知道是假冒注册商标的商品的情形。

事实上，由于假冒注册商标的商品往往处于非法流通的领域，经营者在交易、销售时并不言明其"明知"。因此，在具体实践中，除了从销售者对于自己销售商品的认知程度、零售价格、进货渠道、商品包装等方面进行判断外，还需要结合主客观事实进行综合判断。"明知"并不等于"确定的知道"，只要销售者应当知道所销售的商品是假冒注册商标的商品即可。

2. 销售行为的认定

所谓销售，是指以采购、推销、出售或兜售等方法将商品出卖给他人的行为，包括批发和零售、请人代销、委托销售等多种形式。无论销售者是收取金钱还是以物交换、用商品偿还债务等，均构成本罪所指的销售。

3. 数额较大或巨大的认定

销售明知是假冒注册商标的商品，属于《刑法》第 214 条规定的"数额较大"，应当以销售假冒注册商标的商品罪判处 3 年以下有期徒刑或者拘役，并处或者单处罚金。下列情形属于"数额较大"：

（1）销售金额在 5 万元以上的；

（2）尚未销售，货值金额在 15 万元以上的；

（3）销售金额不满 5 万元，但已销售金额与尚未销售的货值金额合计在 15 万元以上的。

销售金额在 25 万元以上的，属于《刑法》第 214 条规定的"数额巨大"，应当以销售假冒注册商标的商品罪判处 3 年以上 7 年以下有期徒刑，并处罚金。

应该注意的是，该罪规定的金额是指"销售金额"，而非盈利金额。销售金额是指销售假冒注册商标的商品后所得的全部违法收入。

（三）非法制造、销售非法制造的注册商标标识罪

非法制造、销售非法制造的注册商标标识罪的犯罪主体可以是单位或自然人，该罪要求犯罪主体明知是假冒注册商标标识而制造、明知是非法制造的注册商标标识而销售。

对于销售行为，只有销售属于伪造或擅自制造的注册商标标识的，才可能构成本罪。如果销售的商标标识不是伪造的或擅自制造的，而是销售自己的商标标识或者他人合法的注册商标标识，就不构成本罪。

伪造、擅自制造、销售的行为必须是违反商标管理法规的行为，才可能构成本罪。如果没有违反商标管理法规，即使有伪造、擅自制造销售的行为，不能以本罪论处。如伪造、擅自制造的是未经注册的商标标识或虽经注册但已超过有效期限的商标标识，就不构成本罪。非法制造、销售非法制造的注册商标标识，只有情节严重的，或者情节特别严重的，才能构成本罪。

1. 情节严重或特别严重的认定

按照《刑法》规定，非法制造、销售非法制造的注册商标标识，情节严重的，判处 3 年以下有期徒刑、拘役或者管制，并处或者单处罚金。情节特别严重的，判处 3 年以上 7 年以下有期徒刑，并处罚金。

下列情形属于"情节严重"：

（1）伪造、擅自制造或者销售伪造、擅自制造的注册商标标识数量在 2 万件以上，或者非法经营数额在 5 万元以上，或者违法所得数额在 3 万元以上的；

（2）伪造、擅自制造或者销售伪造、擅自制造两种以上注册商标标识数量在 1 万件以上，或者非法经营数额在 3 万元以上，或者违法所得数额在 2 万元以上的；

（3）其他情节严重的情形。

下列情形属于"情节特别严重"：

（1）伪造、擅自制造或者销售伪造、擅自制造的注册商标标识数量在 10 万件以上，或者非法经营数额在 25 万元以上，或者违法所得数额在 15 万元以上的；

（2）伪造、擅自制造或者销售伪造、擅自制造两种以上注册商标标识数量在 5 万件以上，或者非法经营数额在 15 万元以上，或者违法所得数额在 10 万元以上的；

（3）其他情节特别严重的情形。

2. "非法经营额"的认定

"非法经营额"是指犯罪主体在实施侵犯知识产权行为过程中，制造、储存、运输、销售侵权产品的价值。已销售的侵权产品的价值，按照实际销售的价格计算。制造、储存、运输和未销售的侵权产品的价值，按照标价或者已经查清的侵权产品的实际销售平均价格计算。侵权产品没有标价或者无法查清其实际销售价格的，按照被侵权产品的市场中间价格计算。

多次实施侵犯知识产权行为，未经行政处理或者刑事处罚的，非法经营数额、违法所得数额或者销售金额累计计算。

在计算制造、储存、运输和未销售的假冒注册商标侵权产品价值时，对于已经制作完成但尚未附着（含加贴）或者尚未全部附着（含加贴）假冒注册商标标识的产品，如果有确实、充分证据证明该产品将假冒他人注册商标，其价值计入非法经营数额。

五、违反商标使用管理规定的行为

违反商标使用管理规定的行为均在《商标法》第六章之"商标使用的管理"中作了明确规定。

要了解商标使用管理规定，首先要明确什么是"商标的使用"。《商标法》中规定的商标使用，是指将商标用于商品、商品包装或者容器以及商品交易文书上，或者将商标用于广告宣传、展览以及其他商业活动中，用于识别商品来源的行为。下列行为属于违反商标使用管理规定的行为。

（一）自行改变注册商标的行为

《商标法》第49条规定，商标注册人在使用注册商标的过程中，自行改变注册商标、注册人名义、地址或者其他注册事项的属于违反商标使用管理规定的行为。

自行改变注册商标是指注册人将核准注册的商标中的文字、图形、字母、三维标志、颜色组合或者前述要素的组合擅自改变后进行使用，并标注为注册商标的行为。按照现行《商标法》规定，自行改变注册商标的，由地方工商行政管理部门责令限期改正；期满不改正的，由商标局撤销其注册商标。

《商标法》第49条中并未明确这种改变是否需要存在质的变化，从该条的文义上来看，只要是对注册商标进行改动，均属于自行改变注册商标。但是如果注册人将核准注册的商标进行了较为大的变动或者实质性变化，究竟是应该适用"自行改变注册商标"还是适用"冒充注册商标"进行规制呢？

国家原工商行政管理总局1994年9月23日《关于贯彻实施〈商标法〉有关问题的批复》（工商标字〔1994〕第261号），曾明确一项原则：对注册商标作局部或较轻微的改动，如改变商标文字部分的字体，或在不改变图形主体的前提下对图形部分作某些变动或增减等，则属于自行改变注册商标行为；如果对注册商标的主体部分（包括文字和图形）进行大的或根本性的改变，则该商标应视为一个新的商标，在此商标未经注册前就在使用中加注注册标记，则属于冒充注册商标的行为。

由此可见，"自行改变注册商标"的行为应该是指对注册商标作局部或较轻微的改动，如改变商标文字部分的字体，或在不改变图形主体的前提下对图形部分作某些变动或增减等。

此外，还需要注意的是，如果注册人仅仅是将核准注册的商标中的文字、图形、字母、三维标志、颜色组合或者前述要素的组合擅自改变后进行使用，但是并没有标记"注册商标"或"®"标记，则应该属于未注册商标的使用行为。

（二）自行改变注册人名义、地址或者其他注册事项的行为

自行改变注册人名义、地址是指注册人在商标注册时使用的名称、地址与在行政主管机关登记的名称、地址不一致的情形。我国目前的商标注册证书记载事项包括注册号、商标图样、核定使用商品/服务项目、类别、注册人、注册地址、注册有效期、局长及国家商标局签章。

其他注册事项是指除商标图样、注册人、注册地址之外的其他注册事项。

现行《商标法》规定，自行改变注册人名义、地址或者其他注册事项，由地方工商行政管理部门责令限期改正；期满不改正的，由商标局撤销其注册商标。

（三）注册商标成为其核定使用商品的通用名称或者没有正当理由连续三年不使用的行为

注册商标成为其核定使用的商品的通用名称或者没有正当理由连续三年不使用的，任何单位或者个人可以向商标局申请撤销该注册商标。

针对注册商标已经成为核定使用的商品通用名称而淡化了显著性的，或者满足连续三年不使用的，国家知识产权局商标局有权根据申请撤销该注册商标。

（四）必须使用注册商标而使用未注册商标的行为

我国现行《商标法》第6条规定，人用药品和烟草制品必须使用注册商标。人用药品包括中成药（含药酒）、化学原料及其制剂、抗生素、生化药品、放射性药品、血清疫苗，血液制品和诊断药品；烟草制品包括卷烟、雪茄烟和有包装的烟丝。

违反《商标法》第6条规定，在必须使用注册商标的商品上使用未注册商标的，由地方工商行政管理部门责令限期申请注册，违法经营额5万元以上的，可以处违法经营额20%以下的罚款，没有违法经营额或者违法经营额不足5万元的，可以处1万元以下的罚款。

（五）将未注册商标冒充注册商标使用的行为

"将未注册商标冒充注册商标使用"是指行为人在商业活动中，在其商品包装装潢、容器、交易文书等上将未注册的商标图样使用注册标记。

按照《商标法》第52条规定，将未注册商标冒充注册商标使用，由地方工商行政管理部门予以制止，限期改正，并可以予以通报，违法经营额5万元以上的，可以处违法经营额20%以下的罚款，没有违法经营额或者违法经营额不足5万元的，可以处1万元以下的罚款。

（六）使用禁用标志的行为

禁用标志是指《商标法》第10条规定禁止使用的标志，包括：

（一）同中华人民共和国的国家名称、国旗、国徽、国歌、军旗、军徽、军歌、勋章等相同或者近似的，以及同中央国家机关的名称、标志、所在地特定地点的名称或者标志性建筑物的名称、图形相同的；（二）同外国的国家名称、国旗、国徽、军旗等相同或者近似的，但经该国政府同意的除外；（三）同政府间国际组织的名称、旗帜、徽记等相同或者近似的，但经该组织同意或者不易误导公众的除外；（四）与表明实施控制、予以保证的官方标志、检验印记相同或者近似的，但经授权的除外；（五）同"红十字"、"红新月"的名称、标志相同或相近似的；（六）带有民族歧视性的；（七）带有欺骗性，容易使公众对商品的质量等特点或者产地产生误认的；（八）有害于社会主义道德风尚或者有其他不良影响的。县级以上行政区划的地名或者公众知晓的外国地名，不得作为商标。但是，地名具有其他含义或者作为集体商标、证明商标组成部分的除外；已经注册的使用地名的商标继续有效。

上述标志，既不可以作为商标注册，也不可以作为商标使用，将上述标志作为商标使用且使用注册标记的，同样构成冒充注册商标的违法行为。

《商标法》第52条规定，使用未注册商标违反《商标法》第10条规定的，由地方工商行政管理部门予以制止，限期改正，并可以予以通报；违法经营额5万元以上的，可以处违法经营额20%以下的罚款，没有违法经营额或者违法经营额不足5万元的，可以处1万元以下的罚款。

（七）违法使用驰名商标的行为

驰名商标保护制度的本意是在发生商标争议时，对为相关公众熟知的商标提供特别保护。驰名商标认定是对事实的确认，仅在个案中有效。某商标在有关案件的处理过程中被依法认定为驰名商标，只是表明该商标在案件涉及的时间期限内被相关公众所熟知这一事实，并不表明认定机关对使用该商标的商品或者服务做出了质量保证，也不表明使用该商标的商品生产经营者或者使用该商标的服务提供者的信誉得到了保证。

为了回归驰名商标的法律保护本源，避免其成为荣誉的象征，避免误导消费者，《商标法》第 14 条第 5 款从规范驰名商标的使用出发，规定了禁止将"驰名商标"字样用于商品、商品包装或者容器上，或者用于广告宣传、展览以及其他商业活动中。《商标法》第 53 条规定，违反《商标法》第 14 条第 5 款规定的，由地方工商行政管理部门责令改正，并处 10 万元罚款。

六、商标违法代理行为

商标代理是伴随着商标注册制度诞生的职业，其本身具有很强的专业性，可以在商标查询、商标近似判断、商品服务范围选择、商标注册策略、商标权利维护等多方面为申请人提供专业服务，帮助企业进行商标的创立、管理、运用和保护。商标代理业作为中介服务业，是我国实施知识产权战略的重要组成部分。目前，商标代理市场机构数量巨大，但从业人员专业素质和服务水平却良莠不齐，违法代理和不正当竞争多发，必须加以规制。

（一）商标代理机构的界定

2013 年修订的《商标法实施条例》第 84 条规定："商标法所称商标代理机构，包括经工商部门登记从事商标代理业务的服务机构和从事商标代理业务的律师事务所。"第 85 条第 1 款规定："商标法所称商标代理从业人员，是指在商标代理机构中从事商标代理业务的工作人员。"2014 年 7 月 14 日，国家原工商总局发布《商标代理机构备案办理须知》，其第 1 条明确备案主体为：可以向商标局备案的商标代理机构包括经工商行政管理部门登记从事商标代理业务的服务机构以及从事商标代理业务的律师事务所。经工商登记的商标代理机构，其经营范围中应当含有"商标代理"或者"知识产权代理"项目。

目前，商标代理机构从性质上来说有两种，一种是根据《中华人民共和国公司法》或《中华人民共和国合伙企业法》规定注册的有限责任公司或个人合伙企业，其经营范围包括但不限于商标代理；第二种是开展商标代理业务的部分律师事务所。商标代理人也有两种，一种是在前述公司或企业性质的商标代理机构的商标代理岗位上工作的职员，第二种是在律师事务所从事商标代理工作的律师。

（二）商标代理违法行为的界定

2019年修订的《商标法》第68条界定了商标代理违法行为，主要有：（1）办理商标事宜过程中，伪造、变造或者使用伪造、变造的法律文件、印章、签名的；（2）以诋毁其他商标代理机构等手段招徕商标代理业务或者以其他不正当手段扰乱商标代理市场秩序的；（3）违反《商标法》第4条，第19条第3款、第4款规定的。

2018年，国家原工商总局在《工商总局商标局关于个别商标代理机构涉嫌违法行为的通告》中，梳理、汇总了八类代理机构涉嫌违法行为：一是虚假宣传与工商总局、商标局的关系。代理机构宣称其经商标局批准、与商标局长期合作、有内部渠道、与工商总局通用律师等。二是伪造虚假荣誉。代理机构宣称其被商标局授予相关荣誉称号，伪造商标局授牌、颁牌等。三是虚假承诺。代理机构承诺申请人通过其代理商标申请通过率百分之百，或提供包过合同等。四是虚假宣传注册程序、周期。代理机构宣称其代理申请商标可以快速受理、审查、取得注册证等。五是伪造相关文件、信息。代理机构伪造商标申请审查流程信息，误导商标申请人。伪造商标局文件、印章等，提供虚假材料申请商标注册、分割、转让等。六是采用其他不正当手段招揽业务。代理机构诋毁其他代理机构，夸大其代理商标驳回复审成功率，欺骗申请人变更代理进行复审或诉讼。谎称申请人的商标在其他类别被抢注，诱骗商标申请人增加其他类别的商标申请。宣称其可以通过非正常手段处理在先权利申请障碍。宣称其能提前获取尚未公开的商标申请审查结果。欺骗申请人商标被驳回、被撤销、被无效宣告。七是虚构收费项目。假借商标局名义，收取商标申请费用之外的"注册费""商标申请保险费""商标预保护费""领取注册证费""商标域名保护费""商标版权保护费""商标网上运营费""已注册商标登记费""已注册商标管理费""网上商标展示费""3·15标识费""商标年度维护费"等，欺骗申请人。八是团伙诈骗。欺骗申请人受让有关商标，另安排他人对上述商标提出撤销、异议、无效宣告等恶意申请，诱骗申请人支付高额费用后撤回相关申请。

（三）商标违法代理行为种类

1. 在明知或应知的情况下，代理不以使用为目的的恶意商标注册申请

《商标法》第4条规定，自然人、法人或者其他组织在生产经营活动中，对其商品或者服务需要取得商标专用权的，应当向商标局申请商标注册。不以使用为

目的的恶意商标注册申请，应当予以驳回。

近年来，囤积商标、恶意抢注商标索取高价转让费或恶意提起商标侵权诉讼的情况比较突出，有的公司或个人将申请注册商标作为投资、将商标转让作为盈利的手段，大量囤积商标，甚至出现一个申请人申请数千件商标的情况。例如，2018年，广州朗佰商贸有限公司申请了6506件商标，居全国申请量第二位，仅次于腾讯科技（深圳）有限公司。大量囤积商标的行为对我国商标管理体制和商标法律制度带来挑战。其中，很多申请人是与商标代理机构合作，通过注册—转让—诉讼的方式获取不正当利益。因此，商标法中增加了商标代理机构对"不以使用为目的的恶意商标注册申请"的注意义务。因为商标代理机构办理商标注册申请更为专业，更为熟悉我国商标法律制度的规定，有义务对商标申请进行检索，对客户申请注册目的进行了解，给客户提供合理化建议。对申请人以非使用目的的大量申请囤积商标的行为有义务予以制止，并不得接受其委托。如果在明知或应知的情况下仍然接受委托，则构成违法。

2. 在明知或应知的情况下，代理恶意抢注商标或不当注册商标

《商标法》第15条规定，未经授权，代理人或者代表人以自己的名义将被代理人或者被代表人的商标进行注册，被代理人或者被代表人提出异议的，不予注册并禁止使用。就同一种商品或者类似商品申请注册的商标与他人在先使用的未注册商标相同或者近似，申请人与该他人具有前款规定以外的合同、业务往来关系或者其他关系而明知该他人商标存在，该他人提出异议的，不予注册。同时，《商标法》第32条规定，申请商标注册不得损害他人现有的在先权利，也不得以不正当手段抢先注册他人已经使用并有一定影响的商标。此处的恶意抢注和不当注册包括：擅自注册被代理人或者被代表人的商标；特定关系人抢注他人在先使用的商标；申请注册损害他人在先权利商标；抢注他人已经使用并有一定影响商标。

如前所述，商标法要求商标代理机构尽到注意义务，在代理商标注册申请时，应当了解申请人申请商标的目的，并对客户解释说明法律的规定，如根据商标检索信息或申请人告知的情况，明知或应知其申请行为属于恶意抢注或不当注册，则不得接受其委托，否则将构成违法。

3. 申请注册除代理服务外的商标

《商标法》第19条第4款规定，商标代理机构除对其代理服务申请商标注册外，不得申请注册其他商标。本条规定的目的是防止商标代理机构从事囤积商标、恶意抢注等不当行为。因此，《商标法实施条例》第87条规定，商标代理机构申请注册或受让其代理服务以外的其他商标，商标局不予受理。

4. 在办理商标事宜过程中，伪造、变造或者使用伪造、变造的法律文件、印章、签名

商标代理机构从事商标代理业务，应遵守诚实信用原则，依法依规代理商标

事宜，指导和帮助当事人准备相关法律文件，并提交商标主管机关。但是，如果代理机构为了谋取不当利益，在明知当事人不具备办理条件的情况下，指导或直接帮助申请人伪造、变造法律文书，例如，串通客户，伪造商标转让文件，将他人商标恶意转让。这种行为，不仅直接损害了相关注册人的合法权益，同时也破坏了我国商标法律制度。

5. 以诋毁其他商标代理机构等手段招徕商标代理业务或者以其他不正当手段扰乱商标代理市场秩序

（四）商标违法代理行为的法律责任

按照我国现行《商标法》的规定，商标代理机构有上述违法行为的，由工商行政管理部门责令限期改正，给予警告，处 1 万元以上 10 万元以下的罚款；对直接负责的主管人员和其他直接责任人员给予警告，处 5000 元以上 5 万元以下的罚款；构成犯罪的，依法追究刑事责任。

根据我国有关信用管理的规定，商标代理机构有上述违法行为的，由商标行政管理部门记入信用档案；情节严重的，商标局、商标评审委员会可以决定停止受理其办理商标代理业务，予以公告。

商标代理机构违反诚实信用原则，侵害委托人合法利益的，应当依法承担民事责任，并由商标代理行业组织按照章程规定予以惩戒。

对恶意申请商标注册的，根据情节，给予警告、罚款等行政处罚。

第三章　专利商标行政执法管辖

第一节　专利商标行政执法管辖概述

一、专利商标行政执法管辖的内涵

（一）行政执法管辖

随着现代行政执法职能的扩张和法治理念的深入，行政执法的"正当程序"❶价值受到越来越多的重视。由于现代行政权力体系中出现的处理高度专业化问题的"独立管制机构"集行政权、准立法权和准司法权于一身，需要借助司法正当程序控制行政自由裁量权的扩张。于是，行政执法管辖制度与回避制度、内部职能分离制度、公示制度、听证制度等程序性规定日益完善，凸显行政执法的正当性、合理性。进入现代社会以来，许多国家出台了统一的行政程序法以规范行政执法权的行使。例如，美国 1946 年制定了《联邦行政程序法》，意大利 1990 年制定了《行政程序与查阅行政文件权利的法律》。我国目前尚未出台统一的行政程序法，对行政执法管辖的规定散见于相关法律和地方性立法文件之中。前者如 2017年修正的《行政处罚法》第 20 条规定："行政处罚由违法行为发生地的县级以上地方人民政府具有行政处罚权的行政机关管辖。法律、行政法规另有规定的除外。"后者如 2008 年《湖南省行政程序规定》第 11 条规定："行政机关的职权和管辖依照法律、法规、规章规定。"❷

一般认为，行政执法管辖是"行政主体之间就某一行政事务的首次处置所作的权限划分"。❸ 对于行政主体来说，行政管辖是明确了某一行政事务应当由哪一行政主体首次处置的问题。对于行政相对人来说，它可以确定受理处置行政事务

---

❶　正当程序是指任何其权益受到判决结果影响的当事人，都享有被告知和陈述自己意见并获得庭审的权利，它最初只适用于司法程序中，后来扩展到一切行使公权力的程序。

❷　2008 年《湖南省行政程序规定》第 13 条规定："法律、法规、规章对地域管辖未作明确规定的，按照下列原则确定：（一）涉及公民身份事务的，由其住所地行政机关管辖；住所地与经常居住地不一致的，由经常居住地行政机关管辖；住所地与经常居住地都不明的，由其最后居住地行政机关管辖；（二）涉及法人或者其他组织主体资格事务的，由其主要营业地或者主要办事机构所在地行政机关管辖；（三）涉及不动产的，由不动产所在地行政机关管辖；（四）不属于本款第（一）至第（三）项所列行政事务的，由行政事务发生地的行政机关管辖。"

❸　章剑生. 行政管辖制度探索［J］. 法学，2002（7）：28.

的行政主体。

广义的行政管辖不仅包括同一行政部门内部不同级别和不同地域机构的权限划分，还包括不同行政部门之间的职权分工。有学者从行政职权的视角定义行政管辖权，认为行政管辖权"包括对事、人和空间的管辖权，侧重于表明行政职权的边界，说明行政机关间的相互关系"。❶

（二）专利商标行政执法管辖

本章所述专利商标行政执法是指狭义上的行政执法，主要包括对专利商标侵权纠纷的行政裁决，对专利商标侵权纠纷或合同纠纷的行政调解，以及对专利商标违法行为的行政查处等具体行政行为。专利商标行政执法具有作出具体行政行为和解决民事纠纷的双重性质，前者具有传统行政行为的主动性和自由裁量性，后者则具有被动性和居中裁断性，因此，专利商标行政执法管辖既要延续行政执法管辖制度，又要借鉴民事诉讼法中的管辖制度和行政诉讼法中的管辖制度。

1. 行政处罚类专利商标行政执法的管辖

我国现行《专利法》第 63 条赋予管理专利工作的部门查处假冒专利行为的职权，现行《商标法》第 61 条赋予县级以上工商行政管理部门依法查处商标违法行为的职权，这都属于行政处罚类专利商标行政执法，其管辖应适用行政处罚法及相关法规、规章的相关规定。如国家市场监督管理总局 2018 年发布的《市场监督管理行政处罚程序暂行规定》第 6 条规定："行政处罚由违法行为发生地的县级以上市场监督管理部门管辖。法律、行政法规另有规定的除外。"

2. 民事纠纷处理类专利商标行政执法的管辖

我国现行《专利法》第 60 条赋予管理专利工作的部门应当事人请求处理专利侵权纠纷，就专利侵权的数额进行调解的职权；现行《商标法》第 60 条赋予工商行政管理部门应当事人的请求处理商标侵权纠纷，就商标侵权的赔偿数额进行调解的职权，这都属于民事纠纷处理类专利商标行政执法。其中处理专利商标纠纷的行为通常也称为行政裁决行为。我国法律目前并无对行政裁决的统一定义，但有些地方性规章对行政裁决作出了明确的定义，例如，2008 年《湖南省行政程序规定》第 109 条规定："本规定所称行政裁决，是指行政机关根据法律、法规的授权，处理公民、法人或者其他组织相互之间发生的与其行政职权密切相关的民事纠纷的活动。"学界一般认为，行政裁决是"行政机关或其附设的机构根据公民、法人或者其他组织的申请，运用国家权力，居间对私法上的争议进行裁断的行为，是在诉讼、调解、仲裁等途径之外的另一种争议解决方式"。❷

---

❶ 叶必丰. 论行政机关间的行政管辖权委托 [J]. 中外法学，2019（1）：95.

❷ 王小红. 分权原则与行政裁决制度关系研究——以美国为例 [J]. 郑州航空工业管理学院学报（社会科学版），2009（12）：106.

以上行政裁决行为和行政调解行为，其直接目的并非维护公共利益，而是以居中独立的地位解决私人之间的民事纠纷，带有准司法行为的性质。"准司法"从实质上说，其内容在于行政机关在行政管理过程中对案件进行的审理和裁断，而从形式上看，它应当是具有类似法庭审判的裁决程序。❶ 对于此类专利商标侵权纠纷行政执法的管辖，应参照适用民事诉讼法有关管辖的制度规定。

二、确立专利商标行政执法管辖的原则

（一）方便当事人解决民事纠纷

这是对民事诉讼法中"便于当事人进行诉讼"原则的借鉴。我国《民事诉讼法》管辖制度将绝大多数案件交由基层人民法院管辖，大多数民事案件由当事人住所地法院管辖，为当事人起诉、应诉提供了极大的便利，减轻了当事人的诉讼负担，体现了"便于当事人进行诉讼"的原则。专利商标行政执法的主要内容之一是通过行政裁决和行政调解解决当事人之间的专利商标侵权纠纷，其管辖制度也应体现这一原则，在级别管辖制度上将大部分案件交由县级和市级专利商标行政管理机关处理，在地域管辖制度上重点考虑当事人住所地这一连接点，从而为专利商标侵权纠纷的便捷立案、快速处理奠定基础，减轻当事人权利救济的费用。另外，在一定条件下对单纯的民事纠纷案件允许当事人按照事先达成的协议确定管辖部门，也是方便当事人解决民事纠纷原则的体现。

（二）便于行政执法机构调查取证

无论是专利商标行政裁决，还是专利商标行政处罚，行政执法部门都负有调查取证的职责，并且这也是行政执法能否体现公正、合理、合法原则的关键。因此，便于行政执法机构调查取证应当成为确立管辖制度的一项原则。为使办案机构能以最低的成本调查取证，地域管辖权一般应优先考虑侵权行为地和违法行为发生地等连接点，从而便于有行政执法管辖权的机构收集证据，走访证人，降低行政执法的成本。

（三）确保行政执法公正

虽然行政管辖权不涉及行政事务的实体性处置，但它关系到行政主体能否公正、有效地处理行政事务。理论上讲，一件案件无论交由哪一个执法部门管辖，都应适用国家统一的实体法和程序法，不会实质性影响公正执法。但现实情况较

---

❶ 时建中，陈鸣. 反垄断法中的准司法制度构造［J］. 东方法学，2008（3）：54.

为复杂，一方面，不同级别的执法部门执法能力不同，对确属重大复杂案件，更适合交由上级行政执法部门处理，如果由基层执法部门行使管辖权，可能因执法能力导致执法效果不佳；另一方面，基层执法部门权限较小，可能因地方保护主义、执法人员水平不高等多种因素导致执法效果不理想，此时适合将案件管辖权上移至上级执法部门管辖。

（四）工作负担均衡

在确定专利商标行政执法管辖部门时，往往会涉及两个以上的连接点，从而导致两个以上的部门都有管辖权，而这些具有管辖权的部门可能都要行使管辖权或都不愿行使管辖权，此时共同的上级部门应当指定某一行政部门行使管辖权。在指定管辖时，应当考虑各行政执法部门工作负担的均衡。

第二节　级别管辖

一、级别管辖的基本理论

（一）级别管辖的基本内涵

1. 级别管辖的概念

行政执法上的级别管辖，是指"行政主体系统中确定上下级行政主体之间首次处理行政事务的分工和权限"。[1]

2. 确定行政执法级别管辖的标准

对于如何确定中央、省、市、县四级行政机关的行政执法权限，我国法律法规和规章只有原则性规定，实践中往往导致互争管辖权或互推管辖权的现象。有学者认为，确定行政执法级别管辖权标准应考虑以下因素：（1）相对人的法律地位或级别；（2）对公共利益的影响程度；（3）对相对人权利义务的影响程度；（4）标的物的价值；（5）涉外因素。[2] 事实上，无论是处罚类行政执法还是纠纷处理类行政执法的级别管辖，都是与公共利益有关的一项制度安排。与此相关的是，司法程序上的级别管辖具有排他性、强制性的效力，当事人不得以协议管辖改变级别管辖的规定。[3] 因此，在确定行政执法级别管辖的标准时，应当重点考虑

---

[1] 章剑生. 行政管辖制度探索 [J]. 法学，2002（7）：29.

[2] 叶必丰. 行政法学 [M]. 武汉：武汉大学出版社，1996：90-92.

[3] 我国《民事诉讼法》（2017年修订）第34条规定："合同或者其他财产权益纠纷的当事人可以书面协议选择被告住所地、合同履行地、合同签订地、原告住所地、标的物所在地等与争议有实际联系的地点的人民法院管辖，但不得违反本法对级别管辖和专属管辖的规定。"《民事诉讼法》（2007年修订）甚至规定：法院违反级别管辖的规定而审理案件，构成重大的程序违法事项，可以成为再审的法定事由。

对公共利益的影响程度这一因素，同时兼顾案件标的之价值因素，以实现执法重心下移和方便当事人行使权利的制度目的。

（二）行政执法"重心下移"和"重心上移"

1. 行政执法"重心下移"的含义

行政执法"重心下移"是指行政执法事务应更多向县、市级行政部门转移，交由市、县级行政执法部门承担。其理由在于："县、市级行政执法主体更接近需要处理的行政事务的发生地，了解当地的民风民情，能够充分考量与所处理的行政事务相关的各种因素，从而使行政相对人和当地民众对所作出的行政决定更易接受……省级以上行政主体不介入具体行政事务的处理，可以用更多的时间来考虑宏观的行政管理问题，制定更加切实可行的公共政策，以指导下级行政主体的行政执法活动。"❶

2004年国务院发布的《全面推进依法行政实施纲要》第19条规定："要减少行政执法层次，适当下移执法重心；对与人民群众日常生活、生产直接相关的行政执法活动，主要由市、县两级行政执法机关实施。"一些地方性行政规章也体现了这一基本精神，例如，2008年《湖南省行政程序规定》第12条规定："法律、法规、规章对上下级行政机关之间的行政职责分工未作明确规定的，上级行政机关应当按照有利于发挥行政效能、财权与事权相匹配、权力与责任相一致、管理重心适当下移等原则确定。""下级行政机关能够自行决定和处理的行政事务，应当由下级行政机关自行决定和处理。"

2. 行政执法"重心上移"的含义

行政执法"重心上移"是指行政执法事务应更多向省级以上行政部门转移。有学者认为，"经济执法的重心应当上移到比较高层级的政府——直至中央政府。如反垄断法的实施，在我国即是由中央政府立法，由中央政府职能机构进行经济执法。"❷ 其理由在于，经济法是调整涉及社会公共经济关系的法律部门，经济法管理的基本属于全国性和跨省的事务和基本人权。以"三聚氰胺"事件为例，生产、制造、销售有毒、有害食品会流入全国乃至世界市场，因此，经济执法与城管执法主要管理的对象——违法摆摊设点相比较，经济执法需要更高级别的政府直接管辖。

事实上，以上两种观点并不矛盾，前者属于一般原则，后者属于特殊情形。换言之，一般意义上的行政执法，应当贯彻中央相关"执法重心下移"的精神，将行政执法管辖权更多地赋予县、市级执法部门；而少数高度专业化的具有全国性影响的执法管辖权应集中在省级以上执法部门，如反垄断执法权和证券监管类

---

❶ 章剑生. 行政管辖制度探索［J］. 法学，2002（7）：29.
❷ 韩志红，陈爽. 我国经济执法的重心应当上移［J］. 中国行政管理，2010（2）：40.

执法权。专利商标行政执法属于前者，其级别管辖应当体现"重心下移"的精神。

二、专利商标行政执法的级别管辖

1. 省级专利商标行政管理机关的管辖权

省级专利商标行政管理机关应当管辖重大、复杂或者在本省范围内有较大影响的专利及商标行政执法案件。具体包括下列案件。

（1）具有重大影响的专利、商标纠纷案件。如国家知识产权局2016年颁布的《专利行政执法操作指南（试行）》第1.2.1条规定："省、自治区管理专利工作的部门……负责处理本行政区内重大、复杂、有较大影响的专利案件。"2010年《江苏省专利行政执法规程》第9条规定："省专利行政管理部门管辖下列专利纠纷：……（四）重大、复杂或者在全国范围内有较大影响的。"1998年《山东省专利保护条例》第17条规定："省专利管理机关负责处理在全省有重大影响的专利纠纷和涉外专利纠纷。"

（2）专利、商标纠纷的调解以及对假冒专利等重大违法案件的查处。例如，2016年《浙江省专利条例》第22条第1款规定："省、设区的市专利行政部门负责调解专利纠纷，依职权查处假冒专利、重复侵权、有重大影响的专利侵权案件。"

2. 设区的市专利商标行政管理机关的管辖权

设区的市专利商标行政管理机关管辖除省级专利商标行政管理机关管辖以外的专利、商标行政执法案件。

3. 县级专利商标行政管理机关的管辖权

原则上，县（区、不设区的市）级专利商标行政管理机关对专利商标行政执法案件的管辖权限于本辖区内发生的专利、商标违法案件。例如，2018年《市场监督管理行政处罚程序暂行规定》第7条："县级、设区的市级专利商标行政管理机关依职权管辖本辖区内发生的行政处罚案件，法律、法规、规章规定由省级以上专利商标行政管理机关管辖的除外。"但在具体执法实践中，各地方立法对专利、商标行政执法管辖权的规定也各不相同，大致有以下几种情况。

（1）只管辖当事人均在其辖区内的专利、商标行政执法案件。例如，2010年《江苏省专利行政执法规程》第9条第3款规定："县（市、区）专利行政管理部门管辖当事人所在地均在本县（市、区）的专利纠纷。"

（2）只管辖商标和专利调解案件，对专利行政处理、行政查处没有管辖权。例如，2015年《贵州省专利条例》第17条规定："专利侵权纠纷由市、州以上人民政府专利管理部门处理"；第18条规定："当事人对下列专利纠纷，可以请求县级以上人民政府专利管理部门调解"。

（3）视其执法能力和实际需要，由上级部门授予其相应的行政执法管辖权。例如，2016年《浙江省专利条例》第22条第2款规定："有条件的县（市、区）

专利行政部门，经设区的市人民政府决定，可以行使前款规定的职权。"

以上级别管辖的一般规则主要是依照案件对社会影响的重大程度而设定，总体较为原则，为解决其实务中的可操作性问题，专利商标行政执法级别管辖制度可以借鉴司法管辖制度中的一些做法。例如，最高人民法院根据我国经济社会发展实际状况，适时发布地方各级人民法院审理第一审民商事知识产权案件标的额的上限。[1] 对诉争标的额的考量，实际上间接涉及案件的社会影响程度。

三、专利商标行政执法管辖权的转移

1. 管辖权上移

例如，2010 年《江苏省专利行政执法规程》第 10 条规定："单位或者个人发现假冒专利行为的，可以向违法行为发生地的县（市、区）专利行政管理部门或者省辖市专利行政管理部门举报。""接到举报的专利行政管理部门发现……假冒专利案件发生在本省且在全国范围内有较大影响的，应当及时移交省专利行政管理部门处理。"

2. 管辖权下移

例如，2016 年《浙江省专利条例》第 23 条第 2 款规定："涉外专利侵权纠纷、跨设区的市的专利侵权纠纷和在全省范围内有重大影响的专利侵权纠纷的处理，由省专利行政部门负责，必要时可以指定设区的市专利行政部门处理。"

第三节　地域管辖

与级别管辖主要解决上下级部门之间的权限划分不同，地域管辖主要解决的是同级不同地域部门之间的权限划分问题。具体而言，民事纠纷类专利商标行政执法制度设计的重点在于维护私人合法权益，地域管辖可参照民事诉讼地域管辖的诸多规定，连接点较多且具有可选择性；行政处罚类专利商标行政执法制度设计更侧重于维护市场竞争的公共秩序，连接点少且不可选择。

一、专利商标侵权纠纷行政裁决的地域管辖

《民事诉讼法》（2017 年修正）第 28 条规定："因侵权行为提起的诉讼，由侵

---

[1]　根据最高人民法院《关于调整高级人民法院和中级人民法院管辖第一审民商事案件标准的通知》（法发〔2015〕7 号）和《关于调整高级人民法院和中级人民法院管辖第一审民事案件标准的通知》（法发〔2019〕14 号）的规定，江苏省高级人民法院管辖诉讼标的额 50 亿元以上一审民事案件或者其他在本辖区有重大影响的第一审民事案件，所辖中级人民法院管辖诉讼标的额 1 亿元以上（当事人住所地均在受理法院所处省级行政辖区）或 5000 万元以上（当事人一方住所地不在受理法院所处省级行政辖区）一审民事案件。

权行为地或者被告住所地人民法院管辖。"参照该规定,专利、商标侵权纠纷的侵权行为地、侵权人住所地专利商标行政管理机关有管辖权。2015 年《最高人民法院关于适用〈中华人民共和国民事诉讼法〉的解释》第 24 条规定:"民事诉讼法第二十八条规定的侵权行为地,包括侵权行为实施地、侵权结果发生地。"参照以上法律规定,结合其他相关专利及商标法律、法规、规章的规定,笔者认为,专利商标侵权纠纷行政裁决的地域管辖涉及以下连接点。

(一)侵权行为地

1. 专利侵权行为实施地和侵权结果发生地

根据《最高人民法院关于审理专利纠纷案件适用法律问题的若干规定》(2015 年修订)第 5 条第二款规定:"(专利)侵权行为地包括:被诉侵犯发明、实用新型专利权的产品的制造、使用、许诺销售、销售、进口等行为的实施地;专利方法使用行为的实施地,依照该专利方法直接获得的产品的使用、许诺销售、销售、进口等行为的实施地;外观设计专利产品的制造、许诺销售、销售、进口等行为的实施地;假冒他人专利的行为实施地。上述侵权行为的侵权结果发生地。"

参照上述规定,作为专利侵权纠纷行政裁决地域管辖连接点的"侵权行为地"包括:(1)侵犯发明、实用新型专利权的产品制造、使用、许诺销售、销售、进口等行为的实施地;(2)专利方法使用行为的实施地,依照该专利方法直接获得的产品的使用、许诺销售、销售、进口等行为的实施地;(3)外观设计专利产品的制造、许诺销售、销售、进口等行为的实施地;(4)上述侵权行为的侵权结果发生地。因此,上述专利侵权行为的实施地和侵权结果发生地专利商标行政管理机关均有管辖权。

2. 商标侵权行为实施地、侵权商品的储藏地或查封扣押地

根据《商标法》(2019 年修正)第 57 条的规定,侵犯注册商标专用权的行为包括以下 7 种:(1)未经商标注册人的许可,在同一种商品上使用与其注册商标相同的商标的;(2)未经商标注册人的许可,在同一种商品上使用与其注册商标近似的商标,或者在类似商品上使用与其注册商标相同或者近似的商标,容易导致混淆的;(3)销售侵犯注册商标专用权的商品的;(4)伪造、擅自制造他人注册商标标识或者销售伪造、擅自制造的注册商标标识的;(5)未经商标注册人同意,更换其注册商标并将该更换商标的商品又投入市场的;(6)故意为侵犯他人商标专用权行为提供便利条件,帮助他人实施侵犯商标专用权行为的;(7)给他人的注册商标专用权造成其他损害的。参照 2015 年《民诉司法解释》第 24 条的规定,商标侵权行为行政执法地域管辖的连接点应当包括以上 7 种行为的实施地以及侵权结果发生地。但是,2002 年《最高人民法院关于审理商标民事纠纷案件适用法律若干问题的解释》第 6 条规定:"因侵犯注册商标专用权行为提起的民事

诉讼，由商标法第十三条、第五十二条（分别规定复制、模仿、翻译他人驰名商标以及侵犯注册商标专用权的五种情形）所规定侵权行为的实施地、侵权商品的储藏地或者查封扣押地、被告住所地人民法院管辖。"可见，《商标法司法解释》第 6 条和 2015 年《民诉司法解释》第 24 条相比，扩展了侵权行为实施地的内涵，但排除了"侵权结果发生地"作为地域管辖连接点的可能。❶

按照特别法优先于一般法的原则，笔者认为，作为商标侵权纠纷行政裁决地域管辖连接点的"侵权行为地"包括：（1）"使用"侵权商标的行为地❷；（2）"制造、擅自制造"他人注册商标标识的行为地；（3）"销售"侵权商品或伪造、擅自制造的注册商标标识的行为地；（4）"帮助"商标侵权行为地；（5）侵权商品的储藏地；（6）侵权商品的查封扣押地。因此，上述行为地专利商标行政管理机关对上述商标违法行为均有管辖权。

3. 请求人对管辖机关的选择

参照最高人民法院《关于审理专利纠纷案件适用法律问题的若干规定》和《关于审理商标民事纠纷案件适用法律若干问题的解释》，专利、商标侵权纠纷的管辖机关涉及前述的多个机关，专利权人、商标权人或利害关系人可以自行决定选择管辖机关，请求处理。对于专利侵权纠纷，请求人仅请求处理侵权产品制造者，未请求处理销售者，且侵权产品制造地与销售地不一致的，制造地专利商标行政管理机关有管辖权；请求人同时请求处理侵权产品的制造者与销售者，销售地专利商标行政管理机关有管辖权；销售者是制造者分支机构，请求人在销售地请求处理侵权产品制造者制造、销售行为的，销售地专利商标行政管理机关有管辖权。

（二）被请求人所在地

根据《民事诉讼法》第 28 条规定，"被请求人所在地"应当是专利商标侵权纠纷行政裁决地域管辖的重要连接点。2016 年《专利行政执法操作指南（试行）》第 1.2.2 条也规定："专利侵权纠纷的处理由被请求人所在地或者侵权行为地的管理专利工作的部门管辖。"至于如何确定"被请求人所在地"，参照《民事诉讼

---

❶　2002 年《商标法司法解释》第 7 条规定："对涉及不同侵权行为实施地的多个被告提起的共同诉讼，原告可以选择其中一个被告的侵权行为实施地人民法院管辖；仅对其中某一被告提起的诉讼，该被告侵权行为实施地的人民法院有管辖权。"该规定也排除了"侵权结果发生地"作为地域管辖连接点的可能性。

❷　根据《商标法》（2019 年修正）第 48 条规定："本法所称商标的使用，是将商标用于商品、商品包装或者容器以及商品交易文书上，或者将商标用于广告宣传、展览以及其他商业活动中，用于识别商品来源的行为。"

法》第 21 条和 2015 年《江苏省行政程序规定》的相关规定❶，"被请求人所在地"可以按以下方法确认：被请求人是自然人的，"被请求人所在地"一般是指被请求人住所地；被请求人住所地与经常居住地不一致的，也可以将被请求人的经常居住地作为其所在地；被请求人住所地和经常居住地都不明确的，以其最后居住地为所在地。被请求人是法人或其他组织的，"被请求人所在地"一般是指法人或其他组织的主要营业地或主要办事机构所在地。

（三）电子商务领域专利、商标侵权纠纷地域管辖的特殊规则

1. 由计算机等信息设备所在地专利商标行政管理机关管辖

2015 年《民诉司法解释》第 25 条规定："信息网络侵权行为实施地包括实施被诉侵权行为的计算机等信息设备所在地。"参照该规定，电子商务领域的专利、商标侵权纠纷可以由实施被诉侵权行为的计算机等信息设备所在地专利商标行政管理机关管辖。

2. 由电子商务经营者住所地和平台内经营者实际经营地专利商标行政管理机关管辖

2018 年《市场监督管理行政处罚程序暂行规定》第 9 条规定："电子商务平台经营者和通过自建网站、其他网络服务销售商品或者提供服务的电子商务经营者的违法行为由其住所地县级以上市场监督管理机关管辖。""平台内经营者的违法行为由其实际经营地县级以上专利商标行政管理机关管辖。电子商务平台经营者住所地县级以上市场监督管理机关先行发现违法线索或者收到投诉、举报的，也可以进行管辖。"

二、专利商标纠纷行政调解的地域管辖

按照 2015 年《江苏省行政程序规定》第 90 条的规定，所谓行政调解，是指行政机关为了化解社会矛盾、维护社会稳定，依照法律、法规、规章和有关规定，居间协调处理与行使行政职权相关的民事纠纷的行为。2017 年国家知识产权局《专利纠纷行政调解指引（试行）》第一章前序规定，专利行政调解是指管理专利工作的部门在日常专利管理和专利行政执法过程中，对专利申请权和专利权的权属纠纷、发明人或设计人资格纠纷、职务发明创造的发明人或设计人的奖励或报酬纠纷、发明专利临时保护期使用费纠纷以及侵犯专利权的赔偿数额纠纷等，以

---

❶ 2015 年《江苏省行政程序规定》第 11 条："法律、法规、规章对地域管辖未作明确规定的，由行政管理事项发生地的行政机关管辖，但是有下列情形之一的除外：（一）涉及公民身份事务的，由其住所地行政机关管辖；住所地与经常居住地不一致的，由经常居住地行政机关管辖；住所地与经常居住地都不明确的，由其最后居住地行政机关管辖；（二）涉及法人或者其他组织主体资格事务的，由其主要营业地或者主要办事机构所在地行政机关管辖；（三）涉及不动产的，由不动产所在地行政机关管辖。"

《专利法》及相关法律为依据，以当事人的自愿为原则，通过对当事人的说服和疏导，促使当事人平等协商、互谅互让，达成调解协议，以快速解决纠纷的行为。

我国《民事诉讼法》对民商事调解的管辖并未作出特别规定，但国家知识产权局和江苏省知识产权局的相关规范性文件对专利行政调解的管辖作了具体规定，这些具体规定可以参照适用于专利、商标纠纷行政调解的地域管辖，并和民事诉讼管辖制度的一般规则一起共同构成专利商标纠纷行政调解的地域管辖规则。

1. 侵权纠纷行政调解的地域管辖

2017 年国家知识产权局《专利纠纷行政调解指引（试行）》第 1.2.2 条"调解请求的管辖"规定："当事人可以请求被请求人所在地的管理专利工作的部门调解。"2010 年《江苏省专利行政执法规程》第 8 条也规定："专利纠纷调解案件由被请求人所在地的专利行政部门管辖。"因此，参照上述规定，被请求人所在地是确定专利、商标侵权纠纷行政调解管辖权的主要连接点。

2. 合同纠纷行政调解的地域管辖

2016 年《专利行政执法操作指南（试行）》第 1.2.2 条规定："因履行涉及专利的合同引起的专利纠纷，由被请求人所在地或者合同履行地的管理专利工作的部门管辖。"2010 年《江苏省专利行政执法规程》第 8 条也规定："因履行涉及专利的合同引起的专利纠纷，由被请求人所在地或者合同履行地的专利行政部门管辖。"因此，参照上述规定，被请求人所在地和合同履行地是确定专利、商标合同纠纷行政调解地域管辖的连接点。

三、双方当事人就地域管辖达成合意

专利、商标民事纠纷的行政裁决和行政调解制度，基本目的是解决当事人之间的利益纷争，应当遵循私法自治的原则。因此，民事诉讼法中关于协议管辖和应诉管辖的相关规定，可以准用于此。

1. 双方就管辖权达成协议

《民事诉讼法》（2017 年修正）第 34 条规定："合同或者其他财产权益纠纷的当事人可以书面协议选择被告住所地、合同履行地、合同签订地、原告住所地、标的物所在地等与争议有实际联系的地点的人民法院管辖，但不得违反本法对级别管辖和专属管辖的规定。"因此，专利、商标民事合同纠纷当事人可以书面协议在被请求人住所地、合同履行地、合同签订地、请求人住所地、标的物所在地等与纠纷有实际联系的连接点之间进行选择，确定行政调解的管辖部门，但协议不得违反级别管辖和专属管辖的规定。

2. 默示同意

《民事诉讼法》（2017 年修正）第 127 条规定："人民法院受理案件后，当事人对管辖权有异议的，应当在提交答辩状期间提出。……当事人未提出管辖异议，并应诉答辩的，视为受诉人民法院有管辖权，但违反级别管辖和专属管辖规定的除外。"因此，参照该规定，专利商标民事纠纷一方当事人向某一专利商标行政管理机关提出处理请求后，另一方当事人在规定期间内未提出管辖权异议，并进行答辩的，视为该专利商标行政管理机关有管辖权，但不得违反级别管辖和专属管辖的规定。

四、专利商标行政处罚的地域管辖

（一）一般规则

专利、商标行政处罚的地域管辖贯彻"行政主体独占行使管辖权"的规制，即针对某一违法行为的行政处罚的管辖权只能归属于一个行政主体，一般不能确定为两个以上行政主体共同管辖。这一原则的法律意义在于，它可以提高行政主体的责任心，避免行政管辖权的互相推诿。我国《行政处罚法》（2017 年修正）第 20 条规定："行政处罚由违法行为发生地的县级以上地方人民政府具有行政处罚权的行政机关管辖。法律、行政法规另有规定的除外。"2018 年《市场监督管理行政处罚程序暂行规定》第 6 条也规定："行政处罚由违法行为发生地的县级以上市场监督管理部门管辖。法律、行政法规另有规定的除外。"以上行政处罚管辖权制度均只规定一个连接点，即违法行为发生地。这与专利、商标民事纠纷处理类行政执法的管辖制度规定多个连接点有明显不同。

专利、商标行政处罚"违法行为发生地"的具体内容包括以下方面。

1. 假冒专利行为发生地

依照 2010 年《专利法实施细则》第 84 条的规定，下列行为属于《专利法》第 63 条规定的假冒专利的行为：（1）在未被授予专利权的产品或者其包装上标注专利标识，专利权被宣告无效后或者终止后继续在产品或者其包装上标注专利标识，或者未经许可在产品或者产品包装上标注他人的专利号；（2）销售前一项所述产品；（3）在产品说明书等材料中将未被授予专利权的技术或者设计称为专利技术或者专利设计，将专利申请称为专利，或者未经许可使用他人的专利号，使公众将所涉及的技术或者设计误认为是专利技术或者专利设计；（4）伪造或者变造专利证书、专利文件或者专利申请文件；（5）其他使公众混淆，将未被授予专利权的技术或者设计误认为是专利技术或者专利设计的行为。

因此，假冒专利行为发生地包括对专利标识（专利号）的"非法标注地"、假冒专利产品的"销售地"、专利信息的"虚假陈述地"、专利文件资料的"伪造或变造地"等，上述行为地的县级以上专利商标行政管理机关具有管辖权。

2. 商标违法行为发生地

依照我国《商标法》（2019 年修正）的相关规定，除了第 57 条规定的侵犯注册商标专用权以外，商标违法行为还包括：（1）第 49 条规定的商标注册人不规范使用注册商标的行为；（2）第52条规定的将未注册商标冒充注册商标使用，或者使用未注册商标违反绝对禁止性规定的行为；（3）第32条规定的以不正当手段抢先注册他人已经使用并有一定影响的商标的行为；（4）第6条规定的违反法律、行政法规规定销售必须使用注册商标而没使用注册商标的商品行为；（5）第13条规定的侵犯驰名商标的行为。以上行为发生地均可能构成商标违法行为查处管辖的连接点。上述连接点的县级以上专利商标行政管理机关有管辖权。

（二）共同管辖的处理规则

通常而言，专利、商标违法行为发生地应当是单一的，但也存在例外。首先，如果假冒专利行为或商标违法行为是一个连续的过程，可能会涉及两个以上的连接点。其次，如前所述，在电子商务领域违法行为中，专利、商标违法行为发生地可能涉及"实施被诉侵权行为的计算机等信息设备所在地""电子商务平台经营者"和"平台内经营者住所地"等多个连接点。因此，专利商标行政处罚的地域管辖依然会出现共同管辖的处理问题。其处理应遵循下列原则。

1. 立案受理在先（查处在先）原则

2018年《市场监督管理行政处罚程序暂行规定》第11条规定："对当事人的同一违法行为，两个以上市场监督管理部门都有管辖权的，由先立案的市场监督管理部门管辖。"2015年《江苏省行政程序规定》第13条也规定："两个以上行政机关对同一行政管理事项都有管辖权的，由最先受理的行政机关管辖。"

2. 危害结果地优先原则

有研究者认为："在违法行为已经造成损害结果的情况下，危害结果发生地应当作为属地管辖的优先考虑，也就是说按照受害人所在的地域范围确定行政执法的地域管辖，如果违法行为影响的受害人涉及不同行政区域，应当由这些行政区域的共同的上一级执法机构管辖。"❶ 这样既方便执法部门调查取证，也能够保证执法主体与受害人群体在地域范围上的一致性，有利于提高行政执法的效能。

第四节　移送管辖和指定管辖

一、移送管辖

（一）移送管辖的概念

狭义上的行政执法移送管辖，是指已经受理行政事务的行政主体因没有法定

---

❶ 付大学，韩志红. 完善行政执法属地管辖原则的探讨［J］. 法律适用，2012（7）：54.

的管辖权，依法将此行政事务移送到有管辖权的行政主体处理的一种管辖制度。广义上的行政执法移送管辖还包括有管辖权的行政部门因特殊原因不能行使管辖权而将案件交由上级行政部门管辖（民事诉讼法上的"管辖权的转移"），以及受理案件后发现案件不属于本部门的职权范围，而将案件移送至其他行政部门管辖的情形。

（二）移送管辖的具体情形

专利及商标行政执法案件的移送管辖包括下列情形：

（1）专利商标行政管理机关立案后发现不属于本部门管辖的，应当向有管辖权的专利商标行政管理机关移送；

（2）有管辖权的专利商标行政管理机关由于特殊原因，不能行使管辖权的，可以向上一级专利商标行政管理机关移送；

（3）专利商标行政管理机关在展会期间受理的专利及商标案件，展会结束时尚未处理完毕的，可以根据需要向其他有管辖权的专利商标行政管理机关移送；

（4）未经权利人许可，许诺销售专利侵权产品或者依照专利方法直接获得的侵权产品，或将他人注册商标用于商业广告的，由许诺销售行为地、广告发布者所在地专利商标行政管理机关管辖，异地处理许诺销售者或广告主、广告经营者有困难的，可以将案件移送许诺销售者、广告主、广告经营者所在地专利商标行政管理机关管辖；

（5）专利商标行政管理机关查处假冒专利及商标违法行为时，发现违法情节严重、构成犯罪的，应当依法向当地公安机关移送。

（三）移送管辖的特别规定

1. 移送部门的移送和告知义务

2016年《专利行政执法操作指南（试行）》第1.2.3条规定："管理专利工作的部门……立案后发现不属于受案管理专利工作的部门的管辖范围，应作撤案处理；同时，应当将案件线索移送有管辖权的管理专利工作的部门处理，移送前告知请求人。受移送的管理专利工作的部门应当受理或者立案。"

2. 受移送部门的受理和不得再自行移送义务

2018年《市场监督管理行政处罚程序暂行规定》第13条规定："受移送的市场监督管理部门对管辖权有异议的，应当报请共同的上一级市场监督管理部门指定管辖，不得再自行移送。"2016年《专利行政执法操作指南（试行）》第1.2.3条规定："受移送的专利商标行政管理机关认为受移送的案件依照规定不属于其管辖的，应当报请上一级专利商标行政管理机关指定管辖，不得再自行移送。"

二、指定管辖

（一）指定管辖的概念

行政执法上的指定管辖，是指上级行政主体将某一行政事务依法指定给某一行政主体管辖的一种管辖制度。

指定管辖在制度功能上属于一种补充性制度，目的是在级别管辖和地域管辖出现特殊情况时确保每一项行政事务都能及时、有效地得到处理。

（二）指定管辖的种类

（1）某一行政事务处于无行政主体管辖或者有管辖权的行政主体因客观原因不能行使管辖权时，由上级行政主体指定某一行政主体行使管辖权。

（2）两个以上的行政主体对同一行政事务都主张具有管辖权或者都主张没有管辖权时，由上级行政主体指定某一行政主体行使管辖权。

（三）指定管辖的程序

2018年《市场监督管理行政处罚程序暂行规定》第12条规定："两个以上市场监督管理部门因管辖权发生争议的，应当自发生争议之日起七个工作日内协商解决；协商不成的，报请共同的上一级市场监督管理部门指定管辖。"

2016年《专利商标行政执法操作指南（试行）》第1.2.3条规定："管理专利工作的部门对管辖权发生争议的，由争议双方协商解决；协商不成的，由其共同的上一级管理专利工作的部门指定管辖；无共同上一级管理专利工作的部门的，由国家知识产权局指定管辖。"

第四章　专利商标侵权纠纷处理程序

第一节　专利商标侵权纠纷处理概述

专利、商标侵权纠纷处理是指专利权人、商标权人及其利害关系人，就其专利权、商标权受到不法侵害，向有管辖权的专利商标行政管理机关提起处理请求，专利商标行政管理机关对其处理请求作出处理的具体行政行为。

根据现行《专利法》第 11 条的规定，发明和实用新型专利权被授予后，除本法另有规定的外，任何单位或者个人未经专利权人许可，都不得实施其专利，即不得为生产经营目的制造、使用、许诺销售、销售、进口其专利产品，或者使用其专利方法以及使用、许诺销售、销售、进口依照该专利方法直接获得的产品。外观设计专利权被授予后，任何单位或者个人未经专利权人许可，都不得实施其专利，即不得为生产经营目的制造、许诺销售、销售、进口其外观设计专利产品。

根据现行《商标法》第 57 条的规定，有下列行为之一的，均属侵犯注册商标专用权：（1）未经商标注册人许可，在同一种商品上使用与其注册商标相同的商标的；（2）未经商标注册人的许可，在同一种商品上使用与其注册商标近似的商标，或者在类似商品上使用与其注册商标相同或者近似的商标，容易导致混淆的；（3）销售侵犯注册商标专用权的商品的；（4）伪造、擅自制造他人注册商标标识或者销售伪造、擅自制造的注册商标标识的；（5）未经商标注册人同意，更换其注册商标并将该更换商标的商品又投入市场的；（6）故意为侵犯他人商标专用权行为提供便利条件，帮助他人实施侵犯商标专用权行为的；（7）给他人的注册商标专用权造成其他损害的。

因此，根据现行《专利法》《商标法》的规定，除法律另有规定的外，任何单位或者个人，未经专利权人、商标权人许可，只要实施了为上述法律规定所禁止的行为，都属于侵权行为。专利权人、商标权人或者其利害关系人都可以请求有管辖权的专利商标行政管理机关处理。专利商标行政管理机关处理专利、商标侵权案件是行政机关实施的行政裁决行为，属于羁束行政行为，受到法律法规的严格规制，其作出处理决定的事实认定错误、适用法律错误、处理程序违法，均可引起行政诉讼。

专利商标行政管理机关处理专利、商标侵权纠纷，应当符合下列条件。

（1）主体资格适格。即专利商标行政管理机关必须是按照法律法规规定有权处理专利、商标侵权纠纷的机关。根据现行《专利法》第 60 条、《专利法实施细则》第 79 条的规定，对于专利侵权行为，专利权人或者利害关系人可以请求管理专利工作的部门处理。管理专利工作的部门是指由省、自治区、直辖市人民政府以及专利管理工作量大又有实际处理能力的设区市的人民政府设立的管理专利工作的部门。根据现行《商标法》第 60 条、第 62 条规定，侵犯注册商标专用权引起纠纷的，商标注册人或者利害关系人可以请求工商行政管理部门处理。工商行政管理部门是指县级以上工商行政管理部门。2018 年政府机构改革后，国务院建立市场监管体制下的知识产权管理体制，将专利、商标、地理标志的行政管理职能划转国家知识产权局；相应地，地方机关机构改革后，也将专利、商标、地理标志的行政管理职能划转地方知识产权局或市场监督管理局（知识产权局），实现对专利、商标、地理标志等工业产权的相对集中管理。因此，当前专利商标行政管理机关在国务院部门中是国家知识产权局，在地方层面是各级地方政府设立的知识产权管理部门。为叙述方便，本书统一称为专利商标行政管理机关。专利商标行政管理机关处理专利、商标侵权纠纷，必须是符合上述法律规定、经过机构改革后被政府赋权的有权机关。

（2）管辖资格适格。即专利商标行政管理机关具有专利、商标侵权纠纷的管辖权。根据现行《专利法》及其实施细则、《商标法》及其实施条例的规定，对专利侵权纠纷有管辖权的专利商标行政管理机关，应当是设区市级及以上政府设立的专利商标行政管理机关；对商标侵权纠纷有管辖权的专利商标行政管理机关应当是县级及以上政府设立的专利商标行政管理机关；有管辖权的上级专利商标行政管理机关授权委托下级机关处理专利、商标侵权纠纷的，受委托的机关有管辖权。

根据国家知识产权《专利行政执法办法》规定，专利侵权纠纷处理，由被请求人所在地或者侵权行为地专利管理部门管辖。侵权行为地包括侵权行为实施地和侵权结果发生地。请求人仅对被控侵权产品制造者提出侵权处理请求，未对销售者提出处理请求，且被控侵权产品的制造地与销售地不一致的，制造地专利商标行政管理机关有管辖权。两个以上专利商标行政管理机关皆有管辖权的，当事人可以向其中一个部门提出处理请求；当事人向两个以上专利商标行政管理机关提出处理请求的，由最先受理的专利商标行政管理机关管辖；专利商标行政管理机关对管辖权产生争议的，由其共同上级部门指定管辖。参照最高人民法院 2015 年《关于审理专利纠纷案件适用法律问题的若干规定》，因侵犯专利权行为提起的诉讼，由侵权行为地或者被告住所地人民法院管辖。侵权行为地包括：被诉侵犯发明、实用新型专利权的产品的制造、使用、许诺销售、销售、进口等行为的实施地；专利方法使用行为的实施地，依照该专利方法直接获得的产品的使用、许诺销售、销售、进口等行为的实施地；外观设计专利产品的制造、许诺销售、销售、进口等行为的实施地；假冒他人专利的行为实施地。上述侵权行为的侵权结果发生地。因此，专利商标行政管理机关对专利侵权纠纷的管辖，也可参照法院管辖的规定实施管辖。

根据现行《商标法》的规定，只有县级以上工商行政管理部门有商标侵权纠纷管辖权。专利商标行政管理机关对商标侵权纠纷管辖，遵循属地管辖原则，即由被请求人所在地或者侵权行为地专利商标行政管理机关管辖。参照最高人民法院高人民法院2002年《关于审理商标民事纠纷案件适用法律若干问题的解释》第6条、第7条的规定，因侵犯注册商标专用权行为提起的民事诉讼，由商标法规定的侵权行为的实施地、侵权商品的储藏地或者查封扣押地、被告住所地人民法院管辖。侵权商品的储藏地，是指大量或者经常性储存、隐匿的侵权商品所在地；查封扣押地，是指海关、工商等行政机关依法查封、扣押侵权商品所在地。对涉及不同侵权行为实施地的多个被告提起的共同诉讼，原告可以选择其中一个被告的侵权行为实施地人民法院管辖；仅对其中某一被告提起的诉讼，该被告侵权行为实施地的人民法院有管辖权。因此，专利商标行政管理机关也可以参照法院上述管辖的规定，对商标侵权纠纷实施管辖。

（3）执法人员资格适格。即从事专利、商标侵权纠纷处理工作的人员应当是专利商标行政管理机关正式在编、直接从事专利商标行政执法工作，且取得国家规定的行政执法证件的人员。根据国家对行政执法证件管理的规定，行政执法证件应当由国务院部委或者地方省级人民政府统一核发和管理。按照国家原知识产权局《专利行政执法证件与执法标识管理办法（试行）》的规定，专利行政执法证件实行全国统一规范、分级管理制度。国家知识产权局负责全国专利行政执法人员证件的申领、核发、核检、监督等工作，各省、自治区、直辖市管理专利工作的部门负责本行政区域内专利行政执法证件的日常管理工作。按照国家工商行政管理局《关于加强执法人员使用证件规范化管理的规定》，县级及以上工商行政管理机关从事查处商标违法案件的工作人员，应当取得由国家工商行政管理局制定，由各省、自治区、直辖市工商行政管理局发放的公平交易检查证。公务人员查处商标违法案件时，应当使用检查证。因此，2018年政府机构改革后，各级专利商标行政管理机关处理专利商标侵权纠纷的执法人员，应当取得国家知识产权局或者地方省级人民政府核发的专利商标行政执法证件，方能上岗执法。

第二节　处理请求的提起

处理请求的提起，是指专利权人、商标权人或者其利害关系人，当其专利权、商标权受到不法侵害时，向专利商标行政管理机关提出处理请求的行为。处理请求的提起人以下简称为请求人。

一、提起处理请求的条件

请求人提起专利、商标侵权纠纷处理请求，应当符合下列条件。

1. 请求人具有提起处理请求的资格

请求人必须是专利权、商标权受到不法侵害的专利权人、商标权人或者其利害关系人。专利权人、商标权人为两个或者两个以上的，共同专利权人、商标权人为共同请求人，除非其明确表示放弃请求权；利害关系人包括以下情形：

（1）参照《最高人民法院关于审理专利纠纷案件适用法律问题的若干规定》《最高人民法院关于审理商标民事纠纷案件适用法律若干问题的解释》，专利、商标普通实施许可合同的被许可人，如果合同约定被许可人在专利权、商标权受到不法侵害时被许可人可以提起处理请求，则被许可人具有请求权；

（2）专利、商标独占实施许可合同的被许可人，可以单独提出处理请求；

（3）专利、商标排他实施许可合同的被许可人，可以和专利权人、商标权人共同提起处理请求，专利权人、商标权人不提出处理请求时，可以单独提出处理请求；

（4）专利权、商标权的合法继承人，可以提出处理请求。

2. 有明确的被请求人

被请求人应当是专利权、商标权侵权行为的实施人，即被请求人应当是实施了涉案专利权、商标权侵权行为的自然人、法人或者其他组织。

3. 有明确的请求事项和事实、理由

请求人提起专利、商标侵权纠纷处理请求，应当具有明确具体的请求事项，如请求停止侵权行为、请求销毁实施侵权行为的专用工具和设备、请求公开消除影响、请求赔偿损失，等等；并且应当说明支持其请求事项的具体事实和理由。

4. 有被请求人实施了涉嫌侵犯其专利权、商标权的证据

请求人提起专利、商标侵权纠纷处理请求，应当提供被请求人实施了涉嫌侵犯其专利权、商标权的证据。该证据可以是《中华人民共和国民事诉讼法》规定证据之一种或几种，包括：当事人的陈述、书证、物证、视听资料、电子数据、证人证言、鉴定意见、勘验笔录。

5. 属于专利商标行政管理机关受案和管辖的范围

请求人提起专利、商标侵权纠纷处理请求，应当遵守专利商标行政管理机关关于案件管辖的规定，向有管辖权的专利商标行政管理机关提出，并且提出的请求事项应当属于专利商标行政管理机关的职权范围，超出其职权范围的请求事项，专利商标行政管理机关不予支持。

6. 请求人或被请求人任何一方没有向人民法院提起诉讼，且双方没有约定其他纠纷解决途径

请求人提起专利、商标侵权纠纷处理请求时，必须同时符合下列条件，专利商标行政管理机关才能受理：一是请求人没有向人民法院起诉，被请求人也没有向人民法院起诉；二是双方当事人没有约定其他纠纷解决途径，例如，双方约定协商解决、通过仲裁机构仲裁解决、通过人民调解机构调解解决等。

二、提起处理请求的材料要求

请求人提起专利、商标侵权纠纷处理请求，应当向专利商标行政管理机关提供下列材料。

1. 专利、商标侵权纠纷处理请求书

请求人提起专利、商标侵权纠纷处理请求，应当向专利商标行政管理机关提供专利、商标侵权纠纷处理请求书正本一份，并按照被请求人的数量提供相应的请求书副本。一个处理请求只能涉及一件专利或者一件商标、一个被请求人；如果请求人的一件专利或者一件商标被多个被请求人侵权，或者请求人的多件专利或商标，被一个或多个被请求人侵权，应当分别填写请求书，按照"一件专利或者一件商标、一个被请求人"的原则，分别提出处理请求。

请求书应当记载下列内容：

（1）请求人的姓名或者名称、地址、法定代表人或经营者姓名、邮政编码、联系电话等。

（2）被请求人的姓名或者名称、地址、法定代表人或经营者姓名、邮政编码、联系电话等。

（3）委托代理人的，应当记载代理人的姓名、联系方式，代理机构名称、地址、邮政编码等。

（4）请求事项、理由和侵权事实。请求事项应当明确具体。理由应当结合侵权证据进行对比分析。对于专利侵权纠纷，应当将被控侵权标的（被控侵权的产品或方法）与涉案专利的权利要求进行对比分析，指出其侵犯的具体权利要求；对于商标侵权纠纷，应当将被控侵权产品及其使用的商标与涉案商标注册或使用的产品及其商标标识进行对比分析。侵权事实，应当说明侵权的基本情况，如侵权发现时间、地点，侵权证据及取得侵权证据的时间、地点和过程等。

（5）证据清单。请求人应当将收集的侵权证据依次编号，列出证据清单。

（6）请求人或其授权的代理人（应当是自然人）签名或盖章。

2. 授权委托书

请求人提起专利、商标侵权纠纷处理请求，可以委托 1~2 人作为代理人，代理提起处理请求。委托代理的，应当提交由委托人签名或者盖章的授权委托书。授权委托书应当写明委托代理的具体事项和权限，如代为接收和转送文书、参加口头审理、陈述意见，承认、放弃、变更处理请求，进行和解等，不得笼统写为"全权代理""部分代理"等；其中，涉及委托人权利处分的委托事项（如承认、放弃、变更处理请求，和解等），委托人必须在授权委托书中明确写明。

3. 涉案专利、商标的证明文件

请求人提起专利侵权纠纷处理请求的，应当提供下列证明文件：

（1）涉案专利的专利证书、专利授权公告文本（包括公告页、说明书、权利要求书、附图等）复印件；

（2）涉案专利法律状态证明文件，可以是专利登记簿副本原件、专利最近一次缴纳年费的收据复印件等能够证明涉案专利存在并有效的证明文件；

（3）涉案专利为实用新型专利且申请日（有优先权的，指优先权日）在2009年10月1日之前的，应当提供由国家知识产权局出具的实用新型专利检索报告；涉案专利为实用新型或外观设计专利且申请日（有优先权的，指优先权日）在2009年10月1日及之后的，应当提供由国家知识产权局出具的专利权评价报告，作为案件处理的证据。

请求人提起商标侵权纠纷处理请求的，应当提供下列证明文件：

（1）涉案商标为注册商标的，应当提供商标注册证复印件，该注册商标已经续展过的，还应当提供最近一次续展的证明文件，作为案件处理的证据；

（2）涉案商标为非注册商标的，应当提供请求人是该商标合法所有人的证明材料、商标标识及其使用产品的证明材料，还应当提供该商标被认定为驰名商标的证明材料，作为案件处理的证据。

4. 侵权证据

侵权证据是指能够证明被请求人实施了专利、商标侵权行为的证明材料，可以是书证、物证、视听资料、电子数据、证人证言、鉴定意见、勘验笔录等。请求人提供的证据材料应当提供原件，提供复印件的，应当将原件交由专利商标行政管理机关执法人员核对。证据材料应当编号，并与请求书证据清单编号一致。

5. 其他证明材料

其他证明材料主要为证明请求人和被请求人主体资格的材料。例如，请求人的身份证、营业执照副本、法定代表人证明、被请求人的工商登记材料等；如果请求人为专利权、商标权实施许可的被许可人，为证明其具有提起处理请求的主体资格，应当提供专利权、商标权实施许可合同原件，提供复印件的，应当将原件交由专利商标行政管理机关执法人员核对。

第三节 受理与立案

受理与立案是专利商标行政管理机关收到请求人的专利、商标侵权纠纷处理请求材料后，对请求材料进行审查，并决定是否受理和启动处理程序的活动。专利商标行政管理机关执法人员收到请求材料后，首先应当在收案登记簿上记录请求人信息和收案日期，其次应当在5个工作日内完成请求材料审查工作。经审查，符合受理条件的，应当自收到请求材料之日起5个工作日内向请求人发出《专利、商标侵权纠纷处理请求受理通知书》；不符合受理条件的，应当向请求人发出《专利、商标侵权纠纷处理请求补正通知书》，一次告知请求人需要补充的全部材料，并向请求人指定补充材料的期限；请求人未在指定的期限内补充材料或补充材料不符合规定的，应当向请求人发出《专利、商标侵权纠纷处理请求不予受理通知书》，并告知请求人对不予受理不服的救济途径。

一、请求材料的审查

请求人提起专利、商标侵权纠纷处理请求，应当符合本章第二节规定的条件和提交材料的要求，专利商标行政管理机关执法人员应当对提起处理请求的条件和请求材料进行全面审查。

1. 请求人的主体资格审查

提起专利、商标侵权纠纷处理请求的请求人应当是专利权人、商标权人或者其利害关系人。执法人员对请求人的主体资格审查，首先，应当核对请求人身份：

（1）请求人是我国大陆地区自然人的，应当核对其是否提供有效身份证件复印件；是个体工商户的，应当核对其是否提供个体工商户营业执照复印件；是法人或其他组织的，应当核对其是否提供加盖本单位公章的法人证书复印件或营业执照副本复印件及其单位法定代表人或负责人身份证明。

（2）请求人是港澳台地区居民的，应当核对其是否提供规定的身份证明文件；请求人是外国人（包括法人、自然人或者其他组织）的，应当核对其是否提供所在国公证机关出具的有效身份证明，及经中华人民共和国驻该国使领馆认证的认证材料，或者履行中华人民共和国与该请求人所在国订立的有关条约中规定的证明手续。缺少上述身份证明材料的，应当通知请求人在指定期限内补正。

其次，应当核对请求人的姓名/名称与其提供的专利证书、专利授权公告文本或专利登记簿副本上记载的专利权人、商标注册证上记载的商标权人、非注册商标的商标权人证明材料是否一致，相一致的，请求人主体资格适格；不一致的，应进一步进行下列审查。

（1）专利权人、商标权人为两个或者两个以上，请求人为其中之一的，应当审查请求材料中是否具有其他专利权人、商标权人放弃请求权的书面声明，如果有，则请求人主体资格适格，如果没有，则应当通知请求人在指定期限内追加其他共同专利权人、商标权人为共同请求人。

（2）请求人为非专利权人、非商标权人的，应当审查请求材料中是否具有专利权、商标权实施许可合同，如果没有，则请求人无请求权，应当通知请求人在指定期限内提供具有请求权的证明材料，否则，不予受理；如果有，则应当审查许可合同的种类：许可合同为普通许可的，应审查合同是否约定请求人有请求权，合同有约定的，请求人有请求权，否则不予受理；许可合同为独占许可的，请求人有请求权；许可合同为排他许可的，专利权人、商标权人有放弃请求权的书面声明的，请求人有请求权。

（3）请求人为非专利权人、非商标权人，但声明其为专利权人、商标权人合法继承人的，应当审核请求材料中是否具有有效的专利权人、商标权人变更登记证明文件，如果有，则应当审核请求人是否为证明文件载明的全体继承人，如果是，则请求人具有请求权，如果请求人非为全体继承人，则应当通知请求人在指定期限内追加其他继承人为共同请求人；如果没有，则应当通知请求人在指定期限内提供合法的证明材料，否则不予受理。

2. 被请求人的主体资格审查

被请求人应当是实施了专利、商标侵权行为的行为人，可以是自然人、法人或其他组织。执法人员对被请求人的主体资格审查，应当审查下列内容：

（1）被请求人是自然人的，应当审查请求材料中是否具有被请求人的身份、住址、联系地址、邮政编码、联系方式等信息，以便联系被请求人及向其送达文书，缺少联系地址或联系方式的，应当通知请求人在指定期限内补充。

被请求人是法人的，应当审查其名称、地址、法定代表人、邮政编码、联系电话等信息是否齐全，并查核是否与其工商登记信息一致，缺少联系地址或其名称、地址、法定代表人等信息与工商登记信息不一致的，应当通知请求人在指定期限内补正。

（3）经工商登记查核，被请求人为个体工商户的，应当以该个体工商户营业执照上登记的业主为被请求人，取字号的，应当在请求书中注明其字号，如果营业执照上登记的业主与实际经营者不一致，应当以营业执照上的业主和实际经营者为共同被请求人，不得以其登记的字号为被请求人，不符合上述规定的，应当通知请求人在指定期限内补正。

（4）经工商登记查核，被请求人为个人合伙的，应当以全体合伙人为被请求人，有依法核准的登记字号的，在请求书中应注明字号；不符合上述规定的，应当通知请求人在指定期限内补正。

（5）经工商登记查核，被请求人为其他组织的，应当以该组织为被请求人，该组织的负责人为代表人，参加案件的处理。参照 2015 年《最高人民法院关于适用〈中华人民共和国民事诉讼法〉的解释》，其他组织是指依法成立、有一定的组织机构和财产，但又不具备法人资格的组织。主要有下列组织：

（1）依法登记领取营业执照的个人独资企业；

（2）依法登记领取营业执照的合伙企业；

（3）依法登记领取我国营业执照的中外合作经营企业、外资企业；

（4）依法成立的社会团体的分支机构、代表机构；

（5）依法设立并领取营业执照的法人的分支机构；

（6）依法设立并领取营业执照的商业银行、政策性银行和非银行金融机构的分支机构；

（7）经依法登记领取营业执照的乡镇企业、街道企业；

（8）其他符合本条规定条件的组织。

法人非依法设立的分支机构，或者虽依法设立，但没有领取营业执照的分支机构，以设立该分支机构的法人为当事人。不符合上述规定的，应当通知请求人在指定期限内补正。

3. 委托代理人和授权委托书审查

专利权人、商标权人委托代理人或者授权他人代理参加专利、商标侵权纠纷处理的，执法人员应当对代理委托书、授权委托书的内容进行审查。主要审查下列内容：一是委托人的资格审查。如果专利权人或商标权人为无民事行为能力人，其法定代理人是监护人，当事人、监护人可以受委托1~2人作为其代理人，委托人不符合上述规定的，应当通知请求人在指定期限内补正。二是受委托人资格审查。请求人委托代理人和授权他人代理，受委托人均不得超过2人；委托代理人代理的，受委托的代理人是自然人的，属于自然人代理；受委托的代理人是单位的，应当是具有代理资质的专业服务机构，如专利商标事务所、律师事务所等，并由该代理机构指定在其单位执业的专职人员进行代理；请求人授权他人参与纠纷处理的，应当授权自然人代理。三是委托或授权事项审查。请求人委托代理或授权他人代理的，应当在委托书中写明委托、授权权限，涉及代为承认、放弃权利，变更请求，进行和解等实体权利处分的，应当有明确的特别授权；代理委托书或授权委托书没有写明具体委托事项的，应当通知请求人在指定期限内补正；在国外或者我国港澳台地区形成的代理委托书或授权委托书，应当按照我国法律规定办理公证、认证或其他证明手续；委托书及相关材料为外文的，应当提供加盖我国翻译机构公章和翻译人员签名的中文译文，不符合前述规定的，应当通知请求人在指定期限内补正。

4. 涉案专利、商标的证明文件审查

请求人提起专利侵权纠纷处理请求的，执法人员应审核请求人是否提供专利证明文件，没有提供的，应当通知请求人在指定期限内补正，否则，应不予受理；提供了专利证明文件的，应当审核下列内容：一是审核专利证书或专利登记簿副本、专利缴费收据、专利文本上记载的专利号及专利权人与请求人姓名/名称是否一致，不一致的，应当进一步审查请求人是否具有请求权的证明材料（包括专利实施许可合同、专利权人变更登记证明文件等），如果没有，应当通知请求人在指定期限内补正，否则，应不予受理。二是审核专利文本是否为授权公告文本，为申请文本或公开文本的，应当通知请求人提供授权公告文本，否则，应不予受理。三是审查专利登记簿副本出具时间或者专利缴费收据载明的缴费日期，计算涉案专利是否在法定的期限内缴纳年费，如果不能证明涉案专利已经在法定期限内缴纳规定的年费，则应当通知请求人在指定期限内提供涉案专利权有效性的证明，否则，应不予受理。四是涉案专利为实用新型专利或外观设计专利时，应审查请求人是否提供了由国家知识产权局出具的该专利权的检索报告或评价报告，如果没有，则应当通知请求人在指定期限内提供，否则，应不予受理。

　　请求人提起商标侵权纠纷处理请求的，执法人员应审核请求人是否提供涉案商标的证明文件，没有提供的，应当通知请求人在指定期限内补正，否则，应不予受理。提供了证明文件的，应当审核下列内容：一是涉案商标为注册商标的，应当审核商标注册证书上记载的注册证编号及商标权人与请求人在请求书中记载的商标注册证编号及请求人的姓名/名称是否一致，不一致的，应当进一步审查请求人是否具有请求权的证明材料（包括商标实施许可合同、商标权人变更登记证明文件等），如果没有，应当通知请求人在指定期限内补正，否则，应不予立受理。二是涉案商标为非注册商标的，应当审查请求人是否提供了其为商标权人的证明材料以及该商标被认定为驰名商标的证明材料，如果没有，应当通知请求人在指定期限内补正，否则，应不予受理。

　　5. 请求事项审查

　　请求人提起专利、商标侵权纠纷处理请求，必须有明确的请求事项。执法人员对请求事项进行审查时，应当审查请求书中是否提出了明确具体的请求事项，同时审查该请求事项是否属于专利商标行政管理机关的职权范围。如果请求事项全部不属于专利商标行政管理机关的职权范围，应当通知请求人在指定期限内补正，否则，应不予受理。如果请求事项部分超越专利商标行政管理机关的职权范围，则应当受理。

　　6. 侵权证据审查

　　请求人提起专利、商标侵权纠纷处理请求，应当提供能够证明被请求人实施了侵权行为的证据。执法人员对请求材料进行审查时，如果缺少证据材料，应当通知请求人在指定期限内补正，否则，应不予受理。请求人提供了证据材料的，证据是否充分不是受理与立案的必要条件，只要请求人提供了基本证据，则应当受理。请求人提供的证据有公证文书的，应当对公证文书进行形式审查，如果存在严重缺陷，如缺少公证机关印章或公证人员签名，可以通知请求人在指定期限内补正，请求人不补正的，不影响受理。证据材料中有涉外证据的，如果为国外证据，应审查请求人是否提供其所在国公证机关证明及我国驻该国使领馆认证；证据材料中有港澳台地区形成的证据的，应当审查请求人是否履行相应证明手续，不符合上述规定的，应当通知请求人在指定期限内补正。证据材料中有外文证据的，应当审查是否提供经我国翻译机构翻译、翻译人员签名并加盖翻译机构印章的中文译文，未提交中文译文的，该外文证据视为未提交；提交了外文证据部分译文的，未翻译部分不作为证据使用。

　　处理请求涉及新产品制造方法发明专利的，如果请求人主张举证责任倒置，应当审查请求人是否提供依据该专利方法制造的产品为新产品的证据，以及被请求人制造的产品与采用该专利方法制造的产品相同的证据，如果缺少上述证据材料，应当通知请求人在指定期限内补正，否则，应不予受理。

　　执法人员对请求材料进行审查时，应当按照前述要求，对请求材料进行全面审查，对不符合受理要求的请求材料缺陷，应当一次性指出所有缺陷，一次性通知请求人补充或补正，尽可能节约程序，提高审查受理效率。

二、立案

专利商标行政管理机关执法人员在收到请求材料后，经审查，请求材料合格的，应当自收到请求材料之日起 5 个工作日内办理立案手续；请求材料不合格的，应当自收到合格的请求材料之日起 5 个工作日内办理立案手续。

执法人员办理立案手续时，应当填写《专利、商标侵权纠纷案件立案审批表》，并连同请求材料一并报送办案处（科）室负责人审核。办案处（科）室负责人应当对请求材料进行审核，经审核认为可以立案的，应当在《专利、商标侵权纠纷案件立案审批表》中指定单数执法人员作为该案办案人员，并将《专利、商标侵权纠纷案件立案审批表》连同请求材料一并报送领导审批。经领导审批，同意立案的，应当将《专利、商标侵权纠纷案件立案审批表》连同请求材料一并交由案件主办人员保存。

立案手续办理完毕，案件主办人员应将《专利、商标侵权纠纷案件立案审批表》交案件档案管理人员在《专利、商标侵权纠纷案件受理登记簿》上登记，编写案号。

第四节　合议组组成

承办案件的执法处（科）室负责人收到执法人员填写的《专利、商标侵权纠纷案件立案审批表》和请求材料后，经审查，认为可以立案的，应当在《专利、商标侵权纠纷案件立案审批表》中指定案件承办人员，组成案件合议组，并指定案件主办人员。

案件合议组的组成一般应当为 3 人或 3 人以上的单数，合议组成员应当为本专利商标行政管理机关正式在编，并取得国家规定的专利商标行政执法证件的人员，无专利商标行政执法证件的在编人员或其他人员不得作为案件承办人员。

对于简单的专利、商标侵权纠纷案件，合议组组成可以采用独任制，由 1 名执法人员担任案件承办人员；对于特别复杂的专利、商标侵权纠纷案件，可以组成 5 人合议组；其余案件应成立 3 人合议组。

第五节　文书送达与答辩

一、文书送达

案件主办人员办理完案件立案登记手续后，应当制作《专利、商标侵权纠纷处理请求受理通知书》《接收当事人提交证据材料清单》《答辩通知书》，并自收到请求书之日起 5 个工作日内向请求人送达《专利、商标侵权纠纷处理请求受理通知书》《受理材料清单》及《送达回执》；自立案之日起 5 个工作日内，按照被请求人个数向所有被请求人送达《答辩通知书》、《专利、商标侵权纠纷处理请求书》及其证据材料副本、《合议组组成告知书》、《举证通知书》、《送达回执》，并要求被请求人自收到《答辩通知书》之日起 15 日内提交答辩书，被请求人逾期不提交的，不影响案件处理。

在立案审批中，领导作出不予立案决定的，案件主办人员应当制作《专利、商标侵权纠纷处理请求不予受理通知书》，说明不予受理的理由，送达请求人，并告知请求人不服本通知，可以在 60 日内向指定的专利商标行政管理机关申请复议，也可以在收到本通知书之日起 3 个月内向指定的中级人民法院起诉，还可以就请求事项另行直接向人民法院提起民事诉讼。

执法人员送达上述文书时，应当要求被送达人在《送达回执》上签名或盖章。执法人员向双方当事人发出的所有文书均应按照请求人、被请求人数量制作，一份送达当事人，一份存档。

二、答辩

被请求人应当自收到《答辩通知书》《专利、商标侵权纠纷处理请求书》及其证据材料副本之日起 15 日内提交答辩书。被请求人收到《答辩通知书》后对管辖权有异议的，应当在答辩期内以书面形式提出。被请求人提出管辖权异议的，办案机关应当对管辖权异议作出书面答复。被请求人对答复不服的，可以向其上级机关申请行政复议，复议期间办案机关执法人员应当中止案件办理。

被请求人在答辩期内提出答辩的，应当向办案机关提交答辩书正本一份，并按照请求人数量提交相应副本。办案机关执法人员收到答辩书后，答辩书上无被请求人或其代理人的签名或盖章的，执法人员应当通知被请求人在 3 个工作日内重新提交，否则，应视为未提交答辩书。执法人员在答辩期内收到合格的答辩书的，应当自收到答辩书之日起 5 个工作日内将答辩书副本送达请求人。

被请求人在答辩期内提出答辩，是自然人的，应当提交有效身份证明；是法人的，应当提交工商营业执照或事业单位法人证书、资质机构代码证书及法定代表人或负责人证明。

被请求人在答辩期内提出答辩并提交证据的，应当提供证据原件或原物。提供证据复印件的，应当将证据原件交由执法人员核对、确认，经核对无异议的，应当加盖核对章。

执法人员收到答辩人证据材料后，应当按照答辩人数量制作《接收当事人提交证据材料清单》，一份送达被答辩人，一份存档。

第六节　中止请求处理

专利商标行政管理机关执法人员办理专利侵权纠纷案件，向被请求人送达《答辩通知书》后，被请求人在规定的答辩期限内提出专利权无效宣告请求，同时请求专利商标行政管理机关中止该专利侵权纠纷处理的，执法人员应当对被请求人的中止请求进行审查，并决定是否中止案件处理。

参照 2015 年《最高人民法院关于审理专利纠纷案件适用法律问题的若干规定》，对于专利侵权纠纷案件，被请求人请求中止案件处理的，办案人员应当进行下列审查：一是审查被请求人是否提交书面《专利侵权纠纷中止处理请求书》；二是审查被请求人是否向国家知识产权局专利复审与无效宣告处理机关提出专利权无效宣告处理请求；三是审查被请求人提出中止处理请求的时间是否在答辩期限内提出；四是审查被请求人提交的中止处理请求材料是否包括专利复审与无效宣告处理机关出具的受理通知书、请求宣告专利权无效的请求书副本。经审查，缺少上述材料的，办案人员应当通知被请求人在指定期限内补交，逾期未补交或补交材料不合格的，视为未提出中止处理请求；符合上述规定的，专利商标行政管理机关可以中止案件处理。

经审查，专利商标行政管理机关认为被请求人提出的中止处理请求理由明显不能成立，或者有下列情形之一的，可以不中止案件处理：

（1）被请求人提出的无效宣告请求未被专利复审与无效宣告处理机关受理；或者未在专利商标行政管理机关指定的期限内向其提交无效宣告请求受理通知书及其无效宣告请求书副本的；

（2）请求人出具的实用新型专利检索报告或者实用新型、外观设计专利权评价报告未发现导致该实用新型或者外观设计专利权无效的事由的；

（3）被请求人提供的证据足以证明涉案专利使用的技术已经公知的；

（4）被请求人请求宣告涉案专利权无效所提供的证据或者依据的理由明显不充分的；

（5）被请求人宣告无效的专利属于发明专利，或者属于经专利复审与无效宣告处理机关审查维持专利权有效或部分有效的实用新型、外观设计专利的；

（6）被请求人提供的证据足以证明其被控侵权的产品或者方法与涉案专利明显不相同、不等同的。

专利商标行政管理机关受理侵犯实用新型、外观设计专利权纠纷案件后，被请求人在答辩期限届满后请求宣告该专利权无效的，专利商标行政管理机关一般应当不中止案件处理，除非经审查认为确有必要中止。侵犯发明专利权的纠纷案件，无论被请求人在答辩期内或者答辩期限届满后提出专利权无效宣告请求，专利商标行政管理机关一般应当不中止案件处理，除非经审查认为确有必要中止。

专利商标行政管理机关收到被请求人中止处理请求后，决定中止案件处理的，应当向双方当事人发出《专利侵权纠纷案件中止处理通知书》；决定不予中止的，应当向被请求人发出《专利侵权纠纷案件不予中止处理通知书》。

中止处理的专利侵权纠纷案件，专利复审与无效宣告处理机关作出维持专利权有效或者宣告专利权部分无效的决定后，专利商标行政管理机关应当及时恢复案件处理，并通知双方当事人。专利复审与无效宣告处理机关作出宣告涉案专利无效决定的，专利商标行政管理机关应当告知请求人撤回处理请求，请求人不撤回的，应当作出驳回处理请求的决定，并送达双方当事人。

第七节　调查取证

一、调查取证概述

调查取证是专利商标行政管理机关在处理专利、商标侵权纠纷时，依职权或者依当事人请求，调查收集和核实有关证据的活动。

依据现行《专利法》《商标法》的规定，专利商标行政管理机关在处理专利、商标侵权纠纷时，可以依职权进行调查取证。符合下列条件之一的，当事人及其代理人也可以申请专利商标行政管理机关调查收集证据：一是申请调查收集的证据属于国家有关部门保存，并须专利商标行政管理机关依职权调取的档案资料；二是当事人及其代理人由于客观原因不能自行收集的证据材料。

当事人及其代理人申请专利商标行政管理机关调查收集证据，应当向专利商标行政管理机关提交《专利、商标侵权纠纷调查取证申请书》，并在申请书中载明被调查人的姓名或者单位名称、地址、联系方式等基本情况，申请调查收集的证据内容、存放地点，不能自行取证需要专利商标行政管理机关调查收集证据的原因，要证明的事实。专利商标行政管理机关收到调查取证申请书后，经审查认为符合申请调查取证条件的，应当按申请进行调查取证；认为不符合条件的，应当向当事人发出《专利、商标侵权纠纷驳回调查取证申请通知书》。

二、调查取证方式

专利商标行政管理机关依职权或者依申请进行调查权证，一般应当在立案后送达文书时进行，也可以在案件处理过程中进行。调查取证时，可采用下列方式收集证据：

（1）查阅、复制与案件有关的合同、账册等有关文件；

（2）询问有关当事人和证人；

（3）采用测量、拍照、摄像等方式进行现场勘验；

（4）检查与案件有关的物品，进行抽样取证；

（5）涉嫌侵犯方法专利权的，要求被调查人进行现场演示。

三、调查实施准备

在实施调查取证前，案件主办人员应当做好下列准备工作：一是仔细阅读请求人的请求材料，对于专利侵权纠纷案件，应当仔细阅读涉案专利授权公告文本和请求人提交的证据，理解和弄清涉案专利的保护内容，掌握请求人提供的现有证据情况和需要调查的事实。涉案专利为发明或者实用新型专利的，应当仔细阅读说明书和权利要求书，弄清其独立权利要求和所有从属权利要求保护的技术方案内容，掌握其保护范围；涉案专利为外观设计专利的，应当仔细阅读其外观设计的图片或照片及其外观设计简要说明，掌握该外观设计的保护范围。对于商标侵权纠纷案件，涉案商标属于注册商标的，应当仔细阅读理解其商标标识内容、该商标核定使用的产品、请求人提交的证据，掌握该注册商标的保护范围、现有证据情况和需要调查的事实；属于非注册商标的，应当仔细阅读请求人提供的证明材料及证据，弄清该商标是否为驰名商标、商标标识内容以及其使用的产品，掌握其保护范围、现有证据情况和需要调查的事实。二是查明被调查取证人的具体地址，确定现场调查时间、内容和分工，制作现场调查内容清单，列出需要查清的问题，并针对调查过程中可能出现的各种情况制定处置预案。三是准备调查取证所需的各类文书、工具和执法装备，包括文书表格、笔录纸、执法记录仪、照相机、摄像机、录音笔、执法印章等。四是研究确定是否需要相关部门协助调查取证，需要的，应在适当时机通知相关部门协助调查。

四、现场调查取证

实施现场调查取证时，执法人员应不少于2人。首先，执法人员应当向被调查人出具执法证件，说明实施调查的原因，并告知其有查验执法人员证件、要求执法人员回避的权利。其次，应查明被调查人身份，并告知其应履行配合调查、如实回答执法人员询问、按照执法人员要求提供有关材料的义务，以及不履行义务应承担的后果。

执法人员进入现场后，应当以下列方法进行调查取证。

（1）抽样取证：执法人员应当根据涉案专利、商标的保护范围，对被调查人涉嫌侵权的产品生产现场、存储仓库、展示柜台等相关场所进行现场调查，对涉案产品及其生产模具、专用工具、包装物、产品说明书、使用手册、广告、宣传材料、销售合同、销售台账等与案件事实有关的物品，可以抽样取证的方式进行证据收集。决定抽样取证时，应当制作《专利、商标侵权纠纷案件抽样取证决定书》，并附《专利、商标侵权纠纷抽样取证清单》，所收集的证据应当清点并记入清单，抽取的产品样品、证据资料的数量应当以能够证明相关事实为限。对于涉嫌侵权产品的生产、销售数量调查，应当尽可能查清其已经销售的数量、单价、库存产品的数量。

（2）现场勘验：执法人员在现场调查中，对于无法通过抽样取证，但可以通过拍摄照片、现场摄像方式固定的证据，可以采取现场勘验的方式取证。对于涉嫌侵犯发明或者实用新型专利权的不便携带、运输、保管的产品，执法人员对涉案产品进行现场勘验时，应当结合涉案专利的所有权利要求限定的保护范围，对涉嫌侵权产品的构造进行详细勘验，采取拍照或摄像的方法取证，对产品内部结构，可以提取相应零部件、构件证据或对产品进行拆解，拍摄其内部结构进行取证，所拍摄的证据应当足以反映其内部的位置关系、连接结构。对于涉嫌侵犯方法发明专利权的，应当根据该专利所有权利要求限定的方法步骤，对涉嫌使用该方法的生产现场，按照其生产设备的布局，对其生产工艺步骤按先后顺序连续取证，直至完成所有步骤。取证时，可以采取拍照或摄像的方法收集证据，对于每个工艺步骤所采用的主要设备，应当拍摄提取该设备的铭牌证据；必要时，执法人员可以要求被调查人进行现场演示，对现场演示进行摄像取证。对于涉嫌侵犯外观设计专利权的，执法人员应当对涉嫌侵权产品的外观，按照正等侧六视图制作要求，拍摄其六面照片和立体照片，必要时可以拍摄其使用状态照片取证。对于涉嫌侵犯商标权的，执法人员应当对涉嫌侵权产品所使用的商标标识、附有该商标标识的产品进行拍摄取证。

（3）登记保存：执法人员在现场调查中，对于可能灭失或以后难以取得、又无法进行抽样取证或现场勘验的证据，可以对该证据实施登记保存，实施登记保存时，应当制作《专利、商标侵权纠纷案件证据登记保存决定书》，并附《专利、商标侵权纠纷案件证据登记保存清单》，载明登记保存的证据。同时在7个工作日内对登记保存的证据作出处理决定，如技术鉴定；不能作出处理决定的，应当制作《解除专利、商标侵权纠纷案件证据登记保存决定书》，并附具《解除专利、商标侵权纠纷案件证据登记保存清单》，列明解除登记保存的证据，自登记保存期限届满之日内作出解除登记保存的决定。

执法人员在调查取证中，查阅、复制与案件有关的档案、图纸、资料、账册等证据时，应当将需要调取的书证复印或者拍照，将复制件交被调查人核对，注明"经核对与原件一致"，并签名或者盖章，同时将取证情况记入调查笔录。

（4）现场指认：执法人员进行调查取证时，一般不得允许请求人或者其代理人进入调查现场。但在请求人没有提供被控侵权产品样品且被控侵权产品难以进行现场辨认时，或者被控侵权对象涉及方法专利、现场难以辨认时，执法人员可以要求请求人或者其代理人配合现场检查。请求人或者其代理人进入调查现场后，执法人员应当向其说明需要指认的内容，要求其在指定范围内配合现场检查，不得擅自行动，不得对被调查人现场进行拍照、录音、摄像，指认完毕，执法人员应当要求其离开被调查人检查现场。

五、调查笔录制作

执法人员实施调查取证收集证据时，应当制作笔录，所有询问笔录、现场检查笔录、抽样取证清单、登记保存物品清单，都应当由执法人员、被调查的单位或者个人逐页签名或者盖章，写明"以上情况属实"，注明日期。被调查人认为笔录或清单有错误，请求修改的，经执法人员确认修改内容属实的，可以修改，被调查人、执法人员应当在修改处签名或者盖章。被调查的单位或者个人拒绝签名或者盖章的，执法人员应当在笔录上注明。

1. 现场检查笔录

执法人员进行现场调查取证时，应当制作《专利、商标侵权纠纷现场检查笔录》，写明被调查人姓名或名称、地址，检查与涉案专利或商标有关的生产场地、储存仓库、陈列展柜等有关场所情况，对涉嫌侵权产品及其生产模具、专用工具、包装物、产品说明书、使用手册、广告、宣传材料、销售合同、销售台账等检查情况。实施抽样取证或登记保存的，应当将抽样取证或登记保存情况记入笔录，并制作《专利、商标侵权纠纷处理抽样取证清单》或《专利、商标侵权纠纷处理登记保存清单》，写明抽样取证的样品名称、型号、规格、数量，资料的名称、数量及其存放地点等事项；或者登记保存的物品名称、型号、规格、数量及其存放地点等事项，一式二联，交被调查人签字确认，第一联附卷，第二联交被调查人。实施现场勘验的，应当在笔录中写明勘验过程，拍照、摄像情况，以及无法通过拍照、摄像反映的涉案产品的技术特征情况。

2. 询问笔录

执法人员进行现场调查取证时，如果询问有关当事人，应当现场制作《专利、商标侵权纠纷处理询问笔录》。询问笔录应当包括下列内容：

（1）案件编号、执法人员姓名、制作时间、地点。

（2）被询问人的姓名、身份证件种类及号码、职务/职称、负责的工作。

（3）询问内容：包括被调查人生产经营基本情况、生产的产品、产品在国内外的具体销售地点；涉嫌侵权的产品名称、规格、型号，生产起始时间，生产数量，销售情况，库存情况等；生产涉嫌侵权产品的专用设备、工装、模具的名称、规格、型号、数量、存放地点等；涉及方法专利的，该方法的具体生产工艺、步骤等。

（4）执法人员、被询问人签名，并注明日期。

执法人员制作询问笔录，应当注意以下事项：

（1）执法人员在询问被询问人时，应当要求被询问人提供有效身份证件；

（2）一份询问笔录只能记录对一个被询问人的询问情况，询问多个被询问人，应当分别制作询问笔录；

（3）询问笔录的每一页都应当由执法人员和被询问人签名和注明日期，被询问人应当在询问笔录的最后一页注明"以上情况属实"，并签名和注明日期；

（4）询问笔录应当用语规范、字迹工整、记录准确无歧义，对于涉嫌侵权产品及其专用设备、工装、模具等的名称、规格、型号等重要事项，应当记录全称，不得使用简称或不规范用语；

（5）询问笔录应当依照其页码顺序记录，一页没记录完不得跨页记录，记录结束后尚有空白的，应当注明"以下空白"；

（6）询问笔录制作完毕，应当交由被询问人阅读。被询问人认为记录有错误的，可以修改改正，修改部分应当由被询问人签名、按捺手印或者盖章予以确认。

第八节 口头审理

口头审理是专利商标行政管理机关受理专利、商标侵权纠纷后，执法人员组织双方当事人到场，进行现场听取双方当事人陈述、申辩，以查明事实、作出处理决定的一种案件处理方式。专利商标行政管理机关受理专利、商标侵权纠纷后，案件承办部门负责人可以根据案情，决定是否进行口头审理。决定进行口头审理的，应当由本案主办人员担任合议组组长和主审员，其他办案人员作为参审员。

一、口头审理前的准备

专利商标行政管理机关受理专利、商标侵权纠纷后，决定进行口头审理的，案件合议组成员应当做好下列准备工作。

（1）研究案情。合议组成员应当仔细阅读案卷，掌握案情，弄清双方争议的焦点问题和需要查明的事实。对于专利侵权纠纷案件，合议组成员还应当特别注意在口头审理前查明涉案专利是否经过无效宣告程序、权利要求是否作过修改、修改后的权利要求的具体内容，弄清涉案专利的保护范围；对于商标侵权纠纷案件，合议组成员应当在口头审理前查明涉案商标是否处于无效宣告程序中，如尚处于无效宣告程序中，应当中止案件处理，等待无效宣告结果。

（2）决定是否提前质证。合议组成员经过案卷阅读，对案情复杂、证据较多、质证耗时较长的案件，可以在口头审理前组织当事人交换证据和质证。决定口头审理前质证的，应当向当事人（包括请求人、被请求人、第三人）分别发出《专利、商标侵权纠纷质证通知书》及其《送达回执》。《专利、商标侵权纠纷质证通知书》应当载明受送达人、案件编号、涉案专利或商标信息、质证时间、地点等事项，并写明被送达人向本专利商标行政管理机关提交《送达回执》的期限。当事人不参加质证的，不影响案件处理。

（3）确定口头审理分工。在口头审理前，合议组组长应当召集合议组成员召开合议组会议,研究确定合议组成员在口头审理中的任务分工、案情调查程序和内容、应重点查清的问题和事实,口头审理过程中可能出现问题的应对与处置方案。

(4)发送口头审理通知书。决定口头审理后,案件主办人员应当向案件当事人(包括请求人、被请求人、第三人)分别发出《专利、商标侵权纠纷口头审理通知书》及其《送达回执》,并确保当事人在口头审理日前3个工作日内收到。《专利、商标侵权纠纷口头审理通知书》应当载明受送达人、案件编号、涉案专利或商标信息、口头审理的时间、地点等事项,并写明被送达人向本专利商标行政管理机关提交《送达回执》的期限。口头审理的时间、地点一旦确定原则上不得变更,如遇特殊情况需要变更的,应当提前通知当事人。

(5)制作口头审理公告。决定口头审理的案件,除涉及商业秘密、个人隐私等不宜公开审理的外,均应公开审理。公开审理的,合议组应当制作《口头审理公告》,并在口头审理日前3个工作日内对外公告有关案件信息。公告内容应当包括:案件编号、案由;请求人的姓名或名称、被请求人的姓名或名称,有第三人的,第三人姓名或名称;涉案专利的名称及专利号或商标名称及注册证编号;口头审理的时间、地点;公告日期、单位印章。

二、口头审理举行

口头审理应当按照《专利、商标侵权纠纷口头审理通知书》载明的时间、地点进行。对于同一请求人指控同一被请求人侵犯其多项专利权或多个商标权的案件,或者同一请求人指控多个被请求人侵犯其同一专利权或商标权的案件,可以合并审理。合并审理的案件,各个案件的编号、专利名称及其专利号或者商标名称及其注册证编号、具体事实、理由、证据、当事人的陈述等应当分开记录。

口头审理由合议组组长主持并担任主审员,合议组其他成员担任参审员,并应当按照下列程序进行。

1. 核对当事人身份

案件当事人进场后,主审员应当根据请求人、被请求人、第三人提交的身份信息、法定代表人身份信息、授权委托书、代理委托书指定的授权委托人或代理委托人信息,核对口头审理参加人的身份信息是否与其相符,确认其是否具有参加口头审理的资格。口头审理参加人的身份信息与其不相符的,不得参加口头审理,可以旁听。

2. 启动口头审理

启动口头审理由合议组组长宣布,合议组组长宣布口头审理开始后,按下列程序进入审理。

(1)主审员宣布合议组成员及书记员名单。

（2）主审员宣布口头审理纪律：所有参加人员关闭通信设备，未经允许不得拍照、录音、摄像；不得随意走动；当事人发言应当征得合议组组长同意；旁听者无发言权，不得向参加口头审理的人员传递信息。

（3）主审员简要介绍案由。

（4）参加口头审理的当事人自我介绍，包括当事人名称或者姓名、住所、法定代表人或负责人；授权委托人、委托代理人及其授权、委托代理权限。

（5）主审员询问当事人是否申请合议组成员及书记员回避；是否申请证人出庭作证；是否请求演示实物。当事人申请合议组参审员、书记员回避的，主审员应当核实，理由成立的，应当报告执法部门负责人，更换参审员或书记员；申请主审员回避的，合议组成员应当报告执法部门负责人核实，理由成立的，应当终止口头审理程序，另行成立合议组，另行组织口头审理。

（6）主审员询问当事人对对方当事人、法定代表人、授权委托人、委托代理人的出庭资格有无异议。有异议的，应当中止程序，进行核实。经核实，异议不成立的，应当告知异议人异议不成立及其理由，并继续案件审理程序；异议成立的，应当决定中止案件审理程序，等待异议事由消除后，另行组织口头审理。

（7）主审员宣读当事人的权利义务。当事人的权利：当事人有权委托代理人，对合议组成员、书记员、鉴定人、翻译人员提出回避申请，收集证据，申请证人到场作证，进行辩论，请求调解。当事人可以自行和解，请求人可以放弃或者变更处理请求。当事人的义务：当事人应当按照通知按时到达审理地点，请求人无正当理由拒不到场的，按自动撤回处理请求处理，被请求人无正当理由拒不到场的，合议组可以缺席审理。在口头审理过程中，当事人应当自觉遵守审理秩序，未经允许不得中途退场，请求人未经允许中途退场的，按自动撤回处理请求处理，被请求人未经允许中途退场，合议组可以缺席审理。当事人对自己提出的主张有举证责任，反驳对方主张应当说明理由。

3. 口头审理调查

完成上述口头审理启动程序后，由主审员宣布进入口头审理调查。该阶段一般应当按照下列程序进行。

（1）请求人陈述和被请求人答辩。主审员首先请请求人陈述。请求人陈述时，应当根据《专利、商标侵权纠纷处理请求书》内容，陈述专利、商标侵权纠纷的请求事项及其理由，并陈述有关事实。请求人陈述完毕后，主审员请被请求人答辩。被请求人答辩时，应当根据其提交的答辩书，针对请求人提出的请求事项进行答辩，并陈述具体事实和理由。

（2）证据质证。首先，由主审员请请求人依次出示证据，让被请求人进行对质，提出陈述或反驳意见；其次，由主审员请被请求人依次出示证据，让请求人进行对质，提出陈述或反驳意见；最后，由主审员依次出示依职权调查取证取得的证据、笔录等（如果有），让双方当事人进行质证，提出陈述意见。质证时，主审员应当要求当事人围绕证据要证明的内容、证据之间的关联性、合法性、证据证明力的有无及证明力的大小等进行陈述、说明和辩驳。对于当事人在口头审理前没有提交但在口头审理时提交的证据，是否进行质证，由合议组决定；当事人要求在口头审理后继续提交证据的，合议组应当当场向当事人指定提交期限，并要求其在指定期限内提交；双方当事人及本案处理机关没有提交质证的证据，不得作为案件处理的证据使用。

（3）侵权对比。对于专利侵权纠纷案件，证据质证结束后，主审员应当询问请求人以涉案专利的哪些具体权利要求项作为涉案专利的保护范围，请求人不予具体明确的，默认请求人以独立权利要求作为涉案专利的保护范围。首先，由主审员请请求人作侵权对比陈述。请求人应当将主张权利的权利要求项涉及的所有必要技术特征与被控侵权产品或方法的技术特征进行逐项对比、分析，说明、解释这些技术特征是否相同或者等同，并说明理由。其次，由主审员请被请求人作反驳陈述。被请求人应当根据请求人的陈述，对请求人提出的每一项技术特征是否相同或者等同的陈述、说明、解释进行承认或者反驳，并说明被控侵权产品或者方法是否落入涉案专利的保护范围及其理由。

对于商标侵权纠纷案件，证据质证结束后，首先，由主审员请请求人作侵权对比陈述。请求人应当将注册、使用的商标标识及其使用的产品与被控侵权产品及其使用的商标进行对比、分析，说明、解释商标标识两者之间、商标标识所使用的产品两者之间是否相同或者相近似，并说明理由。其次，由主审员请被请求人作反驳陈述。被请求人应当根据请求人的陈述，对请求人提出的商标标识两者之间、商标标识所使用的产品两者之间是否相同或者相近似的陈述、说明、解释进行承认或者反驳，并说明是否构成侵权及其理由。

（4）组织辩论。侵权对比结束后，主审员应当根据证据质证、侵权对比中双方当事人的陈述和反驳，归纳总结案件争论的焦点问题。焦点问题应当是对案件处理起决定性作用的问题，如涉案专利的某个或某些技术特征是否等同，涉案商标的某些设计是否相近似、产品是否相近似，某些关键证据的证明效力等。主审员总结列出焦点问题后，应当组织双方当事人对焦点问题依次进行辩论，通过辩论双方当事人的观点已经明确或者对问题已经作出解答的，即可停止对该问题的辩论，进入下一焦点问题的辩论，所有焦点问题辩论完毕，辩论阶段结束。

（5）最后陈述。辩论阶段双方当事人充分发表辩论意见后，主审员宣布辩论结束，并按照请求人、被请求人的次序，请双方当事人作最后意见陈述。

4. 口头审理结束

双方当事人最后意见陈述结束后，主审员应当就是否愿意调解征询双方当事人意见。如果一方当事人不愿意调解，由主审员宣布口头审理结束。如双方当事人同意调解，由主审员宣布口头审理结束，可以立即进入调解程序，也可以另行约定时间进行调解。如果征询调解意见后，一方或双方当事人的代理人表示需要当事人授权后才能决定是否同意调解的，应当如实记入口头审理笔录，要求代理人及时征求当事人意见，并在指定期限内告知合议组。

调解程序贯穿于专利、商标侵权纠纷处理的全过程，在案件立案后，执法人员可以根据案件处理进程，随时组织调解。为了保证口头审理程序的完整性，一般不在口头审理程序中穿插调解。

口头审理结束后，合议组应当将口头审理笔录交由双方当事人及其代理人核对，并在笔录上逐页签字并注明日期。当事人及其代理人对笔录内容有修改的，应当在修改处签名或按手印。

三、口头审理注意事项

口头审理是专利商标行政执法机关查明专利、商标侵权事实，保障双方当事人民事权利，提高案件处理质量和效率的重要环节。合议组在实施口头审理时应当尽可能通过一次口头审理查明案件全部事实，案情特别复杂或举行口头审理后，当事人又提交新的证据的，可以再次组织口头审理。口头审理应当注意下列事项。

1. 口头审理组织及调查注意事项

口头审理的各个程序由主审员主持；对于当事人的过激情绪或与案件无关的陈述，主审员应当及时控制或制止，维护好审理秩序；口头审理过程中，合议组成员应当认真听取双方当事人的陈述和辩论，不得对案件性质、证据效率、当事人的申辩理由发表意见，不得对案件发表倾向性意见，不得与当事人辩论。主审员和参审员可以向当事人、代理人及其他口头审理参加人提问，可以就有关事实和证据向当事人、代理人、证人提问，可以要求当事人、证人就有关问题作出解释、说明，但提问应当公正、客观、具体、明确。口头审理过程中，经主审员同意，当事人可以相互提问、向证人或鉴定人员提问。被请求人对涉案专利、商标的法律状态有异议的，合议组应当要求请求人出具其有效性的证明材料，或者由合议组向其出具经本机关查明证明涉案专利、商标有效性的官方证明文件。

2. 口头审理应当查明的事项

在口头审理程序中，合议组应当查明下列事项：

（1）涉案专利、商标的申请日、授权日或者注册登记日、法律状态；

（2）请求人发现被请求人实施涉嫌侵权行为的时间，被控侵权产品的来源；

（3）请求人、被请求人的姓名或者名称、成立时间、法定代表人、经营范围、地址、联系人、联系电话等基本情况；

（4）本机关执法人员依职权调取的证据（如涉嫌侵权的产品样品、资料、账册等）当事人确认情况；

（5）在本机关执法人员实施现场调查制作的调查笔录、询问笔录上签字的人员与被请求人的关系；

（6）请求人提供或者本机关执法人员依职权调取的被控侵权产品是否为被请求人制造、销售、许诺销售、使用或者进口的；

（7）被控侵权产品的生产时间、生产数量、进货数量、销售数量、库存数量、生产成本或者进货价格、销售价格；

（8）被控侵权产品的专用生产模具、专用设备等数量、存放地点；

（9）被控侵权产品或者方法是否落入涉案专利的保护范围及当事人主张的理由；或者被控侵权产品是否侵犯商标权及当事人主张的理由；

（10）请求人和被请求人对对方提供证据的认定情况；

（11）授权委托人、代理人的委托权限，特别是对于承认、放弃权利的权限。

3. 口头审理暂停

在口头审理程序中，有下列情形之一的，主审员可以宣布暂停口头审理，该情形消除后，可以继续口头审理的，应当继续；不能继续口头审理的，应当确定继续口头审理的时间，并通知双方当事人：

（1）当事人当场请求合议组成员回避的；

（2）需要对涉案专利的发明创造进行现场演示的；

（3）合议组发现案件事实尚未查清，需要当事人补充证据，或者需要进一步自行调查取证的；

（4）合议组认为有必要暂停口头审理的其他情形。

4. 当事人中途退场处理

在口头审理程序中，当事人无正当理由，未经合议组许可中途退场的，或者因妨碍口头审理进行不听制止，被合议组责令退场的，应当将该当事人已经陈述的内容、中途退场或者被责令退场的事实记入口头审理笔录，并由当事人或者合议组成员签字确认。请求人无正当理由，未经合议组许可中途退场的，对本案作出视为请求人撤回处理请求处理；请求人被责令退场的，应当向其发出《责令检查通知书》，指出其妨碍口头审理的事实和理由，责令其限期作出书面检查，并另行组织口头审理；被请求人无正当理由，未经合议组许可中途退场或被责令退场的，不影响本案处理，可以继续案件审理。

5. 证人作证

案件审理中，当事人提供的证据有证人证言的，合议组应当要求证人在口头审理时到场作证，并接受质证，证人不到场的，其证言不得作为案件处理的证据使用。当事人在口头审理中提出请证人到场作证请求的，合议组可以根据案件具体情况作出是否准许的决定。证人到场作证时，主审员应当要求其出具身份证件，核对其身份，并告知其有诚实作证的法定义务和作伪证应承担的法律责任。证人作证时不得旁听案件审理，作证和接受质证结束后，主审员应令其立即退场，询问证人时，其他证人不得在场，但需要证人对质的除外。合议组成员可以对证人提问，双方当事人经主审员许可，可以向证人交叉提问，主审员应当要求证人对合议组成员、双方当事人的提问作出明确的回答，当事人提出的与案件无关的问题证人可以拒绝回答。证人作证和接受询问结束后，合议组应当将其证言及询问回答在口头审理笔录中记录，并将笔录交由证人签字和注明日期。

6. 口头审理笔录

在口头审理中，合议组应当指定一名书记员进行记录。书记员应当完整记录口头审理内容，记录方式应当采用文字记录，也可以采用录音、摄像设备进行记录。记录应当力求全面、准确，书记员来不及记录的，主审员应当示意当事人暂停或放慢陈述；对于重要信息（如数量、价格、时间等）应当准确记录，不得使用大约、左右、估计等模糊表述。口头审理结束后，合议组应当将口头审理笔录交由双方当事人阅读。对笔录的错误，当事人有权要求更正。笔录经当事人阅读、核对无误后，应当由当事人、合议组成员、书记员逐页签字并注明日期，存入案卷。主审员应当告知当事人可以对口头审理笔录进行阅读、复制或摘抄。

7. 口头审理旁听

专利商标行政执法机关处理专利、商标侵权纠纷时，对于公开处理的案件，在口头审理时应当允许旁听。参加旁听者应当遵守口头审理纪律，对于违反口头审理纪律的，主审员应当及时予以制止；不听从劝告的，主审员应当责令其退场。拒不退场的，专利商标行政管理机关可以对其实施强制退场。对于有重大影响的案件或者旁听者较多的案件，专利商标行政管理机关可以要求旁听者办理旁听手续。

第九节　案件中止及恢复

案件中止是指专利商标行政管理机关在处理专利、商标侵权纠纷时，出现中途停止案件处理的法定事由时，专利商标行政管理机关中途停止案件处理的行为。

有下列情形之一的，当事人可以请求专利商标行政管理机关中止案件处理，专利商标行政管理机关也可以自行决定是否中止案件处理。

1. 被请求人宣告涉案专利、商标无效的中止处理

请求人向专利商标行政管理机关请求处理专利、商标侵权纠纷，被请求人在答辩期间内提出涉案专利、商标无效宣告，并请求专利商标行政管理机关中止案件处理的，执法人员应当按照本章第六节内容进行处理。

2. 出现法定中止情形的中止处理

专利商标行政管理机关在处理专利、商标侵权纠纷过程中，出现下列情形之一的，应当中止案件处理：

（1）作为自然人的一方当事人死亡，需要等待其继承人表明是否参加处理的；

（2）作为自然人的一方当事人丧失民事行为能力，尚未确定其法定代理人的；

（3）作为法人或其他组织的一方当事人因该法人或其他组织终止，尚未确定其权利义务继受人的；

（4）一方当事人因为不可抗拒的事由，不能参加处理的；

（5）本案的处理必须以另一案件的处理结果为依据，而另一案件尚未处理完结的；

（6）因其他特殊情况，需要中止案件处理的。

出现上述法定中止案件处理情形的，办案人员应当向对方当事人发出《专利、商标侵权纠纷中止处理通知书》，说明原因。上述应当中止案件处理的情形消失后，专利商标行政管理机关应当向双方当事人发出《专利、商标侵权纠纷恢复处理通知书》，恢复案件处理。

第十节　行政裁决书制作与送达

一、案件合议

口头审理结束后，合议组成员应当根据双方当事人的陈述和质证、辩论的观点、意见，结合相关法律法规的规定，对案件处理可以认定的事实、证据、适用法律、法律责任承担等事项进行合议。合议应当由本案的主审员召集和主持，全体参审员参加，由书记员制作并记录合议笔录，全体合议组成员均有权且应当对案件的处理发表意见。合议组成员发表意见时，应当围绕案件涉及的证据是否可以采信、证据欲证的事实是否可以认定、当事人陈述的理由是否成立、法律条款的适用、对案件处理的结论性意见等发表合议意见，发表的意见均应当记入合议笔录。合议组成员在合议中对某一事项的认定存在争议，有不同意见的，应当将不同意见记入合议笔录，并按照少数服从多数的原则进行表决，表决结果应当记入合议笔录。合议组成员经过充分发表意见，多数意见认为本案已经可以作出处理决定的，合议结束。合议结束后，合议组成员应当在合议笔录上签名，并注明日期。

合议组经过充分合议，多数意见认为本案已经可以作出行政裁决的，本案主办人员应当制作《专利、商标侵权纠纷案件行政裁决书》。

合议组成员经过充分合议，多数意见认为对作出是否构成专利、商标侵权结论至关重要的事实尚未查清，需要补充调查的，应当记入合议笔录，并报告本执法部门负责人。负责人同意补充调查的，应当报请分管领导批准，经批准后可以进行补充调查。合议组进行补充调查取得证据后，应当通知双方当事人，再次组织双方当事人质证。未经当事人质证的，补充调查取得的证据不得作为案件处理的证据使用。

合议组经过充分合议，对于商标侵权纠纷案件，发现根据口头审理查明的证据、调查取证查明的违法所得或者其他证据，已经能够证明侵权人涉嫌犯罪的，应当制作案件移送文书，及时移送司法机关依法处理，并终止案件处理。

二、行政裁决书制作

在专利、商标侵权纠纷处理进程中，除了双方当事人愿意调解，并达成调解协议的外，案件经过口头审理和合议组充分合议后，可以作出行政裁决的，应当及时裁决，并制作《专利、商标侵权纠纷案件行政裁决书》。

制作《专利、商标侵权纠纷案件行政裁决书》应当采用说理式叙述，向当事人释明法律规定，以理服人，切忌武断。应当做到事实叙述清楚，理由论述充分，引援法律条款准确，处理结果明确具体，并按照《专利、商标侵权纠纷案件行政裁决书》的规范格式要求撰写。

《专利、商标侵权纠纷案件行政裁决书》应当载明下列事项：

（1）双方当事人的姓名或者名称、住所。当事人是自然人的，应当注明其身份证件名称及编号；当事人是法人或其他组织的，应当注明其法定代表人或负责人的姓名、职务。

（2）委托代理情况。当事人委托代理人的，应当载明委托代理人的姓名、工作单位名称、职务、资格或身份证件名称及其编号、地址。

（3）案由。

（4）案件立案、文书送达、被请求人答辩、口头审理双方当事人到场情况。

（5）双方当事人的主张、为支持其主张和理由提供的证据情况。

（6）执法人员依职权调查取证、现场检查等情况。

（7）双方当事人对证据的质证意见，合议组对证据的采信情况。

（8）经审理查明的事实及证明该事实的证据和理由。

（9）认定是否构成专利、商标侵权的事实、理由和证据。

（10）处理结论。认定专利、商标侵权行为成立的，应当写明责令被请求人立即停止侵权行为的类型、对象和范围；对于请求人提出的不属于专利商标行政管理机关职权范围的请求事项，应当予以驳回；认为专利、商标侵权行为不成立的，应当驳回请求人的全部处理请求；对于专利权、商标权被宣告无效或者不符合本机关管辖条件的，应当驳回请求人的处理请求。

（11）当事人不服处理决定提起行政诉讼的途径和期限。

（12）作出行政裁决的日期。

（13）合议组成员姓名。

《专利、商标侵权纠纷案件行政裁决书》制作完毕，案件主办人员应当将其送本执法部门负责人审核，经负责人审核并签署意见后，报分管领导签批。签批后的正式文本应当加盖本专利商标行政执法机关印章后方可送达双方当事人。

三、处理决定书送达

按照我国《行政诉讼法》的规定，专利商标行政管理机关处理专利、商标侵权纠纷的行为，属于可以引起行政诉讼的具体行政行为，参照《行政处罚法》的规定，《专利、商标侵权纠纷案件行政裁决书》正式文本制作完毕后，应当自领导签批日起在 7 日内依照民事诉讼法的有关规定，将行政裁决书送达当事人。

第十一节　结　案

结案是指专利商标行政管理机关对专利、商标侵权纠纷案件处理程序的终止。根据国家知识产权局《专利行政执法办法》、国家市场监督管理总局《市场监督管理行政处罚程序暂行规定》，专利商标行政管理机关处理专利、商标侵权纠纷，应当自立案之日起 3 个月内结案，案件特别复杂需要延长期限的，执法职能部门应当报请专利商标行政管理机关负责人批准，经批准延长的期限最多不得超过 1 个月。但执法人员在案件处理过程中的公告、技术鉴定、案件中止等时间，不计入案件处理期限。

专利商标行政执法机关执法人员在办理专利、商标侵权纠纷案件时，应当根据上述规定和案件处理的结果，采取下列方式之一结案，终止案件处理。

1. 以作出行政裁决的方式结案

专利商标行政执法机关经过对专利、商标侵权纠纷案件审理，作出行政裁决的，应当制作《专利、商标侵权纠纷案件行政裁决书》，并送达双方当事人，一份存卷，自行政裁决书送达之日起，案件处理程序终止。

2. 以调解方式结案

专利商标行政执法机关对专利、商标侵权纠纷案件受理立案后，在案件处理过程中，双方当事人经过自愿协商达成调解的，应当签订《专利、商标侵权纠纷调解协议书》，并将经过双方签字或者盖章后生效的《专利、商标侵权纠纷调解协议书》送专利商标行政执法机关存卷，自《专利、商标侵权纠纷调解协议书》送达专利商标行政执法机关之日起，案件处理程序终止。

在案件处理过程中，双方当事人在执法人员主持下达成调解的，执法人员应当制作《专利、商标侵权纠纷调解协议书》，写明请求人、被请求人的姓名或者名称、地址，法定代表人姓名、职务，委托代理人的姓名、职业、所在单位；处理请求、案件处理中查明的事实、调解协议的内容。双方当事人应当在《专利、商标侵权纠纷调解协议书》上签字或者盖章，专利商标行政执法机关应当在《专利、商标侵权纠纷调解协议书》上加盖公章，并将《专利、商标侵权纠纷调解协书》送达双方当事人，存卷一份。自《专利、商标侵权纠纷调解协议书》送达之日起，案件处理程序终止。未达成调解协议，或者《专利、商标侵权纠纷调解协议书》送达当事人签收前一方或双方当事人反悔的，专利商标行政执法机关应当及时作出行政裁决，以行政裁决的方式结案。

3. 以撤销案件的方式结案

专利商标行政执法机关对专利、商标侵权纠纷案件受理立案后，在作出行政裁决之前，出现下列情形之一的，专利商标行政执法机关应当以撤销案件的方式结案：

（1）立案后发现不符合立案条件的；

（2）专利权人或者商标权人撤回纠纷处理请求的；

（3）双方当事人在案件处理过程中自行达成和解，并向专利商标行政执法机关提出撤回处理请求的；

（4）请求人死亡或被注销，没有继承人或者继承人放弃处理请求的；

（5）请求人死亡或被注销，没有遗产，也没有其义务承担人的；

（6）其他依法应当撤销案件的情形。

专利商标行政执法机关决定撤销案件的，应当制作《撤销专利、商标侵权纠纷案件决定书》，并载明下列事项：

（1）案件编号；

（2）双方当事人的姓名或者名称、地址，法定代表人姓名、职务，委托代理人的姓名、职业、所在单位；

（3）涉案专利的专利号、专利名称，或者涉案商标的名称、注册证编号；

（4）撤销案件的原因；

（5）撤销决定；

（6）作出撤销决定的日期；

（7）不服撤销决定的救济措施。

专利商标行政执法机关制作的《撤销专利、商标侵权纠纷案件决定书》应当加盖专利商标行政执法机关公章，并送达双方当事人，自《撤销专利、商标侵权纠纷案件决定书》送达之日起，案件处理程序终止。

专利商标行政执法机关案件合议组完成上述结案工作后，认为案件可以结案的，应当填写《专利、商标侵权纠纷案件结案审批表》，经执法处室负责人审核后，报本机关负责领导审批。拟作出行政裁决的，应当将制作的《专利、商标侵权纠纷案件行政裁决书》作为《专利、商标侵权纠纷案件结案审批表》的附件，一并报领导审批；拟作出撤销案件的，应当说明理由，并将制作的《撤销专利、商标侵权纠纷案件决定书》作为《专利、商标侵权纠纷案件结案审批表》的附件，一并报领导审批；以调解方式结案的，应当将《专利、商标侵权纠纷调解协议书》作为《专利、商标侵权纠纷案件结案审批表》的附件，一并报领导审批。

第十二节　行政裁决的执行

行政裁决执行是指专利、商标侵权纠纷当事人履行专利商标行政管理机关作出的《专利、商标侵权纠纷案件行政裁决书》规定义务的行为。

专利商标行政管理机关对于专利、商标侵权纠纷，一经作出《专利、商标侵权纠纷案件行政裁决书》，行政裁决即发生法律效力，对双方当事人具有拘束力，双方当事人必须履行决定义务。如果一方或双方当事人在《专利、商标侵权纠纷案件行政裁决书》规定的不服行政裁决的救济期限内寻求救济，向指定的人民法院提起行政诉讼，专利商标行政管理机关也可以不停止《专利、商标侵权纠纷案件行政裁决书》的执行。但有下列情形之一的，应当停止执行：

（1）法律规定停止执行的；

（2）人民法院裁定停止执行的；

（3）作出行政裁决的专利商标行政管理机关认为需要停止执行的。

除上述应当停止行政裁决执行的情形外，执行专利商标行政管理机关作出的专利、商标侵权纠纷行政裁决是当事人的法定义务，当事人必须自觉履行。

一、申请执行

专利商标行政管理机关作出责令被请求人停止专利、商标侵权行为的行政裁决，如果被请求人不自觉履行行政裁决，专利权人、商标权人或利害关系人可以申请作出行政裁决的专利商标行政管理机关执行。专利商标行政管理机关收到执行申请后，应当指定办理该案的2名以上执法人员现场监督被请求人履行决定义务，并制作执行笔录。执行笔录应当由在场的当事人及执法人员签名，并注明日期。

根据国家知识产权局《专利行政执法办法》的规定，对于专利侵权行为，执法人员现场执行时，可以采取下列措施制止侵权行为：

（1）侵权人制造专利侵权产品的，责令其立即停止制造行为，销毁制造侵权产品的专用设备、模具，并且不得销售、使用尚未售出的侵权产品或者以任何其他形式将其投放市场；侵权产品难以保存的，责令侵权人销毁该产品。

（2）侵权人未经专利权人许可使用专利方法的，责令侵权人立即停止使用行为，销毁实施专利方法的专用设备、模具，并且不得销售、使用尚未售出的依照专利方法所直接获得的侵权产品或者以任何其他形式将其投放市场；侵权产品难以保存的，责令侵权人销毁该产品。

（3）侵权人销售专利侵权产品或者依照专利方法直接获得的侵权产品的，责令其立即停止销售行为，并且不得使用尚未售出的侵权产品或者以任何其他形式将其投放市场；尚未售出的侵权产品难以保存的，责令侵权人销毁该产品。

（4）侵权人许诺销售专利侵权产品或者依照专利方法直接获得的侵权产品的，责令其立即停止许诺销售行为，消除影响，并且不得进行任何实际销售行为。

（5）侵权人进口专利侵权产品或者依照专利方法直接获得的侵权产品的，责令侵权人立即停止进口行为；侵权产品已经入境的，不得销售、使用该侵权产品或者以任何其他形式将其投放市场；侵权产品难以保存的，责令侵权人销毁该产品；侵权产品尚未入境的，可以将处理决定通知有关海关。

（6）侵权人参展产品或者方法侵权的，责令侵权的参展方采取从展会上撤出侵权展品、销毁或者封存相应的宣传材料、更换或者遮盖相应的展板等撤展措施。

（7）停止侵权行为的其他必要措施。

专利商标行政管理机关认定电子商务平台上的专利侵权行为成立，作出行政裁决的，还应当通知电子商务平台提供者及时对专利侵权产品或者依照专利方法直接获得的侵权产品相关网页采取删除、屏蔽或者断开链接等措施。

根据我国现行《商标法》及其实施条例的规定，对于商标侵权纠纷，执法人员现场执行时，可以采取下列措施制止侵权行为：

（1）没收、销毁侵权商品和主要用于制造侵权商品、伪造注册商标标识的工具；

（2）违法经营额 5 万元以上的，可以处违法经营额 5 倍以下的罚款，没有违法经营额或者违法经营额不足 5 万元的，可以处 25 万元以下的罚款；

（3）五年内实施两次以上商标侵权行为或者有其他严重情节的，从重处罚；

（4）销售不知道是侵犯注册商标专用权的商品，能证明该商品是自己合法取得并说明提供者的，责令其停止销售，并将案件情况通报侵权商品提供者所在地工商行政管理部门。

二、强制执行

强制执行是指专利商标行政管理机关强制要求专利、商标侵权纠纷当事人履行行政裁决义务的活动。按照我国《行政处罚法》的规定，专利商标行政管理机关处理专利、商标侵权纠纷，认定被请求人侵权行为成立，作出行政裁决后，对于专利侵权纠纷，侵权人自收到行政裁决书之日起 15 日内，对于商标侵权纠纷，侵权人自收到行政裁决书之日起 6 个月内，既不按照《中华人民共和国行政诉讼法》的规定，向人民法院起诉，又不停止侵权行为的，专利商标行政管理机关可以申请人民法院强制执行。请求人对被请求人在法定起诉期限届满后不履行行政裁决义务的，也可以向专利商标行政管理机关提出申请，请求专利商标行政管理机关申请人民法院强制执行。

专利商标行政管理机关申请人民法院强制执行，应当在被执行人履行行政裁决义务期限届满之日起 3 个月内，向所在地有专利、商标案件一审管辖权的中级人民法院提出申请。专利商标行政管理机关申请人民法院强制执行前，应当向当事人发出《专利、商标侵权纠纷处理决定执行催告书》，催告当事人履行裁决义务。自催告书送达之日起 10 日后，如果当事人仍未履行裁决义务，专利商标行政管理机关可以申请人民法院强制执行。如果专利商标行政管理机关未在上述规定期限内申请人民法院强制执行，其生效的行政裁决确定的专利权人、商标权人、利害关系人或者其继承人、权利继受人可以在 90 日内申请人民法院强制执行。

专利商标行政管理机关申请人民法院强制执行，应当向人民法院提交下列材料：

（1）强制执行申请书；

（2）行政裁决书及作出处理决定的事实、理由和依据；

（3）当事人的意见及本行政机关催告情况；

（4）申请强制执行的标的情况；

（5）法律、法规规定的其他材料。

专利商标行政管理机关制作的《强制执行申请书》应当由负责人签名，加盖单位公章，注明制作日期。

人民法院受理强制执行申请后，决定实施强制执行时，专利商标行政执法机关应当派出行政执法人员配合和协助人民法院执行。如果当事人申请强制执行的，应当将强制执行结果告知当事人。

第五章　专利商标侵权判定

第一节　发明、实用新型专利侵权判定

一、专利侵权概述

专利申请经国务院专利行政部门授权后，专利权人即对该技术方案或设计获得了排他实施的专有权利。所谓排他实施的专有权利，即专利权人有权禁止他人实施专利法所规定几类特定行为。因此，除了法律特别规定外，未经专利人许可，以生产经营为目的实施专利的行为构成专利侵权，视不同情况，侵权行为人将承担停止侵权、赔偿损失等民事责任。判定被控侵权人是否构成专利侵权、被控侵权标的是否落入专利权保护范围，一般思路可以概括为以下四个步骤。

第一步：审查涉案专利权的有效性。主要包括：申请人所主张的专利权是否处于有效状态，以及申请人是否有权就涉案专利主张权利。

第二步：确定专利权的保护范围。对于专利权保护范围的确定，发明或实用新型专利应当以专利权利要求书记载的内容为准，必要时可以结合说明书及其附图、专利申请文件、专利复审文件、专利权无效宣告案件、标的本技术领域普通技术人员的理解等，对相关技术特征加以解释。外观设计专利应当以表示在图片或照片中的该产品的外观设计为准，简要说明可以用于解释图片或照片所表示的该产品的外观设计。

第三步：进行对比，判断被控侵权标的是否落入专利权的保护范围。采用技术特征对比的方法（对于发明和实用新型专利）和产品外观对比（对于外观设计专利）来判定被控侵权物是否落入涉案专利权保护范围，其基本原则是"全面覆盖原则"（对于发明和实用新型专利）和"整体观察、综合判断"原则（对于外观设计专利）。

第四步：考察被诉侵权人提出的不侵权抗辩理由能否成立。

本章主要介绍如何判断被控侵权技术方案/被控侵权设计（统称为被控侵权物）是否落入专利权的保护范围，具体而言，对于发明和实用新型专利，就是判断被控侵权技术方案是否包含与权利要求记载的全部技术特征相同或者等同的技术特征，如果是，则被控侵权技术方案就落入发明和实用新型专利权的保护范围；对于外观设计专利，就是判断被控侵权人是否在与外观设计专利产品相同或者相近种类产品上，采用与授权外观设计相同或者近似的外观设计（被控侵权设计），

如果是，则被控侵权设计就落入外观设计专利权的保护范围。由于发明和实用新型专利与外观设计专利在保护客体方面存在较大差异，两者在专利权保护范围的确定、对比原则和方式存在较大差异，故对发明和实用新型专利与外观设计专利的侵权判定在本章中分节介绍。

二、发明和实用新型专利权保护范围的确定

(一) 确定专利保护范围的几种理论

专利权的保护范围是指专利权的法律效力所涉及的范围，即专利权禁止他人未经许可使用专利技术、构成专利侵权的范围。专利权保护范围确定的依据是权利要求书。对专利权的保护范围如何确定，主要有以下三种不同的学说。

1. 周边限定说

周边限定说认为，权利要求书是确定专利权保护范围的唯一依据，其范围完全由权利要求书的文字内容来确定，必须严格按照其文字含义来理解和界定，说明书和附图不能作为确定专利权保护范围的依据。只有当被控侵权物与权利要求表述内容完全一致时，才会被认定是构成侵权；否则，都将不构成侵权。采取这种学说解释权利要求通常对专利权人提出了较高的要求，必须在撰写或修改专利申请文件时对后续的侵权认定有充分的考虑，否则，权利要求书一经确定和授权将不能再更改，其保护范围也随之固定下来，如果在申请或修改时考虑不周，将会对侵权认定造成严重影响。采用"周边限定说"的国家主要有英美等国。

2. 中心限定说

中心限定说认为，权利要求书中所记载的内容应反映发明创造的实质性内容，其仅仅是作为审查时对于新颖性和创造性评判的依据。而在确定专利权的保护范围时，不应局限于权利要求书记载的内容，应同时综合考虑发明创造的目的、性质、作用和说明书及附图中的内容。只有被控侵权物与权利要求的核心内容不一致时，才认定不构成侵权；否则，都将构成侵权。采用这种学说解释权利要求，对专利权人的要求比较宽松，在撰写和修改专利申请文件时，只需要考虑如何撰写可以满足专利的授权条件即可，而不必挖空心思考虑如何撰写才可以获得更宽的保护范围，因为在侵权判定时，审理法院可以在权利要求书、说明书及附图的基础上较为自由地裁量。采用"中心限定说"的国家主要有德国等国。按照此种解释理论，也会产生一些问题。例如，权利要求书具有向社会公示专利权保护范围的作用，采用此种解释，会将权利要求书未记载的内容纳入专利权的保护范围之内，社会公众始终不确定专利权的保护范围，在进行技术发明、使用技术时感到无所适从。在发生侵权纠纷时，法官可能对保护范围作扩大解释，可能把本来属于公有领域的内容纳入专有领域之中，侵害公众利益。

3. 折中解释说

折中解释说认为，专利权的保护范围以权利要求书为准。但是，在对权利要求书的解释存在模糊之处时，法院可以参考说明书和附图。世界上多数国家采用该解释学说。

我国《专利法》采用折中解释说确定发明和实用新型专利的保护范围。该法第 59 条第 1 款规定："发明或者实用新型专利权的保护范围以其权利要求的内容为准，说明书及附图可以用于解释权利要求。"可见，在确定专利权的保护范围时包含两个层面的含义，这两个层面虽有主次之分，前者占有主导地位，后者为次要地位，但是它们是一个整体的两个侧面，缺一不可。权利要求是对要求保护的技术方案的限定，是确定专利权保护范围的依据，但是仅仅通过阅读权利要求是不够的，往往不能正确把握权利要求的真正含义，因为在阅读整个申请文件之后会对权利要求有更深层次的理解。关于发明和实用新型专利的保护范围，最高人民法院在宁波市东方机芯总厂诉江阴金铃五金制品有限公司侵犯专利权纠纷案 [（2001）民三提字第 1 号] 中给予了明确。"在确定专利权的保护范围时，既不能将专利权保护范围仅限于权利要求书严格的字面含义上，也不能将权利要求书作为一种可以随意发挥的技术指导。确定专利权的保护范围，应当以权利要求书的实质内容为基准，在权利要求书不清楚时，可以借助说明书和附图予以澄清，对专利权的保护可以延伸到本领域普通技术人员在阅读了专利说明书和附图后，无需经过创造性劳动即能联想到的等同特征的范围。既要明确受保护的专利技术方案，又要明确社会公众可以自由利用技术进行发明创造的空间，把对专利权人提供合理的保护和对社会公众提供足够的法律确定性结合起来。"

（二）确定专利权保护范围的依据

发明或者实用新型专利权的保护范围以其权利要求的内容为准，说明书及附图可以用于解释权利要求。专利说明书是记载发明或者实用新型专利权保护范围、技术方案、技术特征的重要文件。但如果专利权经过无效审查程序进行过修改或者被宣告部分无效的，其变化的内容即记载在无效宣告请求审查决定书中。无效宣告请求审查决定不是终局的，需待司法审查程序后方能发生法律效力，北京知识产权法院和最高人民法院知识产权法庭的行政判决是对无效宣告请求审查决定法律效力的最终确定。其他具有参考意义的专利文本还包括发明专利申请公布说明书、专利公报、专利权评价报告。

1. 专利权利要求

（1）权利要求的类型。

权利要求有两种基本类型，即物的权利要求和活动的权利要求，或者称为产品权利要求和方法权利要求。第一种基本类型的权利要求包括人类利用发明的技术生产的物；第二种基本类型的权利要求包括有时间过程要素的活动。

在化学领域发明专利中组合物权利要求存在开放式、封闭式的表达方式。开放式表示组合物中并不排除权利要求中未指出的组分；而封闭式表示组合物中仅包括所指出的组分而排除所有其他的组分。开放式和封闭式常用的措辞如下。

① 开放式。例如"含有""包括""包含""基本含有""本质上含有""主要由……组成""主要组成为""基本上由……组成""基本组成为"等，这些都表示该组合物中还可以含有权利要求中所未指出的某些组分，即使其在含量上占较大的比例。

② 封闭式。例如"由……组成""组成为""余量为"等，这些都表示要求保护的组合物由所指出的组分组成，没有别的组分，但可以带有杂质，该杂质只允许以通常的含量存在。在封闭式权利要求中，实际上暗含有一个"除前述组分外，不再含有其他任何组分"的技术特征。

（2）独立权利要求。

权利要求又分为独立权利要求和从属权利要求。独立权利要求应当从整体上反映发明或者实用新型的技术方案，记载解决技术问题的必要技术特征。独立权利要求所限定的一项发明或者实用新型的保护范围最宽。发明或者实用新型的独立权利要求一般均包括前序部分和特征部分。

前序部分记载要求保护的发明或者实用新型技术方案的主题名称和发明或者实用新型主题与最接近的现有技术共有的必要技术特征。

特征部分使用"其特征在于……"或者类似的用语，记载发明或者实用新型区别于最接近的现有技术的技术特征。这些特征和前序部分记载的特征合在一起，限定发明或者实用新型要求保护的范围。

一件专利至少有一项独立权利要求，也可以有两项或者以上符合单一性要求的独立权利要求。一般情形包括以下几类。

① 不能包括在一项权利要求内的两项以上产品或者方法的同类独立权利要求。例如，权利要求 1 为：一种传送带 X，特征为 A。权利要求 2 为：一种传送带 Y，特征为 B。

② 产品和专用于制造该产品方法的独立权利要求。例如，权利要求 1 为：一种产品。权利要求 2 为：一种制造权利要求 1 的产品的方法。

③ 产品和该产品的用途的独立权利要求。

④ 产品、专用于制造该产品的方法和该产品的用途的独立权利要求。

⑤ 产品、专用于制造该产品的方法和为实施该方法而专门设计的设备的独立权利要求。

（3）从属权利要求。

如果一项权利要求包含另一项同类型权利要求中的所有技术特征，且对该另一项权利要求的技术方案作了进一步的限定，则该权利要求为从属权利要求。发明或者实用新型的从属权利要求一般均包括引用部分和限定部分。

引用部分记载引用的权利要求的编号及其主题名称，限定部分记载发明或者实用新型附加的技术特征。

（4）专利权被宣告部分无效后专利权保护范围的重新确定。

专利权被宣告部分无效后，应当根据其与被维持部分的权利要求之间的从属和引用关系，对专利权的保护范围进行重新确定。专利商标行政管理机关执法人员应当对该专利的权利要求保护范围进行审查，重新确定保护范围。

独立权利要求被宣告无效后，应当将该独立权利要求全部内容作为前序部分，将被维持的引用该独立权利要求的从属权利要求的内容作为特征部分，重新组合成为一个新的独立权利要求，确定其保护范围。

当有多个从属权利要求分别引用该独立权利要求时，应当分别将各从属权利要求与该独立权利要求重新组合，得到多个并列的新的独立权利要求，作为该专利的保护范围。

例1：原权利要求

1. 一种产品，包括 A、B、C，其特征在于，还包括 D。

2. 根据权利要求 1 所述的产品，其特征在于，还包括 E。

3. 根据权利要求 2 所述的产品，其特征在于，还包括 F。

4. 根据权利要求 3 所述的产品，其特征在于，还包括 G。

当独立权利要求被宣告无效后，应当将该独立权利要求全部内容作为前序部分，将引用该独立权利要求的从属权利要求的内容作为特征部分，重新组合成为一个新的"独立权利要求"，原来具有连续引用关系的从属权利要求继续作为新的"独立权利要求"的从属权利要求，即无效宣告决定后的权利要求应当理解为：

（1）一种产品，包括 A、B、C、D，其特征在于，还包括 E。

（2）根据权利要求 1 所述的产品，其特征在于，还包括 F。

（3）根据权利要求 2 所述的产品，其特征在于，还包括 G。

例2：原权利要求

1. 一种产品，包括 A、B、C，其特征在于，还包括 D。

2. 根据权利要求 1 所述的产品，其特征在于，还包括 E。

3. 根据权利要求 1 所述的产品，其特征在于，还包括 F。

4. 根据权利要求 1 所述的产品，其特征在于，还包括 G。

当独立权利要求被宣告无效后，因为权利要求 2－4 分别引用权利要求 1，因此应当分别将各从属权利要求与该独立权利要求重新组合，得到多个并列的新的"独立权利要求"，即无效宣告后的权利要求为 3 个并列的独立权利要求：

1. 一种产品，包括 A、B、C、D，其特征在于，还包括 E。

2. 一种产品，包括 A、B、C、D，其特征在于，还包括 F。

3. 一种产品，包括 A、B、C、D，其特征在于，还包括 G。

例3：原权利要求

1. 一种产品，包括 A、B、C，其特征在于，还包括 D。

2. 根据权利要求 1 所述的产品，其特征在于，还包括 E。

3. 根据权利要求 1 或 2 所述的产品，其特征在于，还包括 F。

4. 根据权利要求 3 所述的产品，其特征在于，还包括 G。

当独立权利要求被宣告无效后，因为权利要求 2 引用权利要求 1，权利要求 3 引用了权利要求 1 和权利要求 2，权利要求 4 引用了权利要求 3，无效后的新的权利要求应当根据其与被维持部分的权利要求之间的从属和引用关系，对专利权的保护范围进行重新确定，产生两个独立的技术方案，即：

技术方案 1：

1. 一种产品，包括 A、B、C、D，其特征在于，还包括 E。

2. 根据权利要求 1 所述的产品，其特征在于，还包括 F。

3. 根据权利要求 2 所述的产品，其特征在于，还包括 G。

技术方案 2：

1. 一种产品，包括 A、B、C、D，其特征在于，还包括 F。

2. 根据权利要求 1 所述的产品，其特征在于，还包括 G。

例 4：原权利要求

1. 一种产品，包括 A、B、C，其特征在于，还包括 D。

2. 根据权利要求 1 所述的产品，其特征在于，还包括 E。

3. 根据权利要求 1 或 2 所述的产品，其特征在于，还包括 F。

4. 根据权利要求 3 所述的产品，其特征在于，还包括 G。

当权利要求 1、权利要求 2 被宣告无效后，因为权利要求 3 引用了权利要求 1 和权利要求 2，无效后的新权利要求应当根据其与被维持部分的权利要求之间的从属和引用关系，对专利权的保护范围进行重新确定，产生两个独立的技术方案，即：

方案 1：

1. 一种产品，包括 A、B、C、D、E，其特征在于，还包括 F。

2. 根据权利要求 1 所述的产品，其特征在于，还包括 G。

方案 2：

1. 一种产品，包括 A、B、C、D，其特征在于，还包括 F。

2. 根据权利要求 1 所述的产品，其特征在于，还包括 G。

（5）申请人的选择。

申请人请求保护发明或者实用新型专利权的，应当明确其主张的权利要求。专利商标行政管理机关应当根据申请人主张的权利要求，依据《专利法》第 59 条第 1 款的规定确定专利权的保护范围。应当说明的是，如果权利人在请求保护时，特别声明以保护范围小于独立权利要求的某从属权利作为保护的权利基础的，应当视为对其权利保护范围的自由选择与处分，专利商标行政管理机关应当允许。最高人民法院在《关于对当事人能否选择从属权利要求确定专利权保护范围的请示的答复》〔（2007）民三他字第 10 号〕中指出："当事人放弃独立权利要求，自愿选择从属权利要求确定专利权保护范围的，人民法院应当允许。专利法第五十六条第一款规定，发明或者实用新型专利权的保护范围以其权利要求的内容为准。……由于专利法第五十六条第一款所说的'权利要求'没有仅限定为专利法实施细则第二十一条第一款规定的'独立权利要求'，因此也应当包括实施细则规定的'从属权利要求'。'从属权利要求'是附加的技术特征，对其所引用的权利要求包括独立权利要求作进一步的限定，从属权利要求所限定的专利权的保护范围要小于独立权利要求或者其所引用的权利要求所限定的专利权的保护范围。因此，在当事人放弃独立权利要求，自愿选择从属权利要求作为其专利权保护范围的依据的情况下，由于这种选择既不违反法律，也没有损害社会公众利益，人民法院应当允许。"参照人民法院做法，专利商标行政管理机关处理专利侵权纠纷时，权利人选择从属权利要求作为请求保护的依据时，应当准许。

在当事人放弃独立权利要求，选择从属权利要求确定专利权保护范围时，应当以其所选择的从属权利要求记载的技术特征与该从属权利要求所引用的权利要求记载的技术特征共同限定该专利权的保护范围。也就是说，不能仅以该从属权利要求本身记载的技术特征作为确定专利权保护范围的依据，也不能将没有引用关系的其他权利要求记载的技术特征加在一起作为确定专利权保护范围的依据。因为每一个从属权利要求与其所引用的权利要求记载的都系各自不同的完整的技术方案，应当分别受到保护。例如，权利要求1为独立权利要求，权利要求2~5均为从属权利要求。其中，权利要求2与其所引用的权利要求1；权利要求3与其所引用的权利要求1；权利要求3与其所引用的权利要求2和权利要求2引用的权利要求1；权利要求4与其所引用的权利要求1；权利要求4与其所引用的权利要求2和权利要求2引用的权利要求1；权利要求5与其所引用的权利要求1，均为独立的技术方案，专利权人可以选择其中的一个或者全部予以保护，专利商标行政管理机关可以引导专利权人作出适当的选择。

在当事人没有放弃独立权利要求，自愿选择从属权利要求确定专利权保护范围的情况下，专利商标行政管理机关不得自行采用从属权利要求确定专利权的保护范围。因为独立权利要求的保护范围最大，在当事人没有主动放弃保护请求的情况下，专利商标行政管理机关应当尊重当事人的选择。

2. 专利说明书

专利说明书是指记载专利权全部内容法定文书，包括扉页、权利要求书、说明书及说明书附图。对于实用新型、外观设计专利，其说明书为国家知识产权局公告的授权公告文本，对于发明专利包括发明专利公布说明书和授权公告文本。

扉页由著录事项、摘要、摘要附图组成。说明书无附图的，则没有摘要附图。扉页记载的著录事项，除与专利证书上记载的发明创造名称、专利号、专利申请日、专利权人、授权公告日、发明人或设计人相同的外，与纠纷处理有直接和重要关系的还包括：优先权日、公布日；专利系国际申请的，还包括国际申请日、国际公布日和进入国家阶段日期等。

权利要求书应当以说明书为依据，说明发明或者实用新型的技术特征，清楚并简要地表述请求保护的范围。技术特征可以是构成发明或者实用新型技术方案的组成要素，也可以是要素之间的相互关系。

说明书应当对发明或者实用新型作出清楚、完整的说明，以所属技术领域的技术人员能够实现为准。

附图是说明书的一个组成部分。附图的作用在于用图形补充说明书文字部分的描述，使人能够直观地、形象化地理解发明或者实用新型的每个技术特征和整体技术方案。对于机械和电学技术领域的专利申请，说明书附图的作用尤其明显。因此，说明书附图应该清楚地反映发明或者实用新型的内容。对发明专利申请，用文字足以清楚、完整地描述其技术方案的，可以没有附图。实用新型专利申请的说明书必须有附图。

请求人不得仅以国家知识产权局网站专利数据库的电子文件作为证明其专利权利状态和专利内容的证据。

3. 发明专利申请公布说明书

发明专利申请经初步审查合格后，自申请日（优先权日）起满15个月进行公布准备，并于18个月期满时公布。发明专利申请公布说明书包括扉页、权利要求书、说明书以及说明书有附图时的说明书附图。发明专利申请公布的内容包括：著录事项、摘要和摘要附图，但说明书没有附图的，可以没有摘要附图。著录事项主要有：国际专利分类号、申请号、公布号、申请日、优先权事项、申请人事项、发明人事项、专利代理事项、发明名称等。

4. 无效宣告请求审查决定书

维持专利权有效的决定与宣告专利权全部无效或者部分无效的决定一样，都不是终局的，需待司法审查程序后方能发生法律效力。

宣告无效的专利权视为自始即不存在。某项专利权被宣告部分无效后，授权的权利要求书中被宣告无效的权利要求应视为自始即不存在。但是予以维持的部分权利要求（包括经修改后的权利要求）也同时应视为自始即存在。

申请人撤回无效宣告请求或者被视为撤回无效宣告请求的，无效宣告程序终止，该程序对专利权的有效性不产生影响。国家知识产权局驳回无效宣告请求的，无效宣告程序终止，该程序对专利权的有效性不产生影响。

5. 行政判决书

北京知识产权法院和最高人民法院知识产权法庭的行政判决书是对国家知识产权局作出的无效宣告请求审查决定效力进行判定的记载。

6. 专利公报

专利公报的内容可以用于证明相关著录事项及其变更情况。

7. 专利权评价报告

专利侵权纠纷涉及实用新型专利或者外观设计专利的，专利商标行政管理机关可以要求申请人出具由国务院专利行政部门对相关实用新型或者外观设计进行检索、分析和评价后作出的专利权评价报告，作为处理专利侵权纠纷的证据和参考。

专利权评价报告对于专利权有效性的结论不能直接作为侵权认定的依据。

（三）技术特征的分解与权利要求解释

1. 专利技术方案与技术特征

技术方案是专利权人对其要解决的技术问题所采取的技术措施的集合。技术措施通常是由技术特征来体现的。

一项专利技术方案的技术特征包括前序部分记载的与最接近的现有技术共有的必要技术特征和区别于最接近的现有技术的技术特征。两部分的特征都是实现发明目的的必要技术特征。

2. 技术特征的分解

对一项专利技术方案的技术特征的分解，应当根据其权利要求所用词汇的文意来进行。除涉及位置关系、连接关系和配合关系的技术特征外，每一个被分解出的技术特征应当具有相对独立的性质，并且能够在技术方案中具有相对独立的功能。

产品的形状特征是指产品所具有的、可以从外部观察到的确定的空间形状。

产品的构造特征是指产品的各个组成部分的安排、组织和相互关系。产品的构造可以是机械构造，也可以是线路构造。机械构造是指构成产品的零部件的相对位置关系、连接关系和必要的机械配合关系等；线路构造是指构成产品的元器件之间的确定的连接关系。

对于产品权利要求来说，应当尽量避免使用功能或者效果特征来限定发明。只有在某一技术特征无法用结构特征来限定，或者技术特征用结构特征限定不如用功能或效果特征限定更为恰当，而且该功能或者效果能通过说明书中规定的实验或者操作或者所属技术领域的惯用手段直接和肯定地验证的情况下，使用功能或者效果特征来限定发明才是允许的。对于这种权利要求中所包含的功能性限定的技术特征，应当结合说明书和附图对实现该功能的具体方法的表述来确定其特征的内涵。但是，如果某个技术特征已经限定或者隐含了发明技术方案的特定结构、组分、步骤、条件或其之间的关系等，即使该技术特征还同时限定了其所实现的功能或者效果，原则上亦不属于《最高人民法院关于审理侵犯专利权纠纷案件应用法律若干问题的解释（二）》第8条所称的功能性特征。

3. 技术特征的解释

在确定专利权保护范围时，需要对权利要求的内容进行解释。专利商标行政管理机关应当以本技术领域普通技术人员阅读说明书及附图等所理解的权利要求的内容确定发明或者实用新型专利权的保护范围。实践中可按以下方法对权利要求书进行解释。权利要求中用词的含义，一般情况下按其通常的含义理解，但是如果其中的用词在说明书中以定义给予特别含义，或者对于所属领域的普通技术人员来说，具有特定含义，则应当按该用词的特定含义来解释。权利要求书等有关表述有歧义，不能直接得出具体、确定、唯一的解释的，应当依据所属领域的技术人员通过阅读权利要求书和说明书及附图，对实现要求保护的技术方案得出具体、确定、唯一的解释，以达到确定该专利保护范围的目的。根据《最高人民法院关于审理侵犯专利权纠纷案件应用法律若干问题的解释》（法释〔2009〕21号）第3条规定："人民法院对于权利要求，可以运用说明书及附图、权利要求书中的相关权利要求、专利审查档案进行解释。说明书对权利要求用语有特别界定的，从其特别界定。以上述方法仍不能明确权利要求含义的，可以结合工具书、教科书等公知文献以及本领域普通技术人员的通常理解进行解释。"这里进一步明确，除了可以运用说明书及附图解释权利要求外，还可以"运用权利要求书中其他相关的权利要求""专利审查档案"等材料对权利要求进行解释。如果上述方法仍不能明确权利要求含义的，还可以结合工具书、教科书等公知文献以及本领域普通技术人员的通常理解进行解释。

需要明确的是，对权利要求书中不清晰、不明确的技术特征的解释是为了正确确定权利要求的保护范围。不应当以说明书或者附图限制权利要求的保护范围。

权利要求的解释应当符合专利的发明目的，不应当包括专利不能克服现有技术的缺陷或者不足，从而实现发明目的的技术方案。

实施例是对发明创造优选的具体实施方式的举例说明，可以用于澄清权利要求的含义，但不能解释为对权利要求内容的限制。

摘要是对发明的名称和所属技术领域，所要解决的技术问题，解决该问题的技术方案的要点和主要用途的简要说明，不能用于解释权利要求。

产品权利要求中包含的方法特征，是对权利要求的保护范围的限定，不应当被排除。

实用新型专利权利要求中记载的产品用途、制造工艺、使用方法、材料组分和含量等非形状、构造的技术特征，对权利要求的保护范围具有限定作用，不应当被排除。

三、发明和实用新型专利侵权认定

（一）相同侵权判定

1. 全面覆盖原则

相同侵权也称为字面侵权。相同侵权判定是指仅仅从文字意义上进行的判定，如果被控侵权的产品或者方法中包含权利人主张的权利要求中所记载的每一个特征，并且与之有着唯一的一一对应关系，那么就应该认定该被控侵权产品或者方法构成对专利权的侵犯。这种判定方法，也称为全面覆盖原则。相同侵权判定与新颖性判定有着异曲同工之处，它们仅仅在对比对象上有所不同，而在判断标准及判断方式上是相同的。新颖性判定是用独立权利要求与对比文献进行对比，而相同侵权判定是用权利要求与被控侵权产品或者方法进行对比。按此规则，被控侵权产品或方法的技术特征可能多于或完全相同于权利要求中的技术特征。如果少于权利要求中的技术特征，则不构成侵权。

全面覆盖的基本模式有以下两种：

（1）专利权利要求的技术特征为 A、B、C、D，被控侵权产品或方法的技术特征为 A、B、C、D；

（2）专利权利要求的技术特征为 A、B、C、D，被控侵权产品或方法的技术特征为 A、B、C、D、E、F 等。

以下两种情形不属于全面覆盖的情形：

（1）专利权利要求的技术特征为 A、B、C、D，被控侵权产品或方法的技术特征为 A、B、C；

（2）专利权利要求的技术特征为 A、B、C、D，被控侵权产品或方法的技术特征为 A、B、C、E。

2. 技术比对

适用全面覆盖原则时需要将被控侵权技术特征与专利权利要求中的技术特征进行比对。技术比对是判断被控侵权物的技术特征是否落入专利权保护范围，确定被请求人是否构成侵权的重要步骤。

技术比对可以在口审中进行，也可以在充分准备的基础上，组织现场勘验并进行现场比对，同时采取摄像、拍照、绘图等方式对各项技术特征加以固定，并将比对过程、比对内容和比对结果准确、详细记入笔录。对于现场比对的过程、内容和结果，应当要求当事人现场确认，并且在口审中发表质证意见。

比对时，应当将请求人的专利权利要求书记载的技术特征与被控侵权物的相应技术特征进行比对。如被控侵权人也拥有专利权并据此抗辩被控侵权物系按照其自己的专利实施时，仍应当将请求人的专利权利要求书记载的技术特征与被控侵权物的相应技术特征进行比对，而不应将请求人的专利权利要求与被控侵权人的专利权利要求进行比对。在进行现有技术抗辩比对时，应当首先将请求人的专利权利要求书记载的技术特征与被控侵权物的相应技术特征进行比对，如果被控侵权物落入专利权保护范围，再将被控侵权物落入专利权保护范围的技术特征与现有技术方案的技术特征进行比对。而不应将申请人的专利权利要求与现有技术方案的技术特征直接进行比对。

请求人应当提交被控侵权物，以供对方质证和进行技术比对。对于被控侵权物的审查，应当符合证据认定的要求。被控侵权物包括被控侵权产品和被控侵权方法。用以实现被控侵权物功能的技术方案，是被控侵权技术方案。

被控侵权物因客观原因而不便于提供实物的，或者被控侵权的是一种方法的，请求人可以提供能够充分反映该被控侵权物全部技术特征的照片、图片、图纸、模型、产品说明书、工艺图、流程图、线路图等。专利商标行政管理机关在必要时，可以对上述被控侵权物或者被控侵权方法进行现场勘验、证据保全。

对于被控侵权物技术特征的确定，应当以前期已经分解、认定的专利技术特征为指引，在被控侵权物中寻找能够与专利技术特征相对应的技术特征。相对应的技术特征应当主要从该特征的结构、位置、功能等方面确定，而不应拘泥于各自文字表述的异同。

技术比对是技术特征的比对，而非整体技术方案的比对。如果被控侵权物的技术特征与专利权利要求所记载的技术特征完全相同，或者仅仅是简单的文字变换，则该被控侵权物的技术特征落入专利权保护范围。

如果专利权利要求记载的某技术特征与被控侵权物的相应技术特征相比，其区别仅在于前者采用一般（上位）概念，而后者采用具体（下位）概念限定同类性质的技术特征，则具体（下位）概念的技术特征应视为与专利技术特征相同。如用"气体激光器"概括氦氖激光器、氩离子激光器、一氧化碳激光器、二氧化碳激光器等。又如用"C_1—C_4烷基"概括甲基、乙基、丙基和丁基。再如，用"皮带传动"概括平皮带、三角皮带和齿形皮带传动等。

如果专利权利要求中存在以数值或者连续变化的数值范围限定的技术特征，而被控侵权物的相应技术数值或者数值范围落在专利技术特征的数值范围内，或者与专利技术特征的数值范围有部分重叠或有一个共同端点，应当视为与专利技术特征相同。

需特别注意的是，如果权利人主张以独立权利要求及全部或部分从属权利作为主张侵权比对的依据时，不能因为独立权利要求保护范围最大，就只将独立权利要求的技术特征与被控侵权物的技术特征相比对，而要将其请求的所有权利要求的技术特征都比对。尽管最后认定侵权时，只要被控侵权物的技术特征落入独立权利要求的保护范围就可以认定侵权成立，但如果独立权利要求在行政复议或行政诉讼中被宣告无效后，可能因为先前行政裁决未比对从属权利要求而被复议机关或人民法院责令重新作出行政裁决或直接撤销行政裁决。

（二）等同侵权判定

等同侵权，是指被控侵权产品或方法中的一个或几个技术特征虽然与权利要求中的技术特征不同，但二者没有实质性区别。这是一种偷梁换柱的侵权方法。等同侵权判定是在相同侵权判定的基础上，对权利要求与被控侵权产品或者方法作出的进一步判断。首先，在等同侵权判定中同样要考虑权利要求的每一个技术特征，如果被控侵权产品或者方法缺少权利要求中的一个或多个技术特征，它们之间不能形成一一对应关系，则被控侵权产品或者方法不构成专利侵权。其次，在被控侵权产品或者方法与权利要求中的每一个技术特征存在一一对应关系，但有一个或几个形式上并不相同时，应进一步判断被控侵权产品中的这些"不同"

技术特征与权利要求中的对应技术特征相比，是否以基本相同的手段，实现基本相同的功能，达到基本相同的效果，并且本领域的普通技术人员无须经过创造性劳动就能够联想到。如果是，也构成专利侵权。等同侵权判定必须以本领域的普通技术人员的标准进行判断，而不是以专业人员的标准进行判断。这里的"本领域普通技术人员"，并不是实际存在的任何人，而是指一种假设的"人"，假定他知晓专利申请日或者优先权日之前发明创造所属技术领域所有的技术知识，能够获知该领域所有的现有技术，并且具有应用该日期之前常规实验手段的能力，但他不具有创造能力。因为这种等同是本领域普通技术人员不需要创造性劳动就能够联想到的替换。

四、间接侵权

间接侵权，是指第三人虽未实施专利技术而直接侵权，但诱导或帮助直接侵权人实施侵权行为。如为直接侵权人提供专门用于实施侵权的工具、模具、原材料、配料、零部件等。在间接侵权中，间接侵权人主观上必须有明知他人实施侵权而提供帮助的故意，才能认定为侵权。

五、禁止反悔原则和捐献规则的适用

所谓禁止反悔原则，是指专利申请人、专利权人在专利审批或者无效宣告程序中，为获得授权或维持专利权有效，作出对权利要求、说明书的修改或者意见陈述而放弃的技术方案，不得在随后的专利侵权诉讼或行政裁决中反悔而将其纳入保护范围。也就是说，专利权人为了获得授权的需要，对其原专利保护范围作出缩小的限制，不能在起诉或请求处理他人专利侵权行为时，为了证明他人侵权而对其所作的限制进行反悔。因为这明显违反诚实信用和公平原则，由于专利授权公告文本对社会有公示作用，专利权人的反悔可能侵害公众本可以自由使用的技术范围，对公众显失公平，因此予以禁止。《最高人民法院关于审理侵犯专利权纠纷案件应用法律若干问题的解释》（法释〔2009〕21号）第5条规定："对于仅在说明书或者附图中描述而在权利要求中未记载的技术方案，权利人在侵犯专利权纠纷案件中将其纳入专利权保护范围的，人民法院不予支持。"最高人民法院在澳诺公司与午时公司等专利侵权案〔(2009)民提字第20号〕中对禁止反悔规则进行了充分的说明，认为，"从涉案专利审批文档中可以看出，专利申请人进行的修改是针对国家知识产权局认为涉案专利申请公开文本权利要求中'可溶性钙剂'保护范围过宽，在实质上得不到说明书支持的审查意见而进行的。同时，专利申请人在修改时的意见陈述中，并未说明活性钙包括了葡萄糖酸钙，故被申请人认为涉案专利中的活性钙包含葡萄糖酸钙的主张不能成立。""根据禁止反悔原则，专利申请人或者专利权人在专利授权或者无效宣告程序中，通过对权利要求、说明书的修改或者意见陈述而放弃的技术方案，在专利侵权纠纷中不能将其纳入专利权的保护范围。因此，涉案专利权的保护范围不应包括'葡萄糖酸钙'技术特征的技术方案。被诉侵权产品的相应技术特征为葡萄糖酸钙，属于专利权人在专利授权程序中放弃的技术方案，不应当认为其与权利要求1中记载的'活性钙'技术特征等同而将其纳入专利权的保护范围。"该案判决还说明了禁止反悔原则是对等同原则的限制。

捐献规则是指在专利说明书或者附图中记载而未在权利要求书中记载的技术方案，视为权利人对社会的捐献，不能在侵权纠纷中将该技术方案纳入保护范围而扩大其保护范围。捐献规则的适用是信守专利权的保护范围以权利要求书为准的法律规则，是为了维护权利要求书的社会公示作用，维护社会稳定，实现专利权人与社会公众之间的利益平衡。

第二节　外观设计专利侵权判定

一、外观设计专利权的保护范围

《专利法》第59条第2款规定："外观设计专利权的保护范围以表示在图片或者照片中的该产品的外观设计为准，简要说明可以用于解释图片或者照片所表示的该产品的外观设计。"可见，在确定外观设计专利的保护范围时，只需要考虑表示在图片或者照片中的外观设计，包括产品的形状、图案、色彩或其组合，而且该外观设计仅在应用于申请时所指定的产品使用类别上，该外观设计专利才能得到有效保护。色彩作为保护范围的，申请人必须在申请文件上注明。如专利授权文件中未特别注明对色彩的保护，则在判断侵权与否时要将其排除在外。

简要说明是对产品图片或者照片的说明或限定，用来对外观设计产品的设计要点、省略视图以及请求保护色彩等情况进行扼要的描述。通过简要说明进行解释，既有可能扩大图片或者照片所表示的保护范围，也有可能缩小图片或者照片所表示的保护范围。简要说明的内容主要包括：外观设计产品的前后、左右或者上下相同或对称的情况，注明省略的视图；产品的状态是变化的情况，如折叠伞、活动玩具等；产品的透明部分；平面产品中的单元图案两方连续或四方连续等而无限定边界的情况，如花布、壁纸等；细长物品的长度采用省略画法；产品由具有特殊视觉效果的新材料制成；请求保护的外观设计包含色彩；新开发的产品的所属领域、用途、使用方法或使用场所；设计要点及其所在部位；外观设计产品属于成套产品或组件产品的，应当写明，对于成套产品，必要时还应当写明各套件所对应的产品名称。外观设计专利的简要说明记载了对确定外观设计保护范围可能产生影响的一些因素，如设计要点、产品名称、产品用途、请求保护色彩等情况。

外观设计专利文件中一般还涉及两种图形：使用状态图或变化状态图以及使用状态参考图，它们的作用及意义是不同的。

（1）变化状态图，也可以称为使用状态图，是基于变化产品在销售和使用过程中呈现的不同状态而对产品的六面正投影视图的补充说明。通过变化状态图，能够清晰地明确外观设计变化后的产品外观。由此可见，变化状态图展示的是外观设计产品的某一种状态，所反映的是产品外观设计本身的变化，属于外观设计专利的保护范围，变化状态的产品变化状态图应当作为确定外观设计专利保护范围的依据。根据《专利审查指南》第四部分第五章对于变化状态产品相同相近似的判断的规定："对于对比设计而言，所述产品在不同状态下的外观设计均可用作与涉案专利进行比较的对象。对于涉案专利而言，应当以其使用状态所示的外观设计作为与对比设计进行比较的对象，其判断结论取决于对产品各种使用状态的外观设计的综合考虑。"根据《最高人民法院关于审理侵犯专利权纠纷案件应用法律若干问题的解释（二）》第17条规定，对于含有变化状态的产品的外观设计，其保护范围应当以产品所有变化状态的外观设计为准。只有当被诉侵权产品所有变化状态的外观设计与涉案专利产品所有变化状态的外观设计均相同或相近似，才认定被诉侵权产品的外观设计落入涉案专利的保护范围，若被诉侵权产品的外观设计与涉案专利相比，缺少部分变化状态的外观设计，或有部分变化状态的外观设计不相同也不相近似，则不认定被诉侵权产品的外观设计落入涉案专利的保护范围。

（2）使用状态参考图通常是国务院专利行政部门在审查过程中对在简要说明中未写明外观设计产品使用方法、用途或功能的新开发的产品，或者在一些使用方法、用途或功能不明确的产品无法进行分类时，为了便于该产品正确分类而要求专利申请人提供的视图。变化状态产品的使用状态图，是基于变化产品在使用过程中呈现的不同状态而对产品六面视图的补充。使用状态参考图不能用于确定外观设计的保护范围，但可以作为确定产品类别的因素。

二、外观设计专利侵权认定

外观设计专利权的保护范围以体现在图片或照片中的产品外观设计为准。侵权判定时应当将被控侵权产品的外观与涉案专利图片或照片中的产品外观进行比对，既涉及被控侵权产品与涉案专利产品是否相同或相近的问题，也涉及两种产品外观的相同或相近似问题。因此，判定侵权与否要注意以下几点：（1）比较的对象是以被控侵权产品的外观与专利授权公告文本中表示在图片、照片中的产品外观进行比较，不是同专利权人实际使用的产品外观进行比较。（2）外观设计是适用于或体现于某类产品之上的外观设计。因此，必须是被控侵权人在相同或相近产品上未经许可而使用了与权利人受保护的产品外观设计相同或近似的外观，才构成侵权。产品种类不相同也不相近的，不构成侵权。（3）被控侵权的产品外观与专利权人获得授权的外观设计相同或相近似才构成侵权。对比设计与授权外观设计在整体视觉效果上无差异的，应当认定两者相同；在整体视觉效果上无实质性差异的，应当认定两者近似。在具体的侵权判定中，还涉及以下几个问题。

1. 判断的主体是相关领域的"一般消费者"

应当以外观设计专利产品一般消费者的知识水平和认知能力为准，不应从专业设计人员或者专家等的角度进行判断。这里的"一般消费者"并非日常所称的为个人生活消费目的而购买、使用产品或接受服务的普通消费者或消费大众。它是指为了生活和经营的需要而购买、使用外观设计专利产品的主体，包括产品的购买者、销售者以及其原料、零部件销售商等。实际在侵权比对以及判断被控侵权外观与授权外观相同或相近似时的一般消费者，也并非上述某一具体的消费者，而是一假想的消费者。它应当是对同行业产品外观的整体状况有常识性了解，并对外观设计产品外观包括形状、图案、色彩等有一定分辨力，但通常不会注意到形状、图案、色彩的微小变化。

2. 对产品外观相同或近似性比对规则

被控侵权设计与授权外观设计在整体视觉效果上无差异的，应当认定两者相同；在整体视觉效果上无实质性差异的，应当认定两者相近似。

（1）应明确在比对时应当排除的内容。首先，主要由产品功能限定的外观应当排除。专利法所保护的外观设计应当是经过精心设计的对产品的形状、图案、色彩或其组合作出的富有美感的设计，因此对纯粹的由功能自然决定的外观不能纳入比对和受保护范围。如汽车轮胎的轮廓形状，由功能决定的凸鼓形状。对功能性设计特征的认定，取决于从外观设计产品的一般消费者看来该设计是否仅仅由特定功能所决定，而不需要考虑该设计是否具有美感。功能性设计特征对于外观设计的整体视觉效果不具有显著影响。功能性与装饰性兼具的设计特征对整体视觉效果的影响需要考虑其装饰性的强弱，装饰性越强，对整体视觉效果的影响越大，反之则越小。其次，对于整体视觉效果不产生影响或不易观察到的产品材料、内部构造、底部和背面外观等应当予以排除。产品富有美感的外观是由消费者的感知确定的，对于无法让消费者视觉感知的部分不应当纳入比对和受保护范围。如电视机的底面和底面部位外观设计特征。

（2）对整体视觉效果无显著影响的部分。一是产品外观的局部细微变化。如电饭煲上的按钮形状相对于电饭煲的整体外观而言属于局部细微变化。二是仅是尺寸的大小差异。这只是对产品及其外观的简单放大或缩小。三是未导致产品外观变化的材料的替换。某种材料的简单替换，由于不导致外观的变化，对整体视觉效果无显著影响。四是产品上属于该类产品公认的惯常设计部分（如易拉罐产品的圆柱形状设计）相对于其他设计创新部分对整体视觉效果无显著影响。其余设计的变化通常对整体视觉效果更具有显著的影响。例如，在型材的横断面周边构成惯常的矩形的情况下，型材横断面其余部分的变化通常更具有显著的影响。

（3）比对的方法。首先，要以一般消费者的注意力来判断被控侵权产品的外观与被授权专利产品的外观设计相同或近似，不是从专业人员的角度来比对。其次，要采用直接观察、整体观察和综合判断的方式。所谓直接观察是指直接通过视觉观察来感知和判断相同或相近似，不能借助科学仪器如显微镜、化学分析、试验等方法来判断。不能由视觉直接分辨的部分或者要素不能作为判断的依据。整体观察、综合判断是指根据授权外观设计、被控侵权设计的设计特征，以外观设计的整体视觉效果来综合判断相同或相近似，不要过多关注细节变化和局部差异。区别于现有设计的设计特征，通常情况下对外观设计的整体视觉效果更具影响。授权外观设计的设计特征体现了其不同于现有设计的创新内容，也体现了设计人对现有设计的创造性贡献。如果被控侵权设计未包含授权外观设计区别于现有设计的全部设计特征，一般可以推定被控侵权设计与授权外观设计不近似。对设计特征的认定，应当由请求人对其所主张的设计特征进行举证。专利商标行政管理机关在听取各方当事人质证意见基础上，对证据进行充分审查，依法确定授权外观设计的设计特征。

进行外观设计专利侵权近似性判断时，国家知识产权局已经作出的维持专利权有效的无效宣告请求审查决定书，应当作为确定外观设计专利权保护范围的重要参考因素，并在此基础上综合考虑产品的设计空间、专利本身的创新设计高度、一般消费者的认知水平以及产品市场的相对成熟度等因素，公平合理地运用整体观察、综合判断的对比原则。

关于上述判断外观设计相同或近似的规则的运用，法院在温州市立超紧固件有限公司与江苏春雨不锈钢有限公司、兴化市长江铁路器材有限公司等侵犯外观设计专利权纠纷一案［江苏省南京市中级人民法院（2011）宁知民初字第120号民事判决，江苏省高级人民法院（2011）苏知民终字第0189号民事判决］中作了深入、充分而精湛的分析。二审法院认为，在外观设计比对适用整体观察、综合判断原则时，惯常设计对整体判断产生的影响有限，作为设计要点的关键部位对整体判断产生的影响相对重要。就该案而言，以防盗螺栓的一般消费者的知识水平和认知能力，涉案被控侵权产品与防盗螺栓现有设计相比，虽然存在一定差别，但存在差别的部分系细微变化或非显著识别部分，并不影响对两者整体视觉效果无实质性差异的判断。（1）防盗螺栓由螺杆和头部构成，该结构虽属同类产品的惯常设计，但就头部而言，不仅在表面可设计出不同的形状，还可以设置出内嵌式的不同形状，设计空间比较大，系防盗螺栓最易显著识别部分，且涉案专利权利人立超公司亦认可其涉案专利的设计要点是草帽状的头部及上面的五个花齿。因此，具有独特外观设计的螺栓头部，对螺栓整体视觉效果产生最为重要的影响。在判断涉案被控侵权产品与防盗螺栓现有设计是否相同或近似时，应重点观察两者的头部是否相同或近似。涉案被控侵权产品与防盗螺栓现有设计相比，两者头部均呈草帽形状，均有五个花齿，且花齿形状相同，该部分在视觉效果上十分近似，在对两者整体视觉效果影响的判断上占主导地位。（2）防盗螺栓现有设计中花瓣状头部的顶部有一个凸起平台，该凸起平台相对于花瓣状头部，不仅所占比例较小，结构也非常简单，其可见厚度在通常使用状态下对整体视觉效果不会造成显著影响。(3) 防盗螺栓现有设计螺杆根部缺少一段螺纹，但在螺杆上刻有螺纹或留有一段空白，均为此类产品的惯常设计，由螺栓的使用功能决定，在正常使用状态下亦无法通过视觉直接观察到该部分。因此，该部分对整体视觉效果的影响亦十分有限。涉案被控侵权产品与防盗螺栓现有设计构成近似。

此案裁判表明，法院运用整体观察、综合判断原则时认为，惯常设计和非显著识别部分对整体判断产生的影响有限，而作为设计要点的关键部位对整体判断产生的影响相对重要，该部分对整体视觉效果影响的判断占主导地位。

3. 相同或相近种类产品

《最高人民法院关于审理侵犯专利权纠纷案件应用法律若干问题的解释》(法释〔2009〕21号) 第8条规定："在与外观设计专利产品相同或者相近种类产品上，采用与授权外观设计相同或者近似的外观设计的，人民法院应当认定被诉侵权设计落入专利法第五十九条第二款规定的外观设计专利权的保护范围。"因此，确定外观设计专利侵权的前提之一是双方的产品相同或属于相近种类。认定产品种类是否相同或者相近，应当根据外观设计产品的用途来确定。关于产品用途的确定，可以参考外观设计的简要说明、国际外观设计分类表、产品的功能以及产品销售情况 (包括销售渠道、销售对象等因素)、实际使用的情况 (包括使用对象、使用场所等) 以及消费者的判断标准和公认的商业习惯等因素。《国际外观设计分类表》提供了一个比较准确、便捷的认定产品种类是否相同或者相近的标准。但是有些产品虽然在《国际外观设计分类表》中并不属于同一个种类，但与外观设计专利产品具有相同、相近的功能，或者在产品市场中惯常地与专利产品一起销售，在实际使用中惯常地与专利产品替换使用或者同时使用，或者消费者以及商业习惯上普遍认为是相同、相近种类的产品。这时，就不应当机械地拘泥于分类表，而应当以事实为根据，准确地确定产品的用途，并认定产品的种类是否相同或者相近。

三、成套产品与组件产品外观设计的侵权判断

1. 成套产品

两件以上同一种类的产品在满足一定条件的情况下可以作为一件专利申请提出，通常将它们称为成套产品。成套产品与组件产品的区别在于，成套产品的各个部分既可以组合在一起使用，也可以单独使用而不妨碍其独立的使用价值。例如，床单、被套、枕套、靠垫套等组成的床上用品套件产品。

成套外观设计专利权的保护范围应当以表示在图片或者照片中的各独立的外观设计专利产品为准，即可以将该件成套外观设计专利中每一项外观设计视为一件独立的外观设计专利权。只要被控侵权设计与成套外观设计专利中的一项相同或者近似，就可判断其落入外观设计专利权的保护范围，而非要求成套外观设计

专利中的各项外观设计都必须与被控侵权设计对应地相同或者近似。

2. 组件产品

由数件物品组合为一体的产品，其中每一件单独的构成部分没有独立的使用价值，组合成一体时才能使用，不属于成套产品范围之内。组合产品包括以下两类产品：（1）组装关系唯一的组件产品。例如，由电话机机座和听筒组成的电话机组件产品。在购买和使用这类产品时，一般消费者会对各构件组合后的电话机的整体外观设计留下印象，而不是单个的部件。所以，应当以上述组合状态下的整体外观设计为对象，而不是以所有单个构件的外观设计为对象来判断相同或者近似。（2）无组装关系或者组装关系不唯一的组件产品。对于各构件之间无组装关系的组件产品，如扑克牌、象棋棋子等组件产品，在购买和使用这类产品的过程中，一般消费者会对单个构件的外观留下印象，所以，应当以所有单个构件的外观为对象来判断相同或者相近似。对于组装关系不唯一的组件产品，如插接组件玩具产品，在购买和插接这类产品的过程中，一般消费者会对单个构件的外观留下印象，所以，应当以插接组件的所有单个构件的外观为对象，而不是以插接后的整体的外观为对象来判断相同或者近似。

四、重复授权的侵权认定

由于我国对实用新型专利、外观设计专利不进行实质审查，就有可能出现对相同技术成果授予不同主体以专利权。如果在先专利权人起诉在后专利权人侵权，如何处理。最高人民法院于 2004 年对云南省高级人民法院《关于人民法院能否直接裁判无独立请求权的第三人的专利为从属专利等问题的请示》作出批复〔（2004）民三他字第 9 号〕认为："人民法院审理专利侵权纠纷案件时，无须在判决中直接认定当事人拥有或者实施的专利是否属于某项专利的从属专利，也不宜认定是否属于重复授权专利。但是，根据专利法规定的先申请原则，应当依法保护申请在先的专利。不论被控侵权物是否具有专利，只要原告的专利是在先申请的，则应根据被控侵权物的技术特征是否完全覆盖原告的专利权保护范围，判定被告是否构成专利侵权。在进行技术对比判定时，应当以申请在先的原告专利的权利要求记载的全部必要技术特征与被控侵权物的相应技术特征进行对比。被控侵权物包含了权利要求记载的全部技术特征的，或者被控侵权物的个别或某些技术特征虽然与权利要求记载的相应技术特征不相同，但依据等同原则属于与权利要求记载的技术特征相等同的技术特征的，人民法院应当认定被控侵权物落入专利权保护范围，被告构成专利侵权。"上述规定同样适用外观设计。

五、产品中包含有外观设计专利产品的侵权认定

《专利法》第 11 条第 2 款规定："外观设计专利权被授予后，任何单位或者个人

未经专利权人许可，都不得实施其专利，即不得为生产经营目的制造、许诺销售、销售、进口其外观设计专利产品。"实践中，专利权人可能对某一产品零部件享有外观设计专利权。行为人可能会直接购买他人未经许可而制造并销售的零部件专利产品，安装在自己制造并销售的产品中。根据专利法的上述规定，未经许可擅自制造并销售外观设计专利产品的行为构成专利侵权。对于制造、销售的产品中安装有他人未经许可而制造、销售的外观设计专利产品的行为如何定性，实践中有几种不同认识。

（1）认定为制造行为。认定被告将自己制造的产品整体对外销售，在产品上标明自己的厂名、商标，属于制造涉案专利产品的行为。如在好孩子集团公司诉上海大阿福童车有限责任公司、上海福祥儿童用品有限公司专利侵权案〔江苏省高级人民法院（2001）苏民三终字第036号民事判决〕中，一审法院认为："即使其（被告）是从第三人处所购，在其购入他人无厂名、厂址、商标等识别标志的侵权产品后，不是将其直接进行再销售，而是作为婴儿推车的部件和组成部分组装成婴儿推车，其商业上的价值在于作为婴儿推车的组成部分与推车作为一个整体投入市场，并标明自己厂名、商标后进行销售，它向社会和公众表明并承诺其是该产品的制造者，所以应视为是一种以生产经营为目的的制造行为，而非使用行为。"

（2）认定为使用行为。如在陆某某诉金坛苏源地产开发有限公司专利侵权案〔江苏省高级人民法院（2006）苏民三终字第0084号民事判决〕中，法院认定商品房的开发商或建设单位将被控侵权产品安装在建造的商品房中的行为为使用行为。法院认定："苏源公司（开发商）在施工中所使用的排烟气道的技术特征完全落入涉案专利权利要求1所限定的保护范围。"该案虽然针对实用新型专利产品，但笔者认为，对于此种行为的定性与专利的类型没有必然的关系，也就是说，对该行为的定性并不因零部件产品是实用新型专利产品还是外观设计专利产品而有所区别。专利类型虽然不同，行为的定性应当是同一的。

（3）认定为销售行为或推定为制造行为。一些法院在对涉及零部件专利的许多案件中，认定被告因未提供合法来源的证据，推定其制造了涉案侵权产品。这种趋向越来越明显。如在好孩子儿童用品有限公司诉中山宝宝好日用制品有限公司专利侵权案中，一审法院认定："好孩子公司的举证已相对充分，但宝宝好公司未提供充分的相反证据证明涉讼侵权产品有合法来源的情况下，应当认定涉讼车轮毂是由宝宝好公司生产。"

（4）不对具体行为定性，直接认定被告对其制造的整体产品承担责任。法院在裁判中不考虑零部件产品来源于何处，只要是未经专利权人许可而为生产经营目的的生产制造产品中完整地体现了他人外观设计专利的即应承担全部责任。如在上述好孩子集团公司诉上海大阿福童车有限责任公司、上海福祥儿童用品有限公司专利侵权案〔江苏省高级人民法院（2007）苏民三终字第0102号民事判决〕中，法院认为："阿福公司、福祥公司作为婴儿推车的生产制造者，应对其所生产制造的婴儿推车承担全部责任，其婴儿推车中含有侵权产品，不论该产品是从何渠道获得，只要是未经专利权人许可而为生产经营目的生产制造产品中完整地体现了他人外观设计专利的，即构成专利侵权，专利权人有权制止这类侵权行为。"有的专利行政执法机关在处理具体专利纠纷中也采此观点。如在江动集团诉常州常内燃机有限公司专利侵权案［江苏省知识产权局苏知（2001）纠字第04号专利纠纷处理决定］中，江苏省知识产权局认为："由于被请求人生产的ZS1115A型柴油机的缸头上，没有标明制造该缸头的生产厂商的名称、商标及其他识别标志，而且该缸头作为零部件组装在成品中，它只是成品的一部分，与其他部件成为有机的整体完成成品的功能，成品的制造商不是零部件的转销者或使用者，应该就成品的所有部分承担责任。"

《最高人民法院关于审理侵犯专利权纠纷案件应用法律若干问题的解释》（法释〔2009〕21号）第12条对此进行了明确，即将侵犯发明或者实用新型专利权的产品作为零部件，制造另一产品的，应当认定属于《专利法》第11条规定的使用行为；销售该另一产品的，应当认定属于《专利法》第11条规定的销售行为。将侵犯外观设计专利权的产品作为零部件，制造另一产品并销售的，应当认定属于《专利法》第11条规定的销售行为，但侵犯外观设计专利权的产品在该另一产品中仅具有技术功能的除外。同时，该司法解释还明确了如果零部件生产商与整体产品的制造商之间有合作分工的，零部件生产商专门为整体产品的制造商制造生产零部件的，可以认定二者存在侵权的共同过错和共同侵权行为，应当责令其承担共同侵权的法律责任。

第三节 商标侵权判定

商标侵权，是指他人未经许可商业性使用他人享有商标权的商标，造成相关公众混淆和误认的行为。

一、商标侵权构成要件

商标侵权的构成仍要符合知识产权侵权构成的基本理论，即须有不法行为存在，过错是损害赔偿责任的构成要件，而非侵权行为的构成要件。同时，商标是用以区别商品或服务来源的标志，如果他人擅自使用商标，割裂了权利人商标与其商品或服务之间的联系，破坏了权利人的商品识别功能，导致消费者的误认和混淆，将会对权利人基于商标所享有的利益产生重大损害，因此，产生混淆后果或可能导致混淆是认定商标侵权的基本理论依据。具体说来，认定商标侵权须具备以下要件。

（一）未经许可在商业经营中使用权利人的商标

商标使用于商业经营环境中，为权利人带来商业利益。只有他人在生产、销售的商品上或提供的服务项目上，以及在广告宣传等商业经营中擅自使用了他人的商标，才会对他人的商标权产生损害。对于非经营目的使用商标的行为，如自我欣赏、学习、研究、收集的目的的使用，不构成侵权。

这里的使用应作广义的理解，不仅包括在生产或销售的商品或提供的服务项目上的使用，还包括将商标用于商品包装或者容器以及商品交易文书上，或者将商标用于广告宣传、展览以及其他商业活动中。

关于在产品促销广告宣传中使用他人的商标是否构成侵权的问题。江苏省高级人民法院曾向最高人民法院请示了涉及"千禧龙"文字商标侵权判定问题。主张权利的商标专用权人汉都公司在电视机、照相器材等商品上注册了"千禧龙"文字商标。2000年，TCL集团公司在主张权利的商标专用权人所在地做广告推销其TCL电视机，广告语为"TCL千禧龙大行动"。因此，主张权利的商标专用权人以被控侵权人使用其"千禧龙"文字商标侵犯其商标权为由诉至法院。最高人民法院2003年作出批复认为，判断在产品促销活动中使用与他人注册商标相同或者相近似的文字是否侵犯商标专用权，应当以这种使用行为是否容易造成相关公众对商品和服务的来源产生混淆，是否借用他人注册商标的信誉为自己谋取不正当利益，或者是否对注册商标专用权造成其他损害为标准进行。由于在产品促销活动中使用与他人注册商标相同或者相近似的文字，不同于在商品和服务中直接使用他人注册商标，因此，在认定是否造成"混淆""借用""损害"等事实时，应当特别注意：（1）要考虑注册商标的知名度与显著性。商标的显著性，即能够起到区别作用的特性的强弱，是商标侵权判断中确定商标专用权权利范围以及确认是否构成侵权的重要因素之一。知名度高、显著性强的商标，被"混淆""借用"的可能性就大，而知名度低、显著性弱的商标，被"混淆""借用"的可能性就小。（2）要对产品促销活动中使用他人商标的具体情形进行分析，如行为人是否将他人商标作为自己的商标或者自己的商品名称使用，是否在使用他人商标的方式、时间等方面容易使相关公众混淆商品或者服务的来源，或者误认商品、服务的提供者存在特殊的关系等。

（二）被控侵权人使用商标的商品或服务与权利人注册商标所核定的商品或服务相同或类似

对于类似商品的判断是实践中的难题。原国家工商总局根据世界知识产权组织提供的《商标注册用商品和服务国际分类表》以及中国实际，组织专家制定了《类似商品和服务区分表》，并根据社会的发展不断更新和完善。这两表是专利商标行政管理机关和人民法院认定类似商品或服务的参考，但不是唯一依据。专利商标行政管理机关和人民法院主要以普通消费者对商品或服务的客观认识进行综合判断。最高人民法院《关于审理商标民事纠纷案件适用法律的若干问题的解释》中规定，类似商品，是指在功能、用途、生产部门、销售渠道、消费对象等方面相同，或者相关公众一般认为其存在特定联系、容易造成混淆的商品。类似服务，是指在服务的目的、内容、方式、对象等方面相同，或者相关公众一般认为存在特定联系、容易造成混淆的服务。商品与服务类似，是指商品和服务之间存在特定联系，容易使相关公众混淆。认定商品或者服务是否类似，应当以相关公众对商品或者服务的一般认识综合判断；《商标注册用商品和服务国际分类表》《类似商品和服务区分表》可以作为判断类似商品或者服务的参考。

（三）被控侵权人使用的商标与主张权利的商标专用权人核准的商标相同或近似

1. 基本规则

近似商标的认定也是实践中的一个难题。根据《最高人民法院关于审理商标民事纠纷案件适用法律若干问题的解释》的规定，在商标侵权纠纷案件中，认定被控侵权商标与注册商标是否近似应当以对相关商品或服务具有一般知识、经验的相关公众，在选购商品或选择服务时所施加的普通注意程度，以及是否易于产生混淆、误认的可能性为标准，并采取整体比对、要部观察和隔离观察相结合的方法进行。近似性的判断又与相关公众的消费心理、方式、环境、习惯和主观认知相关联，要放到普遍消费环境中去考量。因此，商标近似性的判断，应当视所涉商标或其构成要素的显著程度、市场知名度等具体情况，在考虑和对比文字的字形、读音和含义，图形的构图和颜色，或者各构成要素的组合结构等基础上，对其整体或者主要部分是否具有市场混淆的可能性进行综合分析判断。因此，在近似性的判断中，比对的对象应当是被控侵权人实际使用的商标与主张权利的商标专用权人注册的商标外形式样，而不应将主张权利的商标专用权人实际使用中的商标去比对。判断商标近似的主体应当以对相关商品具有一般性的知识、经验的相关公众在选购商品时所施加的普通注意程度为标准。相关公众是指与商标所标示的某类商品有关的消费者和与前述商品的营销有密切关系的其他经营者。在确定相关公众时，应当考虑商品性质、种类、价格等因素对其范围及其注意程度的影响。比对的方法是整体比对、要部观察和隔离观察。其整体或主要部分具有市场混淆可能性的，可以认定构成近似；否则，不应认定构成近似。

2. 判断方法

所谓整体比对是指要从商标的整体外观形象上去比对，而不是拘泥于商标的细微差别变化。所谓要部比对是以商标中最吸引消费者的主要部分、显著部分进行比对。商标法意义上的主要部分即要部，是指最具商品来源的识别性、最易于使相关公众将其与使用该商标的商品联系起来的商标构成要素。商标要部能够给公众留下比较深刻的印象，影响商标在相关公众心中的整体感觉。因此，商标的要部比对不可忽视。同时，还应注意商标的显著性、知名度以及公众的呼叫习惯等重要因素。如果在某相关领域，权利人注册商标具有较高知名度，而该商标的知名度或识别性习惯上主要是通过对组合要素中文字的呼叫来反映，组合要素中的文字部分有较高的使用频率和较强的识别力，与相关商品形成了固定联系，相关公众只要看到或听到该文字即会联想到某类商品，从而产生了混淆的可能性的，此时组合商标中文字就构成了该商标的要部。例如，主张权利的商标专用权人注册有"王朝"商标，被控侵权人注册有"王宫""朝臣"案。被控侵权人将"王宫""朝臣"并列或竖排于商品上，突出"王"和"朝"字样，从而给消费者产生了较强的"王朝"商标的印象，足以使消费者产生误认。因此，从整体认定二商标近似。被控侵权人事实上是一种恶意使用自己商标的情形。又如，主张权利的商标专用权人拥有葡萄酒商品上的"长城"文字和图形组合商标，该商标为中国驰名商标，具有相当的影响力，且商标中的"长城"文字易于呼叫，在相关公众中印象深刻，因此，该文字为该商标的要部。在知名度不高的商标中，可能图形的显著性更强，一般为商标的要部。整体比对方法与主要部分比对方法在判断商标近似时的关系表现在：商标的主要部分影响相关公众对商标的整体印象，因此在判断商标是否近似时应当以整体比对方法为主，并辅之以主要部分对比方法。所谓隔离观察，是指将主张权利的商标专用权人商标与被控侵权人商标隔离开来，凭着对主张权利的商标专用权人商标的印象去比对近似与否。这是符合消费习惯的，因为消费者不是拿着主张权利的商标专用权人的商标去市场中与被控侵权人商标直接比对被控侵权人商标是否假冒，而是凭借对主张权利的商标专用权人商标的印象来购货和选择品牌的。因此，采用隔离观察的方法。

3. 混淆在判断商标近似中的作用

混淆的后果可以用来判断商标的近似。这种近似被称为混淆性近似。根据最高人民法院司法解释的规定，商标近似，是指被控侵权的商标与主张权利的商标专用权人的注册商标相比较，其文字的字形、读音、含义或者图形的构图及颜色，或者其各要素组合后的整体结构相似，或者其立体形状、颜色组合近似，易使相关公众对商品的来源产生误认或者认为其来源与主张权利的商标专用权人注册商标的商品有特定的联系。按照商标侵权的理论，混淆应当是判断商标侵权构成的要件之一，是在认定被控侵权商标与权利人注册商标相同或近似，且被控侵权人使用商标构成消费者混淆与误认的情形下，才认定被控侵权人的使用行为构成侵权。因此，一般而言，商标近似与相关公众混淆之间的逻辑关系是商标相同或近似是因，混淆是果。但有时从这个逻辑关系而言，也可以从被控侵权人的使用造成了相关公众的混淆与误认的结果，反过来推断出商标是相近似的。在（法国）

拉科斯特公司与（新加坡）鳄鱼国际公司等"鳄鱼图形"商标侵权案❶中，最高人民法院在判决书中特别指出混淆性近似才是侵犯注册商标专用权意义上的近似，并明确了其在判断商标侵权时的作用。最高人民法院指出，参照相关司法解释及审判实际，"认定被诉标识与主张权利的商标专用权人请求保护的注册商标是否构成修订前的商标法第 38 条第 1 项规定的近似商标，通常要根据诉争标识文字的字型、读音、含义或者图形及颜色等构成要素的近似性进行判断，且将是否造成混淆作为重要判断因素。侵犯注册商标专用权意义上的商标近似应当是指混淆性近似，即足以造成市场混淆的近似。由于不同案件诉争标识涉及情况的复杂性，认定商标近似除通常要考虑其构成要素的近似程度外，还可以根据案件的具体情况，综合考虑被诉侵权人的主观意图、注册商标与诉争标识使用的历史和现状等其他相关因素，在此基础上认定诉争商标是否构成混淆性近似。诉争商标虽然在构成要素上具有近似性，但综合考量其他相关因素，仍不能认定其足以造成市场混淆的，不认定其构成侵犯注册商标专用权意义上的近似商标。""应当认为被诉标识一、二与拉科斯特公司的注册商标相比虽有近似之处，但相关公众已在客观上将两公司诉争标识区别开来，其共存不足以使相关公众对其商品的来源产生混淆，此其一。其二，商标的实际价值在于区分商品来源，而不是让商标权人简单地独占特定标识符号。在能够实际区分商品来源的情况下，即便被诉标识或其主要构成要素与注册商标具有一定程度的近似性，亦不应当认定其构成侵犯注册商标专用权意义上的近似商标，否则与商标法保护商标权的立法意图相背离。正是基于鳄鱼国际公司的产品已经形成自身的相关消费群体，相关公众已在客观上将两公司的相关商品区别开来的市场实际，本院认为被诉标识一、二与拉科斯特公司请求保护的注册商标不构成近似商标。"

4. 具体比对

（1）关于文字商标近似性的比对。文字的读音、字形易给人视觉或听觉留下比较深刻的印象。因此，在文字商标近似性的判断中，读音或字形相同或近似可以认定为商标相同或近似。文字商标近似性的判断主要考虑文字的读音和字形，兼顾文字的含义。

（2）关于图形商标或文字图形组合商标近似性的比对。对此应结合整体比对和要部观察相结合的方法进行。整体或主要部分具有市场混淆可能性的即为近似。在比对时，只要比对两者文字的音、形、义即可。

（四）被控侵权人的使用造成了相关公众的误认和混淆

1. 混淆是判断商标侵权成立的重要标准

商标具有区分商品或服务主体及其来源的功能，也是引导消费者购买的手段。

---

❶ 最高人民法院（2009）民三终字第 3 号民事判决书。

消费者往往认牌购货和认厂购货。若商标等商业标识界限清晰，不致使相关公众产生误认和混淆，消费者能够通过这些商业标识，实现区分商品或服务主体及其来源的功能，市场主体的商业行为即能按其交易渠道正常、有序进行，其商业信誉和价值不会被不当利用和侵害，从而维护公平诚信的竞争环境，促进整体市场交易的有序发展和社会财富的积聚。商标法及反不正当竞争法的立法目的也正是禁止商业标识对消费者的误认和混淆，规范市场主体的行为，维护公平诚信的竞争秩序。相反，如果某一商业标识与他人注册商标相同或相近似，其所有人不当地利用或攀附他人在先商标在消费者心目中的影响力和商业信誉，从而造成消费者混淆两者的经营主体、商品或服务的来源，误认在后标识的主体与商标权人具有某种联系，这不仅会损伤或破坏商标的识别功能，而且商标权人努力投入所带来的信誉、财产价值等法益被在后标识主体不当窃取，最终将使该商标变得毫无价值和意义，并导致整个市场竞争秩序的混乱，该行为无疑应予制止。因此，使用商业标识足以造成相关公众混淆和误认是构成侵犯商标专用权必备的事实要件。"制止混淆成为商标保护的核心内容，也成为确定商标权利范围的理论基础。"❶

各国法律、法规都以混淆作为侵权构成的主要条件。我国《商标法》第57条第1项规定，"未经商标注册人的许可，在同一种商品上使用与其注册商标相同的商标的"是商标侵权行为。这里虽未明确使用"混淆"和"误认"，但应当理解为存在混淆和误认的事实推定，即只要他人将与注册商标相同或近似的商标用于相同或类似商标或服务上，即应推定已有混淆之虞。最高人民法院在《关于审理商标民事纠纷案件适用法律若干问题的解释》第9条对于如何判断商标的相同或近似的规定也可说明此点。该条规定："商标相同，是指被控侵权的商标与主张权利的商标专用权人的注册商标相比较，二者在视觉上基本上无差别。商标近似，是指被控侵权的商标与主张权利的商标专用权人的注册商标相比较，其文字的字形、读音、含义或者图形的构图及颜色，或者其各要素组合后的整体结构相似，或者其立体形状、颜色组合近似，易使相关公众对商品的来源产生误认或者认为其来源与主张权利的商标专用权人注册商标的商品有特定的联系。"在此，易造成"混淆"是认定相同或近似商标的一个标准。而《商标法》第57条第2项明确规定了混淆要件，即"未经商标注册人的许可，在同一种商品上使用与其注册商标近似的商标，或者在类似商品上使用与其注册商标相同或者近似的商标，容易导致混淆的"商标侵权行为。在该法规定的三种其他商标侵权行为以及《商标法实施条例》规定的商标侵权行为中，则明确以误认或混淆作为认定侵权成立的要件之一。对于商标与商号之间的冲突，上述司法解释规定，"将与他人注册商标相同或者相近似的文字作为企业的字号在相同或类似商品上突出使用，容易使相关公众产生误认的"，构成《商标法》第52条第（5）规定的其他商标侵权行为之一。

---

❶ 北京朝阳区人民法院民三庭. 两种确定商标权利范围理论在司法实践中的适用［M］//郑成思. 知识产权文丛（第10卷）. 北京：中国方正出版社，2004：182.

1999年，原国家工商行政管理局《关于解决商标与企业名称中若干问题的意见》将混淆作为认定构成此类不正当竞争行为的要件之一。该意见第4条规定："商标中的文字和企业名称中的字号相同或者近似，使他人对市场主体及其商品或者服务的来源产生混淆（包括混淆的可能性），从而构成不正当竞争的，应当依法予以制止。"我国《企业名称登记管理实施办法》第41条规定，已经登记注册的企业名称，在使用中对公众造成欺骗或者误解，或者损害他人在先权利的，应当作为不适当的企业名称予以纠正。

《美国商标法》第1114条第（1）款规定的商标侵权行为包括：

（a）在商业中将已注册商标的任何复制品，伪造品，抄袭品，或者似是而非的仿冒品用于与任何物品或服务相关联的销售、销售要约、分配或广告中，在这种物品或服务上使用这种仿冒品或与之相关联时容易引起混淆、误解或欺骗；或者（b）复制、伪造、抄袭，或者仿造已注册商标并将此复制品，伪造品，抄袭品，或仿造品用于标签、招牌，出版物，包装材料，容器或广告上，企业在商业中用于任何物品或服务相关联的销售、销售要约、分配或者广告中，在这种物品或服务上使用这种仿冒品或与之相关联时容易引起混淆、误解或欺骗。

《德国商标法》第14条第2款第2项规定：他人在商业流通中使用一种标识，该标识由于其与商标的相同性、可近似性，并且由于商标和标识所涵盖的商品和服务的相同性或近似性而存在可能引起公众混淆的危险，包括易于令人将该标识与商标加以联想的危险的，构成商标侵权。

TRIPS协议第16条规定，注册商标所有人应享有专有权防止任何第三方未经许可而在贸易活动中使用与注册商标相同或近似的标记去标示相同或类似的商品和服务以造成混淆的可能。如果确将相同标记用于相同商品或服务即应推定已有混淆之虞。

2. 混淆的种类

这里的混淆包括现实的混淆或有混淆的可能。具体包括以下三方面内涵：一是使相关公众对市场主体或对商品或服务的来源产生混淆；二是使相关公众对市场主体之间存在某种赞助、联营、入股等关联关系的误认；三是使相关公众产生权利人已经许可被控侵权人使用其注册商标或对其使用予以认可或默许等认识。这种混淆包括被控侵权人的使用造成了实际混淆的后果或存在混淆的可能性。此外，混淆还有一般混淆与反向混淆之分。

对于主张权利的商标专用权人商标注册在先，被控侵权人的商号注册或使用在后之情形，实践中可能会出现在后的商业标识所有人经过一定时期的较大投入，使其在商品上或服务经营领域内使用的商号、企业名称的简称或服务商标在特定地区或全国范围内享有一定的知名度，甚至在先注册的商标与该在后注册或使用的商业标记所使用的商品同在某地区出现时，相关公众会误认为在先注册商标的商品或服务来源于在后标记所有人或两者存在某种联系，由此产生混淆等情形。通常的混淆是指消费者误认为在后的商业标记所有人的商品或服务来源于在先的商标所有人，或认为二者的商品或服务存在关联。学界将后者称为"顺向混淆"，而将前者称为"反向混淆"。● 由于反向混淆与通常之混淆不同，因此，实务中有人对被控侵权人于此情形是否构成商标侵权产生困惑。

反向混淆之被控侵权人是否构成商标侵权的问题在国内引起争议。浙江省法院曾判决认定了关于百事可乐与蓝色风暴之间反向混淆的案件。对此，国外的司法判例为我们提供了有益的资料。美国法院最早在 1977 年的"轮胎分销商"一案中对反向混淆及其侵权作了认定。地方法院以存在混淆可能性为依据，判定被控侵权人侵权，并处赔偿金和惩罚性赔偿金。被控侵权人不服判决，提起上诉，第十巡回上诉法院支持了地方法院的判决，只是相应地减轻了赔偿金和惩罚性赔偿金。此案中，主张权利的商标专用权人并没有主张被控侵权人利用了自己的商誉，或者被控侵权人让消费者将自己的产品误认为是主张权利的商标专用权人的产品。相反，主张权利的商标专用权人主张，被控侵权人使用"BigFoot"的商标，让消费者在自己商品的来源上发生了混淆，甚至误认为自己的商品是来源于被控侵权人。对此，第十巡回上诉法院在判决书中说："在通常的商标侵权案件中，主张权利的商标专用权人在某一公众认可的商标上进行大量投资，并由此提出主张。主张权利的商标专用权人会寻求挽回由在后商标人所造成的损失。而在后商标人则试图利用与主张权利的商标专用权人商标相联系的商誉，向消费者大众暗示他的产品与主张权利的商标专用权人的产品是同一个来源。但是眼下的案件即涉及了反向混淆，侵权人使用主张权利的商标专用权人的商标，造成了主张权利的商标专用权人产品来源上的混淆。"在"轮胎分销商"案中，被控侵权人主张，如果在后的商标使用者（被控侵权人）没有利用主张权利的商标专用权人商誉的意图，没有将自己的产品欺骗性地让消费者误认为是主张权利的商标专用权人的产品，而是仅仅造成主张权利的商标专用权人商品来源上的混淆，不应承担法律责任。上诉法院引证地方法院的判决说："接受'固特异'观点的逻辑结果必将是：一个拥有公众熟知的商号的公司，当它从竞争者那里窃取了一个产品名称并且有经济力量作密集广告时，可以免除不正当竞争的责任。如果法律责任仅仅局限于欺瞒，那么任何具有相当规模和资源的人，都可以采纳任何一个商标并且就商标开发出新的含义，以之作为在后使用者的产品的标识。本案中'固特异'不当使用商标的行为毫无疑问是不正当竞争，必须受到起诉。"

美国法院在 1988 年的"斑夫"一案中，从制止混淆这一目的的角度来分析反向混淆问题。法院认为，在后商标权人使用"B wear"的商标，可能造成两类混淆。对于那些熟知在先商标人商标的消费者来说，可能误认为在后商标人的商品来源于在先商标人；而对于那些一开始就熟知在后商标人服务的消费者来说，可能以为在先商标人的商品来源于在后商标人，在先商标人是侵权者。这样，反向混淆就在事实上构成了不正当竞争，剥夺了在先商标人的名誉和商誉。法院在判

● 李顺德. 美国知识产权法 [M]. 北京：法律出版社，2003：306.

决书中指出："法律的目的是通过让公众免于商品来源上的混淆而保护商标所有人的利益，并且确保公平竞争。与通常的商标侵权相比，这一目的在反向混淆的案件中同样重要。如果反向混淆不是充足的理由以获得兰姆法（反不正当竞争）的保护，那么大公司就可以不受惩罚地侵犯小公司在先使用的商标。"

在1987年的"亚美技术"一案中，美国第六巡回上诉法院还从财产法理论的角度，论证了制止反向混淆的必要性。判决书说："商标是确定某一产品来源的，或与某一特定来源相关联的手段（尽管这一来源可能是不知名的），也是诱导消费者购买的手段。""反向混淆的侵权主张，不同于通常的来源混淆或认可混淆的侵权主张。在后商标人不是寻求从在先商标人的商誉中获取利益，而是以一个相似的商标对市场进行饱和轰炸，并且淹没在先商标人，公众遂认为在先商标人的产品确实是在后商标人的，或者在先商标人在某种程度上与在后商标人相关。结果则是在先商标人丧失了其商标的价值，也即它的产品的身份，企业的身份，它对自己商誉和名誉的控制，以及它进入新的市场的能力。""在反向混淆的案件中，同样的利益——保护商标中的财产利益和防止消费者混淆，受到了危害。由于在后商标人将在先商标人的商标据为己有，在先商标人就该商标所享有的权益被窒息；同时消费者也会产生混淆，认为在先商标人的产品来源于在后商标人，或者在先商标人与在后商标人有了某种关联。"❶

上述判例，非常清楚地论及了反向混淆对在先商标权人利益的损害，以及认定其构成商标侵权和不正当竞争的理由，我国商标纠纷案件的处理可以借鉴。对于反向混淆，应当坚决确认被控侵权人构成侵权。否则，会导致被控侵权人置他人的注册商标于不顾，凭借财大气粗而对其使用的与他人的注册商标相同或相近似之标记进行大量投入和大肆宣传，以图淹没在先商标的影响力，破坏其识别功能，从而当注册商标所有人起诉时，被控侵权人以其进行了较大投入，其使用的标记有一定影响力或知名度进行抗辩而不构成侵权的另一极端后果。通俗地说，造成通过裁判对富人强盗以其合法投入洗刷违法行为进行保护的现象。反向混淆对被控侵权人侵权的认定虽不可动摇，但在案件的处理方式上则可以灵活掌握，要考虑到被控侵权人的经营汗水和广告投入及其所产生的利益。

3. 判断造成相关公众混淆与误认的因素

判断是否存在混淆或混淆的可能时需要综合考虑以下因素。

（1）商标本身的知名度和显著性。一般来说，商标的知名度越高，显著性越强，他人攀附和利用的可能性越大，被混淆或误认的可能性也就越大。需要说明的是商标的显著性与知名度之间既相联系又有区别。有时商标的知名度的提升有其显著性的因素，但知名度的产生和增强更多的还是因商标的使用及商标权人的广告投入以及其经营努力所积累的商誉，本来有可能不具有显著性的商标但因上述因素而享有较高知名度。例如"中化"，一般人认为其为中国化工的简称而不具

---

❶ 李顺德. 美国知识产权法［M］. 北京：法律出版社，2003：306－308.

有显著性，而中国化工进出口总公司因多年使用这一商标而使其显著性增强，具有了第二含义。2002年2月8日该商标被原国家工商总局认定为驰名商标。

（2）商标与其他商业标识相同或近似；商标被核定使用的商品或服务相同或类似。但是，如果商标本身为驰名商标，可以跨类保护。

（3）被控侵权人使用权利人商标字样的方式、地域及时间等因素。如其使用的商品或服务与商标权人的商品或服务处于同一地域，则两者发生竞争利益上的冲突和引起相关公众混淆的可能性较大。例如，在"老树咖啡"案中，主张权利的商标专用权人的"老树咖啡"商标在我国台湾地区享有一定知名度，被控侵权人在大陆台商云集的区域开办"老树咖啡"店，使用"老树"字号，客观上造成相关公众混淆和误认的可能性较大。使用的时间有时在认定是否构成混淆时也较为重要。例如在"千禧龙"一案❶中主张权利的商标专用权人拥有"千禧龙QIANXILONG"文字商标，核定使用于第9类的计算机、电视机、照相机等商品上。被控侵权人作为电视机的生产厂家，在1999年年底至2000年1月农历龙年到来之际，在全国一些城市的电视机促销活动中及宣传横幅、报纸广告中使用"千禧龙大行动"字样及龙形图案。主张权利的商标专用权人认为，被控侵权人的使用构成商标侵权。一审法院认为，被控侵权人在广告中以醒目字眼使用与主张权利的商标专用权人商标相近似的文字，构成商标侵权。二审法院考虑到，在千禧龙年即将到来这一特定时间，"千禧龙"有其特殊意义，意指千禧年和龙年同时来临。被控侵权人在广告中使用"千禧龙大行动"并不足以导致相关公众对商品来源产生误认和混淆，人们均会认为这是在欢庆千禧龙年到来之际厂家所进行的一次促销活动。故二审法院认为被控侵权人不构成商标侵权，判决驳回主张权利的商标专用权人的诉讼请求。在"富士"商标的电梯产品案❷中，法院从主张权利的商标专用权人商标的显著性不强、使用的证据较弱、知名度不高，电梯业内存在诸多其他企业注册并使用与主张权利的商标专用权人商标相同字号的事实考虑，认定被控侵权人的使用不构成消费者混淆与误认。据此，认定被控侵权人不构成商标侵权。

（4）消费者注意程度。消费者在选择购买商品时的注意程度，对混淆的构成也有影响。如选择一价值相当高的商品，如汽车、商品房等，消费者注意程度必然很高，故误认的可能性就大。

上述因素，最高人民法院在涉及两起地名商标侵权的批复中作了充分的阐述。2003年最高人民法院对江苏省高级人民法院请示的《关于南京利源物业发展有限公司与南京金兰湾房地产开发公司商标侵权纠纷一案的请示报告》答复指出：根据《中华人民共和国商标法》第52条第（1）项、《中华人民共和国商标法实施条例》第3条、第49条的规定，以地名作为文字商标进行注册的，商标专用权人

---

❶ 江苏省高级人民法院（2003）苏民三终字第025号民事判决书。
❷ 江苏省高级人民法院（2010）苏知民终字第0116号民事判决书。

有权禁止他人将与该地名相同的文字作为商标或者商品名称等商业标识在相同或者类似商品上使用来表示商品的来源；但无权禁止他人在相同或者类似商品上正当使用该地名来表示商品与产地、地理位置等之间的联系（地理标志作为商标注册的另论）。能否准确把握上述界限，是正确认定涉及地名的文字商标专用权的权利范围，依法保护商标专用权并合理维护正当的公众利益的关键。具体应当注意以下问题：（1）使用人使用地名的目的和方式。使用地名的方式往往表现出使用目的。使用人使用地名的方式是公众惯常理解的表示商品产地、地理位置等方式的，应当认为属于正当使用地名。（2）商标和地名的知名度。所使用的文字，如果其作为商标知名度高，则一般情况下，相关公众混淆、误认的可能性较大；如果其作为地名知名度高，则相关公众对其出处的混淆、误认的可能性会较小。（3）相关商品或服务的分类情况。商品或服务的分类情况，往往决定了是否需要指示其地理位置。房地产销售中指示房地产的地理位置，一般应当认为是基于说明该商品的自然属性的需要。（4）相关公众在选择此类商品或服务时的注意程度。根据相关公众选择此类商品或服务时的一般注意程度，审查确认是否会因这种使用而对该商品或服务的来源混淆、误认。（5）地名使用的具体环境、情形。在房地产广告上为突出地理位置的优越而突出使用地名与在一般商品上、一般商品的广告上为突出商品的产地而突出使用地名往往给予公众的注意程度不同，产生的效果也有所差别。

2005 年最高人民法院在辽宁省高级人民法院《关于大连金州酒业有限公司与大连市金州区白酒厂商标侵权纠纷一案的请示》的答复中指出：注册商标含有地名的，商标专用权人不得禁止地名所在区域的其他经营者为表明地理来源等正当用途而在商品名称中使用该地名。但是，除各自使用的地名文字相同外，如果商品名称与使用特殊的字体、形状等外观的注册商标构成相同或者近似，或者注册商标使用的地名除具有地域含义外，还具有使相关公众与注册商标的商品来源必然联系起来的其他含义（即第二含义），则不在此限。

正是从这个意义上说，一些被诉标识系对商品的性能、产地、制造商身份等因素的描述性使用，或者被控侵权人使用通用名称或约定俗成的术语、概念、称谓等，不至于造成市场混淆与误认的，不应当认定被控侵权人使用相关标识或用语构成侵权。江苏省徐州市中级人民法院审理的罗某某诉徐州市人民政府侵犯商标专用权纠纷案❶，是一起确认被控侵权人使用当地通用节日名称的行为不构成商标侵权的典型案例。2002 年，罗某某策划工作室具体承办了徐州市"首届彭城伏羊美食文化节"。此后，伏羊节活动作为一项大型群众活动被保留推广。罗某某于2004 年 6 月申请注册"彭城伏羊节"图文组合商标（图形部分为象形羊字套圆，文字部分为彭城伏羊美食文化节，"美食文化节"放弃专用权），并于 2007 年 11

---

❶　江苏省徐州市中级人民法院（2011）徐知民初字第 21 号民事判决书；江苏省高级人民法院（2011）苏知民终字第 0185 号民事判决书。

月 7 日获得国家商标总局批准。2006 年，徐州市人民政府印发《2006 中国（徐州）彭祖伏羊节总体方案》的通知，表明活动名称为"2006 中国（徐州）彭祖伏羊节"。此后，徐州市人民政府每年都举办中国（徐州）彭祖伏羊节，并在活动中使用该标志。罗某某认为徐州市人民政府使用"彭祖伏羊节"文字的行为侵犯其注册商标专用权，故诉请法院判决徐州市人民政府停止侵权、登报赔礼道歉、赔偿损失。一审法院认为，首先，从使用的目的看，由于"彭祖"为历史人物，"彭祖"与"伏羊"一起构成活动的名称，故徐州市人民政府在其主办的伏羊节活动中使用文字"彭祖伏羊"是为了表明活动的内容；其次，为区别于民间其他各类伏羊节活动，防止相关公众对活动的组织者产生混淆，徐州市人民政府在其举办的伏羊节活动中突出标注了主办单位为徐州市人民政府；最后，"伏羊"二字在徐州地区已经成为一种地域性的通用地方节日名词，并具有食品原材料的含义。因此，罗某某无权禁止他人在提供与其注册商标相同或相类似的服务中正当使用"彭城伏羊"文字，徐州市人民政府未侵犯罗某某的注册商标专用权，一审法院判决驳回罗某某的诉讼请求。

我国《商标法》第 59 条明确规定，注册商标中含有的本商品的通用名称、图形、型号，或者直接表示商品的质量、主要原料、功能、用途、重量、数量及其他特点，或者含有的地名，注册商标专用权人无权禁止他人正当使用。三维标志注册商标中含有的商品自身的性质产生的形状、为获得技术效果而需有的商品形状或者使商品具有实质性价值的形状，注册商标专用权人无权禁止他人正当使用。在彭祖伏羊案裁判中，这种使用是一种叙述性、描述性使用，虽然罗某某将"彭城伏羊节"注册为商标，但由于徐州人自古就有入伏第一天吃伏羊的习俗，即"彭城伏羊"有其特殊的地理意义和食材意义，故罗某某无权禁止他人合理使用。但是，罗某某通过对此类民俗活动的挖掘，推动当地形成了比较有影响的伏羊节文化活动，这对保护民俗传统、发扬民俗文化做出了积极贡献，故本案二审通过调解，在明确徐州市人民政府正当使用的基础上，本着实事求是的原则，使罗某某得到了合理的物质奖励，既体现了地方政府对民俗文化挖掘工作的重视，也促进了社会各界对挖掘民俗文化工作的积极性，具有很好的典型示范意义。❶

（五）主观过错状态对侵权判定的影响

通常情形下，权利人的主观状态不是判断商标侵权的要件或考量因素。行为人只要客观上实施了法律所规定的侵权行为，就构成商标侵权。行为人是否有过错只是其承担赔偿责任的要件。但这并不排除在有些情形下，判断是否构成商标侵权时还需要考察行为人的主观过错状态。如行为人将与注册商标相同文字作为商号注册或使用，如果商号先于主张权利的商标专用权人商标注册，或者被控侵

---

❶ 江苏省高级人民法院. 江苏法院知识产权年度报告（2011）[R].

权人注册企业名称时，主张权利的商标专用权人的注册商标并不知名，没有影响力，则很难认定被控侵权人有违反诚信原则，攀附他人知名商标商业信誉恶意注册和使用商号的行为。此时，如果被控侵权人的使用未造成消费者混淆与误认的，则不应当认定被控侵权人的使用行为构成侵权。即使事后，经过主张权利的商标专用权人的努力，使其商标产生了知名度，由此导致相关公众对商品来源的混淆和误认，也可以采取责令商号所有人使用时附加区别性标记，以使相关公众能将双方的商业标识区别开来，不致产生混淆与误认的方法解决这一问题，而不应简单认定被控侵权人的行为构成侵权。这就是因为被控侵权人的注册或使用是善意的原因造成的。但是，如果行为人违反诚信原则，攀附他人在先享有一定知名度的商业标识所负载的商业信誉，在同业经营中恶意注册和使用与之相同或近似的标识，从而混淆和误导消费者，以达到招揽消费群体，提升竞争实力的目的，必须坚决予以制止以维护公平诚信的竞争秩序。行为人除需承担停止侵权责任外，还应承担赔偿损失的责任；行为人的不法行为损害权利人商业信誉等人格利益的，还应承担消除影响、赔礼道歉等责任。同时，权利人还可向行政管理机关申请撤销其不当的商号。

二、商标侵权行为的表现

我国《商标法》、《商标法实施条例》、最高人民法院关于审理商标案件适用法律的司法解释、最高人民法院关于审理域名纠纷案件适用法律的司法解释等对商标侵权行为作了列举式规定，归纳起来，主要表现为如下行为。

1. 未经商标注册人的许可，在同一种商品或者类似商品上使用与其注册商标相同或者近似的商标，造成混淆与误认的

该情形包含四种行为：

（1）在相同商品上使用与他人注册商标相同的商标。这是典型的商标侵权行为，不以造成混淆与误认为要件。

（2）在相同商品上使用与他人注册商标相近似的商标。

（3）在类似商品上使用与他人注册商标相同商标。

（4）在类似商品上使用与他人注册商标相近似的商标。

上述（2）（3）（4）的侵权行为有造成混淆的要件。需要注意的是，如果权利人的注册商标是驰名商标，则可以跨类保护，即被控侵权商标所使用的产品或服务类别可以不必考虑，即使被控侵权人在不同类别的商品或服务上使用与该驰名商标相同或类似商标，造成混淆与误认的，都应认定为侵权行为。

2. 销售侵犯注册商标专用权的商品的

法律规定，销售不知道是侵犯注册商标专用权的商品，能证明该商品是自己合法取得并说明提供者的，不承担赔偿责任，但应承担停止侵权的法律责任。

3. 伪造、擅自制造他人注册商标标识或者销售伪造、擅自制造的注册商标标识的

伪造他人注册商标标识，是指仿造他人的商标图案和物质载体而制造出的商标标识。擅自制造他人注册商标标识，是指未经商标权人许可在商标印制合同规定的印数之外，又私自加印商标标识的行为。销售伪造、擅自制造的注册商标标识，是指未经商标权人同意，以其注册商标标识作为买卖的对象。这几种行为均使消费者对产品出处产生混淆，损害注册商标所有人的利益，构成商标侵权。

4. 未经商标注册人同意，更换其注册商标并将该更换商标的商品又投入市场的

这是关于反向假冒行为的规定，如被控侵权人将他人生产的商品上的商标撕去，贴上自己的商标。该侵权行为不同于被控侵权人在自己商品或服务上使用主张权利的商标专用权人的商标侵权行为。对此行为加以禁止的主要理由是其割裂了商标与商品之间的天然关联度，使主张权利的商标专用权人商标对其商品的区别性功能丧失或弱化，消费者在看到主张权利的商标专用权人商品时有不能找到出处的危险。购买他人商品后，将其商品上附着的商标除去，贴上自己的商标后进行出售的行为是一种显性反向假冒行为。江苏省南通市中级人民法院审理的如皋市印刷机械厂诉轶德公司侵犯商标专用权纠纷案则涉及隐性反向假冒行为。基本案情是：主张权利的商标专用权人印刷机械厂系从事印刷机械生产及销售的企业，1991年12月20日受让取得南通市矿山机械厂用于印刷机械的"银雉"商标后，将该商标标识和产品技术参数、该厂厂名一起制作成产品铭牌，固定在其生产的胶印机上。被控侵权人轶德公司于1997年7月注册设立，经营范围为印刷机械的组装、修理和销售。该公司自2001年以来，多次购买他人使用过的"银雉"牌旧印刷机械，除去机械铭牌，经修理后重新喷涂，以无标识的形式销售给用户，使买受人不清楚印刷机的原生产厂家。印刷机械厂遂向法院起诉，称被控侵权人轶德公司的行为妨碍了其"银雉"牌商标知名度的扩大，影响了其胶印机的市场份额，构成对"银雉"商标专用权的侵犯，请求判令轶德公司立即停止侵犯主张权利的商标专用权人商标权的行为并赔偿损失。江苏省南通市中级人民法院认为，印刷机械厂依法对"银雉"牌商标享有所有权及使用权，并享有禁止他人不适当使用该商标的权利。注册商标中的商品商标，作为商标权人与商品使用者之间的纽带，只有附在核准使用的商品上随着商品流通，才能加强商品的知名度和竞争力，使商品使用者认知商品生产者及其商品的全部价值，增加商品的市场交易机会，满足商标权人实现其最大经济利益的目的。所以，商品商标与商品具有不可分离的属性，商标权人有权在商品的任何流通环节，要求保护商品商标的完整性，保障其经济利益。在商品流通过程中拆除原有商标的行为，显然割断了商标权人和商品使用者的联系，不仅使商品使用者无从知道商品的实际生产者，从而剥夺公众对商品生产者及商品商标认知的权利，还终结了该商品所具有的市场扩张属性，直接侵犯了商标权人所享有的商标专用权，并最终损害商标权人的经济利益。

因此，被控侵权人轶德公司在商品交易中擅自将印刷机械厂的"银雉"牌商标与该商标标识的商品分离，是侵犯印刷机械厂商标专用权的行为。

被控侵权人轶德公司辩称其仅是为客户修理印刷机械，并未侵犯主张权利的商标专用权人印刷机械厂的商标专用权。修理仅是提供劳务的行为，不改变标的物的所有权。在该案中，轶德公司先购入他人使用过的"银雉"牌旧印刷机，去除该设备上印有"银雉"商标的铭牌、更换破损部件并重新喷漆后，再以自己的名义出售给用户。这种行为已不是单纯的修理行为，而是将修整后的"银雉"牌旧印刷机作为轶德公司的产品对外销售的货物交易行为。轶德公司不是印刷机械设备的合格生产厂家，其经核准的经营范围亦不包括收购和出售旧物资设备的内容，其将旧"银雉"牌印刷机修整后，在无合格证、无质量标准和不带任何标识的情况下投入市场，不仅违反产品质量法和工商行政管理法规，更侵犯了印刷机械厂对"银雉"商标的专有使用权，故应当承担停止侵权并赔偿相应损失的责任。因此，南通市中级人民法院依照《商标法》第52条第（5）项兜底条款的规定，判决轶德公司立即停止侵犯主张权利的商标专用权人印刷机械厂"银雉"注册商标专用权的行为，并赔偿主张权利的商标专用权人损失。

该案判决的意义不仅在于对购置他人生产的旧设备重新修整，去除原有商标标识后以自己产品出售的行为，认定为侵犯原设备生产企业的商标专用权的行为；还在于对修理与制造行为作了区分，很有价值。

5. 将与他人注册商标相同或者相近似的文字作为企业的字号在相同或者类似商品上突出使用，容易使相关公众产生误认的

这是关于商标专用权与字号权冲突的规定。这里特别要求只有被控侵权人突出使用字号时才可能构成商标侵权。因为突出使用字号即是一种商标性质的使用。所谓突出使用是指通过对文字的字体、颜色、字形等作特别处理，或者使用简称，使之在商品或服务中较为突出和醒目，吸引消费者注意力。而对于未突出使用字号，而使用企业名称的全称，造成相关公众混淆和误认的，还有可能构成不正当竞争。例如，"雪中彩影"作为婚纱摄影的服务商标在南京地区享有较高知名度，他人在上海开设上海雪中彩影婚纱摄影有限公司，并在南京市江宁区开设上海雪中彩影婚纱摄影有限公司分公司，并在店堂内使用该分公司名称的全称，造成消费者的混淆和误认。法院认定被控侵权人上海雪中彩影婚纱摄影有限公司分公司构成不正当竞争。这两种处理后果的重要区别在于，在突出使用字号构成对他人注册商标侵权的情形下，法院裁判的功能只是要消解这种突出使用带来的不法影响和后果，于是应当判决被控侵权人停止突出使用，而要规范使用。在非突出使用字号而是使用企业名称全称构成对他人注册商标不正当竞争的情形下，法院需要将被控侵权人因使用企业名称的全称的后果消除，即要判决被控侵权人停止使用企业名称全称，并可责令其去工商部门变更企业名称。最高人民法院在李某某

与大连王将公司商标侵权案❶中，明确了企业字号与他人在先注册商标冲突案件的处理规则，指出停止使用企业名称与规范使用企业名称是两种不同的责任方式，并明确了适用这两种责任方式的具体情形。"注册商标和企业名称均是依照相应的法律程序获得的标志权利，分属不同的标志序列，依照相应法律受到相应原保护。对注册商标与企业名称之间的纠纷，人民法院应当区分不同的情形，按照诚实信用、维护公平竞争和保护在先权利等原则，依法处理。如果注册使用企业名称本身具有不正当性，比如不正当地将他人具有较高知名度的在先注册商标作为字号注册登记为企业名称，即使规范使用仍足以产生市场混淆的，按照不正当竞争处理；如果是不规范使用企业名称，在相同或者类似商品上突出使用与他人注册商标相同或近似的企业的字号，容易使相关公众产生误认的，属于给他人注册商标专用权造成其他损害的行为，依法按照侵犯商标专用权行为处理。相应地，人民法院应当依据《最高人民法院关于审理注册商标、企业名称与在先权利冲突的民事纠纷案件若干问题的规定》第四条的规定，根据主张权利的商标专用权人的诉讼请求和案件具体情况，确定被控侵权人应当承担的民事责任。如果不正当地将他人具有较高知名度的在先注册商标作为字号注册登记为企业名称，字号和企业名称本身即是违法，不论是否突出使用均难以避免产生市场混淆的，可以根据当事人的请求判决停止使用或者变更该企业名称；如果企业名称的注册使用并不违法，只是因突出使用其中的字号而侵犯注册商标专用权的，判决被控侵权人规范使用企业名称、停止突出使用行为即足以制止被控侵权人的侵权行为，因此这种情形下不宜判决停止使用或变更企业名称。规范使用企业名称与停止使用或变更企业名称是两种不同的责任承担方式，不能因突出使用企业名称中的字号从而侵犯商标专用权就一律判决停止使用或变更企业名称。"

6. 复制、摹仿、翻译他人注册的驰名商标或其主要部分在不相同或者不相类似商品上作为商标使用，误导公众，致使该驰名商标注册人的利益可能受到损害的

7. 将与他人注册商标相同或者相近似的文字注册为域名，并且通过该域名进行相关商品交易的电子商务，容易使相关公众产生误认的

此种情形下，商标侵权行为的成立须要求"通过该域名进行相关商品交易的电子商务"这一要件。因为这种情形下，被控侵权人的域名起到了商标标识的作用。如果被控侵权人未发生电子交易，但造成公众误认的，可能构成不正当竞争。

8. 在同一种或者类似商品上，将与他人注册商标相同或者近似的标志作为商品名称或者商品装潢使用，误导公众的

9. 故意为侵犯他人注册商标专用权行为提供仓储、运输、邮寄、隐匿等便利条件的，这种行为是间接侵权行为

---

❶ 最高人民法院（2010）民提字第15号民事判决书。

第六章　专利商标侵权抗辩

第一节　专利商标侵权抗辩概述

当专利权人、商标专用权人或其利害关系人起诉或投诉他人侵害其享有的专利权、商标专用权时，被控侵权人往往会抗辩其不构成侵权，或者提起其他抗辩事由。这就是专利、商标侵权抗辩。

一、专利商标侵权抗辩的理解

专利、商标侵权抗辩有广义与狭义之分。狭义的专利、商标侵权抗辩是指被控侵权方仅以不侵权为由提出的抗辩，主要是指《专利法》及其实施细则、《商标法》及其实施条例，以及司法解释等法律规范中关于专利、商标侵权规定的法律规范要件不成立的事由，如被控侵权人对商标的使用属于描述性使用、使用不会造成相关公众的混淆与误认，使用的技术特征与专利必要技术特征不相同也不等同。简而言之，该项抗辩仅针对侵权与否提出其不侵权的理由。

广义的专利、商标侵权抗辩指的是被控侵权人在应对权利人或其利害关系人提起的侵权诉讼或行政处理过程中，提出的所有对方主张不成立的抗辩理由，既包括被控侵权人使用涉案标识、专利不侵权，也包括主张投诉人或起诉人主体资格不适格，或者即使侵权成立，权利人或利害关系人也因过了诉讼时效而不能胜诉，或者即使侵权成立但因侵权人销售的商品有合法来源，或商标专用人连续三年未使用而不承担赔偿责任等的抗辩。

专利、商标行政执法程序尽管属于行政程序，但其处理的是平等主体之间的专利、商标侵权争议，且该争议本质上属于民事争议范畴，故专利、商标侵权抗辩应从广义上进行理解。

二、专利商标侵权抗辩的提起

在整个专利、商标侵权纠纷行政处理或民事诉讼过程中，专利、商标侵权抗辩是被动、消极的。一般而言，如果请求方或起诉方未提供证据证明被控侵权人侵权行为成立，或者虽有证据而仍不能证明侵权成立，被控侵权方无须提出侵权抗辩理由，也不需要提供证据。只有当权利人或利害关系人不仅提出侵权指控，而且提供的证据证明侵权成立或者存在侵权可能时，被控侵权人才需要提出侵权抗辩理由，并提供相应证据证明其抗辩理由成立。必须明确的是，提出专利、商标侵权抗辩不能仅仅提出抗辩理由，更重要的是需要提供相应证据证明。

三、专利商标侵权抗辩与上诉、复议申请的区别

在专利、商标行政复议程序或民事诉讼的二审程序中，专利商标行政管理机关或二审法院是围绕当事人的复议申请或上诉的理由与请求开展审理，复议申请或上诉未提出的请求事项和理由，专利商标行政管理机关或上级法院不会处理。因此，如果对原专利商标行政管理机关或一审法院对专利、商标侵权的认定与判决不服的，需要在规定时间内提出行政复议或提起上诉，未在规定时间内提出，而仅在复议程序或二审程序中提出抗辩的，即使被控行为人也提供了新的证据证明其主张，专利商标行政管理机关或二审法院也不应处理其抗辩理由。

第二节　专利侵权抗辩理由

就广义的专利侵权抗辩而言，不仅包括《专利法》规定的法定抗辩理由，也包括请求人或原告的主体不适格，以及诉讼时效超过等共性抗辩理由。对这些共性抗辩理由的分析，可参见本章第三节有关商标侵权抗辩理由部分。本节着重介绍专利侵权法定的抗辩理由。

《专利法》第69条规定："有下列情形之一的，不视为侵犯专利权：（一）专利产品或者依照专利方法直接获得的产品，由专利权人或者经其许可的单位、个人售出后，使用、许诺销售、销售、进口该产品的；（二）在专利申请日前已经制造相同产品、使用相同方法或者已经作好制造、使用的必要准备，并且仅在原有范围内继续制造、使用的；（三）临时通过中国领陆、领水、领空的外国运输工具，依照其所属国同中国签订的协议或者共同参加的国际条约，或者依照互惠原则，为运输工具自身需要而在其装置和设备中使用有关专利的；（四）专为科学研究和实验而使用有关专利的；（五）为提供行政审批所需要的信息，制造、使用、进口专利药品或者专利医疗器械的，以及专门为其制造、进口专利药品或者专利医疗器械的。"第62条规定："在专利侵权纠纷中，被控侵权人有证据证明其实施的技术或者设计属于现有技术或者现有设计的，不构成侵犯专利权。"第70条规定："为生产经营目的使用、许诺销售或者销售不知道是未经专利权人许可而制造并售出的专利侵权产品，能证明该产品合法来源的，不承担赔偿责任。"因此，针对权利人的侵权指控，被控侵权人的抗辩理由主要有以下几种情形。

一、专利权用尽抗辩

专利权用尽原则，也称首次销售原则，是指经专利权人制造或其许可的被许可人制造的专利产品售出后，合法购买者使用、转售、进口专利产品的，不构成侵权。任何人在购买合法出售的专利产品之后，享有自由处置该产品的权利，包括对该专利产品进一步使用、转让、出让和馈赠等行为，这是对自己享有的物权的处分，不应受到专利权人的制约，不构成对专利权的侵犯。专利权用尽原则的适用条件有两个：一是专利产品经专利权人或其许可之人合法售出。行为人从未经许可制造和销售专利产品的第三人处购得的，不构成权利用尽。二是用尽的是使用权、许诺销售权、销售权、进口权，制造权不用尽。因此，任何人未经许可制造专利产品都是侵权行为。

二、先用权抗辩

《专利法》第 69 条第（2）项规定了先用权规则。即在专利申请日前已经制造相同产品、使用相同方法或者已经作好制造、使用的必要准备，并且仅在原有范围内继续制造、使用的，不构成专利侵权。先用权是对专利权的一种制约，先用权抗辩是为公众提供一种对抗侵权指控的抗辩手段。公众中的任何人如果在专利申请日前已经研制开发出与专利相同的产品或者实施了与专利相同的方法，并且已经投入人力、物力和财力为生产作好了必要的准备，仅仅是因为未申请专利，就被禁止继续实施其自身开发出来的科技成果，显然是不公平的。由此，我国在《专利法》中规定了先用权抗辩的相关条款，以维护公众的合法利益。该规则的适用应满足下列条件。

（1）他人在专利申请日前已经开发出相同的技术发明，只不过未申请专利而已。该技术发明应当是完整的技术方案。同时，这里的时间点是申请日前，如果在申请日后产生的技术发明，不适用先用权抗辩。

（2）在专利申请日前已经制造相同产品、使用相同方法或者已经作好制造、使用的必要准备。有下列情形之一的，可以认定为"已经作好制造、使用的必要准备"：①已经完成实施发明创造所需的主要技术图纸或者工艺文件。所谓主要技术图纸或者工艺文件应当是指完备的、详细的、可立即付诸实施的技术图纸或者工艺文件，而非草图、简图、示意图等仍然需要进一步细化的工艺文件。②已经制造或者购买实施发明创造所需的主要设备、模具或者原材料。所谓主要设备、模具，应当是指为实施发明创造所必需的设备或者模具，而非进行一般加工或者生产的通用设备。提出先用权抗辩的当事人应当对其已经作好制造、使用的必要准备的事实负举证责任。

（3）先用权人应在原有范围内继续制造、使用。原有范围包括专利申请日前已有的生产规模以及利用已有的生产设备或者根据已有的生产准备可以达到的生产规模。利用已有的生产准备可以达到的生产规模应当是指利用现有的生产设备和生产资料，以及专利申请日前已经规划、制造、购买的但尚未实际投入使用的生产设备、生产资料可以达到的极限生产规模。

此外，从我国《专利法》条文的字面含义来看，先用权人继续实施的行为仅限于制造和使用两种方式。如前对行为条件中的论述可知，如果先用权人仅在原有范围内继续制造或使用，而不允许其销售自己制造的产品，这无疑是荒谬的。因此，与产生先用权的行为条件相对应，就继续的实施行为不应作限定。

（4）先用权人必须是自己实施技术。先用权人不能将该技术转让或许可他人实施。《最高人民法院关于审理侵犯专利权纠纷案件应用法律若干问题的解释》第15条第4款规定，先用权人在专利申请日后将其已经实施或作好实施必要准备的技术或设计转让或者许可他人实施，他人主张该实施行为属于在原有范围内继续实施的，不应当予以支持，但该技术或设计与原有企业一并转让或者承继的除外。当然，在专利申请日前通过受让或被许可而获得相关技术并予以实施的，也可以成立先用权。

（5）先用权人合法获取了技术。被诉侵权人以非法获得的技术或者设计主张先用权抗辩的，不享有先用权。非法获得技术或者设计的行为包括：抄袭、盗窃、利诱、胁迫或者其他不正当手段获得技术方案的；负有保密义务的员工或者负有保密义务的合同相对方擅自披露、使用该技术方案的；第三人明知或者应当知道前款所列违法行为，仍然获取、使用该技术方案的。

三、临时过境抗辩

《专利法》第69条第（3）项规定了该规则。适用条件包括：（1）运输工具须是临时过境的。（2）在其装置和设备中使用有关专利须是专为运输工具自身的需要，不能用于其他目的。这是国际运输和航行自由的要求。（3）有关国家与中国签订有协议或者共同参加了有关国际条约，或者依照互惠原则处理。

四、非生产经营目的抗辩

对于为科学研究和实验而使用有关专利的，其目的主要是从技术角度判断专利是否可行、寻找实施专利的最佳方式以及探讨如何对现有专利技术进行改进等，它们并不是为了获得专利技术本身，并不是为了以专利来获得更大的利益。这种行为从本质上讲更有利于促进科学技术的发展和进步，同时也不会给专利权人带来不利的后果。因此，如果认为其构成对专利权的侵犯，让其承担相应的赔偿责任，将会阻碍技术的研发与社会进步。此外，为了个人的学习欣赏、个人家庭生活所需要以及国家机关执行公务目的而使用专利技术等，也不构成专利侵权。

五、行政审批抗辩

这是指为提供行政审批所需要的信息，制造、使用、进口专利药品或者专利医疗器械的，以及专门为其制造、进口专利药品或者专利医疗器械的。此种情形下，实施专利的目的仅是获得行政审批所需，对专利权人也没有任何损害。认定这种情形下的行为不构成专利侵权也是国际通行惯例。

六、现有技术（设计）抗辩

专利权人无权禁止他人使用公知公用的技术与设计。现有技术（设计）抗辩是指实施人使用了专利申请日以前国内外公知公用的技术（设计）的，不构成专利侵权。现有技术（设计）抗辩又称公知技术（设计）抗辩、自由已知技术（设计）抗辩、已有技术（设计）抗辩。这是在专利侵权诉讼中常见的抗辩情形。《最高人民法院关于审理侵犯专利权纠纷案件应用法律若干问题的解释》（法释〔2009〕21号）第14条规定："被诉落入专利权保护范围的全部技术特征，与一项现有技术方案中的相应技术特征相同或者无实质性差异的，人民法院应当认定被诉侵权人实施的技术属于专利法第六十二条规定的现有技术。被诉侵权设计与一个现有设计相同或者无实质性差异的，人民法院应当认定被诉侵权人实施的设计属于专利法第六十二条规定的现有设计。"该类抗辩的成立有以下要件。

（1）该类抗辩的前提必须是被控侵权的技术或设计与专利技术或设计相同或等同。如果不相同也不构成等同，则直接认定被控行为人的行为不构成对他人专利权的侵害，而不适用现有技术或设计抗辩。只有在两者的技术或设计相同或等同的前提下，才涉及进一步判断现有技术或设计抗辩是否成立。同时，无须将所谓的现有技术或设计与专利技术或设计进行对比，否则会涉及专利授权的行政审查效力问题。最高人民法院民事审判第三庭在《关于王川与合肥继初贸易有限责任公司等专利侵权纠纷案的函》（〔2000〕知监字第32号）中指出，不应当将现有技术方案、现有的设计与专利技术方案、授权外观设计进行对比，而是应当将被诉侵权技术方案、设计与现有技术方案、现有的设计进行对比，其所解决的是现有技术、设计抗辩是否成立的问题，而不是解决专利技术方案、授权外观设计是否具备新颖性或者创造性、应否被授予专利权的问题。

（2）与被控侵权技术（设计）对比的技术（设计）必须是专利申请日前在国内外为公众所知的技术（设计）。现有技术（设计）的时间界限是申请日，享有优先权的，则指优先权日。但申请日当天公开的技术内容不包括在现有技术范围内。处于保密状态的技术（设计）内容不属于现有技术（设计）。所谓保密状态，不仅包括受保密规定或协议约束的情形，还包括社会观念或者商业习惯上被认为应当承担保密义务的情形，即默示保密的情形。负有保密义务的人违反规定、协议或者默示泄露秘密，导致技术（设计）内容公开，使公众能够得知相应技术（设计）的，则该技术（设计）构成现有技术（设计）。

现有技术的地域界限是全世界范围，包括通过出版物公开、使用公开以任何其他方式在国内外公开的技术或设计。专利法意义上的出版物是指记载有技术或设计内容的独立存在的传播载体，并且应当表明或者有其他证据证明其公开发表或出版的时间。符合上述含义的出版物可以是各种印刷的、打字的纸件，如专利文献、科技杂志、科技书籍、学术论文、专业文献、教科书、技术手册、正式公布的会议记录或者技术报告、报纸、产品样本、产品目录、广告宣传册等，也可以是用电、光、磁、照相等方法制成的视听资料，如缩微胶片、影片、照相底片、录像带、磁带、唱片、光盘等，还可以是以互联网或其他在线数据库形式存在的文件等。出版物不受地理位置、语言或者获得方式的限制，也不受年代的限制。出版物的出版发行量多少、是否有人阅读过、申请人是否知道是无关紧要的。对于印有"内部资料""内部发行"等字样的出版物，确系在特定范围内发行并要求保密的，不属于公开出版物。出版物的印刷日视为公开日，有其他证据证明其公开日的除外。印刷日只写明年月或者年份的，以所写月份的最后一日或者所写年份的12月31日为公开日。

由于使用而导致技术方案或设计的公开，或者导致技术方案的设计处于公众可以得知的状态，这种公开方式称为使用公开。使用公开的方式包括能够使公众得知其技术（设计）内容的制造、使用、销售、进口、交换、馈赠、演示、展出等方式。只要通过上述方式使有关技术（设计）内容处于公众想得知就能够得知的状态，就构成使用公开，而不取决于是否有公众得知。但是，未给出任何有关技术内容的说明，以致所属技术领域的技术人员无法得知其结构和功能或材料成分的产品展示，不属于使用公开。如果使用公开的是一种产品，即使所使用的产品或者装置需要经过破坏才能够得知其结构和功能，也仍然属于使用公开。此外，使用公开还包括放置在展台上、橱窗内公众可以阅读的信息资料及直观资料，如招贴画、图纸、照片、样本、样品等。使用公开是以公众能够得知该产品或者方法之日为公开日。

为公众所知的其他方式，主要是指口头公开等。例如，口头交谈、报告、讨论会发言、广播、电视、电影等能够使公众得知技术内容的方式。口头交谈、报告、讨论会发言以其发生之日为公开日。公众可接收的广播、电视或电影的报道，以其播放日为公开日。

用以对比证明是现有技术或设计的文件称为对比文件。专利申请日后使用已经披露的第三人的专利技术（技术）的，公知技术（设计）抗辩不能成立。最高人民法院明确指出，引用对比文件判断现有技术抗辩是否成立时，应当以对比文件公开的技术内容为准。该技术内容不仅包括明确记载在对比文件中的内容，而且包括对于所属技术领域的技术人员来说，虽然隐含但可直接、毫无疑义地确定的技术内容。另外，对比文件中包括附图的，也可以引用附图。但是，只有能够从附图中直接地、毫无疑义地确定的技术特征才属于公开的内容，由附图中推测的内容，或者无文字说明、仅仅是从附图中测量得出的尺寸及其关系，不应当作为已公开的内容。

（3）对比的内容必须是一项现有技术方案或一项现有设计方案。与一项现有设计或一项现有技术方案中的相应技术特征（设计）相同或者无实质性差异的，抗辩才能成立，不能将多个现有技术或设计方案的任意组合与被控侵权技术或设计对比。"发明或者实用新型专利侵权诉讼中，应当将被控侵权物的全部技术特征分别与每一项现有技术方案的相应技术特征单独进行比较，一般不得将其与两项以上现有技术方案进行组合对比。""现有技术抗辩对比是一种建立在技术特征逐个对比基础上的总体性判断，即经过对比后，如果被控侵权物的全部技术特征分别与每一项现有技术方案的相应技术特征相同或者等同的，可以得出现有技术抗辩成立的结论。如果现有技术方案仅仅揭示了被控侵权物中的部分技术特征，则不能认为该部分技术特征与现有技术方案相同或者等同。"❶ 在上海帅佳电子科技有限公司、慈溪市西贝乐电器有限公司与山东九阳小家电有限公司、王某某及济南正铭商贸有限公司侵犯发明专利权纠纷一案［山东省高级人民法院（2007）鲁民三终字第 38 号民事判决］中，法院明确指出："公知技术抗辩应当将被诉侵权技术方案与单独一份公知技术进行对比，或对公知技术与所属领域技术人员的常识的简单组合进行对比，上诉人用三篇技术文献的结合来进行对比，已经完全超出了公知技术抗辩的范畴。"

但是，上述规则不排斥对比技术或设计是一项现有技术方案与所属领域普通技术人员广为熟知的公知常识简单组合的情形。此时，应当允许其进行现有技术或设计抗辩。在苏州工业园区新海宜电信发展股份有限公司诉南京普天通信股份有限公司、苏州工业园区华发科技有限公司侵犯专利权纠纷案［江苏省高级人民法院（2007）苏民三终字第 0139 号民事判决］中，法院明确指出："现有技术抗辩是指在专利侵权纠纷中被控侵权人以其实施的技术属于现有技术为由，对抗专利侵权指控的不侵权抗辩事由。通常情况下，被控侵权人进行现有技术抗辩，只能援引一份对比文献中记载的一项现有技术方案，但是，在被控侵权人有充分证据证明其实施的技术方案属于一份对比文献中记载的一项现有技术方案与所属领域技术人员广为熟知的常识的简单组合，应当允许被控侵权人以该理由进行现有技术抗辩。本案中，上诉人普天公司以 US6192181 B1 号美国专利和《长途通信传输机房铁架槽道安装设计标准》两份对比文件进行现有技术抗辩。将被控侵权产品与其中的 US6192181 B1 号美国专利进行比对，被控侵权产品只是增加了在开放式的出纤口基体上设有活动式出纤口盖这一技术特征。国家通信行业《长途通信传输机房铁架槽道安装设计标准》中明确规定：'列、主槽道均由电缆支架、侧

---

❶　江苏省高级人民法院. 侵犯专利权纠纷案件审理指南［Z］. 2010 - 11.

板、底板、终端板及盖板等组成。'虽然该国家标准中并未明确槽道上的盖板是否属于活动式盖板，但本领域技术人员根据国家标准的要求，在开放式出纤口基体上或槽道上通过设置活动式盖板，实现既对其中的光纤加以保护，同时又便于多次出纤和维护的作用，是容易联想到的。因此，相对于本领域普通技术人员而言，根据《长途通信传输机房铁架槽道安装设计标准》的要求，在槽道或开放式出纤口基体上加盖或者加活动式的盖，属于本领域中的一种公知常识。北京法院一、二审行政判决书亦认定本领域技术人员在开放式的出纤口基体或槽道上通过设置盖板达到对其中的光纤加以保护的作用是显而易见的。据此，普天公司提供的证据足以证明其主张的现有技术抗辩理由成立，被控侵权产品不构成侵犯涉案专利独立权利要求1。"

（4）可以抵触申请参照现有技术进行抗辩。根据《专利法》第22条的规定，在发明或者实用新型新颖性的判断中，由任何单位或个人在该申请的申请日以前向国家知识产权局提出并且在申请日以后（含申请日）公布或公告的同样的发明或者实用新型专利申请，损害该申请日提出的专利申请的新颖性。为描述简便，在判断新颖性时，将这种损害新颖性的专利申请，称为抵触申请。被控侵权人以已经公开的专利抵触申请主张不侵权抗辩的，可以参照适用现有技术抗辩的规定。

此外，在公知技术抗辩成立的情况下，即使专利权人的专利已经被他人请求宣告无效阶段，也可以不中止案件审理，直接认定侵权不成立。

七、合法来源抗辩

虽然为生产经营目的使用、销售、许诺销售侵犯专利权的产品，但如果能证明使用、销售、许诺销售时不知道是侵权产品，并能证明产品有合法来源的，不承担赔偿责任。应当注意的是，即使该项抗辩成立，行为人的行为仍然应当认定是属于侵害专利权的行为，其享有的仅是不承担民事赔偿责任的权利，但并不享有继续使用、销售或许诺销售的权利，即行为人仍负有停止侵害专利权的义务。同时，《专利法实施细则》第84条第3款也同样规定，销售不知道是假冒专利的产品，并且能够证明该产品合法来源的，由管理专利工作的部门责令停止销售，但免除罚款的处罚。专利侵权纠纷中，作为销售商的被请求人常常提出其产品有合法来源的抗辩。合法来源抗辩的成立有两个条件：一是货源渠道正当、合法。这是客观事实。一般来说，被请求人必须提供其从正规渠道进货，有正规发票、进货单、出库单、销售合同而且价格合理等证据，同时被控侵权产品要与这些证据中的商品相佐证等。如合同中的商品与被控侵权产品不同，应当认定抗辩不能成立。实践中，也有观点认为，被告须证明通过这些证据能够反映是关于被控侵权产品的交易才能达到证明目的。二是销售者、许诺销售者、使用者不知道也不应当知道是侵权产品而销售、使用、许诺销售。这是对有关主体主观过错的要求。

当然这两个条件也不是孤立的，如果该销售者能够证明其遵从合法、正常的交易规则，取得所售产品的来源清晰、渠道合法、价格合理，其使用行为、销售行为符合诚信原则，合乎交易惯例，则可推定该销售者实际不知道且不应当知道其所使用、销售的产品系未经专利权人许可而制造并售出，即推定该使用者、销售者无主观过错。如果从大型小商品批发市场以很低的价格进货的，也可以推断出行为人主观上有过错，因为其应当注意所购买的产品可能涉嫌侵权。当然，由于外观设计专利权人不享有使用权，故他人无论基于何种情形使用外观设计专利产品，均不构成侵权。

八、实施标准抗辩

最高人民法院在《关于朝阳兴诺公司按照建设部颁发的行业标准〈复合载体夯扩桩设计规程〉设计、施工而实施标准中专利的行为是否构成侵犯专利权问题的函》（〔2008〕民三他字第4号）中指出："鉴于目前我国标准制定机关尚未建立有关标准中专利信息的公开披露及使用制度的实际情况，专利权人参与了标准的制定或者经其同意，将专利纳入国家、行业或者地方标准的，视为专利权人许可他人在实施标准的同时实施该专利，他人的有关实施行为不属于专利法第十一条所规定的侵犯专利权的行为。专利权人可以要求实施人支付一定的使用费，但支付的数额应明显低于正常的许可使用费；专利权人承诺放弃专利使用费的，依其承诺处理。"由此可以看出，抗辩权人所获得的仅是一种类似于强制许可使用的权利，但享有低付费或免费使用的权利。

该项制度仅针对建筑行业标准中涉及专利权的情形，对于其他领域专利权与标准实施权之间的冲突，实践中一直存在争议。对此，最高人民法院明确："要妥善处理专利与标准的关系。专利与标准的关系较为复杂，既要防止利用标准滥用专利权，又要有利于在重点技术领域形成一批核心技术标准。对于涉及纳入国家、行业或者地方标准的专利侵权纠纷案件，要根据行业特点、标准制定制度的现状以及案件具体情况，认定行为的性质和给予相应的法律救济。最高人民法院曾在充分征求国家有关主管部门和专家学者意见的基础上，根据建筑业标准的具体情况，就建筑行业写入标准的专利的侵权判定和支付使用费办法作出个案答复，不涉及其他行业的标准问题；各地法院在参照时要具体案件具体分析，并合理确定应当支付的使用费。其他技术领域中专利与标准的关系仍然情况复杂和不尽相同，要继续加强研究探索和总结经验，妥善处理相关案件，不搞一刀切。"

九、使用外观设计专利产品的抗辩

根据专利法规定，为生产经营目的使用外观设计专利产品的，不应当认为侵害专利权。因此，被控侵权人可以非制造、销售而是使用外观专利产品作为不侵权抗辩的理由。需注意的是，将侵害外观设计专利权的产品作为零部件，制造另一产品并销售的，应当以销售行为认定侵害专利权，但侵害外观设计专利权的产品在该另一产品中仅具有技术功能的除外。

第三节 商标侵权抗辩理由

商标侵权抗辩理由主要包括请求人或主张权利的商标专用权人主体不适格抗辩、诉讼时效抗辩、不承担赔偿责任抗辩、不侵权抗辩。

一、主体不适格抗辩

有权向专利商标行政管理机关或人民法院主张权利的请求人应当是商标专用权人、通过合法受让或继承取得商标专用权的继受者，或者是商标使用被许可人等利害关系人。主体不适格指的是请求人或主张商标专用权的人不是商标专用权人、商标使用权的合法受让或继承人，或者是符合条件的被许可人等利害关系人。实践中，被请求人或被控侵权人在纠纷中一般是从商标转让或许可合同的真实性或者时间不连续等角度来主张请求人或主张权利的商标专用权人主体资格不适格，进而主张其并不侵犯涉案请求人或主张权利的商标专用权人的权利。

实践中，商标使用许可方式包括独占许可、排他许可及普通许可。独占许可，是指商标注册人以约定的期间、地域和方式，将该注册商标仅许可给一个被许可人使用，商标注册人依约不得使用该注册商标。排他许可是指商标注册人以约定的期间、地域和方式，将该注册商标仅许可一个被许可人使用，商标注册人依约可以使用该注册商标但不得另行许可他人使用该注册商标。普通许可是指注册商标人以约定的期间、地域和方式，许可他人使用其注册商标，但仍然可以自行使用该注册商标和许可他人使用其注册商标。

就请求权而言，商标专用权或其受让人、继承人自然可以提出处理请求。独占许可的被许可人有权单独以自己的名义主张权利。排他许可的被许可人可以和商标注册人共同主张权利，也可以在商标注册人不主张权利的情况下，自行主张权利。普通许可的被许可人在商标专用权人明确授权的情况下可以单独主张权利。商标注册人不主张权利包括商标注册人明示放弃主张权利的情形，也包括注册商标排他使用许可合同的被许可人有证据证明其已告知商标注册人或者商标注册人已知道有侵犯商标专用权行为发生而仍不维权的情形。商标注册人明确授权，应当理解为书面的授权，不能口头授权；与赋予律师诉讼代理权一样，赋予请求权的授权，必须针对具体处理请求而作出，不能笼统表述为授权其维权。

二、诉讼时效抗辩

诉讼时效抗辩，是指被请求人或被控侵权人主张请求人或主张权利的商标专用权人提出的权利诉求已经超过诉讼时效。一般而言，诉讼时效是权利人胜诉的时效，而非权利人起诉或提出诉求的时效。因此，诉讼时效并不影响权利人通过行政或司法手段提出诉求。根据《民法总则》的规定，权利人应当自知道或应当知道他人侵害商标专用权之日起三年内提出诉求，但就他人连续的侵权行为，则不受三年诉讼时效的限制。同时，学术界多数人认为，在商标侵权纠纷中，权利人要求他人承担停止生产、销售侵权产品等停止侵权责任的，以及确认商标专用权归属的，不受诉讼时效限制，但要求他人承担赔偿损失责任的，则受诉讼时效限制。

三、不承担赔偿责任抗辩

《商标法》第 64 条规定，注册商标专用权人请求赔偿，被控侵权人以注册商标专用权人未使用注册商标提出抗辩的，人民法院可以要求注册商标专用权人提供此前三年内实际使用该注册商标的证据。注册商标专用权人不能证明此前三年内实际使用过该注册商标，也不能证明因侵权行为受到其他损失的，被控侵权人不承担赔偿责任。销售不知道是侵犯注册商标专用权的商品，能证明该商品是自己合法取得并说明提供者的，不承担赔偿责任。因此，根据商标法规定，在此两种情形下，被请求人或被控侵权人使用商标行为不承担赔偿责任。但需要注意的是，被控侵权人的行为仍构成侵权，行政机关或法院仍需要责令其停止使用或销售侵权产品。

这两种情形包括权利人连续三年不使用商标与销售者销售的侵权商品有合法来源。

（1）商标专用权人连续三年不使用注册商标。这种情形，权利人本身既未因注册商标而获得商业利益，也不会因侵权人使用商标而造成市场利益的损失，而且商标专用权人连续三年不使用的，该商标应当予以撤销。因此，一般情形下，商标专用权人连续三年不使用商标的，被控侵权人不需要承担赔偿责任。需要注意的是，被控侵权人主张权利人连续三年不使用的抗辩是一项关于消极事实的举证责任，其无须也不能就权利人不使用这一消极事实举证，故商标法规定当被控侵权人提出该项抗辩主张后，应当由权利人就其近三年连续使用的事实提供证据。使用的证据包括自己在商品、经营门店的门头、店内装潢、交易文书、宣传广告，或者许可他人使用等方式进行使用。权利人提供不出这方面证据的，被控侵权人抗辩成立。

（2）销售的商品有合法来源又称合法来源抗辩，即销售商销售不知道是侵犯注册商标专用权的商品，能证明该商品是自己合法取得并说明提供者的，不承担赔偿责任。在此情形下，抗辩者需要证明两方面事实：一是其主观上不知道所销售商品侵害了权利人的商标专用权。二是客观上其所销售的商品有合法正当的来源。就客观要件而言，抗辩人一般需要提供其进货的合同、出库单、入库单、发票或收据等。这些票据或交易凭证并非全部具备，只要能证明权利人是从上家正当合法进货就可以。就主观要件而言，一般是通过客观反映出来的事实来认定销售者主观上是否知道或应当知道所销售的商品为侵害他人商标专用权的商品，如销售者的销售价格显著低于同类商品的市场销售价、商品来源于他人上门兜售等。有时，在有些案件中，销售商通过大市场以明显不合理低价对外销售商品，被认定为其主观应当知道所销售商品为侵权商品。销售商提供合法授权证书可以认定其主观上不知道该商品为侵权商品。

四、不侵权抗辩

不侵权抗辩即被控侵权人主张其被控使用商标或销售商品等行为不侵害权利人的商标专用权。《商标法》《商标法实施条例》以及《最高人民法院关于审理商标民事纠纷案件适用法律若干问题的解释》《最高人民法院关于审理涉及计算机网络域名民事纠纷案件适用法律若干问题的解释》等法律和司法解释中对商标侵权行为作了明确规定。因此，被控侵权人可以就被控的具体侵权行为表现，根据法律规范要件来主张欠缺某一个或某几个要件，从而抗辩其不构成商标侵权。如其可以主张使用的商标与权利人的注册商标不相同也不近似，或者主张其使用近似商标的行为不会导致相关公众的混淆与误认等。本书第五章第三节商标侵权判定对此作了阐述，该部分抗辩理由可参见该章节。被控侵权人除了根据法律规范规定的具体侵权行为构成要件进行不侵权抗辩外，不侵权抗辩还包括以下几种常见情形。

1. 在先权利抗辩

申请注册的商标不得与他人在先权利相冲突，这是商标法的一项基本原则。申请人申请注册的商标标识、式样可能存在多个主体享有多项权利的情形，如在申请注册商标的同一图案上可能存在著作权，外观设计专利权，知名商品特有的名称、包装、装潢专有权等。当这些权利分别由不同主体享有时，就会存在权利冲突。仅在多项权利归一人享有时，不会存在权利冲突。因此，商标局对于申请注册的商标与他人对该商标式样享有的在先权利相冲突的不予注册。当商标注册人主张他人侵害其注册商标专用权时，被控侵权人可以主张在先权利抗辩，认为其在涉案商标注册核准之日之前即对涉案商标享有在先权利，并为此提供相应证据。在先权利的保护在我国《商标法》中有明确规定，其第9条规定，"申请注册的商标，应当有显著特征，便于识别，并不得与他人在先取得的合法权利相冲突。"第32条规定，"申请商标注册不得损害他人现有的在先权利，也不得以不正当手段抢先注册他人已经使用并有一定影响的商标。"第 45 条规定："已经注册的商标，违反本法第十三条第二款和第三款、第十五条、第十六条第一款、第三十条、第三十一条、第三十二条规定的，自商标注册之日起五年内，在先权利人或者利害关系人可以请求商标评审委员会宣告该注册商标无效。对恶意注册的，驰名商标所有人不受五年的时间限制。"

可能对申请注册的商标以及主张他人侵权依据的商标构成在先权利的有以下权利。

（1）姓名、肖像权。将他人的姓名或肖像申请商标的，就可能与他人的姓名权、肖像权相冲突。

（2）著作权。将他人享有著作权的作品申请商标注册的，可能与他人的在先著作权相冲突。如将他人的美术图案申请为商标的情形。

（3）外观设计专利权。对富有美感的产品形状、图案、色彩或其组合可以申请外观设计专利。申请人不得将他人已经享有外观设计专利权的产品外观设计注册为商标。

（4）商号权。商号、字号是企业设计在其名称中的词汇，如同人的姓名一样，具有标识企业身份的作用。实践中，经常遇到将他人的商标登记为企业名称中的字号，或者将他人的知名商号注册为商标，造成消费者的混淆和误认。对于他人享有一定知名度的商号，不得注册为商标，以免造成市场混淆。

（5）地理标志权。地理标志，是指标示某商品来源于某地区，该商品的特定质量、信誉或者其他特征，主要由该地区的自然因素或者人文因素所决定的标志。如黄岩的蜜橘、烟台的红富士苹果。这些地理标志在商业上具有很高的商业价值，常被其他企业仿冒。同时，将他人地理标志注册为商标，也会妨碍地理标志所在地区产品经营者使用该标志。因此，不能违法将地理标志申请注册为商标，否则会侵犯他人的地理标志权。

（6）知名商品特有的名称、包装装潢专有权。知名商品是指在市场上具有一定知名度，为相关公众所知悉的商品。知名商品的形成，经营者投入了大量的资金、人力和物力，其特有的名称、包装装潢与知名商品具有内在的关联性，成为消费者识别来源的标志。因此，我国《反不正当竞争法》为制止混淆，维护公平竞争秩序，赋予权利人对知名商品特有名称、包装、装潢享有专有权。因此，他人不得利用该标识申请注册商标。

（7）特殊标志权。特殊标志，是指经国务院批准举办的全国性和国际性的文化、体育、科学研究及其他社会公益活动所使用的；由文字、图形组成的名称及缩写、会徽、吉祥物等标志。国务院于 1996 年制定了《特殊标志管理条例》对特殊标志予以保护。因此，不得将特殊标志申请注册商标。

（8）奥林匹克标志权。为了加强对奥林匹克标志的保护，保障奥林匹克标志权利人的合法权益，维护奥林匹克运动的尊严，国务院于 2002 年制定了《奥林匹克标志保护条例》。根据该条例规定，奥林匹克标志，是指：①国际奥林匹克委员会的奥林匹克五环图案标志、奥林匹克旗、奥林匹克格言、奥林匹克徽记、奥林匹克会歌；②奥林匹克、奥林匹亚、奥林匹克运动会及其简称等专有名称；③中国奥林匹克委员会的名称、徽记、标志；④北京 2008 年奥林匹克运动会申办委员会的名称、徽记、标志；⑤第 29 届奥林匹克运动会组织委员会的名称、徽记，第 29 届奥林匹克运动会的吉祥物、会歌、口号、"北京 2008"、第 29 届奥林匹克运动会及其简称等标志；⑥《奥林匹克宪章》和《第 29 届奥林匹克运动会主办城市合同》中规定的其他与第 29 届奥林匹克运动会有关的标志。

该条例所称奥林匹克标志权利人，是指国际奥林匹克委员会、中国奥林匹克委员会和第 29 届奥林匹克运动会组织委员会。国际奥林匹克委员会、中国奥林匹克委员会和第 29 届奥林匹克运动会组织委员会之间的权利划分，依照《奥林匹克宪章》和《第 29 届奥林匹克运动会主办城市合同》确定。

奥林匹克标志权利人依照该条例对奥林匹克标志享有专有权。未经奥林匹克标志权利人许可，任何人不得为商业目的（含潜在商业目的，下同）使用奥林匹克标志，包括将其作为商标申请注册。这里所称为商业目的的使用，是指以营利为目的，以下列方式利用奥林匹克标志：①将奥林匹克标志用于商品、商品包装或者容器以及商品交易文书上；②将奥林匹克标志用于服务项目中；③将奥林匹克标志用于广告宣传、商业展览、营业性演出以及其他商业活动中；④销售、进口、出口含有奥林匹克标志的商品；⑤制造或者销售奥林匹克标志；⑥可能使人认为行为人与奥林匹克标志权利人之间有赞助或者其他支持关系而使用奥林匹克标志的其他行为。

（9）在先注册商标。被控侵权人如果在权利人商标注册之前已经在相同或类似商品（服务）上注册了相同或近似的商标，其可以主张在先权利抗辩。按照保护在先权利原则，如果被控侵权人在涉案商标专用权人商标注册之前已经在相同或类似商品（服务）上注册了相同或近似的商标，则涉案请求人也不能注册并使用涉案商标。此时，在后涉案注册商标专用权人主张在前注册人侵害其商标专用权，则在前注册并享有在先权利的被控侵权人自然可以主张在先权利抗辩。实践中，如果被控侵权人以其在相同商品或服务上注册的相同商标来主张在先权利抗辩的，应当驳回请求人或主张权利的商标专用权人的诉求，告知其应先向国家知识产权局请求撤销或无效被控侵权人的注册商标。这种行政前置程序是必经程序。如果国家知识产权局撤销了被控侵权人的注册商标，则该案的请求人或主张权利的商标专用权人可以再次主张被控侵权人侵害了其商标专用权。如果被控侵权人的注册商标未被撤销或无效，则该案请求人或主张权利的商标专用权人自然无权妨碍被控侵权人使用涉案商标。但是，如果被控侵权人以其在类似商品或服务上注册的相同商标或近似商标来主张在先权利抗辩的，行政机关或法院可以直接依据保护在先权利原则进行处理。同时，实践中还存在另一种情形，如被控侵权人尽管有注册商标，但其在该案中因未规范使用自己的注册商标，而是使用了与其注册商标式样不同或近似的商标，请求人或主张权利的商标专用权人主张其使用了变形的商标而构成侵权。就此情形，被控侵权人使用的商标可以理解为未注册商标，其主张在先权利抗辩的，不应得到支持。

（10）在先使用并有一定影响力的未注册商标。《商标法》第 32 条规定："申请商标注册不得损害他人现有的在先权利，也不得以不正当手段抢先注册他人已经使用并有一定影响的商标。"第 59 条规定："商标注册人申请商标注册前，他人已经在同一种商品或者类似商品上先于商标注册人使用与注册商标相同或者近似并有一定影响的商标的，注册商标专用权人无权禁止该使用人在原使用范围内继续使用该商标，但可以要求其附加适当区别标识。"我国商标立法对未注册商标保护主要限于经过使用有一定影响力的商标。此时，被控侵权人主张在先权利抗辩的，需要提供证据证明其在权利人商标注册核准之前已经在先一段时间使用该商标，且该商标在权利人商标核准注册之前通过自己的使用和宣传已经具有一定影响力或知名度。

2. 商标合理使用的抗辩

商标合理使用是被控侵权人基于商标的其他含义，不会引发相关公众混淆与误认的一种使用。与专利权和著作权的合理使用制度一样，商标合理使用是一种重要的侵权抗辩事由。《商标法》第 59 条规定："注册商标中含有的本商品的通用名称、图形、型号，或者直接表示商品的质量、主要原料、功能、用途、重量、数量及其他特点，或者含有的地名，注册商标专用权人无权禁止他人正当使用。三维标志注册商标中含有的商品自身的性质产生的形状、为获得技术效果而需有的商品形状或者使商品具有实质性价值的形状，注册商标专用权人无权禁止他人正当使用。"因此，被控侵权人如果基于以上含义去使用商标，自然属于一种正当使用。

实践中，常见的商标合理使用情形有以下几种。

（1）描述商品或服务品质。例如，美国知名品牌百事可乐曾经在其电视广告、平面广告及其送货车上以显著方式使用"No.1"的字样，而"No.1"是另一同类知名饮料的商标，百事可乐因此被起诉。法院审理时认为百事可乐的各个广告使用该字样，主要目的是表明百事可乐的饮料品质第一。而百事可乐本身是知名品牌，这种品质第一的描述不足以使消费者对商品的来源发生混淆，应当属于合理使用的范围内，不构成对"No.1"商标权的侵犯。再如，"掌中宝"可以指便携的口袋书或媒体工具等。如果有人将其在书刊等商品上注册了"掌中宝"商标，再指控他人在口袋书上使用这三个字，可能就得不到支持。

（2）叙述商业活动客观事实。在汉都公司诉 TCL 集团公司侵犯"千禧龙"商标权纠纷一案❶中，法院认定 TCL 在"千禧龙大行动"广告宣传中使用"千禧龙"不构成商标侵权的一个理由是，TCL 进行广告宣传的时间为 2000 年，正值中国的龙年，又逢千禧年，因此，TCL 属于客观叙述了在"千禧年、龙年"销售彩电的

---

❶　上海市高级人民法院（2004）沪高民三（知）终字第 87 号民事判决。

事实。

（3）指示商品产地的地名。我国商标法规定，县级以上行政区划的地名不能作为商标使用，但已经获准注册的地名除外。另外，法律没有禁止县级以下的行政区划的地名注册商标。因此，地名商标在特定情况下是存在的，但地名是一种十分重要的公共资源和信息，它在被作为商标时显著性程度比一般商标要差。商标权人不应限制他人在非商标意义上使用，如表明商品产地的使用，否则会损害公众使用地名的公共利益。

（4）标示商品制造者身份。如商品生产者直接在商品上标出其企业名称全称以向公众说明产品制造者身份。此时，如果企业名称中的字号与他人的商标相同或近似，商标专用权人主张该企业侵害其商标专用权的，该企业可以进行抗辩。但是需要说明的是，如果他人的商标注册时间先于该企业设立时间，且该注册商标在企业设立时即具有相当的知名度，则该企业在商品上醒目标注企业名称全称，易于导致市场混淆的，该企业使用名称的行为尽管不构成商标侵权，但可能会构成不正当竞争。此时，企业在商品上应当规范标注"制造商"类似字样，以不致造成相关公众的混淆与误认。

（5）作为商品名称的使用。商品名称可分为特有名称和通用名称。商品特有名称可以注册为商标，而商品的通用名称是不能获准注册商标的，但特定情况下，不排除一些获准注册的商标含有商品的通用名称。因此，含有通用名称的商标，其专用权及其保护是要受到合理限制的。例如，某酒厂获准注册"高粱酒及图"商标，但不能限制其他酒厂以高粱为酿酒原料在使用自己注册商标的同时使用"高粱酒"文字，因为高粱酒已经成为某一类白酒商品的通用名称，不能限制他人合理使用。在注册商标含有特有名称的特定情况下，也存在合理使用问题。例如，国家原工商总局商标局 2003 年就"灯影"是否为牛肉商品土特产专用名称的问题批复四川省工商局时认为，"灯影牌"注册商标专用权虽然应当受到法律保护，但灯影牛肉是四川达县的著名特产，因此无权禁止他人正当使用"灯影牛肉"文字。

（6）作为商品装潢的使用。例如，"福"字在我国传统文化中是具有普遍意义的文化符号。因此，即使获准注册"福"字商标，除非能够证明该商标具有相当的知名度与显著性，与特定商品产生了对应关系，一般不能排除他人合理使用。安徽口子酒业股份有限公司、贵州怀仁茅台镇古坛老窖酒厂、安徽古井集团、陕西西凤酒股份有限公司、内蒙古蒙古王酒业有限公司、山西杏花村汾酒集团有限公司等多家企业都生产带有"福"字的白酒产品。这些企业在使用自己注册商标的同时，都将"福"字作为表述喜庆、吉祥的中国传统文化意义上的符号，作为白酒商品的装潢使用。这种使用方式并没有起到区分商品来源的作用，并没有弱化各种白酒的商标和品牌，广大消费者和相关公众依然能够区分生产厂家和商品来源。因此，即便他人获准注册含有"福"字的商标，众多使用"福"作为装潢的厂家如果没有误导公众，也属于合理使用。

（7）商标的通用化。例如，"PDA"曾是石家庄福兰德事业发展有限公司的注册商标，但在电脑行业中，"PDA"已经成为掌上电脑的代称，不再特指石家庄福兰德事业发展有限公司的商品，因此他人使用"PDA"不构成侵犯商标权，后来商标局以商标通用化为由撤销了该商标的注册。

判断是否构成商标合理使用时，注意把握以下几点：

一是商标合理使用的方式属于非商标意义上的使用。一般而言，涉及商标合理使用的案件，基本上是将与他人注册商标近似的文字或作为商品名称使用，或作为商品装潢使用，或叙述、说明商品的特点或者描述某种商业活动的客观事实。以上使用方式都不是作为商标的使用。

二是注册商标的显著性和知名度。商标法规定的合理使用与商标的显著性具有密切关联。一般而言，出现合理使用的注册商标通常是显著性较弱的商标。知名度高、显著性强的商标，被"混淆""借用"的可能性就大，而知名度低、显著性弱的商标，被"混淆""借用"的可能性就小。

三是使用人的行为是否具有善意。他人对注册商标使用是否为善意，是否有意暗示其与显著性强的商标注册人存在赞助或者许可等联系，是判断合理使用的重要标准。一般应当综合考虑使用意图、使用行为发生的时间、使用方式以及使用的客观效果加以判断。

四是使用与他人注册商标相同或相近似的标识不存在混淆的可能性。商标侵权的理论基础是使用人对权利人注册商标的使用造成消费者对商品（或服务）的来源产生混淆。因此，侵权的判定最终以混淆理论为依据，由于商标法保护的核心是消费者的权益，所以所谓混淆均应该从相关消费者的角度来考察。

第七章　专利商标违法行为行政处罚程序

第一节　应当予以处罚的专利商标违法行为种类

一、专利违法行为

专利违法行为是指行为人实施了为专利法律、法规、规章所禁止的行为。关于专利违法行为的类型介绍，请参阅本书第二章第一节。本章将介绍除专利侵权行为外的专利、商标违法行为的行政处罚程序。

（一）假冒专利行为

根据我国现行《专利法实施细则》第 84 条的规定，下列行为属于假冒专利行为：

（1）在未被授予专利权的产品或者其包装上标注专利标识，专利权被宣告无效后或者终止后继续在产品或者其包装上标注专利标识，或者未经许可在产品或者产品包装上标注他人的专利号；

（2）销售第 1 项所述产品；

（3）在产品说明书等材料中将未被授予专利权的技术或者设计称为专利技术或者专利设计，将专利申请称为专利，或者未经许可使用他人的专利号，使公众将所涉及的技术或者设计误认为是专利技术或者专利设计；

（4）伪造或者变造专利证书、专利文件或者专利申请文件；

（5）其他使公众混淆，将未被授予专利权的技术或者设计误认为是专利技术或者专利设计的行为。

专利权终止前依法在专利产品、依照专利方法直接获得的产品或者其包装上标注专利标识，在专利权终止后许诺销售、销售该产品的，不属于假冒专利行为。

（二）违法代理行为

1. 无资质专利代理行为

无资质专利代理行为是指违反《专利代理条例》的规定，擅自开展专利代理业务的行为。

2. 专利代理机构违法行为

专利代理机构违法行为主要有以下情形：

（1）以隐瞒真实情况、弄虚作假手段取得专利代理机构执业许可证；

（2）合伙人、股东或者法定代表人等事项发生变化未办理变更手续；

（3）就同一专利申请或者专利权的事务接受有利益冲突的其他当事人的委托；

（4）指派专利代理师承办与其本人或者其近亲属有利益冲突的专利代理业务；

（5）泄露委托人的发明创造内容，或者以自己的名义申请专利或请求宣告专利权无效；

（6）疏于管理，造成严重后果。

3. 专利代理师违法行为

专利代理师违法行为主要有以下情形：

（1）以隐瞒真实情况、弄虚作假手段取得专利代理师资格证的；

（2）未依照《专利代理条例》规定进行备案的；

（3）自行接受委托办理专利代理业务的；

（4）同时在两个以上专利代理机构从事专利代理业务的；

（5）违反《专利代理条例》规定对其审查、审理或者处理过的专利申请或专利案件进行代理的；

（6）泄露委托人的发明创造内容，或者以自己的名义申请专利或请求宣告专利权无效的。

二、商标违法行为

商标违法行为是指行为人实施了为商标法律、法规、规章所禁止的行为。具体违法行为的详细介绍可参考本书第二章第二节。

1. 商标侵权行为

（1）商标假冒行为；

（2）商标仿冒行为；

（3）销售侵犯注册商标专用权的商品的行为；

（4）非法制造及销售他人注册商标标识的行为；

（5）反向假冒行为；

（6）商标帮助侵权行为；

（7）给他人注册商标专用权造成其他损害的行为；

（8）商标使用行为侵犯他人在先未注册商标权的行为；

（9）将他人的注册商标作为字号登记为企业名称的一部分，或者将他人虽未注册但经过使用在中国为相关公众广为知晓并享有较高声誉的驰名商标作为字号登记为企业名称的一部分使用的行为；

（10）将他人享有著作权的作品作为未注册商标使用的行为；

（11）将他人享有专利权的外观设计作为未注册商标使用的行为；

（12）将他人的域名作为未注册商标使用的行为。

2. 违反商标使用管理规定行为

（1）自行改变注册商标的；

（2）自行改变注册人名义、地址或者其他注册事项的；

（3）注册商标成为其核定使用商品的通用名称或者没有正当理由连续三年不使用的；

（4）必须使用注册商标而使用未注册商标的；

（5）将未注册商标冒充注册商标使用的；

（6）违反驰名商标禁止使用情形的。

3. 商标违法代理行为

（1）在明知或应知的情况下，代理不以使用为目的的恶意商标注册申请的；

（2）在明知或应知的情况下，代理恶意抢注或不当注册商标的；

（3）申请注册除代理服务外的商标的；

（4）在办理商标事宜过程中，伪造、变造或者使用伪造、变造的法律文件、印章、签名的；

（5）实施了为《反不正当竞争法》第 6～12 条规定的禁止性行为的。

第二节　案件发现与立案

2018 年国家市场监督管理总局发布的《市场监督管理行政处罚程序暂行规定》第 17 条、2015 年江苏省人民政府发布的《江苏省行政处罚程序规定》第 50 条对行政处罚的立案程序作了一般规定，2015 年国家知识产权局发布的《专利行政执法办法》第 28 条和 2016 年印发的《专利行政执法操作指南（试行）》第三章第 1 节对查处假冒专利案件的立案程序作了规定。

一、案件来源

专利商标行政管理机关查处专利、商标违法行为的案件来源主要有如下四种途径，对这四种途径发现的违法行为线索，办案机构应当进行登记，填写《案件来源登记表》。

1. 举报投诉

专利商标行政管理机关应当根据政务公开的要求向社会公布举报投诉专利、商标违法行为的途径和方式。

举报人、投诉人向专利商标行政管理机关举报专利违法行为、商标违法行为的，应当如实提供相关线索。专利商标行政管理机关对举报投诉符合立案条件的，应当立案。

2. 监督检查

专利商标行政管理机关应当加强市场监督检查，按照"双随机一公开"的要求，对其行政区域内的生产制造、商品流通进行检查，对检查中发现的专利、商标违法行为，符合立案条件的，应当立案。

3. 其他部门移送

专利商标行政管理机关在监督检查过程中发现的专利、商标违法行为线索不属于本部门管辖的，应当将案件线索及时移送给有管辖权的专利商标行政管理机关。受移送的专利商标行政管理机关对符合立案条件的移送案件，应当立案。

4. 上级交办

（1）指定管辖。上级专利商标行政管理机关指定下级专利商标行政管理机关对具体案件行使管辖权的，指定机关执法人员应当填报《行政处罚案件有关事项审批表》，经本机关负责人批准后，制作并向下级专利商标行政管理机关送达《指定管辖通知书》。接受指定的专利商标行政管理机关应当立案。

（2）交办本部门管辖案件。上级专利商标行政管理机关将本部门管辖的案件交由下级专利商标行政管理机关管辖的，执法人员应当填报《行政处罚案件有关事项审批表》，经专利商标行政管理机关负责人批准后，制作并向下级专利商标行政管理机关送达《案件交办通知书》，并附上违法案件线索的相关材料，所附材料可以作为附件逐一列明，也可以另附清单。接受交办的专利商标行政管理机关应当立案。

（3）交办违法行为线索。上级专利商标行政管理机关可将收集到的违法行为线索交由下级专利商标行政管理机关查处，移交案件线索时，执法人员应当制作并向下级专利商标行政管理机关送达《案件交办通知书》，并附上违法案件线索的相关材料，所附材料可以作为附件逐一列明，也可以另附清单。接受交办的专利商标行政管理机关应当进行调查，经调查符合立案条件的，应当立案。

二、立案条件与初步核查

1. 立案条件

专利商标行政管理机关决定立案查处专利、商标违法行为应当符合以下条件：

（1）有明确的行政相对人。

（2）有专利、商标违法行为的初步线索。

（3）属于该专利商标行政管理机关管辖。

（4）涉嫌违法行为从发生之日起在 2 年内被发现；涉嫌违法行为有连续或者继续状态的，从行为终止之日起计算。

2. 初步核查

依照《市场监督管理行政处罚程序暂行规定》第 17 条的规定，专利商标行政管理机关执法人员应当自发现线索或收到材料之日起 15 个工作日内予以核查，形成是否立案的建议。特殊情况下，经部门负责人批准，立案核查的期限可以延长 15 个工作日。检测、检验、检疫、鉴定等所需时间，不计入上述期限。

三、立案审批程序

1. 提交审批材料

专利商标行政管理机关执法人员完成案件线索或材料核查后，应当填写《立案/不予立案审批表》，经办案机构负责人审定，报部门负责人审批，由其部门负责人决定是否立案。

执法人员提交立案审批表时，应当附《案件来源登记表》和核查取得的材料。移送的案件，还应当附移送机关移送的材料；上级交办的案件，还应当附上级的交办文件；投诉举报案件，还应当附投诉举报记录等相关材料。

2. 部门负责人审批

在行政执法过程中，部门负责人对行政程序事项的审批具有两方面的制度功能：一是对内部行政过程起控制作用；二是为司法机关审查行政机关内部程序提供依据。[1] 围绕这两方面制度功能，专利商标行政管理机关负责人在审批查处假冒专利、商标违法案件立案事项时，应当行使以下职权：

（1）指定办案人员。部门负责人批准立案的，应当指定两名以上办案人员负责调查处理。

（2）出具立案/不立案书面凭证。专利商标行政管理机关受理或者不受理案件的，应当向提供案件线索的当事人出具加盖本行政机关印章和注明日期的书面凭证。

第三节　调查取证

在行政执法过程中是否依法调查取证，既涉及所收集、调取的行政证据[2]是否具有证据效力，又涉及行政主体所采取的行政执法行为本身是否合法，也是对行

---

[1]　王学辉，林金咏. 行政机关负责人批准行为研究——以现行法律规范文本为对象的分析［J］. 四川师范大学学报（社会科学版），2018（9）：61 - 62.
[2]　"行政证据"不同于行政诉讼证据，是指在行政执法过程中支撑所实施具体行政行为的证据。关保英. 违反法定程序收集行政证据研究［J］. 法学杂志，2014（5）：48.

政执法行为进行司法审查的主要内容之一。办案人员应当根据查明违法事实的需要，全面、客观、公正、及时进行案件调查，收集、调取证据，并依照法律、法规、规章的规定进行检查。现行《行政处罚法》第 36 条、第 37 条，《行政强制法》第 18 条、经 19 条，《专利法》第 64 条，《商标法》第 62 条，《最高人民法院关于行政诉讼证据若干问题的规定》（法释〔2002〕21 号）第 10～20 条，《市场监督管理处罚程序暂行规定》第 18～44 条，以及《专利行政执法办法》第 37～42 条、《专利行政执法操作指南（试行）》第 3 章第 2 节的相关规定为专利商标行政管理机关在专利商标违法查处案件中调查收集证据提供了基本依据。

一、一般要求

（1）办案人员要求。执法人员实施现场调查取证时不得少于 2 人，并应当向当事人或者有关人员出示执法证件，表明执法身份。

（2）全面、及时调查。对违法嫌疑人有利和不利的证据、事实都应当全面、及时调查，防止证据灭失。对调查对象不在本地的，可委托其所在地专利商标行政管理机关调查取证，必要时可报请上级机关协调。

（3）依法定程序调查取证。采取询问、现场检查、证据保全等措施时，应当依照法律规定的程序、步骤、方法、时限进行。向当事人收集、调取证据的，应当告知其享有陈述权、申辩权以及申请回避的权利。

（4）做好过程记录。执法人员实施现场调查取证，应做好文字记录，并根据实际情况进行音像记录。实施查封、扣押财产等直接涉及重大财产权益的现场执法活动和执法办案场所，要实行全程音像记录。

二、调查取证前的准备

（1）对有关专利、商标进行检索，初步确定涉案专利、商标基本情况；阅读和研究案卷，了解案情，掌握需要调查的主要事实。

（2）进行现场检查前准备会，研究确定现场检查的分工、现场检查的时间和内容、应当重点查清的问题以及可能出现的各种情况及处置方案。明确检查组成员的分工，可以根据实际情况考虑是否需要分组行动，如需分组行动的，要明确各组的任务及负责人。

（3）准备必需的文书、文具和执法装备，如相机、执法记录仪、录音笔等。

（4）现场检查过程如需要其他部门配合的，要事先与有关部门取得联系，并明确各部门工作内容。

三、调查取证的实施

执法人员实施调查取证，应当按规定着装、佩戴标识，主动向当事人或者有关人员出示行政执法证件，表明身份，说明来意。

（一）提取书证

书证主要指以其记载内容证明违法行为真实情况的文字、图形等。调查收集的书证，应当是原件，调取原件有困难的，可以提取复制件、影印件或者抄录件，也可以拍摄或者制作足以反映原件内容的照片、录像。复制件、影印件、抄录件和照片、录像由证据提供人核对无误后注明与原件一致，并注明出证日期、证据出处，同时签名或者盖章。

（二）提取物证

物证主要指能够证明违法行为的物品或物质痕迹。调查收集的物证，应当是原物，调取原物有困难的，可以提取复制件、影印件或者抄录件，也可以拍摄或者制作足以反映原物外形或者内容的照片、录像。复制件、影印件、抄录件和照片、录像由证据提供人核对无误后注明与原物一致，并注明出证日期、证据出处，同时签名或者盖章。

（三）抽样取证

1. 适用情形

抽样取证是指办案人员依据科学的方法，从较大数量的物品中提取具有代表性的一定量的物品作为样本证据，并据此证明全体物品属性的证明方法。对涉嫌假冒专利或商标违法的物品、电子数据❶，如果数量众多且种类大致相同的，可以采取抽样取证的方式收集证据。

2. 具体实施

（1）当事人到场。抽样取证时，应当通知当事人到场，如果无法通知当事人，当事人不到场或者拒绝接受调查，当事人拒绝签名、盖章或者以其他方式确认的，应当采取录音、录像等方式记录，必要时可邀请有关人员作为见证人。

（2）记录抽样过程。办案人员应当制作《抽样记录》，对样品加贴封条，开具清单，由办案人员、当事人在封条和相关记录上签名或者盖章。通过网络、电话购买等方式抽样取证的，应当采取拍照、截屏、录音、录像等方式对交易过程、商品拆包查验及封样等过程进行记录。

---

❶ 适用抽样取据的范围，通常仅限于物证、电子数据，对证人证言、当事人陈述等证据一般不适用抽样取证。杨帆. 海量证据背景下刑事抽样取证的法治应对［J］. 法学评论，2019（5）：111.

（3）抽样的方式和实施机构。❶ 法律、法规、规章或者国家有关规定对实施抽样机构的资质或者抽样方式有明确要求的，应当委托相关机构或者按照规定方式抽取样品。

（4）抽取样品的数量。抽样取证时，应当对需要抽样取证的产品予以清点，抽取样品。被抽取样品的数量应当以能够证明事实为限。

（四）先行登记保存

1. 适用情形

在证据可能灭失或者以后难以取得的情况下，专利商标行政管理机关可以对与涉嫌违法行为有关的证据采取先行登记保存措施。

2. 具体实施

先行登记保存有关证据，应当当场清点，制作《场所/设施/财物清单》，详细记录被登记保存物品状况，由当事人和办案人员签名或者盖章，交当事人一份，并当场交付《先行登记保存证据通知书》。先行登记保存的证据一般应当就地保存，由当事人妥善保管。先行登记保存期间，当事人或者有关人员不得损毁、销毁或者转移证据。

对于先行登记保存的证据，应当在 7 日内采取以下措施，逾期未采取相关措施的，先行登记保存措施自动解除：

（1）根据情况及时采取记录、复制、拍照、录像等证据保全措施；

（2）需要检测、检验、检疫、鉴定的，送交检测、检验、检疫、鉴定；

（3）依据有关法律、法规规定可以采取查封、扣押等行政强制措施的，决定采取行政强制措施；

（4）违法事实成立，应当予以没收的，作出行政处罚决定，没收违法物品；

（5）违法事实不成立，或者违法事实成立但依法不应当予以查封、扣押或者没收的，决定解除先行登记保存措施。

3. 先行登记保存的审批

采取或者解除先行登记保存措施，需填报《行政处罚案件有关事项审批表》，经专利商标行政管理机关负责人批准。情况紧急，需要当场采取先行登记保存措施的，执法人员应当在 24 小时内向其部门负责人报告，并补办批准手续。专利商标行政管理机关负责人认为不应当采取先行登记保存措施的，应当立即解除。

---

❶ 传统证明方法要求证据与待证事实之间具有一一对应性，而抽样取证打破了这种一一对应性，即样本证据与待证事实之间只有部分同一性，但推定样本证据证明了全部待证事实。因此，只有保证抽样实施机构的专业性、抽样方式和程序的科学性，才能确保抽样结论的权威性。

（五）查封、扣押

《行政强制法》第 18 条、《市场监督管理行政处罚程序暂行规定》第 33～39 条对行政强制的程序作了详细规定，为实施专利、商标行政执法过程中的查封、扣押行为提供了基本依据；《专利行政执法操作指南（试行）》第 3.2.3.1 条对查处假冒专利执法过程中的查封、扣押程序作了详细规定，可作为查处假冒专利、商标违法行为过程中查封、扣押行为的参考依据。

1. 适用情形

（1）对有初步证据证明是假冒专利的产品；

（2）对有证据证明是侵犯他人注册商标专用权的物品。

2. 实施查封、扣押的程序

（1）实施前须向所在机关负责人报告，填报《行政处罚案件有关事项审批表》，经专利商标行政管理机关负责人批准；

（2）由两名以上行政执法人员实施；

（3）出示执法身份证件；

（4）通知当事人到场；

（5）向当事人出具《实施行政强制措施决定书》，当场告知当事人采取行政强制措施的理由、依据以及当事人依法享有的权利、救济途径；

（6）听取当事人的陈述和申辩；

（7）清点被查封、扣押物品，被查封模具应当拆开核对；

（8）填写《被查封、扣押物品清单》一式两份；

（9）确定存放被查封、扣押物品地点，在加贴封条后拍照和摄像；

（10）制作现场笔录，现场笔录由当事人和行政执法人员签名或者盖章，当事人拒绝的，在笔录中予以注明；

（11）当事人不到场的，邀请见证人到场，由见证人和执法人员在现场笔录上签名或者盖章。

3. 查封、扣押相关要求

（1）需要扣押当事人托运的物品的，执法人员应填报《行政处罚案件有关事项审批表》，经专利商标行政管理机关负责人批准后，制作《协助扣押通知书》，同时附具《实施行政强制决定书》及其附件，送达协助扣押单位及当事人。

（2）对当事人家存或者寄存的涉嫌违法物品，需要扣押的，责令当事人取出；当事人拒绝取出的，应当会同当地有关部门或者单位将其取出，并办理扣押手续。

（3）查封、扣押的场所、设施或者财物应当妥善保管，不得使用或者损毁；专利商标行政管理机关可以委托第三人保管，第三人不得损毁或者擅自转移、处置。

（4）查封的场所、设施或者财物，应当加贴专利商标行政管理机关封条，任何人不得随意动用。

（5）对鲜活物品或者其他不易保管的财物，法律、法规规定可以拍卖或者变卖的，或者当事人同意拍卖或者变卖的，经专利商标行政管理机关负责人批准，在采取相关措施留存证据后可以依法拍卖或者变卖。拍卖或者变卖所得款项由专利商标行政管理机关暂予保存。

4. 查封、扣押的期限

查封、扣押的期限不得超过 30 日，情况复杂的，经专利商标行政管理机关负责人批准，可以延长，但是延长期限不得超过 30 日。延长查封、扣押的，应当及时向当事人出具《延长行政强制措施期限决定书》。对物品需要进行检测、检验、检疫、鉴定的，查封、扣押的期间不包括检测、检验、检疫、鉴定的期间。检测、检验、检疫、鉴定的期间应当明确，并制作《检测/检验/检疫/鉴定期间告知书》，书面告知当事人。

5. 解除查封、扣押决定

有下列情形之一的，应当及时作出解除查封、扣押决定：

（1）当事人没有违法行为；

（2）查封、扣押的场所、设施或者财物与违法行为无关；

（3）对违法行为已经作出处理决定，不再需要查封、扣押；

（4）查封、扣押期限已经届满；

（5）其他不再需要采取查封、扣押措施的情形。

解除查封、扣押应当立即退还财物，并由办案人员和当事人在财物清单上签名或者盖章。已将鲜活物品或者其他不易保管的财物拍卖或者变卖的，退还拍卖或者变卖所得款项。变卖价格明显低于变卖时市场价格，给当事人造成损失的，应当给予补偿。

当事人下落不明或者无法确定涉案物品所有人的，应当通过公告送达方式告知领取。公告期满仍无人领取的，经专利商标行政管理机关负责人批准，将涉案物品上缴或者依法拍卖后将所得款项上缴国库。

6. 查封、扣押的审批

采取或者解除查封、扣押决定，应填报《行政处罚案件有关事项审批表》，经专利商标行政管理机关负责人批准。情况紧急，需要当场采取行政强制措施的，执法人员应当在 24 小时内向专利商标行政管理机关负责人报告，并补办批准手续。专利商标行政管理机关负责人认为不应当采取行政强制措施的，应当立即解除。

（六）提取视听资料

收集、调取的视听资料应当是有关资料的原始载体。调取视听资料原始载体有困难的，可以提取复制件，并注明制作方法、制作时间、制作人等。声音资料应当附有该声音内容的文字记录。

（七）提取电子数据

1. 电子数据的概念

2015 年《最高人民法院关于适用〈中华人民共和国民事诉讼法〉的解释》第 116 条第 2 款规定："电子数据是指通过电子邮件、电子数据交换、网上聊天记录、博客、微博客、手机短信、电子签名、域名等形成或者存储在电子介质中的信息。"第 3 款规定："存储在电子介质中的录音资料和影像资料，适用电子数据的规定。"学理上认为，电子数据是指以电子技术生成、以数字化形式存在于磁盘、光盘、存储卡、手机等各种电子设备载体，其内容可与载体分离，并可多次复制到其他载体的文件，包括文字处理文件、图形处理文件、数据库文件、程序文件和多媒体文件等。

2. 电子数据的真实性审查标准

参照 2018 年《最高人民法院关于互联网法院审理案件若干问题的规定》第 11 条规定，对调取、收集的电子数据，专利商标行政管理机关应当着重从以下方面审查其生成、收集、存储、传输过程的真实性。

（1）数据载体的可靠性。收集、调取的电子数据应当是有关数据的原始载体。收集电子数据原始载体有困难的，可以采用拷贝复制、委托分析、书式固定、拍照录像等方式取证，并注明制作方法、制作时间、制作人等。

（2）数据来源的可靠性。执法人员可以利用互联网信息系统或者设备收集、固定违法行为证据。用来收集、固定违法行为证据的互联网信息系统或者设备应当符合相关规定，保证所收集、固定电子数据的真实性、完整性。

（3）数据提取过程的可重复性。电子数据提取和固定的主体、工具和方式可靠，提取过程可以重现。

（4）数据内容的完整性。电子数据的内容不存在增加、删除、修改及不完整等情形。

当事人提交的电子数据，通过电子签名、可信时间戳、哈希值校验、区块链等证据收集、固定和防篡改的技术手段或者通过电子取证存证平台认证，能够证明其真实性的，应当确认其真实性。

办案机构可以指派或者聘请具有专门知识的人员，辅助办案人员对案件关联的电子数据进行调查取证。

（八）询问

1. 询问对象

案件当事人及其他有关单位和个人。

2. 询问要求

（1）询问前应通知被询问人，制作并向其送达《询问通知书》；

（2）询问应当个别进行；

（3）询问时，应当告知被询问人必须如实提供证据、证言和故意作伪证或者隐匿证据应负的法律责任，享有陈述和申辩的权利、申请回避的权利、对与本案无关的问题有拒绝回答的权利；

（4）询问时，可以根据需要全程录音、录像，并保持录音、录像资料的完整性。对重大、疑难、复杂案件，以及可能存在被查人不配合等情形的，应当同时录音、录像。

（5）询问应当制作《询问笔录》，询问笔录应当交被询问人核对，对阅读有困难的，应当向其宣读。笔录如有差错、遗漏，应当允许其更正或者补充。涂改部分应当由被询问人签名、盖章或者以其他方式确认。经核对无误后，由被询问人在笔录上逐页签名、盖章或者以其他方式确认。办案人员应当在笔录上签名。

3. 询问内容

询问前，办案人员应当认真准备，根据具体案情和不同的询问对象，围绕待证事实，确定询问重点，复杂案件还应事先制作询问提纲。

（九）现场检查

对有违法嫌疑的物品或者场所进行检查时，应对检查过程以及其他现场情况进行记录，制作《现场笔录》，载明时间、地点、事件等内容，由办案人员、当事人签名或者盖章。现场提取实物证据、视听资料等证据的，应当在笔录中载明。

现场检查时应当通知当事人到场。如果无法通知当事人、当事人不到场或者拒绝接受调查，或者当事人拒绝签名、盖章，执法人员应在《现场笔录》上注明情况，并采取录音、录像等方式记录，必要时可邀请有关人员作为见证人。

（十）限期提供材料

办案人员要求当事人及其他有关单位和个人在一定期限内提供证明材料或者与涉嫌违法行为有关的其他材料时，或者要求权利人对涉案产品是否为权利人生产或其许可生产的产品进行辨认时，或者要求其对有关事项进行鉴别时，应当提前告知有关人员，向其送达《限期提供材料通知书》。有关人员提供有关材料的，应要求其在材料上签名或者盖章。

需要询问当事人并要求其同时提供有关材料的，可直接使用《询问通知书》，一般不需同时制发《限期提供材料通知书》。

（十一）协助调查

专利商标行政管理机关在查处违法行为过程中，需要其他专利商标行政管理机关协助调查有关案件事实时，需填报《行政处罚案件有关事项审批表》，经所在单位负责人批准后，制作《协助调查函》，并送达协助单位。

协助单位应当在接到《协助调查函》之日起 15 个工作日内完成相关工作，需要延期完成或者无法协助的，应当在期限届满前告知提出协查请求的专利商标行政管理机关。

（十二）检测/检验/检疫/鉴定

为查明案情，需要对案件中专门事项进行检测、检验、检疫、鉴定的，专利商标行政管理机关应当委托具有法定资质的机构进行；没有法定资质机构的，可以委托其他具备条件的机构进行。专利商标行政管理机关应当制作《检测/检验/检疫/鉴定委托书》，送达受委托机构。结果产生后，专利商标行政管理机关应当及时制作《检测/检验/检疫/鉴定结果告知书》，告知当事人检测、检验、检疫、鉴定结果。

有关技术鉴定的具体规则详见第九章。

四、调查的中止与终止

1. 中止调查

有下列情形之一的，经专利商标行政管理机关负责人批准，中止案件调查：

（1）行政处罚决定须以相关案件的裁判结果或者其他行政决定为依据，而相关案件尚未审结或者其他行政决定尚未作出的；

（2）涉及法律适用等问题，需要送请有权机关作出解释或者确认的；

（3）因不可抗力致使案件暂时无法调查的；

（4）因当事人下落不明致使案件暂时无法调查的；

（5）其他应当中止调查的情形。

中止调查的原因消除后，应当立即恢复案件调查。

2. 终止调查

因涉嫌违法的自然人死亡或者法人、其他组织终止，并且无权利义务承受人等原因，致使案件调查无法继续进行的，经专利商标行政管理机关负责人批准，案件终止调查。

五、调查终结报告

案件调查终结，办案机构应当撰写《案件调查终结报告》，包括以下内容：

（1）当事人的基本情况；

（2）案件来源、调查经过及采取行政强制措施的情况；

（3）调查认定的事实及主要证据；

（4）违法行为性质；

（5）处理意见及依据；

（6）自由裁量的理由等其他需要说明的事项。

第四节　案件审核

《行政处罚法》第 38 条第 3 款、《市场监督管理行政处罚程序暂行规定》第 45～50 条以及《江苏省行政处罚程序规定》第 44 条为作出行政处罚决定前的内部审核程序提供了基本依据。《国务院办公厅关于全面推行行政执法公示制度执法全过程记录制度重大执法决定法制审核制度的指导意见》（国办发〔2018〕118 号文）明确了作出重大行政执法决定法制审核制度的主体、范围、内容和责任，为查处假冒专利、商标违法案件内部审核程序提供了参考性依据。

一、案件审核机构和人员

（一）审核机构

案件审核由专利商标行政管理机关法制机构或者其他机构负责实施，县级专利商标行政管理机关派出机构以自己的名义实施行政处罚的案件，由派出机构法制员负责审核。

（二）审核人员

1. 回避原则

（1）办案人员不得作为审核人员，《市场监督管理行政处罚程序暂行规定》第 46 条对此作了明确规定。

（2）行政机关负责人（及其领导集体）不参与法制审核。❶ 对此虽然无具体法律规定，但有其法理依据。行政处罚案件的法制审核程序与立案程序、审批程序、对重大行政处罚行为的听证程序都属于行政执法内部监督程序，最后均涉及部门负责人批准程序，如果部门负责人担任法制审核人员，就等于将部门负责人对行政执法程序的监督、控制职能提前，事实上虚化了法制审核的监督功能。

---

❶ 杨东升，韦宝平. 重大行政执法决定法制审核制度论纲［J］. 湖北社会科学，2017（7）：158.

2. 资质条件

专利商标行政管理机关中初次从事案件审核的人员，应当通过国家统一法律职业资格考试取得法律职业资格。

3. 人员调用

法制审核人员配备暂时达不到要求、无法与任务相适应的，可以通过建立健全法律顾问、公职律师制度，明确法律顾问和公职律师在法制审核中的职责。

二、审核的标准与内容

办案机构应当将《案件调查终结报告》，连同案件材料交由审核机构审核。

1. 审核的标准

设置查处假冒专利、商标违法案件的审核程序，其目的在于行政处罚决定作出前，通过法制审核，确认行政处罚决定本身的合法性及其合理性。因此，案件审核的标准可以采用《行政诉讼法》《行政复议法》关于行政行为的合法性及其合理性审核标准。

2. 审核的内容

案件审核的主要内容包括以下方面：

（1）对案件是否具有管辖权；

（2）当事人的基本情况是否清楚；

（3）案件事实是否清楚、证据是否充分；

（4）案件定性是否准确；

（5）适用的法律依据是否正确；

（6）办案程序是否合法；

（7）处理意见是否适当。

三、审核意见

1. 审核意见的作出

审核机构经对案件进行审核，区别不同情况提出书面意见和建议，填写《案件审核表》：

（1）对事实清楚、证据充分、定性准确、适用依据正确、程序合法、处理适当的案件，同意案件处理意见；

（2）对定性不准、适用依据错误、程序不合法、处理不当的案件，建议纠正；

（3）对事实不清、证据不足的案件，建议补充调查；

（4）认为有必要提出的其他意见和建议。

2. 审核意见的效力

2015 年国务院《法治政府建设实施纲要（2015～2020）》提出要严格执行"重大行政执法决定法制审核制度"❶，明确"未经法制审核或者审核未通过的，不得作出决定"。因此，法制审核意见具有内部监督效力。

（1）如果法制审核意见认为行政行为合法合理，则可以报行政机关负责人批准或集体讨论，最终作出决定。

（2）如果审核意见对合法性、合理性存疑，则应退回补充调查或者建议行政机关依职权撤销。

（3）如果未经法制审核，则不得提交负责人批准或集体讨论决定。

四、案件审核责任机制

依照江苏省人民政府办公厅 2019 年 4 月 14 日印发的《江苏省全面推行行政执法公示制度执法全过程记录制度重大执法决定法制审核制度实施方案的通知》（苏政办发〔2019〕39 号）的相关规定，重大行政处罚决定审核程序中办案机构、审核机构和部门负责人各自承担相应的责任。

（1）办案机构对送审材料的真实性、准确性、完整性负责，因滥用职权、玩忽职守、徇私枉法，使送审材料不真实、不准确、不完整导致法制审核意见、行政执法决定错误的，行政执法承办机构及其承办人员应当承担相应的责任。

（2）法制审核机构对重大执法决定的法制审核意见负责，出具法制审核意见错误导致行政执法决定错误的，法制审核机构及其承办人员应当承担相应的责任。

（3）审批行政执法决定的负责人改变执法承办机构、法制审核机构意见导致行政执法决定错误的，由相关负责人承担相应责任。

五、审核时限

审核机构应当自接到审核材料之日起 10 个工作日内完成审核。特殊情况下，经专利商标行政管理机关负责人批准可以延长。

六、报批

审核机构完成审核并退回案件材料后，对于拟给予行政处罚的案件，办案机构应当将案件材料、行政处罚建议及审核意见报专利商标行政管理机关负责人批

---

❶ 重大行政执法决定法制审核制度，是指行政主体在做出重大行政行为决定前，根据内部审核程序，由其特定机构及其人员依法对拟作出行政行为的合法性、合理性进行审查核实并提出处理意见，为行政机关负责人或者领导集体决定时提供参考的行政执法内部监督制度。杨东升，韦宝平. 重大行政执法决定法制审核制度论纲［J］. 湖北社会科学，2017（7）：154.

准，并依法履行告知等程序。

对于建议给予其他行政处理的案件，办案机构应当将案件材料、审核意见报专利商标行政管理机关负责人审查决定。

第五节　处罚前告知和听证

《行政处罚法》第 42 条、《市场监督管理处罚程序暂行规定》第 51 条和第 52 条、国家市场监督管理总局发布的《市场监督管理行政处罚听证暂行办法》（2018 年第 3 号令）以及《江苏省行政处罚程序规定》第 54 条、《专利行政执法操作指南（试行）》第三章第 4 节的规定，为查处假冒专利、商标违法案件的处罚前告知程序及听证程序提供了基本依据。

一、处罚前告知

行政处罚意见经批准后，执法人员应向案件当事人送达《行政处罚/行政处罚听证告知书》，依法履行告知程序。

1. 告知内容

《行政处罚/行政处罚听证告知书》应当包括以下内容：

（1）拟作出行政处罚决定的事实、理由及依据；

（2）当事人依法享有陈述和申辩的权利，提出陈述和申辩的期限，以及逾期提出或未提出陈述和申辩的后果。

法律、法规规定在行政处罚决定作出前需责令当事人退还多收价款的，一并告知拟责令退还的数额。

2. 当事人的陈述和申辩

当事人要求陈述和申辩的，应当要求当事人以书面形式提交陈述和申辩。当事人口头陈述和申辩的，由办案人员记录在案。

当事人自告知书送达之日起 3 个工作日内，未行使陈述、申辩权的，视为放弃此权利。

办案机构不得因当事人的陈述、申辩而加重处罚。

二、听证

（一）听证的含义

广义的行政听证，是指行政机关在制定法规规章或作出具体行政决定时，广泛听取利害关系人意见的程序，具体包括行政立法听证、行政执法听证和行政司法听证。本书所指听证，指行政机关对适用听证程序的行政处罚案件，在作出行政处罚决定之前，根据当事人申请，以听证会的形式，依法听取行政相对人的陈述、申辩和质证的程序。

专利商标行政管理机关对于应当听证而未按规定组织听证的，其作出的行政处罚决定无效。

（二）适用听证程序的案件

1. 一般规定

依照《行政处罚法》第 42 条、《市场监督管理行政处罚听证暂行办法》第 5 条规定，专利商标行政管理机关作出下列行政处罚决定之前，应当告知当事人有要求举行听证的权利：

（1）责令停产停业；

（2）吊销许可证或者执照；

（3）对自然人处以 1 万元以上、对法人或者其他组织处以 10 万元以上罚款；

（4）对自然人、法人或者其他组织作出没收违法所得和非法财物价值达到第三项所列数额的行政处罚。

各省、自治区、直辖市人大常委会或者人民政府对上述第三项、第四项所列罚没数额有具体规定的，可以从其规定。

除此上述四种类型的行政处罚之外，不能因当事人或利害关系人提出申请而启动听证程序，也不能由行政机关依职权启动听证程序。❶

2. 适用听证程序的专利、商标违法案件

专利商标行政管理机关作出下列行政处罚决定之前，当事人提出听证要求的，适用本节所述的听证程序：

（1）根据《专利法》第 63 条规定，对假冒专利的自然人处 1 万元以上罚款或没收违法所得 1 万元以上的案件，以及对假冒专利的法人或者其他组织处 10 万元以上罚款或没收违法所得 10 万元以上的案件；

（2）根据《专利代理条例》第 25 条、第 26 条规定，对专利代理机构处 1 万元以上 10 万元以下罚款，或者对专利代理师处 1 万元以上 5 万元以下罚款的案件；

（3）根据《专利代理条例》第 27 条规定，对擅自开展专利代理业务的，处违法所得 1 倍以上 5 倍以下罚款的案件；

（4）根据《商标法》第 60 条、第 61 条规定，对侵犯注册商标专用权的自然人处 1 万元以上罚款或没收违法所得 1 万元以上的案件，以及对侵犯注册商标专

---

❶ 虽然《江苏省行政处罚程序规定》第 54 条规定"行政机关依法告知听证权利后，当事人、利害关系人申请听证的"或"行政机关认为有必要举行听证的其他情形"时可以启动听证程序，但这属于行政程序的一般性规定，而 2018 年《市场监督管理行政处罚听证暂行办法》是针对市场监管行政处罚程序的特别规定，且属于新法。因此，在确定查处假冒专利、商标违法案件是否适用听证程序时应当优先适用后者。

用权的法人或者其他组织处 10 万元以上罚款或没收违法所得 10 万元以上的案件;

（5）根据《商标法》第 51～53 条规定，对违反商标使用管理规定的自然人处 1 万元以上罚款或没收违法所得 1 万元以上的案件，以及对违反商标使用管理规定的法人或者其他组织处 10 万元以上罚款或没收违法所得 10 万元以上的案件;

（6）根据《商标法》第 68 条规定，对商标代理机构处 10 万元以上罚款或没收违法所得 10 万元以上的案件，以及对商标代理机构中直接负责的主管人员和其他直接责任人员处 1 万元以上罚款或没收违法所得 1 万元以上的案件。

（三）听证的告知和提出

达到听证条件的案件，当事人提出要求听证的，专利商标行政管理机关应当按规定组织听证。

1. 听证的告知

对适用听证程序的行政处罚案件，在作出行政处罚决定前，专利商标行政管理机关应当向当事人送达《行政处罚听证告知书》，告知其有要求听证的权利。

2. 听证的提出

（1）提出听证要求的主体。

可以提出听证要求的是案件当事人，当事人提交的听证要求书面材料，应当有当事人的签名或者盖章。委托或授权他人提出听证要求的，提出听证要求的书面材料应当有被授权人、受委托人的签名或者盖章，同时应当有当事人授权、委托其代为提出听证要求的书面证明。

（2）提出听证要求的期限。

当事人要求听证的，应当要求其在收到《行政处罚听证告知书》之日起 3 个工作日内提出。

当事人因不可抗力的原因，不能在规定期限内提出听证要求的，经听证机关同意，可以延长申请听证期限。

当事人以邮寄方式提出听证要求的，以寄出的邮戳日期为准。

当事人自告知书送达之日起 3 个工作日内，未要求举行听证的，视为放弃此权利。

（3）提出听证的形式。

当事人要求听证的，可以在《行政处罚听证告知书》送达回证上签署意见，也可以书面形式提出。当事人以口头形式提出的，办案人员应当将情况记入笔录，并由当事人在笔录上签名或者盖章。

（四）听证组织机构及人员

听证由拟作出行政处罚的专利商标行政管理机关法制机构或者其他机构负责组织。

1. 听证人员

听证人员包括听证主持人、听证员和记录员。

（1）听证人员的产生。

自收到当事人要求举行听证的申请之日起3个工作日内，由专利商标行政管理机关负责人指定听证主持人。❶

必要时，可以设1~2名听证员，协助听证主持人进行听证。

记录员由听证主持人指定，具体承担听证准备和听证记录工作。

依照"职能分离原则"❷，办案人员不得担任听证主持人、听证员和记录员。

（2）听证主持人职责。

听证主持人在听证程序中行使下列职责：①决定举行听证的时间、地点；②审查听证参加人资格；③主持听证；④维持听证秩序；⑤决定听证的中止或者终止，宣布听证结束；⑥《市场监督管理行政处罚听证暂行办法》赋予的其他职责。

听证主持人应当公开、公正地履行主持听证的职责，不得妨碍当事人、第三人行使陈述权、申辩权。

2. 听证参加人

听证参加人包括当事人及其代理人、第三人、办案人员、证人、翻译人员、鉴定人以及其他有关人员。

（1）当事人。

要求举行听证的自然人、法人或者其他组织是听证的当事人。

（2）第三人。

与听证案件有利害关系的其他自然人、法人或者其他组织，可以作为第三人申请参加听证，或者由听证主持人通知其参加听证。

（3）代理人。

当事人、第三人可以委托1~2人代为参加听证。

委托他人代为参加听证的，应当提交由委托人签名或者盖章的授权委托书以及委托代理人的身份证明文件。授权委托书应当载明委托事项及权限。委托代理人代为撤回听证申请或者明确放弃听证权利的，必须有委托人的明确授权。

（4）证人、鉴定人。

与听证案件有关的证人、鉴定人等经听证主持人同意，可以到场参加听证。

---

❶ 我国法律法规、规章并未具体规定听证人员的选任条件，但听证程序属于准司法程序，从实现听证程序公平和履行内部监督职能的角度考虑，行政部门负责人指定听证人员时应当考虑其专业能力和法律素养，如具有2年以上的专利、商标行政执法或司法工作经历。竺效. 环境行政许可听证专家主持人制度初探——兼议《环境保护行政许可听证暂行办法》第8条的完善［J］. 法学评论，2005（5）：46.

❷ 职能分离原则是听证制度的重要原则，其本意是指当事人不能作为自己案件的法官。其具体内涵是指在行政执法中行政机关内部调查、追诉和裁决三种职能相对独立，执行调查和追诉的人不能主持听证和参加裁决，各种职能之间由行政长官综合协调，调查人员和裁决人员共同受行政长官监督。洪兴文. 职能分离原则在我国行政处罚听证程序中的现实尴尬［J］. 求索，2004（2）：76.

3. 回避

听证主持人、听证员、记录员、翻译人员与当事人有直接利害关系的，应当回避。

听证员、记录员、翻译人员的回避，由听证主持人决定；听证主持人的回避，由专利商标行政管理机关负责人决定。

（五）听证会

1. 会前准备

办案人员应当自确定听证主持人之日起3个工作日内，将案件材料移交听证主持人，由听证主持人审阅案件材料，准备听证提纲。

听证主持人应当自接到办案人员移交的案件材料之日起5个工作日内确定听证的时间、地点，并应当于举行听证7日前将《行政处罚听证通知书》送达当事人。

听证主持人应当在举行听证前将听证的时间、地点通知第三人。举行听证7日前将听证的时间、地点通知办案人员，并退回案件材料。

除涉及国家秘密、商业秘密或者个人隐私外，听证应当公开举行。

公开举行听证的，应当于举行听证3日前公告当事人的姓名或者名称、案由以及举行听证的时间、地点。

2. 举行听证

听证按下列程序进行。

（1）查明到场人员，宣布纪律。

听证开始前，记录员应当查明听证参加人是否到场，并向到场人员宣布以下听证纪律：①服从听证主持人的指挥，未经听证主持人允许不得发言、提问；②未经听证主持人允许不得录音、录像和摄影；③听证参加人未经听证主持人允许不得退场；④不得大声喧哗，不得鼓掌、哄闹或者进行其他妨碍听证秩序的活动。

（2）核对人员，告知权利义务。

听证主持人核对听证参加人，说明案由，宣布听证主持人、听证员、记录员、翻译人员名单，告知听证参加人在听证中的权利义务，询问当事人是否提出回避申请。

（3）听证会调查。

听证会调查首先由办案人员提出当事人违法的事实、证据、行政处罚建议及依据。其次由当事人、第三人及其委托代理人进行陈述和申辩。办案人员可以向当事人提问，当事人也可以向办案人员提问。主持人、听证员可以向执法人员、当事人、第三人提问。

（4）质证。

办案人员在案件调查过程中采集并作为拟作出行政处罚事实依据的证据，应当在听证会上出示、宣读和辨认并经质证，凡未经质证的证据不能作为定案的证据。

当事人向听证会提交的证据也应当在听证会上出示、宣读和辨认并经质证，未经质证的证据不能作为定案的证据。当事人可以当场提出证明自己主张的证据，听证主持人应当接收。

当事人和办案人员可以就有关证据相互进行质证和提问，当事人的代理人经听证主持人同意，可以向执法人员、当事人提问。当事人和办案人员经听证主持人允许，也可以向到场的证人、鉴定人发问。主持人、听证员可以向办案人员、当事人提问。

（5）办案人员、当事人及其委托代理人、第三人及其委托代理人进行辩论。

（6）听证主持人按照案件办案人员、当事人、第三人及其代理人的先后顺序征询各方最后意见。

3. 听证笔录

（1）听证笔录的制作。

听证会的全部过程应当制作听证笔录，记录员应当如实记录。听证笔录应当载明听证时间、地点、案由，听证人员、听证参加人姓名，各方意见以及其他需要载明的事项。

听证会结束后，听证笔录应当经听证参加人核对无误后，由听证参加人当场签名或者盖章。当事人、第三人拒绝签名或者盖章的，应当在听证笔录中记明情况。

（2）听证笔录的效力。

根据"案卷排他原则"❶，作出行政处罚或不予处罚的决定，应当以听证笔录和听证程序中认定的证据作为依据。

4. 听证的中止

有下列情形之一的，可以中止听证：

（1）当事人因不可抗力无法参加听证的；

（2）当事人死亡或者终止，需要确定相关权利义务承受人的；

（3）当事人临时提出回避申请，无法当场作出决定的；

（4）需要通知新的证人到场或者需要重新鉴定的；

（5）其他需要中止听证的情形。

中止听证的情形消失后，听证主持人应当恢复听证。

5. 听证的终止

有下列情形之一的，可以终止听证：

（1）当事人撤回听证申请或者明确放弃听证权利的；

（2）当事人无正当理由拒不到场参加听证的；

---

❶　美国联邦行政程序法规定"行政机关的决定必须根据案卷作出，不能在案卷之外以当事人不知道或者没有论证的事实为依据，否则，行政裁决无效"。此即所谓"案卷排他原则"。《行政许可法》第48条第2款规定："行政机关应当根据听证笔录，作出行政许可决定。"《专利行政执法操作指南（试行）》第3.4.3.8条第3款规定："管理专利工作的部门负责人应当根据《假冒专利案件听证报告书》的意见和听证笔录，依法作出行政处罚或不予处罚的决定。"以上规定吸收了案件排他原则的基本精神。

（3）当事人未经听证主持人允许中途退场的；

（4）当事人死亡或者终止，并且无权利义务承受人的；

（5）其他需要终止听证的情形。

6. 听证报告

听证结束后，听证主持人应当在 5 个工作日内撰写听证报告，由听证主持人、听证员签名，连同听证笔录送办案机构，由其连同其他案件材料一并上报专利商标行政管理机关负责人。

听证报告应当包括以下内容：

（1）听证案由；

（2）听证人员、听证参加人；

（3）听证的时间、地点；

（4）听证的基本情况；

（5）处理意见和建议；

（6）需要报告的其他事项。

第六节　处理决定

办案人员填写《行政处理决定审批表》，提出最终处理意见，与案件调查终结报告、审核意见、当事人陈述和申辩意见或者听证报告一并提交专利商标行政管理机关负责人审查。根据不同情况，分别作出不同处理决定。

一、作出行政处罚决定

当事人确有依法应当给予行政处罚的违法行为的，根据情节轻重及具体情况，作出行政处罚决定。

（一）行政处罚裁量基准❶

1. 假冒专利

假冒专利的，由专利商标行政管理机关责令改正并予公告，没收违法所得，可以并处违法所得 4 倍以下的罚款；没有违法所得的，可以处 20 万元以下的罚款。

（1）假冒专利行政处罚裁量基准如表 7-1 所示。

---

❶ 2008 年《湖南省行政程序规定》第 90 条规定："本规定所称裁量权基准，是指行政机关依职权对法定裁量权具体化的控制规则。"

表 7 - 1　假冒专利行政处罚裁量基准

违法行为	处罚依据	违法程度	违法情节	处罚裁量标准
（1）在未被授予专利权的产品或者其包装上标注专利标识，专利权被宣告无效后或者终止后继续在产品或者其包装标专利标识，或者未经许可在产品或者品包装标他人的专利号；（2）销售第（1）项所述产品；（3）在产品说明书等材料中将未被授予专利权的技术或者设计称为专利技术或者专利设计，将专利申请称为专利，或者未经许可使用他人的专利号，使公众将所涉及的技术设计认为是专利技术或者专利设计；（4）伪造或者变造专利证书、专利文件或者专利申请文件；（5）其他使公众混淆，将未被予专利权的技术或者设计误认为是专利技术或者专利设计	《中华人民共和国专利法》第63条：假冒专利的，除依法承担民事责任外，由管理专利工作的部门责令改正并予公告，没收违法所得，可以并处违法所得4倍以下的罚款；没有违法所得的，可以处20万以下的罚款；构成犯罪的，依法追究刑事责任。《中华人民共和国专利法实施细则》第84条	轻微	1. 销售不知是假冒专利的产品，并且能够证明该产品合法来源的；2. 专利申请尚未授予专利权而标注专利标识的；3. 非法经营数额在 0.5 万元以下的；4. 其他属于情节轻微的情形	责令改正并予公告，没收违法所得，免于罚款
		较轻	1. 非法经营数额在 0.5 万元以上 5 万元以下的，或者违法所得数额在 2 万元以下的；2. 给权利人造成直接经济损失 10 万元以下的；3. 专利权被宣告全部无效、专利权期满、专利权人声明放弃专利权或专利权因未缴年费终止，逾期但不足 6 个月而称或标注专利的；4. 其他依法从轻或减轻处罚的情形	责令改正并予公告，没收违法所得，并处违法所得 1 倍以下罚款；没有违法所得的，处 5 万元以下罚款
		较重	1. 非法经营数额在 5 万元以上 10 万元以下的，或者违法所得数额在 2 万元以上 5 万元以下的；2. 对权利人造成直接经济损 10 万元以上 25 万元以下的；3. 专利权被宣告全部无效、专利权期满、专利权人声称放弃专利权或专利权因未缴年费终止，逾期 6 个月以上不足 12 个月而标称或标注专利的；4. 其他依法不属于从轻、减轻或从重处罚的情形	责令改正并予公告，没收违法所得，并处违法所得 1 倍以上 2 倍以下罚款；没有违法所得的，处 5 万元以上 10 万元以下罚款
		严重	1. 非法经营数额在 10 万元以上 15 万元以下的，或者违法所得数额在 5 万元以上 8 万元以下的；2. 给权利人造成直接经济损失 25 万元以上 40 万元以下的；3. 专利权被宣告全部无效、专利权期满、专利权人声明放弃专利权或专利权因未缴年费终止，逾期 12 个月以上而标称或标注专利的；4. 伪造或者变造专利证书、专利文件或者专利申请文件，份数较少，或份数较多尚未使用的，但都尚未给他人和社会造成实际损害的；5. 假冒两项以上专利，非法经营额在 5 万元以下的，或者违法所得数在 2.5 万元以下的；6. 其他依法从重处罚的情形	责令改正并予公告，没收违法所得，并处违法所得 2 倍以上 3 倍以下罚款；没有违法所得的，处 10 万元以上 15 万元以下罚款
		特别严重	1. 非法经营数额在 15 万元以上 20 万元以下的，或者违法所得数额在 8 万元以上 10 万元以下的；2. 给权利人造成间接经济损失 40 万元以上 50 万元以下的；3. 伪造或者变造专利证书、专利文件或者专利申请文件，已使用，并给他人和社会造成实际损害的；4. 假冒两项以上他人专利，非法经营在 5 万元以上 10 万元以下的，或者违法所得数额在 2.5 万元以上 5 万元以下的；5. 违法情节恶劣，屡教不改的；6. 其他依法属于特别严重的情形	责令改正并予公告，没收违法所得，并处违法所得 3 倍以上 4 倍以下罚款；没有违法所得的，处 15 万元以上 20 万元以下罚款

（2）责令停止假冒专利行为的措施。

专利商标行政管理机关认定假冒专利行为成立的，应当责令当事人采取下列改正措施：

① 在未被授予专利权的产品或者其包装上标注专利标识、专利权被宣告无效后或者终止后继续在产品或者其包装上标注专利标识或者未经许可在产品或者产品包装上标注他人的专利号的，立即停止标注行为，消除尚未售出的产品或者其包装上的专利标识；产品上的专利标识难以消除的，销毁该产品或者包装；

② 销售第①项所述产品的，立即停止销售行为；

③ 在产品说明书等材料中将未被授予专利权的技术或者设计称为专利技术或者专利设计，将专利申请称为专利，或者未经许可使用他人的专利号，使公众将所涉及的技术或者设计误认为是他人的专利技术或者专利设计的，立即停止发放该材料，销毁尚未发出的材料，并消除影响；

④ 伪造或者变造专利证书、专利文件或者专利申请文件的，立即停止伪造或者变造行为，销毁伪造或者变造的专利证书、专利文件或者专利申请文件，并消除影响；

⑤ 责令假冒专利的参展方采取从展会上撤出假冒专利展品、销毁或者封存相应的宣传材料、更换或者遮盖相应的展板等撤展措施；

⑥ 其他必要的改正措施；

⑦ 专利商标行政管理机关认定电子商务平台上的假冒专利行为成立的，应当通知电子商务平台经营者及时对假冒专利产品相关网页采取删除、屏蔽或者断开链接等措施。

（3）没收违法所得。

专利商标行政管理机关认定假冒专利行为成立的，可以按照下列方式确定当事人的违法所得：

① 销售假冒他人专利的产品的，以产品销售价格乘以所销售产品的数量作为其违法所得；

② 订立假冒他人专利的合同的，以收取的费用作为其违法所得。

2. 专利代理违规行为

（1）以隐瞒真实情况、弄虚作假手段取得专利代理机构执业许可证、专利代理师资格证的，由国务院专利行政部门撤销专利代理机构执业许可证、专利代理师资格证。专利代理机构取得执业许可证后，因情况变化不再符合《专利代理条例》规定的条件的，由国务院专利行政部门责令限期整改；逾期未改正或者整改不合格的，撤销执业许可证。

（2）专利代理机构有《专利代理条例》第25条规定的情形，由省、自治区、直辖市人民政府管理专利工作的部门责令限期改正，予以警告，可以处10万元以下的罚款；情节严重或者逾期未改正的，由国务院专利行政部门责令停止承接新的专利代理业务6~12个月，直至吊销专利代理机构执业许可证。专业代理机构在执业过程中泄露委托人的发明创造内容，涉及泄露国家秘密、侵犯商业秘密的，或者向有关行政、司法机关的工作人员行贿，提供虚假证据的，依照有关法律、行政法规的规定承担法律责任；由国务院专利行政部门吊销专利代理机构执业许可证。

（3）专利代理师有《专利代理条例》第 26 条规定的情形，由省、自治区、直辖市人民政府管理专利工作的部门责令限期改正，予以警告，可以处 5 万元以下的罚款；情节严重或者逾期未改正的，由国务院专利行政部门责令停止承办新的专利代理业务 6 ~ 12 个月，直至吊销专利代理师资格证。

（4）违反《专利代理条例》规定擅自开展专利代理业务的，由省、自治区、直辖市人民政府管理专利工作的部门责令停止违法行为，没收违法所得，并处违法所得 1 倍以上 5 倍以下的罚款。

3. 侵犯注册商标专用权

专利商标行政管理机关处理时，认定侵权行为成立的，责令立即停止侵权行为，没收、销毁侵权商品和主要用于制造侵权商品、伪造注册商标标识的工具，违法经营额 5 万元以上的，可以处违法经营额 5 倍以下的罚款，没有违法经营额或者违法经营额不足 5 万元的，可以处 25 万元以下的罚款。

对五年内实施两次以上商标侵权行为或者有其他严重情节的，应当从重处罚。

4. 违反商标使用管理规定的行为

（1）商标注册人在使用注册商标的过程中，自行改变注册商标、注册人名义、地址或者其他注册事项的，由地方工商行政管理部门责令限期改正；期满不改正的，由商标局撤销其注册商标。

（2）违反《商标法》第 6 条规定，必须使用注册商标的使用未注册商标，由专利商标行政管理机关责令限期申请注册，违法经营额 5 万元以上的，可以处违法经营额 20% 以下的罚款，没有违法经营额或者违法经营额不足 5 万元的，可以处 1 万元以下的罚款。

（3）将未注册商标冒充注册商标使用的，或者使用未注册商标违反《商标法》第 10 条规定的，由专利商标行政管理机关予以制止，限期改正，并可以予以通报，违法经营额 5 万元以上的，可以处违法经营额 20% 以下的罚款，没有违法经营额或者违法经营额不足 5 万元的，可以处 1 万元以下的罚款。

（4）违反《商标法》第 14 条第 5 款规定的，由专利商标行政管理机关责令改正，处 10 万元罚款。

5. 商标代理违规行为

商标代理机构有《商标法》第 68 条规定的违法行为的，由专利商标行政管理机关责令限期改正，给予警告，处 1 万元以上 10 万元以下的罚款；对直接负责的主管人员和其他直接责任人员给予警告，处 5000 元以上 5 万元以下的罚款。

（二）部门负责人集体讨论

对下列情节复杂或者重大违法行为给予较重行政处罚的案件，应当由专利商标行政管理机关负责人集体讨论决定：

（1）拟罚款、没收违法所得和非法财物价值数额较大的案件；

（2）拟责令停产停业、吊销许可证或者执照的案件；

（3）涉及重大安全问题或者有重大社会影响的案件；

（4）调查处理意见与审核意见存在重大分歧的案件；

（5）专利商标行政管理机关负责人认为应当提交集体讨论的其他案件。

（三）行政处罚决定书

1. 行政处罚决定书的制作

专利商标行政管理机关作出行政处罚决定，应当制作行政处罚决定书，并加盖本部门印章。行政处罚决定书的内容包括以下方面：

（1）当事人的姓名或者名称、地址等基本情况；

（2）违反法律、法规或者规章的事实和证据；

（3）当事人陈述、申辩的采纳情况及理由；

（4）行政处罚的内容和依据；

（5）行政处罚的履行方式、期限；

（6）不服行政处罚决定，申请行政复议或者提起行政诉讼的途径和期限；

（7）作出行政处罚决定的专利商标行政管理机关的名称和作出决定的日期。

2. 行政处罚决定书的送达及生效

行政处罚决定书应当在宣告后当场交付当事人；当事人不在场的，行政机关应当在 7 日内依照民事诉讼法的有关规定，将行政处罚决定书送达当事人。《行政处罚决定书》送达即生效。

（四）从轻、减轻处罚的情形

（1）已满 14 周岁不满 18 周岁的人有违法行为的；

（2）主动消除或者减轻违法行为危害后果的；

（3）在共同违法行为中起次要或辅助作用的；

（4）积极配合行政机关查处违法行为，有立功表现的；

（5）受他人胁迫实施违法行为的；

（6）其他依法从轻或者减轻处罚的。

（五）从重处罚的情形

（1）违法行为恶劣，造成严重后果的；

（2）在共同违法行为中起主要作用的；

（3）隐匿、销毁违法行为证据，或擅自启封、转移被查封、扣押物品的；

（4）妨碍、拒绝或者以暴力、威胁等手段抗拒执法人员执法尚未构成犯罪的；

（5）实施扰乱社会公共秩序，妨害公共安全，侵犯人身权利、财产权利，妨害社会管理等违法行为，具有较大社会危害性但尚未构成犯罪的；

（6）违法手段恶劣或者多次违法，屡教不改的；

（7）其他依法从重处罚的。

（六）处罚结果公开

1. 法律依据

"由于行政处罚是对处罚对象的不利和消极评价，因此，除个人隐私和商业秘密之外，该领域的政府信息的公开还会涉及行政处罚相对人的其他权益。例如，对企业行政处罚信息的公开，可能还会影响到其资质和声誉。"❶ 由于行政处罚类案件信息公开涉及对处罚相对人权利的克减，因此，相关工作要有明确的法律依据。

依照我国《政府信息公开条例》（2019 年修订）第 20 条第（6）项规定，行政机关应当主动公开本行政机关的"（其认为）具有一定社会影响的行政处罚决定"。2014 年国务院批转的全国打击侵犯知识产权和制售假冒伪劣商品工作领导小组《关于依法公开制售假冒伪劣商品和侵犯知识产权行政处罚案件信息的意见（试行）》详细规定了侵犯知识产权行政处罚案件信息公开的内容、权限、程序、方式等。2016 年国家知识产权局《专利行政执法操作指南（试行）》第 3.6.3 条规定了查处假冒专利案件信息公开的主体、权限、内容、时限和方式。

2. 公开的内容

公开的内容主要是指行政处罚决定书载明的内容和依照法律、法规应当公开的其他信息，一般应当包括以下信息：

（1）行政处罚决定书文号；

（2）被处罚的自然人姓名，被处罚的企业或其他组织的名称、法定代表人姓名；

（3）违反法律、法规或规章的主要事实；

---

❶ 杨寅. 行政处罚类政府信息公开中的法律问题 [J]. 法学评论，2010（2）：67.

（4）行政处罚的种类和依据；

（5）行政处罚的履行方式和期限；

（6）作出处罚决定的行政执法机关名称和日期。

行政处罚案件信息公开不得泄露国家秘密，不得侵犯商业秘密和个人隐私。

行政处罚决定因行政复议或行政诉讼发生变更或撤销的，应当及时公开相关信息。行政执法机关对作出行政处罚决定后按照有关规定移送涉嫌犯罪的案件，要公开行政处罚结果信息。

3. 公开的主体和权限

（1）一般规则。

依照《关于依法公开制售假冒伪劣商品和侵犯知识产权行政处罚案件信息的意见（试行）》的规定，县级以上人民政府专利商标行政执法机关负责本机关假冒专利和商标违法行政处罚案件的信息公开工作。

（2）特殊情形。

①委托执法的情形。参照《专利行政执法操作指南（试行）》第 3.6.3.1 条规定，受委托查处假冒专利、商标违法案件的信息公开，由委托单位负责案件信息的公开。委托行政机关公开知识产权行政处罚案件信息既是履行监督行为的一种方式，还可以部分解决目前知识产权委托执法形式中存在的种种弊端。❶

②联合执法的情形。《关于依法公开制售假冒伪劣商品和侵犯知识产权行政处罚案件信息的意见（试行）》之（14）规定："行政执法机关应当建立健全假冒伪劣和侵权行政处罚案件信息公开协调机制。涉及其他行政机关的，应当在公开前沟通、确认，保证所公开的信息准确一致。"为确保联合执法中所公开信息准确一致，宜由提出联合执法动议的主体负责执法事项的信息公开工作，所有联合执法主体均署名。❷

4. 公开的时限

依照《关于依法公开制售假冒伪劣商品和侵犯知识产权行政处罚案件信息的意见（试行）》之（9）规定，对假冒伪劣和侵犯知识产权案件信息，原则上自行政执法机关作出处罚决定或处罚决定变更之日起 20 个工作日内予以公开。而依照 2019 年《江苏省全面推行行政执法公示制度执法全过程记录制度重大执法决定法制审核制度实施方案的通知》相关规定，行政处罚的执法决定信息在作出执法决定之日起 7 个工作日内公开，但法律、行政法规另有规定的除外。

对此相互冲突的规定，我们更倾向适用江苏省制度规定的 7 日时限。虽然《关于依法公开制售假冒伪劣商品和侵犯知识产权行政处罚案件信息的意见（试行）》是国务院规范性文件，其效力通常高于江苏省人民政府规范性意见，且属于对某一特殊类型行政执法案件信息公开时限的规定，但是，两者毕竟都属于规范

---

❶ 李云霖，欧爱民. 知识产权行政处罚案件信息公开机制探析 [J]. 知识产权，2014（8）：61.

❷ 李云霖，欧爱民. 知识产权行政处罚案件信息公开机制探析 [J]. 知识产权，2014（8）：61.

性文件，其效力高低应当根据具体情况进行综合判断。

（1）如果说限定行政处罚案件信息公开的内容主要涉及当事人权益的保护，那么，设定行政处罚案件信息公开的时限则在于确保公众对行政执法的监督等公共利益，相对而言，较短的公开时限更能体现政府信息公开制度的社会监督功能。事实上，国务院的信息公开意见除了规定行政处罚案件信息原则上应当在 20 个工作日内公开以外，还规定"对事关人民群众健康和安全领域的假冒伪劣和侵权行政处罚案件信息，应根据相关法律、法规的规定，及时予以公开"。

（2）在实现知识产权"严、大、快、同"保护政策的时代背景下，对假冒专利、商标违法行政处罚案件规定较短的信息公开时限，更能起到加强知识产权保护，推进创新驱动发展战略的作用。

5. 公开的方式

（1）主要通过政府网站公开专利和商标违法行政处罚案件信息，也可以选择公告栏、新闻发布会以及报刊、广播、电视等便于公众知晓的方式予以公开。

（2）将公开的专利和商标违法行政处罚案件信息作为社会征信系统的重要内容，方便社会公众查询。

二、不予行政处罚

1. 不予行政处罚的情形

确有违法行为，但有依法不予行政处罚情形的，不予行政处罚，具体包括如下情形：

（1）不满 14 周岁的人有违法行为的。

（2）精神病人在不能辨认或者不能控制自己行为时有违法行为的。

（3）违法行为轻微并及时纠正，没有造成危害后果的。

（4）除法律另有规定外，假冒专利行为在 2 年内未被发现的。该期限从违法行为发生之日起计算；违法行为有连续或者继续状态的，从行为终了之日起计算。

（5）其他依法不予处罚的。

销售不知道是侵犯注册商标专用权的商品，能证明该商品是自己合法取得并说明提供者的；销售不知道是假冒专利的产品，并且能够证明该产品合法来源的，由专利商标行政管理机关责令停止销售，不予行政处罚。

2. 不予行政处罚的审批

办案人员填写《行政处理决定审批表》，经专利商标行政管理机关批准后，制作《不予行政处罚决定书》并送达当事人。

三、不得给予行政处罚

违法行为不能成立的，专利商标行政管理机关不得给予当事人行政处罚。

四、移送

不属于专利商标行政管理机关管辖的，应及时移送其他行政管理部门处理。

当事人违法行为涉嫌犯罪的，应当制作《涉嫌犯罪案件移送书》，连同有关案件材料，一并移送司法机关。

1. 假冒注册商标

未经注册商标所有人许可，在同一种商品上使用与其注册商标相同的商标，涉嫌下列情形之一的，应当移送公安机关：

（1）非法经营数额在 5 万元以上或者违法所得数额在 3 万元以上的；

（2）假冒两种以上注册商标，非法经营数额在 3 万元以上或者违法所得数额在 2 万元以上的；

（3）其他情节严重的情形。

2. 销售假冒注册商标的商品

销售明知是假冒注册商标的商品，涉嫌下列情形之一的，应当移送公安机关：

（1）销售金额在 5 万元以上的；

（2）尚未销售，货值金额在 15 万元以上的；

（3）销售金额不满 5 万元，但已销售金额与尚未销售的货值金额合计在 15 万元以上的。

3. 非法制造、销售非法制造的注册商标标识

伪造、擅自制造他人注册商标标识或者销售伪造、擅自制造的注册商标标识，涉嫌下列情形之一的，应当移送公安机关：

（1）伪造、擅自制造或者销售伪造、擅自制造的注册商标标识数量在 2 万件以上，或者非法经营数额在 5 万元以上，或者违法所得数额在 3 万元以上的；

（2）伪造、擅自制造或者销售伪造、擅自制造两种以上注册商标标识数量在 1 万件以上，或者非法经营数额在 3 万元以上，或者违法所得数额在 2 万元以上的；

（3）其他情节严重的情形。

4. 假冒专利

假冒他人专利，涉嫌下列情形之一的，应当移送公安机关：

（1）非法经营数额在 20 万元以上或者违法所得数额在 10 万元以上的；

（2）给专利权人造成直接经济损失在 50 万元以上的；

（3）假冒两项以上他人专利，非法经营数额在 10 万元以上或者违法所得数额在 5 万元以上的；

（4）其他情节严重的情形。

5. 伪造、变造证书

伪造或者变造专利证书、商标注册证书，涉嫌构成伪造、变造、买卖国家机关公文、证件、印章罪的，由专利商标行政管理机关移送公安机关追究刑事责任。

五、办案期限

适用一般程序办理的案件应当自立案之日起 90 日内作出处理决定。因案情复杂或者其他原因，不能在规定期限内作出处理决定的，经专利商标行政管理机关负责人批准，可以延长 30 日。案情特别复杂或者有其他特殊情况，经延期仍不能作出处理决定的，应当由专利商标行政管理机关负责人集体讨论决定是否继续延期，决定继续延期的，应当同时确定延长的合理期限。

案件处理过程中，中止、听证、公告和检测、检验、检疫、鉴定等时间不计入上述案件办理期限。

第七节　行政处罚的简易程序

为保障行政相对人程序权利，监督行政机关依法行政，实现行政程序公正，行政处罚需要遵循一般程序；但是，行政程序同样承载着提高行政效率的制度价值。❶ 相比于行政处罚的一般程序，行政处罚的简易程序更侧重降低程序成本、缩短程序过程的价值。《行政处罚法》第五章第一节、《市场监督管理行政处罚程序暂行规定》第四章和《江苏省行政处罚程序规定》第四章第七节对行政处罚的简易程序作了具体规定。

一、适用条件

（一）法定条件

《行政处罚法》第 33 条规定："违法事实确凿并有法定依据，对公民处以五十元以下、对法人或者其他组织处以一千元以下罚款或者警告的行政处罚的，可以当场作出行政处罚决定。"《江苏省行政处罚程序规定》第 69 条规定："对事实简单、当场可以查实、有法定依据且对当事人合法权益影响较小的事项，行政机关可以适用简易程序作出行政执法决定。"

---

❶ 一般认为，行政程序的法律价值包括扩大公民参政权行使的途径、保护行政相对人程序权益、提高行政效率、监督行政主体依法行使职权四个方面。姜明安. 行政法与行政诉讼法［M］. 北京：北京大学出版社、高等教育出版社，1999：263.

（二）具体适用

依照上述一般性规定，结合《市场监督管理行政处罚程度暂行规定》第58条规定，查处假冒专利、商标违法案件，同时满足以下条件的，可以采用简易程序进行处罚，当场作出行政处罚决定。

1. 违法事实确凿

"违法事实确凿"就是指"事实简单、当场可以查实"，即"当场就可以对事实的全部过程及结果予以准确认定，不需要经过调查程序，且当事人对事实认定结论无异议"。❶ 因此，把握违法事实是否确凿，应注意三点。

（1）事实相对简单，当场可以查清。违法事实需要进一步查证的，不得按照简易程序实施当场处罚。

（2）事实有证据可以证实。

（3）当事人对违法事实没有异议。当事人对违法事实持有异议，不得按照简易程序实施当场处罚。

2. 有法定依据

依照《行政处罚法》的相关规定，作出行政处罚的法定依据通常是法律、行政法规及地方性法规。尚未制定法律、行政法规的，国务院行政主管部门制定的规章对违反行政管理秩序的行为，可以设定警告或者一定数量罚款的行政处罚。

3. 对当事人合法权益影响较小

为提高其可操作性，目前相关立法将此程序具体限定为"对自然人处以五十元以下、对法人或者其他组织处以一千元以下罚款或者警告的行政处罚的"。事实上，究竟怎样的处罚属于"对当事人合法权益影响较小"，既可以采"客观标准"，也可以采"主观标准"，即在一定程度上可以由当事人自己作出判断。如有研究者认为❷，行政简易程序不仅有利于行政主体提高执法效率，而且对于行政相对人来讲也是有利的，因此，也可以由行政主体与行政性对人协商确定是否适用行政处罚的简易程序。

二、必要程序

行政执法的一般程序包括完整的立案、调查取证、内部审核、处罚前告知、当事人陈述和辩解、听证、作出处罚决定、送达决定书等环节，简易程序可以省却很多环节，但以下环节不可或缺。

---

❶ 金雪花. 行政简易程序研究 [J]. 云南行政学院学报，2014（6）：169.
❷ 张淑芳. 论行政简易程序 [J]. 华东政法大学学报，2010（2）：24.

（1）表明身份。执法人员应当向当事人出示执法证件，表明执法身份。对不出示执法证件的，当事人有权拒绝履行执法人员的要求。

（2）收集证据。执法人员应当当场调查违法事实，收集必要的证据，同时，应当核实当事人的身份。

（3）告知。告知当事人拟作出行政处罚决定的事实、理由和依据，并告知当事人有权进行陈述和申辩。

（4）听取陈述和申辩。对当事人的陈述和申辩，执法人员应当充分听取并记入笔录，当事人提出的事实、理由或者依据成立的，应当采纳。

（5）当场决定和送达。执法人员填写预定格式、编有号码的《当场行政处罚决定书》，签名或者盖章后，当场送达当事人。

当场制作的行政处罚决定书应当载明当事人的基本情况、违法行为、行政处罚依据、处罚种类、罚款数额、缴款途径和期限、救济途径、部门名称、时间、地点，并加盖专利商标行政管理机关印章。

（6）归档保存。适用简易程序查处案件的有关材料，执法人员应当在作出行政处罚决定之日起7个工作日内交至所在的专利商标行政管理机关归档保存。

第八节　执行结案

一、执行

1. 一般规定

行政处罚决定依法作出后，当事人应当在行政处罚决定的期限内予以履行。

当事人对行政处罚决定不服申请行政复议或者提起行政诉讼的，行政处罚不停止执行，法律另有规定的除外。

2. 执行当场处罚

有下列情形之一的，可以由执法人员当场收缴罚款：

（1）当场处以20元以下罚款的；

（2）当场对自然人处以50元以下、对法人或者其他组织处以1000元以下罚款，不当场收缴事后难以执行的；

（3）在边远、水上、交通不便地区，当事人向指定银行缴纳罚款确有困难，经当事人提出的。

执法人员当场收缴罚款的，必须向当事人出具省、自治区、直辖市财政部门统一制发的罚款收据，否则，当事人有权拒绝缴纳罚款。

执法人员当场收缴的罚款，应当自收缴罚款之日起2日内交至所在专利商标行政管理机关。在水上当场收缴的罚款，应当自抵岸之日起2日内交至所在专利商标行政管理机关。专利商标行政管理机关应当在2日内将罚款缴付指定银行。

3. 延期或者分期缴纳

当事人确有经济困难，需要延期或者分期缴纳罚款的，应当提出书面申请。办案人员收到书面申请后，填写《行政处罚案件有关事项审批表》，经专利商标行政管理机关负责人批准。同意当事人延期或者分期缴纳罚款的，专利商标行政管理机关应当向当事人送达《延期/分期缴纳罚款通知书》，书面告知延期或者分期的期限。

4. 加处罚款

当事人逾期不缴纳罚款的，专利商标行政管理机关可以每日按罚款数额的 3% 加处罚款，加处罚款的期限从法定履行期限届满次日起计算。加处罚款的数额不得超出应缴罚款的数额。

5. 申请人民法院强制执行

当事人在法定期限内不申请行政复议或者提起行政诉讼，又不履行行政处罚决定，专利商标行政管理机关应当向当事人送达《行政处罚决定履行催告书》，书面催告当事人履行义务。当事人在收到催告书 10 日后仍不履行行政处罚决定的，专利商标行政管理机关可以在期限届满之日起 3 个月内依法申请人民法院强制执行。

二、结案

按照《市场监督管理行政处罚程序暂行规定》第 70 条的规定，对商标违法行为的行政处罚，适用一般程序的案件有以下情形之一的，办案机构应当在 15 个工作日内填写《结案审批表》，经专利商标行政管理机关负责人批准后，予以结案：

（1）行政处罚决定执行完毕的；

（2）人民法院裁定终结执行的；

（3）案件终止调查的；

（4）作出《市场监督管理行政处罚程序暂行规定》第 54 条第 1 款第 2 ~ 5 项决定的；

（5）其他应予结案的情形。

根据《专利行政执法操作指南（试行）》的规定，对于假冒专利案件，专利商标行政管理机关应当自立案之日起 1 个月结案。案件特别复杂需要延长期限的，应当报专利商标行政管理机关负责人批准。经批准延长的期限，最多不超过 15 天。在案件办理过程中，执法人员认为可以结案的，应当填写《假冒专利案件结案审批表》，连同案件材料一并报办案处（科）室负责人审定后，报局领导审批。

（1）对于行为人的行为构成应当受到行政处罚的违法行为的，根据情节轻重，以作出行政处罚决定的方式结案。

（2）对于违法行为轻微并已及时纠正，依法可以不予处罚的，免于处罚，以下达《责令整改通知书》的方式予以结案。

（3）对于违法事实不成立的，以撤销案件的方式结案。

第八章 专利商标纠纷行政调解程序

第一节 专利商标纠纷行政调解概述

一、专利、商标纠纷行政调解的基本理论

(一) 行政调解的概念

行政调解是纠纷解决机制中的重要一环，是一种诉讼外纠纷解决方式，包括广义上的行政调解和狭义上的行政调解两类。

1. 广义的行政调解

有学者认为，行政调解是指由行政主体主持，以国家法律、政策和公序良俗为依据，以自愿为原则，通过说服教育等方法调停、斡旋，促使当事人友好协商，达成协议，消除纠纷的一种调解制度。❶ 此即为广义的行政调解，包括行政复议机关对行政纠纷的调解以及行政主体对平等主体之间的民事纠纷的调解。如 2017 年实施的《浙江省行政程序办法》第 82 条第 1 款规定，"行政机关可以依法通过行政调解的方式协调、协商处理与行政职权密切相关的行政争议和民事纠纷。" 2018 年实施的《福建省多元化解纠纷条例》第 20 条第 2 款规定，"涉及房屋征收、社会保障、治安管理、交通事故损害赔偿、医疗卫生、消费者权益保护等依法可以由行政机关调解的行政争议或者民事纠纷，可以向有关行政机关提交行政调解申请"。这些地方立法对"行政调解"均采用了广义的解释。

2. 狭义的行政调解

狭义的行政调解，大致又有三种观点。

第一种观点认为，行政调解就是指对"行政纠纷"的调解。例如，《行政复议法实施条例》第 50 条第 1 款规定："有下列情形之一的，行政复议机关可以按照自愿、合法的原则进行调解：(一) 公民、法人或者其他组织对行政机关行使法律、法规规定的自由裁量权作出的具体行政行为不服申请行政复议的；(二) 当事人之间的行政赔偿或者行政补偿纠纷。"

第二种观点认为行政调解是指"行政主体"对民事纠纷的调解。有学者认为，

---

❶ 朱最新. 社会转型中的行政调解制度 [J]. 行政法学研究，2006 (2)：73. 熊文钊. 现代行政法原理 [M]. 北京：法律出版社，2000：480.

行政调解"是指国家行政机关成立的行政调解组织通过说服、疏导等方法，促使当事人在平等协商基础上自愿达成调解协议，解决民间纠纷的活动"❶。如2015年《北京市行政调解办法》第3条列举的行政机关可以依法调解的十类纠纷均为"民事纠纷"。

由于行政权具有不断扩张的内在冲动和倾向，而民间纠纷的种类又非常复杂，如果任由行政主体对所有民事纠纷都予以介入，可能会导致对司法权的侵犯。因此，在实践中，对行政主体调解民事纠纷的范围予以限制，将其限定在"与其行政管理职权相关的民事纠纷"之内。如最高人民法院2016年印发的《关于人民法院进一步深化多元化纠纷解决机制改革的意见》提出，要"支持行政机关依法裁决同行政管理活动密切相关的民事纠纷"。《浙江省行政程序办法》第82条第3款规定，"公民、法人和其他组织之间产生的与行政管理相关的有关交通事故损害赔偿、消费者权益保护、土地（林地、海域）权属争议、环境污染损害赔偿等民事纠纷，由主管该事项的行政机关负责调解。"

第三种观点认为行政调解是指"行政主体"对民事纠纷以及轻微刑事案件进行的调解。如有学者认为，"行政调解是行政机关依照法律规定，在其行使行政管理的职权范围内，以自愿为原则，在分清责任、明辨是非的基础上，对特定的民事纠纷和轻微的刑事案件进行的调解。"❷

本章所述专利、商标纠纷行政调解，属于狭义行政调解中第二种观点所指的行政调解。

（二）专利、商标纠纷行政调解的概念及性质

我国知识产权单行立法并未明确专利、商标行政调解的性质，相关规章及规范性文件长期将其定位为行政执法行为。这种性质定位的偏差导致专利商标行政调解主体角色错位、调解程序缺失和调解效力模糊。❸

笔者认为，专利、商标纠纷行政调解，是由专利、商标行政管理部门主持的，对与其行使法定职权相关的平等主体之间的民事纠纷，以国家法律、政策和公序良俗为依据，以当事人自愿为原则，通过说服、劝导，促使各方当事人平等协商、互谅互让、达成协议，实现案结事了、妥善解决争议的行政服务行为。

1. 从行政行为分类上看，专利、商标纠纷行政调解是一种行政事实行为

一方面，它是一种行政行为，不同于人民调解。"人民调解的程序制度对确立行政调解的制度具有重要的参照价值，大部分制度都能适用于行政调解的程序。但是，与人民调解相比，由于行政调解有国家行政权的介入，在当事人和其他公

---

❶ 刘旺洪. 论行政调解的法制建构［J］. 学海，2011（2）：190.
❷ 崔永东. 社会司法：理念阐释与制度进路［J］. 政治与法律，2015（12）：66.
❸ 李雷，梁平. 偏离与回位：专利纠纷行政调解制度重构［J］. 知识产权，2014（8）：27.

民的观念中也更加具有权威，具有一定的特殊性，应当更加规范。"❶ 与人民调解相比，行政调解在管辖制度、受理程序方面要受到行政程序的约束，同时，行政调解比人民调解更加注重调解组织依职权调查取证。

另一方面，作为一种行政事实行为，又不同于行政法律行为。按照行政活动是否以直接法律效果为目的的进行分类，行政机关的公法行为通常分为行政法律行为和行政事实行为。所谓行政事实行为，是指"行政机关及其工作人员作出的不以产生法律效果为目的，对当事人不具有法律上的拘束力的行为"。❷ 因此，行政调解协议并不具有行政处罚决定或行政处理决定那样的强制力。

2. 从行政职能分类上看，专利、商标纠纷行政调解是一种行政服务行为

随着我国现代治理体系的不断完善，行政管理也逐渐从以"公共权力"为核心的传统行政走向以"公共服务"为核心的现代行政。知识产权行政调解"是知识产权行政机关基于服务行政的法律精神，基于行政职权为社会或者特定的行政相对人提供纠纷解决服务的行为"。❸ 知识产权行政调解的本质是一种政府服务行为，行政调解主体是以中间人的身份介入纠纷的处理，引导双方当事人就争执的利益尽可能寻求平衡点，促使当事人在互利和双赢的基础上解决争议。"行政调解……集纠纷解决、行政服务以及行政指导等多种功能于一身，对新时期专利纠纷的解决有着不可替代的积极意义。专利行政调解不仅有利于维护专利纠纷当事人的合作关系，实现长期利益的同创共享，而且有利于减轻专利诉讼压力，降低专利纠纷解决的司法成本，保障纠纷的彻底解决，促进社会的综合治理。"❹

3. 从国家权力分工上看，专利、商标纠纷行政调解是一种准司法行为

在西方国家权力体系中，权力划分为立法、行政和司法三个部门。传统意义上的行政权是指国家行政机关"实施行政管理活动的权力"。"随着行政范式从'官僚行政'向'公共行政'的转换，以及民众法律意识的觉醒，在行政管理、公共服务等领域中，行政一贯秉持的执行性和管制性权能式微，其纠纷解决、公力救济等功能反而凸显。这样，一部分行政权超越了与司法权的分工，与司法的权能出现了交集，衍生出……行政司法化现象。"❺ 我国专利商标纠纷行政处理、行政调解制度同样是基于专利商标行政管理机关的专业性优势而介入到专利商标民事纠纷之中，从而导致"行政司法化"的现象。因此，这种行政处理（行政裁决）和行政调解职权属于准司法权。

具体而言，专利、商标纠纷行政调解与传统行政执法活动的区别在于以下两个方面。

❶ 刘旺洪. 论行政调解的法制建构［J］. 学海，2011（2）：196.
❷ 朱维究、王成栋：一般行政法原理［M］. 北京：高等教育出版社，2005：305.
❸ 何炼红. 论中国知识产权纠纷行政调解［J］. 法律科学，2014（1）：157.
❹ 王霞，易建勋. 专利行政调解协议的效力及其固化［J］. 知识产权，2017（2）：82.
❺ 耿玉基. 超越权力分工：行政司法化的证成与规制［J］. 法制与社会发展，2015（3）：178－179.

首先，调解组织和调解人员的专业性。专利、商标纠纷行政调解由专利商标行政管理机关指定具有专门资质的调解员进行调解；同时还可动员社会力量组成专家委员会或专案调查处理机构处理复杂疑难案件，提出合理的解决方案。

其次，调解程序的司法化。知识产权行政调解是公权力介入下的平等民事主体之间私权冲突的协调解决，其调解正当性之基础在于当事人的合意。未经当事人提起或当事人同意，行政机关不得强行调解。同时，调解过程并非行政权力的运用，而是居于客观、中立的地位对事实的判断：调解组织在查清事实、分清是非的基础上，为当事人提供法律依据、政策咨询等专业化服务，起着居间沟通、调停的作用，促使当事人协商对话达成解决争议的共识。

（三）专利、商标行政调解的基本原则

1. 当事人自愿原则

由于我国长期以来一直将专利、商标的行政调解理解为行政执法行为，往往导致强制调解现象的发生。因此，有必要强调当事人自愿原则。该原则在专利、商标纠纷行政调解上具体体现在以下三个方面。

第一，是否启动行政调解，当事人有自愿的权利。但是，一旦进入行政调解过程，当事人不能随意改变主意、退出调解，因为原则本身在运用过程中并不易掌握，容易影响行政调解的顺利进行。

第二，对调解员的选择由当事人协商确定，而非由执法部门指定。

第三，在是否能够达成调解协议方面，充分尊重当事人的意愿。行政机关应当处在中立克制的立场上为双方传达信息，促进沟通，增强信任，不得强制调解、以权压调。

2. 合法合理原则

一方面，行政调解应当遵循法定的程序性规范，确保中立、公正；另一方面，行政调解组织应当在查明事实、分清是非的基础上，就相关法律问题和专业性问题向当事人提供咨询服务，并提供合情合理的调解方案，进行劝导、说服，达成共识。

3. 一级调解原则

行政调解建立在双方当事人自愿、自治基础之上，既然一方当事人不接受行政调解的结果，进行二次调解也就没有意义。因此，一级调解原则可避免出现久调不决的局面，使当事人能及时地寻求其他解决纠纷的途径。我国相关立法均规定，当事人不能达成行政调解协议或不履行调解协议的，可向人民法院起诉。

二、专利、商标纠纷行政调解的法律依据

(一) 基本法律依据

在法律层面，2008 年《专利法》第 60 条规定，"未经专利权人许可，实施其专利，即侵犯专利权，引起纠纷的……专利权人或者利害关系人也可以请求管理专利工作的部门处理"，"进行处理的管理专利工作的部门应当事人的请求，可以就侵犯专利权的赔偿数额进行调解"。2019 年修正的《商标法》第 60 条第 1 款规定："有本法第五十七条所列侵犯注册商标专用权行为之一，引起纠纷的……商标注册人或者利害关系人可以向人民法院起诉，也可以请求工商行政管理部门处理。"第 3 款规定："对侵犯商标专用权的赔偿数额的争议，当事人可以请求进行处理的工商行政管理部门调解，也可以依照《中华人民共和国民事诉讼法》向人民法院起诉。经工商行政管理部门调解，当事人未达成协议或者调解书生效后不履行的，当事人可以依照《中华人民共和国民事诉讼法》向人民法院起诉。"

在行政法规层面，2010 年《专利法实施细则》第 85 条对专利行政调解的范围作了详细的规定。

(二) 参照性法律依据

由于我国目前尚未制定统一的《中华人民共和国调解法》及《行政调解条例》，有关行政调解的主体、调解的范围、调解的程序和调解协议的效力等内容没有直接的法律法规依据，在专利、商标纠纷行政调解实践中，可参照相关法律、司法解释、全国性规章和规范性文件，以及地方性法规和地方性规章。

1. 相关法律及司法审判指导意见

2011 年实施的《人民调解法》关于民事纠纷调解原则、调解程序、调解方法的规定，可以作为专利、商标行政调解的参照依据。同时，最高人民法院也出台了一系列强化知识产权保护、促进多元化纠纷解决机制建设的司法政策，包括2008 年修订的《关于人民法院民事调解工作若干问题的规定》，2009 年印发的《关于建立健全诉讼与非诉讼相衔接的矛盾纠纷解决机制的若干意见》，2010 年印发的《关于进一步贯彻"调解优先、调判结合"工作原则的若干意见》，2011 年印发的《关于人民调解协议司法确认程序的若干规定》，2016 年印发的《关于人民法院特邀调解的规定》和《关于人民法院进一步深化多元化纠纷解决机制改革的意见》，2018 年印发的《关于审查知识产权纠纷行为保全案件适用法律若干问题的规定》。另外，2011 年 4 月，中央社会治安综合治理委员会、最高人民法院等 16 个部门联合发布《关于深入推进矛盾纠纷大调解工作的指导意见》。

2. 全国性规章及规范性文件

主要有国家知识产权局 2015 年印发的《专利行政执法办法》，2016 年印发的《专利纠纷行政调解指引（试行）》和《专利行政执法操作指南（试行）》。

3. 地方性法规和规章

主要有 2008 年实施的《湖南省行政程序规定》，2011 年实施的《山东省行政程序规定》，2015 年实施的《江苏省行政程序规定》，2015 年实施的《北京市行政调解办法》，2017 年实施的《浙江省行政程序办法》，2018 年实施的《福建省多元化解纠纷条例》等。

三、专利、商标纠纷行政调解的范围

原则上，行政调解的受案范围应当是与行政主体的行政职权相关的专利、商标民事纠纷。

（一）专利纠纷

2010 年《专利法实施细则》第 85 条规定，"除专利法第六十条规定的外，管理专利工作的部门应当事人请求，可以对下列专利纠纷进行调解：（一）专利申请权和专利权归属纠纷；（二）发明人、设计人资格纠纷；（三）职务发明创造的发明人、设计人的奖励和报酬纠纷；（四）在发明专利申请公布后专利权授予前使用发明而未支付适当费用的纠纷；（五）其他专利纠纷。"因此，专利行政管理部门应当事人的请求，可以对下列专利纠纷进行调解。

1. 侵犯专利权的赔偿数额纠纷

处理专利侵权纠纷的专利行政管理部门应当事人的请求，可以就侵犯专利权的赔偿数额进行调解。

2. 专利申请权和专利权归属纠纷

专利申请权纠纷主要包括：（1）关于职务发明与非职务发明的争议，此类纠纷主要是由发明人或设计人与其所在单位就哪一方有权对一项发明创造申请专利而产生的纠纷；（2）关于合作完成或接受委托完成发明创造后专利申请权归属的纠纷。

专利权归属纠纷主要包括：（1）职务发明创造被发明人或设计人作为非职务发明申请专利并获得了专利权而引起的纠纷；（2）非职务发明创造被单位作为职务发明申请专利并获得专利权而引起的纠纷；（3）在当事人未明确约定的情况下，委托开发完成的发明创造的委托开发方申请专利并获得专利权而引起的纠纷；（4）在无合同约定又无其他各方声明放弃其所共有的专利申请的情况下，合作开发所完成的发明创造被共有人中的一方申请专利并获得专利权而引起的纠纷。

《专利法》第6条规定，执行本单位的任务或者主要是利用本单位的物质技术条件所完成的发明创造为职务发明创造。职务发明创造申请专利的权利属于该单位；申请被批准后，该单位为专利权人。非职务发明创造，申请专利的权利属于发明人或者设计人；申请被批准后，该发人者设计人为专利权人。利用本单位的物质技术条件所完成的发明创造，单位与发明人或者设计人订有合同，对申请专利的权利和专利权的归属作出约定的，从其约定。

《专利法》第8条规定，两个以上单位或者个人合作完成的发明创造、一个单位或者个人接受其他单位或者个人委托所完成的发明创造，除另有协议的以外，申请专利的权利属于完成或者共同完成的单位或者个人；申请被批准后，申请的单位或者个人为专利权人。

《专利法实施细则》第12条规定，"执行本单位的任务所完成的职务发明创造"是指：在本职工作中作出的发明创造；履行本单位交付的本职工作之外的任务所作出的发明创造；退休、调离原单位后或者劳动、人事关系终止后1年内作出的，与其在原单位承担的本职工作或者原单位分配的任务有关的发明创造。本单位包括临时工作单位；本单位的物质技术条件，是指本单位的资金、设备、零部件、原材料或者不对外公开的技术资料等。

3. 发明人、设计人资格纠纷

《专利法实施细则》第13条规定，专利法所称发明人或者设计人，是指对发明创造的实质性特点作出创造性贡献的人。在完成发明创造过程中，只负责组织工作的人、为物质技术条件的利用提供方便的人或者从事其他辅助工作的人，不是发明人或者设计人。

4. 职务发明创造的发明人、设计人的奖励和报酬纠纷

《专利法》第16条规定，被授予专利权的单位应当对职务发明创造的发明人或者设计人给予奖励；发明创造专利实施后，根据其推广应用的范围和取得的经济效益，对发明人或者设计人给予合理的报酬。

《专利法实施细则》第77条规定，被授予专利权的单位未与发明人、设计人约定也未在其依法制定的规章制度中规定《专利法》第16条规定的奖励的方式和数额的，应当自专利权公告之日起3个月内发给发明人或者设计人奖金。一项发明专利的奖金最低不少于3000元，一项实用新型专利或者外观设计专利的奖金最低不少于1000元。由于发明人或者设计人的建议被其所属单位采纳而完成的发明创造，被授予专利权的应当从优发给奖金。

《专利法实施细则》第78条规定，被授予专利权的单位未与发明人、设计人约定也未在其依法制定的规章制度中规定《专利法》16条规定的报酬的方式和数额的，在专利权有效期限内，实施发明创造专利后，每年应当从实施该项发明或者实用新型专利的营业利润中提取不低于2%或者从实施该项外观设计专利的营业利润中提取不低于0.2%，作为报酬给予发明人或者设计人，或者参照上述比例，

给予发明人或者设计人一次性报酬；被授予专利权的单位许可其他单位或者个人实施其专利的，应当从收取的使用费中提取不低于10%，作为报酬给予发明人或者设计人。

5. 在发明专利申请公布后专利权授予前使用发明而未支付适当费用的纠纷

《专利法》第68条规定，侵犯专利权的诉讼时效为2年，自专利权人或者利害关系人得知或者应当得知侵权行为之日起计算。发明专利申请公布后至专利权授予前使用该发明未支付适当使用费的，专利权人要求支付使用费的诉讼时效为2年，自专利权人得知或者应当得知他人使用其发明之日起计算，但是，专利权人于专利权授予之日前即已得知或者应当得知的，自专利权授予之日起计算。

对于发明专利申请公布后专利权授予前使用发明而未支付适当费用的纠纷，当事人请求管理专利工作的部门调解的，应当在专利权被授予之后提出。

6. 其他专利纠纷

（二）商标纠纷

《商标法》第60条第3款规定，对侵犯商标专用权的赔偿数额的争议，当事人可以请求进行处理的工商行政管理部门调解。

（三）不适合行政调解的专利、商标纠纷

一般认为，下列纠纷应排除在行政调解范围之外：❶
（1）涉及专利有效性的纠纷；
（2）各类知识产权确权纠纷；
（3）当事人急需获得临时禁令救济的纠纷；
（4）具有形成先例指导和政策向导之价值的疑难新型案件。

第二节　调解请求的提起

一、调解请求的提起形式

专利、商标行政调解的职权属于准司法权，行政调解程序应经双方当事人提出或经其同意才可启动，充分体现当事人自愿的原则。

---

❶ 赵春兰. 知识产权纠纷行政调解服务机制的建构 [J]. 甘肃社会科学，2013（2）：168. 另外，域外的相关规定也具有参考意义，如英国知识产权局建议，以下纠纷可能不适合进行调解：（1）纠纷通过诉讼程序可以迅速得以判决；（2）当事人迫切需要禁止令或者其他保护性救济；（3）有必要使该案例成为判例；（4）进行调解对于双方当事人皆无益处；（5）双方当事人希望获得社会公众的关注. 何炼红. 英国知识产权纠纷行政调解服务的发展与启示 [J]. 知识产权，2011（7）：75.

1. 由当事人提起

专利、商标纠纷的行政调解，可由一方当事人或双方当事人申请。当事人提出的，可以采用信函、电子邮件等书面形式申请，也可以口头申请。书面申请的，应提交调解请求书；口头申请的，专利商标行政管理机关应做好记录，记录申请人的基本情况、申请调解的事项、理由、时间和对方当事人等，并交申请人签字确认。

2. 专利商标行政管理机关依职权提起

行政机关能否依职权对民事纠纷进行行政调解，涉及公权力对私法领域干预的适度性和方式问题。行政机关依职权提起专利、商标纠纷的行政调解之正当性和必要性，应限定在公共服务的合理范围内。"政府应将稳定与和谐作为基本目标，从社会治理的需要出发，积极参与纠纷的预防和解决，并不断调节其介入的范围、程度和方式。尤其是在社会自治能力较弱且纠纷积聚之际，行政机关更需要积极介入"。❶ 因此，专利商标行政管理机关依职权启动行政调解程序有其现实必要性，但该职权也必须有一定的程序性规范和范围限定。

相关制度在全国性立法层面并无具体规定。但近年来不少地方立法和规范性文件规定"行政机关可以根据公民、法人或者其他组织的申请进行行政调解，也可以主动进行行政调解"。❷在司法政策方面，2016 年《关于人民法院进一步深化多元化纠纷解决机制改革的意见》第 7 条规定，"人民法院要加强与行政机关的沟通协调……支持行政机关根据当事人申请或者依职权进行调解、裁决，或者依法作出其他处理。"但是，该职权依然要受到两方面的限制：

（1）程序性限制。行政调解既然是一种公共服务，那么，就不能强制推行该项服务，而是要征得当事人的同意。如 2016 年《北京市行政调解办法》第 11 条规定，"行政机关在履行行政管理职责过程中发现属于行政调解范围的民事纠纷，可以在征得双方当事人同意后启动调解。"

（2）调解事项范围的限制。行政调解作为一项公共服务活动，必然需要消耗一定的公共资源，因此必须基于一定的公共利益考量。如 2018 年《福建省多元化解纠纷条例》第 26 条第 2 款规定，"行政机关对资源开发、环境污染、公共工程建设和公共安全事故等方面的民事纠纷，以及涉及人数众多、影响较大、可能影响社会稳定的纠纷，应当依职权主动进行调解。"

3. 由其他部门移送而提起

2009 年最高人民法院《关于建立健全诉讼与非诉讼相衔接的矛盾纠纷解决机制的若干意见》第 15 条规定："经双方当事人同意，或者人民法院认为确有必要的，人民法院可以在立案后将民事案件委托行政机关、人民调解组织、商事调解

---

❶ 范愉. 行政调解问题刍议［J］. 广东社会科学，2008（6）：183.
❷ 详见 2008 年《湖南省行政程序规定》第 116 条第 2 款，2012 年《山东省行政程序规定》第 123 条，2015 年《江苏省行政程序规定》第 91 条规定。

组织、行业调解组织或者其他具有调解职能的组织协助进行调解。"

二、提起调解请求应当提交的材料

《专利行政执法办法》第 22 条、《专利纠纷行政调解指引（试行）》第 1.2.1 条，以及《专利行政执法操作指南（试行）》第 4.2.2 ~ 4.2.5 条对提出专利纠纷行政调解需要提交的材料作了详细规定。在商标纠纷行政调解暂无相关规定的情况下，可以参照以上规定予以适用。因此，专利、商标纠纷行政调解请求应当提交的材料包括以下三类。

1. 调解请求书

调解请求书应当记载以下内容：（1）请求人的姓名或者名称、地址，法定代表人或者主要负责人的姓名、职务；有委托代理人的，应当写明委托代理人的姓名、所在机构及联系方式；（2）被请求人的姓名或者名称、地址，法定代表人或者主要负责人的姓名、职务；（3）请求调解的事项、事实和理由；（4）请求书应当由请求人签名或者盖章。

2. 请求人身份证明文件

行政调解的请求人需要提供的身份证明文件包括：（1）登记证明（营业执照副本）；（2）法定代表人身份证明；（3）个人身份证及代理人身份证。

可以要求请求人提交证明材料的复印件（各一份），但需提供原件予以核对，原件核对后退还。

3. 专利、商标纠纷相关证据和材料

支持请求人提起行政调解请求的相关证据材料包括以下两类：

（1）专利申请权纠纷，专利权权属纠纷，发明人、设计人资格纠纷，职务发明的发明人、设计人的奖励和报酬纠纷，在发明专利申请公布后授权专利权前使用发明未支付适当费用纠纷等的相应证据。

（2）单独请求调解侵犯专利权、商标权赔偿数额的，应当提交有关专利商标行政管理机关作出的认定侵权行为成立的处理决定书或者处罚决定书副本。

行政调解请求书及相关材料为正本一份，并按被请求人人数提供副本。

第三节　受理与立案

一、受理条件

（一）积极条件

根据民事诉讼法有关民事纠纷解决的一般原则，结合《专利纠纷行政调解指引（试行）》第 1.2.4 条规定，申请专利、商标纠纷的行政调解应当符合下列条件：

（1）请求人是专利、商标纠纷的当事人或者其权利继受人；

（2）有明确的被请求人；

（3）有明确的请求事项和具体事实、理由；

（4）属于专利商标行政管理机关的受案范围和管辖。

需要特别注意的是，专利、商标纠纷的当事人在不同类型的纠纷中其具体范围是不同的。

首先，在专利、商标侵权赔偿数额纠纷的当事人包括专利权人或商标权人以及利害关系人。而根据 2015 年《专利行政执法办法》第 10 条第 2 款的规定以及《关于审查知识产权纠纷行为保全案件适用法律若干问题的规定》第 3 条第 2 款规定，可以提起专利、商标行政调解的"利害关系人"应当包括以下四类：

（1）专利、商标权人的合法继承人；

（2）专利、商标独占实施许可合同的被许可人；

（3）专利、商标排他实施许可合同的被许可人（在权利人不请求的情况下）；

（4）专利、商标普通实施许可合同的被许可人（在权利人明确授权其以自己的名义提起请求的情况下）。

其次，专利权属纠纷的当事人包括：专利权人或专利申请人，其他主张对专利或专利申请权享有权利的人。

再次，发明人、设计人资格纠纷的当事人包括：发明人或设计人、主张自己为发明人或设计人的人，以及专利申请人或专利权人。

复次，奖酬纠纷的当事人包括：专利权人、发明人或设计人或其权利继受人，主张自己为发明人或设计人的人。

最后，发明专利临时保护期使用费纠纷的当事人包括：发明专利技术使用者和专利权人或其权利继受人，但不包括专利实施许可合同的被许可人。

（二）消极条件

1. 法定不予受理的情形

参照《专利纠纷行政调解指引（试行）》第 1.2.6 条规定，以下专利、商标调解请求不予受理：

（1）已向仲裁机构申请仲裁的；

（2）已向人民法院起诉的。

2. 酌定不予调解的情形

为维护专利、商标行政调解的公信力，节约相关公共服务资源，有学者认为，

以下两种情形应当不予调解：[1]

（1）已接受过行政调解的同一纠纷不予调解；

（2）对达成的调解协议不履行的不予调解。

二、立案程序

根据民事纠纷调解的一般原则，结合《专利行政执法办法》第 23 条、第 24 条规定，以及《专利行政执法操作指南》第 4.3.2 条和《专利纠纷行政调解指引（试行）》第 1.2.5 条的规定，专利、商标纠纷行政调解的立案程序大致分为三个阶段。

（一）审查请求材料

专利商标行政管理机关调解机构收到行政调解请求后，应当在 5 个工作日内进行审查，并分别作如下处理：

（1）对于不符合受理条件的，应当制作《调解请求不予立案通知书》，并送达请求人。

（2）对于符合受理条件，但是材料需要补正的，应当送达补正通知书，一次性告知需补正的所有材料。

（3）对于材料齐全、符合受理条件的，应将调解请求书及相关材料的副本、《意见陈述通知书》送达被请求人，要求其在收到之日起 15 日内提交意见陈述书，表明是否同意调解，并就请求人提出的调解事项说明理由。

（二）征求被请求人意见

（1）被请求人在 15 日内提交意见陈述书并同意调解的，以及专利商标行政管理机关依职权提出调解并征得各方当事人同意的，专利商标行政管理机关应当在收到意见陈述书或征得各方同意调解之日起 5 个工作日内填写《专利、商标纠纷调解立案审批表》，连同请求材料一并报送部门负责人审批。经审批后立案。

（2）被请求人逾期不提交意见陈述书，或者明确表示不接受调解的，专利商标行政管理机关应当制作《调解请求不予立案通知书》，并送达请求人。

（三）立案通知

专利商标行政管理机关决定立案的，应当发出《调解立案通知书》，通知请求

---

[1] 张显伟，杜承秀. 行政调解范围立法存在的问题及完善建议［J］. 行政管理改革，2019（8）：86.

人和被请求人进行调解的时间和地点。

纠纷涉及第三人的，应当通知第三人参加，一并进行调解。

当事人各方应当在收到《调解立案通知书》后，于调解日之前 3 日内填写《调解回执》，将出席调解人员的姓名、职务以及是否申请调解员回避等事项的书面材料提交专利商标行政管理机关。

第四节　调解员的确定及回避

根据民事诉讼法有关民事纠纷解决的一般原则，结合《专利纠纷行政调解指引（试行）》第 1.3.1 条、第 1.4.2 条的规定，专利、商标纠纷行政调解中调解员的确定及回避应当遵循以下规则。

一、调解员的确定

（一）确定的期限与方式

1. 在调解员名录中选择或指定

行政调解案件立案后，专利商标行政管理机关应当在收到被请求人同意调解的意见书之日起 5 日内安排双方当事人在调解员名录中协商选定调解员；不能共同选定调解员的，由专利商标行政管理机关负责人从调解员名录中指定调解员。

专利商标行政管理机关应当建立本部门的调解员名录，供当事人选择。

调解员通常应当具有涉案专利、商标所属技术领域的技术知识和法律知识。

2. 特邀调解人员

专利商标行政管理机关也可以邀请与当事人有特定关系或者与案件有一定联系的单位，以及具有专门知识、特定社会经验、与当事人有特定关系并有利于促成调解的个人，参与和协助调解。

（二）调解员人数

（1）对于事实清楚、情形简单的纠纷，可以由 1 名调解员现场组织调解。

（2）对于疑难复杂的纠纷，可以由 3 名以上具有相应专业知识和调解经验的执法人员担任调解员。

二、调解员的回避

（一）应当回避的法定情形

调解员有下列情况之一的，应当回避：

（1）是纠纷当事人，或者与当事人及其代理人有近亲属关系；

（2）与纠纷有利害关系；

（3）与纠纷当事人及其代理人有其他关系，可能影响纠纷公正处理的。

（二）回避的程序

1. 回避的提起

当事人发现调解员有应当回避情形的，可以要求其回避。调解员有应当回避情形的，应当自行提出回避。

2. 回避的决定

调解员是否回避由调解的机构负责人决定；负责人担任调解员的，由专利商标行政管理机关的负责人决定。

3. 人员更换及告知程序

《北京市行政调解办法》第14条第2款规定："当事人申请回避的，行政机关应当及时作出是否回避的决定。决定回避的，应当及时更换行政调解人员；不需要回避的，告知当事人理由。"

三、调解员的义务

调解员应该对调解过程以及调解过程中知悉的国家秘密、商业秘密、个人隐私和其他依法不公开的信息保守秘密，但为了维护国家利益、社会公共利益和他人合法权益的除外。

第五节　调解方式与实施程序

根据民事纠纷处理的一般原则，结合《专利行政执法操作指南（试行）》第4.4.1条、第4.4.2条以及《专利纠纷行政调解指引》第1.3.2条、第1.3.5条、第1.3.7条的规定，专利、商标纠纷行政调解的实施程序和调解中止、调解终止应遵循以下规则。

一、调解的程序

（一）调解前的准备

1. 告知相关权利和义务

行政调解开始前，调解员应当宣布调解纪律，核对当事人身份，告知当事人相关的权利和义务，向当事人说明行政调解的有关要求、调解时限、调解效力及不服调解的法律救济等事项。

当事人在行政调解中享有下列权利：

（1）申请调解员回避；

（2）要求调解公开进行；

（3）自主表达意愿、自愿达成调解协议；

（4）要求终止调解。

当事人在行政调解中负有下列义务：

（1）如实陈述事实，不得提供虚假证明材料；

（2）遵守调解现场秩序，尊重调解员；

（3）尊重对方行使权利；

（4）自觉履行调解协议。

2. 询问是否申请回避

行政调解开始前，调解员应宣布调解员、记录人的身份，询问当事人是否申请回避。

（二）查明事实

1. 审查证据材料

调解专利、商标纠纷，调解员应当对申请人提交的材料、被请求人提交的意见陈述书及材料进行审查，确认相关证据材料符合民事诉讼证据的形式要求。

2. 听取当事人意见陈述

调解员应当充分听取双方当事人的意见陈述，查明争议的基本事实。

（三）实施调解

调解员在查明双方争议的基本事实后，依据法律、法规、规章及政策对双方当事人进行说服、劝导，引导当事人达成调解协议。

1. 调解方式

当事人可以自行提出调解方案，调解员也可以提出调解方案供双方当事人协商时参考。

对于重大复杂的专利、商标民事纠纷案件，可以专家论证会及听证会的形式进行调解。

在调解专利、商标纠纷过程中，发现纠纷有可能激化的，调解员应当采取有针对性的预防措施；对有可能引起治安案件、刑事案件的纠纷，应及时通报当地公安机关或者其他有关部门。

2. 调解笔录

调解专利、商标纠纷，应当制作调解笔录，简要记载调解时间、地点、参加人员、协商事项、当事人意见和调解结果，由调解参加人员核对无误后签名或者盖章。

（四）简易程序

《浙江省行政程序办法》第 83 条第 3 款规定："对事实清楚，双方当事人争议不大或者所涉赔偿、补偿数额在 1 万元以下的争议纠纷，行政机关可以简化调解程序。"

《北京市行政调解办法》第 24 条规定："对案情简单、具备当场调解条件的民事纠纷，行政机关可以当场调解。当场调解达成协议且当事人能够即时履行的，行政机关应当将相关情况记录在案，无需制作调解协议书。"

二、调解的中止与终止

（一）调解中止

有下列情形影响案件处理的，当事人可以提出中止处理请求，是否中止，由专利商标行政管理机关决定：

（1）一方当事人死亡，需要等待继承人表明是否参加纠纷调解的；

（2）一方当事人丧失民事行为能力，尚未确定法定代理人的；

（3）作为一方当事人的法人或者其他组织终止，尚未确定权利义务承受人的；

（4）一方当事人因不可抗拒的事由，不能参加调解的；

（5）本案必须以另一案的处理结果为依据，而另一案尚未结案的；

（6）其他应当中止处理的情形。

中止的原因消除后，依当事人的申请可恢复调解。

（二）调解终止

有下列情形之一的，专利商标行政管理机关应当终止行政调解：

（1）当事人撤回申请的；

（2）当事人自行和解的；

（3）当事人拒绝调解或者无正当理由不参加调解的；

（4）经过两次调解仍不能达成调解协议的；

（5）经延长调解期限后，仍不能达成调解协议的；

（6）在调解过程中就同一纠纷申请仲裁、提起诉讼的；

（7）行政调解结果涉及第三人利益的，第三人不同意的；

（8）其他应当终止的情形。

行政调解终止的，专利商标行政管理机关应当以撤销案件的方式结案，并向当事人发出《终止调解通知书》，于 7 日内送达当事人，同时告知当事人解决纠纷的其他途径。

第六节　结　案

根据民事纠纷处理的一般原则，结合《专利行政执法操作指南（试行）》以及《专利纠纷行政调解指引（试行）》的规定，专利、商标纠纷行政调解达成调解协议的，应当制作调解协议书，案件结案。不能达成调解协议或调解终止的，以撤销案件的方式结案。

一、行政调解协议书的制作与送达

（一）达成调解协议

1. 一般规则

当事人经调解达成协议的，专利商标行政管理机关应当制作行政调解协议书，送达双方当事人，当事人认为无须制作行政调解协议书的，可以采取口头协议方式，调解员应记录调解协议内容，由双方当事人签字盖章。

2. 特别规则

（1）无争议事实记载机制。调解程序终结时，当事人未达成调解协议的，调解员在征得各方当事人同意后，可以用书面形式记载调解过程中双方没有争议的事实，并由当事人签字确认。在诉讼程序中，除涉及国家利益、社会公共利益和他人合法权益的外，当事人无须对调解过程中已确认的无争议事实举证。❶

（2）无异议调解方案认可机制。经调解未能达成调解协议，但是对争议事实

---

❶　详见 2016 年最高人民法院《关于人民法院进一步深化多元化纠纷解决机制改革的意见》第 23 条的规定。

没有重大分歧的，调解员在征得各方当事人同意后，可以提出调解方案并书面送达双方当事人。当事人在 7 日内未提出书面异议的，调解方案即视为双方自愿达成的调解协议；提出书面异议的，视为调解不成立。❶

（二）调解协议的记载事项

1. 必要记载事项

行政调解协议书需要载明下列事项：

（1）当事人的姓名或者名称、地址，法定代表人或者主要负责人、委托代理人的姓名、职务；

（2）纠纷的主要事实和应当承担的责任；

（3）协议的内容，履行方式、地点、期限等；

（4）当事人违反调解协议的责任；

（5）调解协议的生效条件和生效时间。

当事人要求调解协议书只载明调解结果的，可以只载明结果。

行政调解协议书应当有当事人和调解员的签名或盖章，并加盖专利商标行政管理机关的印章，由当事人各执一份，一份给调解机构备案存档。

2. 禁止记载事项

行政调解协议有以下情形之一的，调解协议无效：

（1）侵犯国家利益、社会公共利益；

（2）侵犯专利、商标纠纷当事人以外的公民、法人或者其他组织的合法权益；

（3）违反法律、行政法规禁止性规定。

（三）调解协议的送达

专利商标行政管理机关应在 7 日内将调解协议送达双方当事人。

任何一方当事人拒绝签收的，视为调解不成，专利商标行政管理机关以撤销案件的方式结案，制作撤销案件通知书，送达双方当事人。

二、调解协议的生效

（一）调解协议的生效时间

1. 一般规则

调解协议载明生效时间的，以记载的时间为准；调解协议未明确具体生效时

---

❶ 详见 2016 年最高人民法院《关于人民法院进一步深化多元化纠纷解决机制改革的意见》第 24 条的规定。

间的，自当事人签名或盖章之日起生效。

2. 简易规则

如《北京市行政调解办法》第 22 条规定："口头协议自当事人达成协议之日起生效。"

（二）专利、商标纠纷行政调解协议的效力

1. 对当事人的约束力

行政调解协议对当事人究竟具有怎样的约束力，地方立法及国家规范性文件规定不一。既有赋予其较强约束力的，如《湖南省行政程序规定》第 121 条第 2 款规定："民事纠纷双方当事人应当履行调解协议。"《专利纠纷行政调解指引（试行）》第 1.3.3 条第 5 款规定："当事人应当自觉履行调解协议，不得擅自变更或者解除调解协议。"也有仅赋予其较弱约束力的，如《江苏省行政程序规定》第 95 条规定："当事人应当履行调解协议。不履行调解协议或者调解没有达成协议的，当事人可依法提起民事诉讼。"

专利、商标行政调解协议的约束力问题与人们对其本身性质的认知密切相关。学界一般认为，"行政机关在调解过程中……所达成的行政调解协议本质上是民事合同，这是专利纠纷行政调解协议司法确认制度得以确立和实现的基础"。[1] 因此，行政调解协议应当对双方当事人具有一定的强制约束力。"如果一方当事人可以不付出任何代价而恣意反悔或者拒绝履行调解协议的内容，另一方面最终只能选择法院途径去解决，反而造成纠纷经行政调解后，不得不重新回到司法路径的状况。不仅没有实现专利纠纷行政调解制度缓解司法诉讼压力的本意，反而增加了当事人的诉累，造成缠诉的结果。"[2] 但是，这种约束力并非如裁判机关作出的裁判文书所具有的依靠公权力强制执行的效力，而是私法意义上的强制约束力，当事人不主动履行，依然需寻求司法上的救济。

2. 对有关行政程序的效力

按照《专利法实施细则》第 86 条，以及《专利行政执法办法》第 27 条和《专利行政执法操作指南（试行）》第 4.5.1.2 条规定，因专利申请权或专利归属权纠纷申请调解的，管理专利工作的部门立案后，当事人可以持管理专利工作的部门的《专利纠纷调解立案通知书》请求国家知识产权局中止该专利申请或专利权的有关程序。经调解达成调解协议的，当事人应当持《专利调解协议书》向国家知识产权局办理恢复手续；达不成调解协议的，当事人应当持管理专利工作的部门出具的《专利纠纷调解案件终止调解通知书》向国家知识产权局办理恢复手续。自请求中止之日起满 1 年专利申请权或专利权归属纠纷未能结案，请求人又

---

❶ 姜芳蕊. 专利纠纷行政调解之困境与完善 [J]. 求索，2018（6）：136.

❷ 范愉，李浩. 纠纷解决——理论、制度与技能 [M]. 北京：清华大学出版社，2010：45.

未请求延长中止的，国家知识产权局自行恢复有关程序。

三、调解期限

专利、商标纠纷的行政调解案件，应在立案之日起 60 日内结案。有特殊情况需要延长的，经专利商标行政管理机关负责人批准，可以延长 30 日。

第七节　调解协议司法确认

一、专利商标纠纷行政调解协议司法确认概述

（一）我国行政调解司法确认制度的建立

我国知识产权保护采取司法保护与行政保护"双轨制"，虽然知识产权单行立法均赋予相关知识产权行政管理部门以行政处理、行政调解的职权，但由于知识产权行政处理的性质长期定位于行政执法行为，行政处理机关可能成为行政诉讼的被告而面临败诉的风险；同样，知识产权行政调解也面临调解协议没有强制执行的效力而无法发挥其制度优势。

2011 年《关于深入推进矛盾纠纷大调解工作的指导意见》提出："经人民调解组织、行政调解组织或者其他具有调解职能的组织调解达成的调解协议，双方当事人认为有必要的，可以依法向人民法院申请司法确认。"同年《关于人民调解协议司法确认程序的若干规定》对行政调解的司法确认程序作了详细规定；2011 年 11 月《湖南省专利条例》率先以地方立法的形式规定了专利纠纷行政调解协议的司法确认制度。2012 年修订的《民事诉讼法》在特别程序中对民事纠纷调解协议的司法确认作了专门规定。以上规定标志着我国行政调解司法确认制度的正式确立。

（二）专利商标纠纷行政调解协议司法确认的内涵

1. 专利商标纠纷行政调解协议司法确认的概念

专利商标纠纷行政调解协议司法确认，是指人民法院根据当事人的申请，对双方在专利商标行政管理机关调解下达成的专利、商标纠纷调解协议进行审查并确认其效力的活动。

2. 专利商标纠纷行政调解协议司法确认的性质

专利商标纠纷行政调解协议的司法确认是司法程序中的非诉程序。"尽管调解协议司法确认程序相对于一般的民事诉讼程序具有特殊性，但从该制度设立的目的来看，就是通过一种非诉性质的简易程序，赋予调解协议与民事判决书或调解

书同等的强制执行力。"❶ 换言之，由于专利、商标纠纷行政调解协议本质上为民事契约，仅具有私法效力，而经由人民法院司法确认后，该调解协议省去民事诉讼程序而直接获得了强制执行力的效力。

二、专利商标纠纷行政调解协议司法确认的程序

根据《民事诉讼法》第 194 条、第 195 条，以及《关于人民调解协议司法确认程序的若干规定》的相关规定，专利、商标纠纷行政调解协议司法确认应遵循以下基本程序。

（一）司法确认申请的提出

1. 时间要求

申请司法确认专利、商标纠纷调解协议，由双方当事人依照人民调解法等法律，自调解协议生效之日起 30 日内，共同向实施调解的专利商标行政管理机关所在地基层人民法院提出。

2. 提交的材料

当事人申请司法确认调解协议，应当向人民法院提交司法确认申请书、调解协议和身份证明、资格证明，以及与调解协议相关的财产权利证明等证明材料，并提供双方当事人的送达地址、电话号码等联系方式。委托他人代为申请的，必须向人民法院提交由委托人签名或者盖章的授权委托书。

（二）司法确认申请的受理

1. 时间要求

人民法院收到当事人司法确认申请，应当在 3 日内决定是否受理。

2. 案由

人民法院决定受理的，应当编立"调确字"案号，并及时向当事人送达受理通知书。双方当事人同时到法院申请司法确认的，人民法院可以当即受理并作出是否确认的决定。

3. 不予受理

司法确认申请有下列情形之一的，人民法院不予受理：

（1）不属于人民法院受理民事案件的范围或者不属于其管辖的；

（2）确认身份关系的；

---

❶ 陈雅忱，何炼红，陈仲伯. 专利纠纷行政调解协议司法确认问题探讨［J］. 知识产权，2013（9）：39.

（3）确认收养关系的；

（4）确认婚姻关系的。

（三）对调解协议的审查

人民法院受理司法确认申请后，应当指定一名审判人员对调解协议进行审查。人民法院在必要时可以通知双方当事人同时到场，当面询问当事人。当事人应当向人民法院如实陈述申请确认的调解协议的有关情况，保证提交的证明材料真实、合法。人民法院在审查中，认为当事人的陈述或者提供的证明材料不充分、不完备或者有疑义的，可以要求当事人补充陈述或者补充证明材料。当事人无正当理由未按时补充或者拒不接受询问的，可以按撤回司法确认申请处理。

（四）作出决定

1. 时间要求

人民法院应当自受理司法确认申请之日起 15 日内作出是否确认的决定。因特殊情况需要延长的，经本院院长批准，可以延长 10 日。

在人民法院作出是否确认的决定前，一方或者双方当事人撤回司法确认申请的，人民法院应当准许。

2. 认定规则

人民法院受理申请后，经审查，符合法律规定的，裁定调解协议有效，一方当事人拒绝履行或者未全部履行的，对方当事人可以向人民法院申请执行；不符合法律规定的，裁定驳回申请，当事人可以通过调解方式变更原调解协议或者达成新的调解协议，也可以向人民法院提起诉讼。

具有下列情形之一的，人民法院不予确认调解协议效力：

（1）违反法律、行政法规强制性规定的；

（2）侵害国家利益、社会公共利益的；

（3）侵害案外人合法权益的；

（4）损害社会公序良俗的；

（5）内容不明确，无法确认的；

（6）其他不能进行司法确认的情形。

3. 格式要求

人民法院经审查认为调解协议符合确认条件的，应当作出确认决定书；决定不予确认调解协议效力的，应当作出不予确认决定书。

三、专利商标纠纷行政调解协议司法确认的效力

1. 对当事人的效力

人民法院依法对专利、商标纠纷调解协议作出确认决定后，一方当事人拒绝履行或者未全部履行的，对方当事人可以向作出确认决定的人民法院申请强制执行。

2. 对案外人的效力

案外人认为经人民法院确认的调解协议侵害其合法权益的，可以自知道或者应当知道权益被侵害之日起 1 年内，向作出确认决定的人民法院申请撤销确认决定。

第九章　专利行政执法技术鉴定

第一节　技术鉴定概述

一、技术鉴定的概念和种类

（一）技术鉴定与司法鉴定

司法实践中遇到的技术鉴定种类很多，包括法医学鉴定、物证技术学鉴定（如指纹鉴定和笔迹鉴定）、司法精神病学鉴定、会计学鉴定、工程技术学鉴定、考古学鉴定、生物学鉴定以及遗传工程学鉴定等。这些司法鉴定活动都是解决司法活动中专门性问题或者说专业技术问题的。从这个意义上说，司法鉴定与技术鉴定的关系非常相近，但考虑到司法鉴定与争讼过程中的证据紧密相关，并且纳入准司法活动的管理之中，司法鉴定与技术鉴定在主体资格、启动程序和监督机制等方面又有差异。由于专利行政执法（特别是专利行政裁决）具有准司法活动的性质，相关的技术鉴定活动基本参照司法程序予以规范，因此，如果没有特别说明，本章将技术鉴定和司法鉴定视为同一个概念。

学界一般认为，所谓司法鉴定是指在诉讼过程中对案件中的专门性问题，由司法机关指派或当事人委托，聘请具有专门知识的人对专门性问题作出判断的一种活动。❶ 按照我国相关立法的规定，司法鉴定是指在诉讼活动中鉴定人运用科学技术或者专门知识对诉讼涉及的专门性问题进行鉴别和判断并提供鉴定意见的活动。❷ "司法鉴定中的'司法'并不是说这种鉴定是由司法机关进行或是带有司法裁判的性质，其意义在于表明这种鉴定是在司法过程中开展的，以此来区别于其他在非诉讼程序中开展的鉴定。"❸ 其本质上属于一种证据收集活动，目的是补强事实，弥补办案者认识能力的欠缺。

---

❶ 何家弘. 司法鉴定导论 [M]. 北京：法律出版社，2000：68.

❷ 详见 2005 年第十届全国人大常委会第十四次会议通过的《关于司法鉴定管理问题的决定》第 1 条，以及 2016 年司法部发布的《司法鉴定程序通则》第 2 条规定。2001 年最高人民法院发布的《人民法院司法鉴定工作暂行规定》第 2 条规定：司法鉴定，是指在诉讼过程中，为查明案件事实，人民法院依据职权，或者应当事人及其他诉讼参与人的申请，指派或委托具有专门知识人，对专门性问题进行检验、鉴别和评定的活动。

❸ 汪建成. 司法鉴定基础理论研究 [J]. 法学家，2009（4）：2.

（二）技术鉴定的种类

我国立法将司法鉴定分为四类：法医类鉴定，物证类鉴定，声像资料鉴定，以及根据诉讼需要由国务院司法行政部门商最高人民法院、最高人民检察院确定的其他鉴定事项。这是从司法鉴定所解决的不同专门性问题上所作的分类。从司法鉴定与证据属性之间的关系的角度，司法鉴定可以分为以下几种。

1. 司法裁判中的技术鉴定

司法活动具有中立性、被动性的特点，当事人行使诉讼权利才能启动司法裁判程序，也才能启动相关的鉴定程序。其鉴定的本质是补强裁判人员对专门性事实认知能力的不足，并实现审判结果的公平正义。因此，司法裁判中的技术鉴定活动应当纳入诉讼证据制度的框架内予以规范。

2. 刑事侦查中的技术鉴定

我国《刑事诉讼法》第146条规定："为了查明案情，需要解决案件中某些专门性问题的时候，应当指派、聘请具有专门知识的人进行鉴定。"刑事技术鉴定作为刑事侦查手段之一，其本质上是补强刑事侦查人员对专门性问题的认知能力不足，主要作用是作为确定侦查方向、明确侦查范围的依据。

3. 行政处罚中的技术鉴定

对于行政处罚中的技术鉴定，也有人称为行政鉴定。"行政鉴定是行政主体在依法行使行政管理权时，对于遇到的专门性问题委托所属的鉴定机构或者法律、法规所设立的鉴定机构进行鉴定的行为。"[1] 由于"行政""行政执法"等概念的范围非常宽泛，而实践中需要作出技术鉴定的行政执法行为主要是行政处罚行为，因此，本书采用"行政处罚中的技术鉴定"的概念。例如，环境行政执法中，通过技术鉴定得出的环境监测报告、生物监测报告往往作为对污染企业作出行政处罚的依据；通过卫生行政部门下设的医学会作出的医疗事故鉴定，可以作为卫生行政部门对发生医疗事故的医疗机构作出警告、责令限期停业整顿、吊销执业许可证等行政处罚决定以及对医务人员依法给予行政处分或者纪律处分的事实依据。

司法裁判意义上的技术鉴定与行政处罚、刑事侦查中的技术鉴定的区别在于以下方面。

（1）鉴定的启动程序不同。司法鉴定的启动一般是由双方当事人申请或由法院委托依法设立的处于中立地位的司法鉴定机构进行。2017年修正的《民事诉讼法》第76条规定："当事人可以就查明事实的专门性问题向人民法院申请鉴定。当事人申请鉴定的，由双方当事人协商确定具备资格的鉴定人；协商不成的，由人民法院指定。当事人未申请鉴定，人民法院对专门性问题认为需要鉴定的，应

---

[1]　高桂林，张靖. 对我国医疗损害技术鉴定制度的思考 [J]. 河北法学，2010 (1)：100.

当委托具备资格的鉴定人进行鉴定。"由于行政鉴定是不平等的主体之间进行的一种科学鉴定活动，在鉴定委托方面，行政相对人不具有选择鉴定机构的权利，行政鉴定一般由办案机构启动鉴定程序，具体由内设技术鉴定部门负责实施鉴定工作或指定专门的鉴定机构实施鉴定。

（2）鉴定主体不同。2005年全国人大常委会《关于司法鉴定管理问题的决定》第7条规定："侦查机关根据侦查工作的需要设立的鉴定机构，不得面向社会接受委托从事司法鉴定业务。"同时，在实践中刑事侦查中的技术鉴定，如刑事侦查过程中的技术法医鉴定、痕迹鉴定和笔迹鉴定，主要是由刑事侦查部门内设的技术鉴定机构承担，只有当事人对此提出异议，进入司法审判程序，其他鉴定机构方能介入案件事实的技术鉴定。医疗事故的行政鉴定则指定专门的鉴定机构负责实施，2002年《医疗事故处理条例》第21条规定：设区的市级地方医学会和省、自治区、直辖市直接管辖的县（市）地方医学会负责组织首次医疗事故技术鉴定工作；省、自治区、直辖市地方医学会负责组织再次鉴定工作。❶

（3）鉴定的目的及运用的技术手段不同。司法裁判中的技术鉴定是作为定案证据的，因此，司法鉴定所采用的技术必须是"高可靠性"的技术，满足"高度盖然性"的标准，如DNA技术。而刑事侦查中的技术鉴定在鉴定目的上往往只是明确侦查方向和确定侦查范围，可能会采用一些"低可靠性"的技术，如测谎技术。

（4）鉴定结论作出的方式不同。医疗事故鉴定实行"集体负责制"，鉴定结论是以鉴定单位名义出具，盖有医疗事故鉴定章即可，不要求鉴定专家（自然人）签字。根据民事诉讼法律的规定，司法鉴定的鉴定书均要求具备相应执业资格的司法鉴定人（自然人）的签字。

（三）专利行政执法技术鉴定

专利行政执法包括专利行政裁决、专利行政处罚和专利行政调解。其中专利行政裁决和专利行政调解具有处理专利侵权民事纠纷的功能，带有准司法性质，往往涉及较为复杂的技术事实认定问题，需要具有专门知识的人对此作出判断。因此，专利行政执法中的技术鉴定是指专利行政管理部门依职权处理专利侵权纠纷中的技术事实查明制度，其法律依据可准用司法鉴定的有关规定。

与其他司法鉴定相比，专利行政执法中的技术鉴定具有以下基本特点。

（1）"专门性问题"的普遍性。在专利行政执法中，尤其是专利侵权纠纷行政裁决中，遇到的"专业性"技术问题带有普遍性。正如有学者指出的，"在普通的民事、行政或刑事案件中，需要专家鉴定的问题多为个案。在专利诉讼中……技

---

❶ 需要指出的是，我国医疗事故鉴定具有行政鉴定和司法鉴定的二重性：一方面，医疗事故鉴定是卫生行政部门对发生医疗事故的医疗机构作出警告、责令限期停业整顿、吊销执业许可证等行政处罚决定以及对医务人员依法给予行政处分或者纪律处分的事实依据，带有典型的行政鉴定特点；另一方面，医疗事故鉴定又是解决医患民事纠纷中专门性问题的活动，具有司法鉴定的性质。

术问题不是存在于个案中的'专门问题'，而是几乎每案必遇的普遍问题。"❶

（2）属于司法鉴定而非行政鉴定。一方面，专利侵权纠纷行政裁决具有准司法的特征，因此，在专利行政裁决过程中专利行政部门委托的技术鉴定具有司法鉴定的特点；另一方面，专利行政处罚主要涉及对假冒专利的处罚，该具体行政行为通常借助执法人员的常识即可作出判断，一般不涉及复杂的专利技术问题，不需要进行技术鉴定。

二、专利行政执法中技术鉴定的法律依据

（一）基本法律依据

目前我国尚未出台专门的技术鉴定法，相关法律依据散见于各法律法规、规章及规范性文件中。现行《民事诉讼法》第 76 条规定："当事人可以就查明事实的专门性问题向人民法院申请鉴定。当事人申请鉴定的，由双方当事人协商确定具备资格的鉴定人；协商不成的，由人民法院指定。当事人未申请鉴定，人民法院对专门性问题认为需要鉴定的，应当委托具备资格的鉴定人进行鉴定。"2015年最高人民法院《关于适用〈中华人民共和国民事诉讼法〉的解释》第 121 条规定："当事人申请鉴定，可以在举证期限届满前提出。申请鉴定的事项与待证事实无关联，或者对证明待证事实无意义的，人民法院不予准许。"2005 年全国人大常委会颁布实施的《关于司法鉴定管理问题的决定》全面规定了司法鉴定的概念、种类，司法鉴定机构和鉴定人登记管理制度，司法鉴定机构与鉴定人的资质条件，司法鉴定的基本程序以及鉴定人的法律责任等。另外，2016 年司法部公布的《司法鉴定程序通则》❷ 就司法鉴定程序的启动，司法鉴定的实施，司法鉴定结论的作出等作了详细的规定。

依照《关于司法鉴定管理问题的决定》第 2 条规定，国家实行等级管理的司法鉴定包括四类：法医鉴定、物证鉴定、声像资料鉴定和其他种类的鉴定。虽然该决定未明确将知识产权司法鉴定作为一个独立的种类加以规定，但按通常的理解，知识产权司法鉴定应当包含在"其他种类的鉴定"之中。❸ 同时，《司法鉴定程序通则》第 49 条也规定："在诉讼活动之外，司法鉴定机构和司法鉴定人依法开展相关鉴定业务的，参照本通则规定执行。"可见，《司法鉴定程序通则》等一般法的效力并非局限于诉讼活动中，也为规范专利行政执法中的技术鉴定活动提

---

❶ 李永红. 从技术鉴定制度看我国专利审判资源的配置［J］. 知识产权，2003（2）：44.

❷ 由于全国人大常委会《关于司法鉴定管理问题的决定》明确授权司法行政管理部门对鉴定机构和鉴定人的登记管理职权，因此，司法部公布的《司法鉴定程序通则》对各类司法鉴定的程序规范提供了基本法律依据。

❸ 一般认为其他种类的司法鉴定包括会计类司法鉴定、知识产权类司法鉴定、建筑工程类司法鉴定、涉农类司法鉴定、产品质量类司法鉴定、价格评估类司法鉴定、环境类司法鉴定和税务类司法鉴定等。霍先丹. 中国司法鉴定体制改革的实践探索与系统思考［J］. 法学，2010（3）：6.

供了基本法律依据。

（二）参考性规范依据

1. 全国性规范性文件

技术鉴定作为查明技术事实的重要手段之一，与民事诉讼证据制度紧密相关，最高人民法院出台的一系列规范性文件对正确理解技术鉴定制度具有极为重要的参考价值，如最高人民法院 2001 年颁布的《人民法院司法鉴定工作暂行规定》《关于民事诉讼证据的若干规定》（2019 年修正）。

在专利行政执法领域，2016 年国家知识产权局发布的《专利行政执法操作指南（试行）》第 2.2.6 条规定了技术鉴定的提出和鉴定书的审查。《专利行政执法证据规则（试行）》第 1.1.1.2 条明确规定请求处理侵权纠纷方可以提交"第三方出具的鉴定报告"作为证据，第 4.2.1.4 条规定"一方当事人提出的下列证据，对方当事人提出异议但没有足以反驳的相反证据的，应该确认其证明力：……（4）一方当事人委托鉴定机构作出的鉴定结论。"

2. 地方性法规及规范性文件

为适应知识产权类技术鉴定实务上的需求，近年来各地方立法、行政和司法部门纷纷出台地方性法规及规范性文件，如 2005 年北京市高级人民法院《关于知识产权司法鉴定的若干规定（试行）》，2009 年《浙江省司法鉴定管理条例》，2011 年《山东省司法鉴定条例》，2016 年《江苏省司法鉴定管理条例》，2017 年北京市高级人民法院、北京市司法局联合发布的《关于建立司法鉴定管理与使用衔接机制的实施意见》，2018 年《上海市司法鉴定管理实施办法》，2019 年《湖北省司法鉴定条例》等。2010 年江苏省知识产权局发布的《江苏省专利行政执法规程》对专利行政执法规程中技术鉴定的程序作了较为详细的规定。这些地方性法规和规范性文件在不同层面上回应了近年来各地司法鉴定实务中出现的新问题，对规范专利行政执法中的技术鉴定具有较强的指导和参照意义。

第二节　技术鉴定的启动程序

一、当事人提出申请

（一）当事人主义诉讼模式下的技术鉴定

技术鉴定的启动程序制度与诉讼程序制度紧密相关，"就世界各国的司法鉴定制度而言，鉴定的启动程序有两种基本模式：一种是当事人启动模式；一种是司法官启动模式。……英美法系国家多采用与当事人主义的对抗式诉讼制度相一致的当事人启动模式；而大陆法系国家多采用与职权主义的审问式诉讼制度相一致的司法官启动模式。"❶ 职权主义的诉讼模式容易导致鉴定结论缺乏独立公正性，而当事人主义诉讼模式也会使鉴定结论缺乏权威性。世纪之交我国民事诉讼模式逐渐从职权主义向当事人主义转化，相应地，技术鉴定的启动程序也开始注重当事人的自主性。❷

由于鉴定制度的重心在于鉴定结论作为证据是否具有客观性、公正性和可采信性，而我国民事诉讼法"谁主张、谁举证"的举证原则使当事人对专利纠纷中自己所提出的主张所依据的技术事实承担举证责任，这必然要求当事人享有启动鉴定程序的权利。我国《民事诉讼法》第 76 条对此作了一般规定："当事人可以就查明事实的专门性问题向人民法院申请鉴定。当事人未申请鉴定，人民法院对专门性问题认为需要鉴定的，应当委托具备资格的鉴定人进行鉴定。"对于知识产权纠纷的技术鉴定启动程序，北京市高级人民法院《关于知识产权司法鉴定的若干规定（试行）》第 7 条规定："知识产权司法鉴定一般由当事人申请并经人民法院同意。人民法院认为确有必要的，也可以决定鉴定。"对于专利行政执法中技术鉴定的启动程序，《专利行政执法操作指南（试行）》第 2.2.6.1 条规定："管理专利工作的部门可以根据案情需要或者当事人的申请，委托具有相关资质和技术条件的机构进行技术鉴定。"《专利行政执法证据规则（试行）》第 2.2.2.3.1 条规定："是否需要委托鉴定机构或专家对技术问题出具鉴定或咨询意见，合议组既可以根据案情需要自行决定，也可以根据当事人的申请决定。"

（二）当事人申请技术鉴定的具体要求

1. 提出技术鉴定申请的时间

《关于民事诉讼证据的若干规定》第 31 条第 1 款规定："当事人申请鉴定，应当在人民法院指定期间内提出。"2010 年《江苏省专利行政执法规程》第 168 条第 1 款规定："当事人申请技术鉴定，应当在口头审理辩论终结前提交书面的鉴定申请，说明需要鉴定的事项和申请理由，并提供必要的鉴定物。"因此，专利侵权纠纷的行政处理中当事人申请技术鉴定，原则上应当在口头审理辩论终结前提出。

但是，司法实践中也有灵活处置的做法。根据 2007 年 2 月 26 日北京市高级人民法院印发的《关于知识产权民事诉讼证据适用若干问题的解答》第 16 条对"举证期限届满后，当事人提出鉴定申请的，应当如何处理"的答复是：举证期限届满后，当事人提出鉴定申请，对方同意鉴定，鉴定申请亦符合鉴定条件的，可以予以准许；虽然对方不同意鉴定，但认为确有必要的，也可以予以准许。

---

❶ 何家弘. 我国司法鉴定制度改革的基本思路［J］. 人民检察，2007（5）：7.

❷ 2001 年最高人民法院发布的《关于民事诉讼证据的若干规定》可视为我国民事诉讼模式转变的重要标志，其第 26 条规定："当事人申请鉴定经人民法院同意后，由双方当事人协商确定有鉴定资格的鉴定机构、鉴定人员，协商不成的，由人民法院指定。"

2. 技术鉴定范围的确定

根据《专利行政执法证据规则（试行）》第 2.2.2.3.3 条规定，委托鉴定前，鉴定材料应当交由双方当事人认可，并在听取双方当事人意见的基础上确定鉴定范围；当事人对鉴定范围有异议的，应当提出相应的证据予以证明；双方当事人均申请鉴定但鉴定范围不尽相同的，管理专利工作的部门应当组织双方就鉴定的范围和理由进行说明，综合确定鉴定范围。

在专利侵权纠纷行政裁决技术鉴定中，需要鉴定的范围通常为被控侵权产品或方法的技术方案与涉案专利的技术方案相比较，两者是否相同或者等同。

3. 技术鉴定申请的生效

2010 年《江苏省专利行政执法规程》第 168 条第 2 款规定："对需要鉴定的事项负有举证责任的当事人，在口头审理辩论终结前无正当理由未提出鉴定申请，或者不预交鉴定费用，或者拒不提供鉴定物，致使对案件争议的事实无法通过鉴定结论予以认定的，应当对该事实承担举证不能的法律后果。"由此可见，专利侵权纠纷的行政处理中当事人提出技术鉴定的有效申请，应当满足以下条件：

（1）向办案部门提交书面申请；

（2）提供鉴定物；

（3）预缴鉴定费用。

二、鉴定申请的审批

（一）裁判机关对技术鉴定"必要性"的审查权

2015 年最高人民法院《关于适用〈中华人民共和国民事诉讼法〉的解释》第 121 条第 1 款规定："申请鉴定的事项与待证事实无关联，或者对证明待证事实无意义的，人民法院不予准许。"从而赋予人民法院对司法鉴定"必要性"的审查权。从理论上说，司法鉴定本质上属于对裁判者事实认定能力欠缺的一种补强，如果裁判者对相对简单的专门性问题能够自行作出判断，则无须求助于鉴定人。因此，这一规定"有利于法官履行对专业技术事实问题的'守门人'职责……也符合诉讼经济原则的基本要求"。❶

（二）专利侵权行政裁决中对技术鉴定申请的审查

对技术鉴定申请的审批，具体应当审查哪些内容，相关法律法规及规章均未作明确规定。依照北京市高级人民法院《关于知识产权民事诉讼证据适用若干问题的解答》第 17 条答复意见，在同时满足下列各条件时，可以委托鉴定：

---

❶ 郭华. 鉴定人与专家证人制度的冲突及其解决 [J]. 法学，2010（5）：13.

（1）待鉴定问题属于专门性问题；

（2）待鉴定问题与案件存在密切关联；

（3）待鉴定问题属于事实性问题；

（4）双方当事人对拟通过鉴定查明的事实存在争议；

（5）待鉴定问题难以通过其他途径予以查明。

参照该规定，专利侵权行政裁决中对技术鉴定申请的审查，可以重点审查上述五个方面的内容。符合上述条件的，应当批准鉴定申请。

第三节 鉴定机构和鉴定人的确定

一、确定鉴定机构与鉴定人的原则

技术鉴定的过程是"运用专门知识、技能对诉讼中的专门性问题进行科学分析、鉴别的活动。因此鉴定过程实际上是一个科学判断过程，所得出的结论应当有充分、可靠的理由"。❶ 但是，这并不意味着针对任何一项专门性问题的技术鉴定，委托任何鉴定机构及鉴定人都必然得出相同的、唯一的鉴定意见，这是由人类认知的有限性所决定的。"鉴定活动多为多元边界条件下的认知活动，边界条件的元度越多，鉴定意见出现不确定性甚至错误的可能性越大。……期望任意一个专门性问题放在任何一个鉴定机构都总能达到准确无误、确定无疑的境界，是不现实的。"❷ 由此可见，对鉴定机构及鉴定人的选择可能直接影响裁判者对技术事实的认定，对保障当事人的诉权和民事权益具有重要意义。但是，当事人对鉴定机构和鉴定人的选择也需要兼顾司法效率等方面，这就需要遵循一定的原则。❸

（一）主体合法性原则

主体合法性原则要求选定的鉴定机构和鉴定人必须具备法定的资质条件。《关于司法鉴定管理问题的决定》对鉴定机构和鉴定人的资质条件均作了详细规定，❹并授权省级人民政府司法行政部门负责审核相应的资质条件，编制、公布鉴定机构和鉴定人名册，办案机构需要鉴定的，应当委托列入名册的鉴定机构和鉴定人进行鉴定。换言之，原则上被列入司法行政管理部门公布的名册之中的鉴定机构和鉴定人，均可以接受技术鉴定委托人的委托；反之亦然。

---

❶ 江伟. 民事诉讼法学 [M]. 上海：复旦大学出版社，2002：267.

❷ 邱丙辉，孙涓，付广芬，等. 我国司法鉴定立法现状及展望 [J]. 中国司法鉴定，2011（6）：19.

❸ 北京市高级人民法院《关于知识产权司法鉴定的若干规定（试行）》第 8 条规定：人民法院应当向当事人明确选择知识产权司法鉴定机构的原则和办法，选择过程和结果如实记录在案。

❹ 如 2005 年《关于司法鉴定管理问题的决定》第 4 条规定了鉴定人的资质条件，第 5 条规定了鉴定机构的资质条件。

但也存在例外情形。

1. 侦查机构内设的鉴定机构不得接受社会委托

根据 2010 年最高人民法院、最高人民检察院、公安部、国家安全部、司法部联合发布的《关于国家级司法鉴定机构遴选结果的通知》（司发通〔2010〕179号）可知，公安机关内设的技术鉴定机构属于在司法行政部门备案登记的鉴定机构❶，但是依据《关于司法鉴定管理问题的决定》第 7 条规定，侦查机关不得面向社会接受委托从事司法鉴定业务。

2. 公告名册之外具备相应鉴定能力的社会组织可以接受委托

首先，新技术的快速发展往往导致需要鉴定的事项超出登记名册中鉴定机构和鉴定人的能力范围。对此问题，《司法鉴定程序通则》的解决方案是设计了外聘专家咨询制度。《司法鉴定程序通则》第 33 条规定："鉴定过程中，涉及复杂、疑难、特殊技术问题的，可以向本机构以外的相关专业领域的专家进行咨询，但最终的鉴定意见应当由本机构的司法鉴定人出具。"但也存在其他可行的解决方案。如《专利行政执法操作指南（试行）》第 2.2.6.1 条"技术鉴定的提出"规定："管理专利工作的部门可以根据案情的需要或当事人的请求，委托具有相关资质或技术条件的鉴定机构进行技术鉴定。"2017 年国家知识产权局《专利行政执法证据规则（试行）》第 2.2.2.3.2 条规定："原则上，鉴定机构或者鉴定人应当具有鉴定资格。如果没有符合资格的鉴定机构或者鉴定人，由具有相应技术水平的专业机构或者专业人员进行鉴定。"2010 年《江苏省专利行政执法规程》第 170 条第 2 款规定："鉴定机构一般应在人民法院司法鉴定机构名册中选择；技术鉴定所涉及的专业未纳入该名册的，可以从社会上择优选定相关机构进行鉴定。"

其次，对未进入司法行政部门公布的鉴定机构名册的社会鉴定组织，司法实践及一些地方立法并未将其绝对排除在司法鉴定活动之外。北京市高级人民法院《关于知识产权民事诉讼证据适用若干问题的解答》第 20 条对"当事人在公告名册之外选择鉴定机构的，应当如何处理"的答复是："当事人应当在公告名册范围内选择鉴定机构。因公告名册中没有适当机构，双方当事人同意在公告名册之外选择鉴定机构的，可以在审查确认该机构资质后委托其进行鉴定。"《山东省司法鉴定条例》第 28 条第 2 款规定："委托鉴定的事项超出名册中司法鉴定机构登记的业务范围，可以委托其他具备鉴定能力的社会组织进行鉴定。"

（二）当事人协商一致原则

《民事诉讼法》第 76 条规定："当事人申请鉴定的，由双方当事人协商确定具

---

❶　2019 年 8 月 15 日司法部公布的《司法鉴定机构登记管理办法（征求意见稿）》第 43 条规定："侦查机关根据侦查工作需要设立的鉴定机构，由侦查机关根据《全国人民代表大会常务委员会关于司法鉴定管理问题的决定》规定的条件进行资格审核，审核合格的送交司法行政部门统一编入鉴定机构名册并公告。"

备资格的鉴定人；协商不成的，由人民法院指定。"最高人民法院《关于适用〈中华人民共和国民事诉讼法〉的解释》第 121 条第 3 款规定："符合依职权调查收集证据条件的，人民法院应当依职权委托鉴定，在询问当事人的意见后，指定具备相应资格的鉴定人。"北京市高级人民法院《关于知识产权司法鉴定的若干规定（试行）》第 8 条规定："在当事人选择过程中，人民法院工作人员不得强迫或示意、诱导当事人进行选择。"第 9 条规定："确定知识产权司法鉴定机构，首先由当事人协商，在知识产权司法鉴定机构名册中选择司法鉴定机构。当事人选择一致的，委托该机构进行司法鉴定。"《专利行政执法操作指南（试行）》第 2.2.6.1 条规定："鉴定机构由双方当事人协商确定，协商不成的可以由合议组指定，对必须通过技术鉴定才能确定事实的，应当告知当事人。"由此可见，无论是当事人申请司法鉴定，还是裁判机构依职权委托鉴定，相关法律法规及规范性文件均将"当事人协商一致"作为确定鉴定机构和鉴定人的原则，而将裁判机构指定作为例外。

（三）不歧视原则

当事人对鉴定机构和鉴定人的选择不能协商一致的，裁判机构在指定鉴定机构和鉴定人时也要体现不歧视原则。《关于司法鉴定管理问题的决定》第 8 规定："各鉴定机构之间没有隶属关系；鉴定机构接受委托从事司法鉴定业务，不受地域范围的限制。"依照北京市高级人民法院《关于知识产权司法鉴定的若干规定（试行）》第 12 条的规定，当事人对鉴定机构和鉴定人的选择不能协商一致的，相关法院在确定鉴定机构时，应当根据委托司法鉴定的内容，在相应专业的司法鉴定机构内，采取各案分别委托、公开抽签的方式。在专利行政执法中，因当事人双方对鉴定机构和鉴定人的选择不能协商一致的，可参照此例由合议组指定鉴定机构和鉴定人，并遵循不歧视原则，使所有的合法合规鉴定机构获得委托的机会。

二、确定鉴定机构和鉴定人的方法

（一）当事人协商一致的

《司法鉴定程序通则》第 18 条第 1 款规定："司法鉴定机构受理鉴定委托后，应当指定本机构具有该鉴定事项执业资格的司法鉴定人进行鉴定。"第 2 款规定："委托人有特殊要求的，经双方协商一致，也可以从本机构中选择符合条件的司法鉴定人进行鉴定。"

因此，确定鉴定机构和鉴定人的方法有两种。

（1）当事人对技术鉴定没有特殊要求，经协商一致后从鉴定机构名册中确定

鉴定机构，再由鉴定机构从本机构中指定鉴定人。如《湖北省司法鉴定条例》第
23条第1款规定："在诉讼活动中需要进行司法鉴定的，公安机关、人民检察院、
人民法院等办案机关应当根据鉴定事项对专业技术的要求，从司法行政部门统一
编制并公告的名册中选择和委托司法鉴定机构。"

（2）当事人对技术鉴定有特殊要求，经协商一致后从鉴定人和鉴定机构名册
中确定鉴定机构并选择鉴定人。如《江苏省司法鉴定管理条例》第19条规定：
"诉讼活动中……需要司法鉴定的，委托人应当选择鉴定人和鉴定机构名册中的鉴
定人和鉴定机构进行鉴定。"

（二）当事人未能协商一致的

当事人未能就鉴定机构和鉴定人协商一致，依法应当由裁判机构指定。针对
实践中在不能协商一致的具体情形下，裁判机构指定的具体方式有以下三种。

1. 由一方当事人选择后裁判机构确定

北京市高级人民法院《关于知识产权司法鉴定若干问题的规定（试行）》第
10条规定："当事人一方放弃选择，或经传票传唤不到，或在人民法院指定期限
内无正当理由未予答复的，由另一方当事人单方选择后由相关法院确定。"

2. 由裁判机构提议双方当事人同意后确定

北京市高级人民法院《关于知识产权司法鉴定若干问题的规定（试行）》第
11条规定："双方当事人均表示放弃选择的，可由相关法院提出建议，经双方当
事人同意后确定。"

3. 公开抽签方式确定

依照北京市高级人民法院《关于知识产权司法鉴定若干问题的规定（试行）》
第12条规定，当事人均未放弃选择权，但不能就具体的鉴定机构和鉴定人协商一
致时，可以由人民法院从鉴定人和鉴定机构名册中采取分别委托、公开抽签的方
式确定鉴定机构和鉴定人。❶

符合依职权调查收集证据条件的，人民法院应当依职权委托鉴定，在询问当
事人的意见后，指定具备相应资格的鉴定人。

---

❶ 北京市高级人民法院《关于知识产权司法鉴定若干问题的规定（试行）》第12条规定："在当事人
选择不一致时，由当事人在名册内各选择二至三家机构，选择中如有一家机构重合，委托该机构进行司法鉴
定。如有多家机构重合，由相关法院在重合的机构中确定。如没有机构重合，由相关法院确定。""各级法
院按照前款确定鉴定机构时，应当根据委托司法鉴定的内容，在相应专业的司法鉴定机构内，采取各案分别
委托、公开抽签的方式。"

三、鉴定人的回避

（一）鉴定人回避的事由

依照《司法鉴定程序通则》第 20 条规定，司法鉴定人应当回避的情形如下：

（1）司法鉴定人本人或者其近亲属与诉讼当事人、鉴定事项涉及的案件有利害关系，可能影响其独立、客观、公正进行鉴定的。

（2）司法鉴定人曾经参加过同一鉴定事项鉴定的，或者曾经作为专家提供过咨询意见的，或者曾被聘请为有专门知识的人参与过同一鉴定事项法庭质证的。

（二）鉴定人回避的提出与决定

依照《司法鉴定程序通则》第 21 条规定，司法鉴定人的回避包括以下两种。

（1）鉴定人自行回避。司法鉴定人自行提出回避的，由其所属的司法鉴定机构决定。

（2）委托人请求回避。委托人要求司法鉴定人回避的，应当向该司法鉴定人所属的司法鉴定机构提出，由司法鉴定机构决定。

对于专利行政执法中技术鉴定人的回避问题，《江苏省专利行政执法规程》第 172 条规定：专利行政管理部门应当在委托鉴定之日起 7 日内，将鉴定机构的名称、鉴定人员的姓名告知双方当事人，当事人有权依法申请鉴定人员回避。

第四节　技术鉴定的委托与受理

一、技术鉴定的委托

《关于司法鉴定管理问题的决定》第 9 条规定：鉴定人从事司法鉴定业务，由所在的鉴定机构统一接受委托。《司法鉴定程序通则》第 11 条规定："司法鉴定机构应当统一受理办案机关的司法鉴定委托。"由此可见，第一，只有司法鉴定机构才能受理技术鉴定的委托，司法鉴定人不能直接对外受理业务；第二，原则上只有办案机关才能作为委托人对外进行技术鉴定委托。

（一）委托人

1. 办案机关委托

《民事诉讼法》第 76 条赋予当事人双方协商确定鉴定人的权利，但立法部门对此的解释是："虽然当事人可以协商选择鉴定人，但是决定委托鉴定仍是人民法院的工作，因此，双方当事人协商意见一致的，经人民法院审查同意后向双方当事人宣布并向鉴定人出具委托函。"❶ 简言之，只有人民法院才能作为委托人向司法鉴定机构出具委托书。

法律规定由人民法院等办案机关作为委托人对外进行技术鉴定委托，主要意图是通过阻断当事人与司法鉴定人之间的直接联系，从而防止当事人对司法鉴定人施加不当影响，确保技术鉴定活动的独立、客观、公正，提高技术鉴定的权威性。

在专利行政裁决和行政调解中，"办案机关"就是具有"准司法"性质的专利商标行政管理机关，因此，应当由专利商标行政管理机关作为技术鉴定委托人。《江苏省专利行政执法规程》第 171 条规定：办案机关应当在确定鉴定机构之日起 7 日内委托其进行鉴定，出具委托书，写明需要鉴定的事项、要求和期限，并提供必要的鉴定物及有关材料。第 173 条规定：办案机关应当指派专人负责与鉴定机构联络，及时处理可能影响鉴定的问题，但不得要求或者暗示司法鉴定机构、司法鉴定人按其意图或者特定目的提供鉴定意见。

2. 当事人直接委托

从《司法鉴定程序通则》第 11 条的规定可以理解为原则上技术鉴定委托应当由办案机关对外进行司法鉴定的委托，那么，是否法律绝对禁止当事人作为委托人直接委托司法鉴定机构进行技术鉴定呢？《关于民事诉讼证据的若干规定》第 41 条规定："对于一方当事人就专门性问题自行委托有关机构或者人员出具的意见，另一方当事人有证据或者理由足以反驳并申请重新鉴定的，人民法院应予准许。"可见，民事诉讼法并不排除当事人有自行委托司法鉴定机构进行技术鉴定的权利。从地方立法层面看，《江苏省司法鉴定管理条例》对此未作明确规定；《湖北省司法鉴定条例》和《辽宁省司法鉴定条例》则明确将委托人限定于"公安机关、人民检察院、人民法院等办案机关"；北京市高级人民法院《关于知识产权司法鉴定的若干规定（试行）》第 7 条第 2 款规定："同意或者决定进行知识产权司法鉴定的，均由相关法院进行委托，并明确委托鉴定的具体内容"；《山东省司法鉴定条例》第 28 条第 2 款则明确规定："尚未进入诉讼程序的案件，当事人为举证需要进行鉴定的，可以委托司法鉴定机构进行鉴定。"

从保障当事人民事诉讼权利的角度看，笔者认为：首先，民事诉讼法确立"谁主张、谁举证"的举证原则，应当赋予了当事人直接委托司法鉴定机构进行技术鉴定的权利；其次，从保证技术鉴定意见权威性和提高专利侵权纠纷裁判效率的角度考虑，当事人在案件受理之时直接委托鉴定机构进行技术鉴定具有合理性，能防止对方当事人对技术鉴定的不当干扰，有利于争议事实的快速查明，提升办案效率。

---

❶ 王胜明. 中华人民共和国民事诉讼法释义［M］. 北京：法律出版社，2012：171.

（二）受托人

1. 鉴定人不能直接成为受托人

依照《关于司法鉴定管理问题的决定》第9条和《司法鉴定程序通则》第11条规定，司法鉴定委托的受托人只能是司法鉴定机构而不是司法鉴定人。此项规定旨在保证鉴定机构对鉴定人应有的管理和监督，防止鉴定人利用特殊的地位在鉴定活动中出现滥收费等侵害委托人合法权益的问题。如《湖北省司法鉴定条例》第23条第2款明确规定："司法鉴定人不得私自接受委托、收取费用或者当事人财物。"

2. 同一鉴定事项只能委托一个鉴定机构

依照《司法鉴定程序通则》第15条第（6）项规定，"委托人就同一鉴定事项同时委托其他司法鉴定机构进行鉴定的"属于司法鉴定机构不得受理的法定情形之一。《江苏省司法鉴定管理条例》第21条第2款则明确规定："委托人不得就同一鉴定事项同时委托两个以上鉴定机构进行鉴定。"但是，也存在以下两种例外情况。

第一，在同一案件中涉及多个专业领域问题需要鉴定的，可以委托多家鉴定机构分别进行鉴定。如北京市高级人民法院《关于知识产权民事诉讼证据适用若干问题的解答》第21条对"同一案件中需要对多个专业领域问题进行鉴定的，是否必须委托一家鉴定机构进行鉴定"的解答是：同一案件中需要对多个专业领域问题进行鉴定的，可以委托一家鉴定机构并要求其分别组成鉴定组进行鉴定，也可以委托多家鉴定机构分别进行鉴定。

第二，重大案件或者特别复杂、疑难、特殊技术问题的鉴定事项可以委托多家司法鉴定机构进行鉴定。如《司法鉴定程序通则》第34条规定："对于涉及重大案件或者特别复杂、疑难、特殊技术问题或者多个鉴定类别的鉴定事项，办案机关可以委托司法鉴定行业协会组织协调多个司法鉴定机构进行鉴定。"

二、技术鉴定的受理

（一）技术鉴定的受理期限

《司法鉴定程序通则》第13条规定：司法鉴定机构应当自收到委托之日起7个工作日内作出是否受理的决定。对于复杂、疑难或者特殊鉴定事项的委托，司法鉴定机构可以与委托人协商决定受理的时间。

（二）应当受理的鉴定委托

依照《司法鉴定程序通则》第14条规定，司法鉴定机构应当对委托鉴定事项、鉴定材料等进行审查。应当受理的情形包括以下两种：

（1）对属于本机构司法鉴定业务范围，鉴定用途合法，提供的鉴定材料能够满足鉴定需要的；

（2）对于鉴定材料不完整、不充分，不能满足鉴定需要的，经司法鉴定机构要求，委托人补充后能够满足鉴定需要的。

（三）不得受理的鉴定委托

依照《司法鉴定程序通则》第15条规定，具有下列情形之一的鉴定委托，司法鉴定机构不得受理：

（1）委托鉴定事项超出本机构司法鉴定业务范围的；

（2）发现鉴定材料不真实、不完整、不充分或者取得方式不合法的；

（3）鉴定用途不合法或者违背社会公德的；

（4）鉴定要求不符合司法鉴定执业规则或者相关鉴定技术规范的；

（5）鉴定要求超出本机构技术条件或者鉴定能力的；

（6）委托人就同一鉴定事项同时委托其他司法鉴定机构进行鉴定的；

（7）其他不符合法律、法规、规章规定的情形。

（四）鉴定委托的拒绝

1. 鉴定机构无正当理由不得拒绝委托

司法鉴定机构的公益性特点，使其不能像一般民事主体那样对业务活动的开展享有合同自由的权利。原则上，如果没有"不得受理"和"可以不受理"等法定正当事由，则不能拒绝委托人的技术鉴定委托。

在司法实践中，无正当理由不得拒绝鉴定委托也是普遍共识。《关于建立司法鉴定管理与使用衔接机制的实施意见》第5条规定："司法鉴定机构无正当理由不得拒绝接受人民法院的鉴定委托。"2019年5月司法部办公厅印发的《关于进一步做好环境损害司法鉴定管理有关工作的通知》则要求建立环境损害司法鉴定黑名单制度，将"无正当理由拒绝接受鉴定委托"的鉴定机构和鉴定人纳入失信情况进行记录、公示和预警。

2. 委托被拒绝的处理

第一，鉴定机构拒绝委托的，应当向委托人说明理由并退回鉴定材料。《司法鉴定程序通则》第17条规定："司法鉴定机构决定不予受理鉴定委托的，应当向委托人说明理由，退还鉴定材料。"

第二，委托机构的委托被拒绝的，应当重新确定司法鉴定机构。北京市高级人民法院《关于知识产权司法鉴定若干问题的规定（试行）》第14条规定：知识产权司法鉴定机构拒绝接受委托的，依照本规定另行确定鉴定机构。

三、技术鉴定委托协议

（一）技术鉴定委托协议的主要记载事项

《司法鉴定程序通则》第16条规定："司法鉴定机构决定受理鉴定委托的，应当与委托人签订司法鉴定委托书。司法鉴定委托书应当载明委托人名称、司法鉴定机构名称、委托鉴定事项、是否属于重新鉴定、鉴定用途、与鉴定有关的基本案情、鉴定材料的提供和退还、鉴定风险，以及双方商定的鉴定时限、鉴定费用及收取方式、双方权利义务等其他需要载明的事项。"

《江苏省司法鉴定管理条例》第21条规定："委托人委托鉴定时，应当向鉴定机构出具委托书，或者与鉴定机构签订委托鉴定协议书，明确鉴定对象、鉴定要求、鉴定目的、鉴定标准、鉴定时限、送鉴材料、费用支付标准和方式等事项。鉴定事项已由其他鉴定机构出具鉴定意见的，委托人应当向鉴定机构说明。"

在专利侵权纠纷技术鉴定中，委托协议书应当载明上述事项。需要特别注意的是，鉴定的对象通常为涉案专利的授权公告文本（而非公开文本），以及被控侵权的产品（产品实物或生产图纸）或方法资料（生产工艺资料）；鉴定要求的内容通常为被控侵权产品或方法与涉案专利的技术方案相比较，二者是否相同或者等同；送鉴材料应当包括涉案专利的授权公告文本，被控侵权产品实物或图纸，或被控侵权方法的全套工艺资料。

（二）技术鉴定委托协议的生效

如果把技术鉴定委托协议看作一份合同，那么技术鉴定委托协议的签订只是代表双方当事人意思表示达成了一致，即合同的成立；而只有技术鉴定资料（鉴定物）的交付，才使技术鉴定协议的履行具有现实可能性，合同开始生效。

《司法鉴定程序通则》第12条规定："委托人委托鉴定的，应当向司法鉴定机构提供真实、完整、充分的鉴定材料，并对鉴定材料的真实性、合法性负责。""诉讼当事人对鉴定材料有异议的，应当向委托人提出。"

（三）司法鉴定委托协议的单方解除

《司法鉴定程序通则》第21条第2款："委托人对司法鉴定机构作出的司法鉴定人是否回避的决定有异议的，可以撤销鉴定委托。"这里所指的"撤销鉴定委托"，类似于合同法上的单方解除❶，即办案机关"对司法鉴定机构作出的司法鉴定人是否回避的决定有异议"时，即可单方解除委托协议。

另外，北京市高级人民法院《关于知识产权司法鉴定若干问题的规定（试行）》第17条规定：在知识产权委托司法鉴定过程中，各级法院经审查，发现有下列情形之一的，应重新确定司法鉴定机构。

（1）司法鉴定程序不符合法律规定的；

（2）司法鉴定材料有虚假，或方法有缺陷的；

（3）司法鉴定人系案件的当事人，或当事人的近亲属；

（4）司法鉴定人的近亲属与本案有利害关系；

（5）司法鉴定人担任过本案的证人、辩护人、诉讼代理人；

（6）以不正当方式取得司法鉴定项目的；

（7）当事人或有关人员与司法鉴定机构恶意串通的；

（8）其他可能影响司法鉴定公正进行的情形。

对以上重新确定司法鉴定机构的事由，第（3）、（4）、（5）项属于"对司法鉴定人是否回避的决定有异议"而单方解除委托协议的事由，而第（1）、（2）、（6）、（7）、（8）项则属于直接判定委托协议无效的事由。无论是委托协议无效还是委托协议被解除，都产生重新确定司法鉴定机构的结果。由于委托人兼具委托协议当事人和民事纠纷裁判者的双重角色，北京市高级人民法院《关于知识产权司法鉴定若干问题的规定（试行）》将两种事由合并规定也并无不可。

第五节　技术鉴定的实施

一、技术鉴定的一般程序

《人民法院司法鉴定工作暂行规定》第16条规定："鉴定工作一般应按下列步骤进行：（一）审查鉴定委托书；（二）查验送检材料、客体，审查相关技术资料；（三）根据技术规范制定鉴定方案；（四）对鉴定活动进行详细记录；（五）出具鉴定文书。"

（一）技术鉴定材料

技术鉴定材料的准备是否完整对能否得出客观、公正的鉴定意见有直接的影响。因此，法律从鉴定材料的接收、选取、保管和使用各方面予以规范。

---

❶　合同法严格区分"合同撤销"与"合同解除"，前者是对存在重大误解、欺诈、胁迫和乘人之危等意思表示瑕疵的合同效力的终止，合同一经撤销即视为自始无效；后者是合同有效成立后双方达成解除协议或发生了合同目的难以实现的法定事由时当事人一方提出解除请求，从而提前终止合同。

1. 技术鉴定材料的接收、保管和使用

《司法鉴定程序通则》第 22 条规定："司法鉴定机构应当建立鉴定材料管理制度，严格监控鉴定材料的接收、保管、使用和退还。司法鉴定机构和司法鉴定人在鉴定过程中应当严格依照技术规范保管和使用鉴定材料，因严重不负责任造成鉴定材料损毁、遗失的，应当依法承担责任。"

《湖北省司法鉴定条例》第 24 条第 3 款规定："司法鉴定机构应当核对并记录鉴定材料的名称、种类、数量、性状、保存状况和收件时间等，并出具材料接收凭证。"第 4 款规定："未经委托人同意，司法鉴定机构不得接收除委托人外其他单位和个人提供的鉴定材料。"

2. 技术鉴定材料的补充和调取

如前所述，鉴定机构在鉴定受理时，发现鉴定资料不完整的，可以要求委托人补充；如果委托人拒绝补充的，则不予受理。那么，在鉴定过程中根据鉴定需要，司法鉴定人是否有权自行调取资料进行鉴定呢？

对此，2017 年修正的《民事诉讼法》第 77 条规定："鉴定人有权了解进行鉴定所需要的案件材料，必要时可以询问当事人、证人。"《关于适用〈中华人民共和国民事诉讼法〉的解释》第 124 条第 2 款规定："人民法院可以要求鉴定人参与勘验。必要时，可以要求鉴定人在勘验中进行鉴定。"《司法鉴定程序通则》第 24 条规定："司法鉴定人有权了解进行鉴定所需要的案件材料，可以查阅、复制相关资料，必要时可以询问诉讼当事人、证人。经委托人同意，司法鉴定机构可以派员到现场提取鉴定材料。现场提取鉴定材料应当由不少于二名司法鉴定机构的工作人员进行，其中至少一名应为该鉴定事项的司法鉴定人。现场提取鉴定材料时，应当有委托人指派或者委托的人员在场见证并在提取记录上签名。"因此，在专利行政执法或技术鉴定中，鉴定机构经委托机构同意，可以根据鉴定内容的需要询问当事人、证人，也可以到鉴定物所在地进行现场勘验，尤其是对涉嫌侵权方法类专利权的技术鉴定，现场勘验更利于查明方法类被控侵权标的的技术特征。

（二）技术鉴定的具体实施

1. 技术鉴定的标准、规范与方法

《司法鉴定程序通则》第 23 条规定：司法鉴定人进行鉴定，应当依下列顺序遵守和采用该专业领域的技术标准、技术规范和技术方法：（1）国家标准；（2）行业标准和技术规范；（3）该专业领域多数专家认可的技术方法。

2. 技术鉴定的专家协助

在鉴定实践中，一些鉴定机构虽然对某些鉴定事项进行了登记并获得了鉴定资格，但因各种原因导致在登记鉴定事项上的鉴定能力不足。对此，《司法鉴定程序通则》第 33 条规定："鉴定过程中，涉及复杂、疑难、特殊技术问题的，可以向本机构以外的相关专业领域的专家进行咨询，但最终的鉴定意见应当由本机构的司法鉴定人出具。专家提供咨询意见应当签名，并存入鉴定档案。"

（三）技术鉴定的复核

《司法鉴定程序通则》第35条规定："司法鉴定人完成鉴定后，司法鉴定机构应当指定具有相应资质的人员对鉴定程序和鉴定意见进行复核；对于涉及复杂、疑难、特殊技术问题或者重新鉴定的鉴定事项，可以组织三名以上的专家进行复核。复核人员完成复核后，应当提出复核意见并签名，存入鉴定档案。"

（四）技术鉴定的期限

《司法鉴定程序通则》第28条规定："司法鉴定机构应当自司法鉴定委托书生效之日起三十个工作日内完成鉴定。鉴定事项涉及复杂、疑难、特殊技术问题或者鉴定过程需要较长时间的，经本机构负责人批准，完成鉴定的时限可以延长，延长时限一般不得超过三十个工作日。鉴定时限延长的，应当及时告知委托人。"《人民法院司法鉴定工作暂行规定》第21条规定："鉴定期限是指决定受理委托鉴定之日起，到发出鉴定文书之日止的时间。一般的司法鉴定应当在30个工作日内完成；疑难的司法鉴定应当在60个工作日内完成。"

虽然两者均规定一般的司法鉴定应在30日内完成，复杂疑难的司法鉴定应在60日内完成，但仍有两点不同。

1. 技术鉴定期限的起止点问题

《人民法院司法鉴定工作暂行规定》规定的期限起算点是"决定受理委托鉴定之日"，而《司法鉴定程序通则》规定的期限起算点是"委托书生效之日"。如前所述，委托人提交委托书，鉴定机构决定受理委托，只是双方达成技术鉴定的合意，协议开始成立。只有到委托人交付鉴定物时，技术鉴定协议方开始生效。一般而言，受理委托鉴定之日和交付全部鉴定物之日两者应当是同步的，但在表述上的不同可能导致具体解释时的差异。

同时，实践中"交付全部鉴定物之日"可能会滞后于"交付鉴定物之日"（也应当是受理委托鉴定之日），这必然会影响到鉴定工作的正常进行。针对该问题，一些地方规范性文件对鉴定期限作出了更为具体的规定。如2005年北京市高级人民法院《关于知识产权司法鉴定若干问题的规定（试行）》第15条规定："一般知识产权司法鉴定工作，应当在鉴定材料全部交付鉴定机构之日起30个工作日内完成；疑难复杂的司法鉴定工作，应当在60个工作日内完成；因鉴定内容特殊需要延长鉴定期限的，由相关法院决定。因当事人提交的鉴定材料不齐全等客观原因影响鉴定工作完成的，应当重新计算鉴定期限。"《江苏省司法鉴定管理条例》第29条规定："鉴定机构与委托人对鉴定时限另有约定的，从其约定。在鉴定过程中补充或者重新提取鉴定材料所需时间，不计入鉴定时限。"

2. 疑难复杂的司法鉴定延长期限的批准程序问题

什么样的技术问题属于复杂、疑难的技术问题？对此虽然很难有一个客观标准，但实践中还是需要一个稳定的判定机制，否则技术鉴定期限就形同虚设。相比较而言，《司法鉴定程序通则》规定由本鉴定机构负责人批准的程序较为合理。

二、鉴定人的权利和义务

（一）鉴定人的权利

为确保司法鉴定依法、独立、客观、公正地进行，相关制度不仅要保证鉴定主体事前的适格性，还要保证鉴定主体事中行为的规范性，以及鉴定结果事后的可监督、检验性。确保鉴定主体事中的行为规范性，就需要赋予其相应的权利保障和职责监督。

《人民法院司法鉴定工作暂行规定》和《司法鉴定程序通则》规定了司法鉴定人负责制，明确鉴定人独立进行鉴定，独立发表意见和在鉴定意见上署名的权利。依照《江苏省司法鉴定管理条例》第24条规定，鉴定人在执业活动中享有下列权利：

（1）了解、查阅与鉴定事项有关的情况和资料；

（2）经委托人同意，可以询问与鉴定事项有关的当事人、证人、勘验人等相关人员；

（3）进行鉴定所必需的检验、检查和模拟实验；

（4）鉴定意见不一致时，保留不同意见；

（5）获得合法报酬；

（6）拒绝接受不合法、不具备鉴定条件或者超出其登记的执业类别的鉴定委托；

（7）拒绝解决、回答与鉴定事项无关的问题；

（8）法律、法规规定的其他权利。

（二）鉴定人的义务

《关于司法鉴定管理问题的决定》规定了"遵守法律、法规，遵守职业道德和职业纪律，尊重科学，遵守技术操作规范"的义务，但未规定鉴定人的具体权利和义务。《司法鉴定程序通则》则在此基础上明确了鉴定人不得违反规定会见诉讼当事人及其委托的人的义务，保守国家秘密、商业秘密和个人隐私的义务，依法实行回避的义务，以及合规收费的义务。

依照《江苏省司法鉴定管理条例》第25条规定，鉴定人在执业活动中应履行下列义务：

（1）在规定或者约定的时限内完成鉴定，并对鉴定意见负责；

（2）依法回避；

（3）保守在执业活动中知悉的国家秘密、商业秘密和个人隐私；

（4）遵守司法鉴定程序规则以及相关鉴定技术规范；

（5）妥善保管鉴定材料；

（6）采用笔记、录音、录像、拍照等方式对鉴定过程进行实时记录；

（7）依法出庭作证，回答与鉴定有关的问题；

（8）法律、法规规定的其他义务。

鉴定人的首要义务是对鉴定意见负责。《关于司法鉴定管理问题的决定》第10条规定："司法鉴定实行鉴定人负责制度。鉴定人应当独立进行鉴定，对鉴定意见负责并在鉴定书上签名或者盖章。"《司法鉴定程序通则》第5条也规定："司法鉴定实行鉴定人负责制度。司法鉴定人应当依法独立、客观、公正地进行鉴定，并对自己作出的鉴定意见负责。司法鉴定人不得违反规定会见诉讼当事人及其委托的人。"

另外，《关于司法鉴定管理问题的决定》第9条第2款规定：鉴定人和鉴定机构应当在鉴定人和鉴定机构名册注明的业务范围内从事司法鉴定业务。

第六节　技术鉴定结论的作出及使用

一、技术鉴定结论的作出

（一）技术鉴定文书的种类

2017年国家知识产权局发布的《专利行政执法证据规则（试行）》第4.3.6.1条规定："鉴定文书是鉴定委托、鉴定过程和鉴定结果的书面表达方式，是鉴定人将鉴定所依据的资料、鉴定的步骤和方法、鉴定的依据和标准、分析得出的数据图像等用文字和图片的方式表达出来的一种法律文件，包括鉴定书、鉴定报告书和鉴定意见书等形式。作出肯定或否定鉴定结论的为鉴定书，叙述检验过程和检验结果的为检验报告书，提供倾向性、可能性分析意见的为鉴定意见书。"

（二）技术鉴定意见书的记载内容

《司法鉴定程序通则》第36条规定：司法鉴定机构和司法鉴定人应当按照统一规定的文本格式制作司法鉴定意见书。对于专利行政执法中技术鉴定意见书的具体记载内容，国家知识产权局2016年发布的《专利行政执法操作指南（试行）》第2.2.6.2条和2017年发布的《专利行政执法证据规则（试行）》第

2.2.2.3.5 条均作了明确规定，大致包括以下内容：

（1）委托人姓名或者名称、委托鉴定内容；

（2）委托鉴定的材料；

（3）鉴定的依据及使用的科学技术手段；

（4）鉴定过程的说明；

（5）明确的鉴定结论；

（6）鉴定部门和鉴定人资格的说明；

（7）鉴定人员及鉴定机构签名盖章；

（8）通过分析获得的鉴定结论，应当说明分析过程。

对于以上记载事项，需要注意以下问题。

1. 鉴定人签名和鉴定机构盖章缺一不可

《关于司法鉴定管理问题决定》第 10 条规定："司法鉴定实行鉴定人负责制度。鉴定人应当独立进行鉴定，对鉴定意见负责并在鉴定书上签名或者盖章。"《司法鉴定程序通则》第 38 条规定："司法鉴定意见书应当加盖司法鉴定机构的司法鉴定专用章。"另外，根据《司法鉴定程序通则》第 33 条规定，鉴定过程中涉及复杂、疑难、特殊技术问题的，可以向本机构以外的相关专业领域的专家进行咨询，但最终的鉴定意见应当由本机构的司法鉴定人出具；专家提供咨询意见应当签名，并存入鉴定档案。

以上规定与鉴定人负责制紧密相关。一方面，鉴定人应当依法独立、客观、公正地鉴定，鉴定人在自己作出的鉴定意见书上签名，表明鉴定人作为"特殊证人"对其证言或鉴定意见负责，独立承担法律责任。另一方面，鉴定机构在鉴定意见书上加盖司法鉴定专用章，代表鉴定机构对其出具鉴定意见的形成过程应负的监督责任。"鉴定意见是鉴定人对被鉴定问题（含其自身和比对样本）经过观察、比较、测试、实验、分析、评断之后所作出的综合判断。……无论是单人鉴定还是多人鉴定，对被鉴定问题形成的结果，都只能代表鉴定人自己的意见。……尽管鉴定机构对鉴定人的鉴定实施活动负有指导、监督职责，对鉴定工作质量具有保障义务，对鉴定结论（意见）引起的不良后果要承担相应的法律责任，但是它也不能限制鉴定人只能作什么结论或不能作什么结论。"❶

2. 多人鉴定且有不同意见依然要形成明确的鉴定结论

对于多人参加鉴定且有不同意见的处理，实践中有四种做法：❷

一是实行票决制。采用表决方式，以多数鉴定人的意见为鉴定书的统一结论，不同意见者必须服从并在鉴定书上签名。这可能会让不同意见者承担不该承担的责任。

二是实行合议制。经过合议，以赞成或不赞成某种结论的人数为依据，若 2/3

---

❶ 邹明理. 论司法鉴定人负责制的立法依据和实施措施 [J]. 中国刑事法杂志，2005（6）：87 - 88.

❷ 邹明理. 论司法鉴定人负责制的立法依据和实施措施 [J]. 中国刑事法杂志，2005（6）：91 - 92.

的人赞成某种意见，即为出具鉴定书的统一意见，同时不同的意见记录在案。但不同意见者不在鉴定书上签名。这实际上剥夺了不同意见者的鉴定权。

三是鉴定人之间出现不同意见时不出具鉴定文书。这实际上损害了鉴定委托人和当事人的利益。

四是鉴定人之间不同意见分别在鉴定书上注明，并说明理由与人数。这种处理方式符合我国法律规定和国际惯例，既体现了鉴定人对提供证据材料承担法律责任的要求，也保障了鉴定人的法定权利。

《关于司法鉴定管理问题的决定》第10条规定："多人参加的鉴定，对鉴定意见有不同意见的，应当注明。"

3. 鉴定过程的说明

鉴定过程不合法、不合理直接影响鉴定意见的科学性、公正性，也决定了鉴定意见本身的证据效力和证明力。司法实践中大量司法鉴定意见书没有鉴定过程的说明，导致裁判机关对鉴定程序的合法性无法审查，鉴定意见的质证程序流于形式。"鉴定人出具的鉴定结论在实践中也往往没有对鉴定过程、鉴材提取、实验室条件和鉴定标准的记录，使得书面审查鉴定过程无法完成。"[1] 裁判机关对于同一鉴定事项的不同鉴定意见，往往采信级别更高的司法鉴定机构出具的鉴定意见，或选择在专业领域更权威的鉴定人出具的鉴定意见。

针对以上实际情况，法律明确规定鉴定意见书必须详细记载鉴定过程。《司法鉴定程序通则》第27条规定：司法鉴定人应当对鉴定过程进行实时记录并签名。记录可以采取笔记、录音、录像、拍照等方式。记录应当载明主要的鉴定方法和过程，检查、检验、检测结果，以及仪器设备使用情况等。记录的内容应当真实、客观、准确、完整、清晰，记录的文本资料、音像资料等应当存入鉴定档案。第40条规定：委托人对鉴定过程、鉴定意见提出询问的，司法鉴定机构和司法鉴定人应当给予解释或者说明。

4. 鉴定意见作出的时间

《江苏省专利行政执法规程》第175条第2款规定："鉴定书应当载明作出鉴定结论的时间"。

（三）技术鉴定意见书的补正

1. 法定事由

《司法鉴定程序通则》第41条规定：司法鉴定意见书出具后，发现有下列情形之一的，司法鉴定机构可以进行补正：（1）图像、谱图、表格不清晰的；（2）签名、盖章或者编号不符合制作要求的；（3）文字表达有瑕疵或者错别字，但不影响司法鉴定意见的。

---

[1] 汪建成. 中国刑事司法鉴定制度实证调研报告 [J]. 中外法学，2010（2）：318.

值得注意的是，依照《江苏省司法鉴定管理条例》第33条的规定，当出现上述情形时，司法鉴定机构"应当"进行补正。❶

2. 具体要求

（1）应当在原鉴定意见书上签名。《江苏省司法鉴定管理条例》第33条第2款规定：补正应当在原司法鉴定意见书上进行，由至少1名鉴定人在补正处签名。必要时，可以出具补正书。

（2）不得改变鉴定意见原意。《江苏省司法鉴定管理条例》第33条第3款规定：对司法鉴定意见书进行补正，不得改变司法鉴定意见的原意。

（四）技术鉴定意见书的交付

1. 鉴定机构向委托人交付

如果把技术鉴定委托协议看作委托人与鉴定机构之间的合同，那么，技术鉴定意见书的交付就是对合同主要义务的履行。

《司法鉴定程序通则》第39条规定：司法鉴定意见书应当一式四份，三份交委托人收执，一份由司法鉴定机构存档。司法鉴定机构应当按照有关规定或者与委托人约定的方式，向委托人发送司法鉴定意见书。

2. 委托人向当事人的送达

在当事人申请技术鉴定的情况下，委托人只是名义上的技术鉴定委托协议当事人，真正具有技术鉴定目的并为此缴纳鉴定费用的是当事人。因此，委托人将技术鉴定意见书送达给当事人，才是技术鉴定委托协议目的的完全实现。《江苏省专利行政执法规程》第175条第3款规定："专利行政管理部门收到鉴定书后，应当及时送达双方当事人。"

二、技术鉴定结论的使用

技术鉴定的意见从本质上属于专业技术人员运用专门知识对案件中的争议事实所作出的判断，会受到鉴定人专业技术水平、鉴定条件以及外界因素的影响，其可靠性并不是绝对的。与其他证据一样，鉴定结论的真实性、可靠性也要经过双方当事人的质询才能确定。

（一）技术鉴定意见的质证

证据应当经过质证程序，才能作为认定事实的依据。

---

❶《江苏省司法鉴定管理条例》第33条第1款规定："司法鉴定意见书有下列情形之一的，鉴定机构应当进行补正：（一）图像、谱图、表格不清晰；（二）签名、印章或者编号不符合制作要求；（三）文字表达有瑕疵或者错别字。"

《民事诉讼法》第 78 条规定：当事人对鉴定意见有异议或者人民法院认为鉴定人有必要出庭的，鉴定人应当出庭作证。经人民法院通知，鉴定人拒不出庭作证的，鉴定意见不得作为认定事实的根据；支付鉴定费用的当事人可以要求返还鉴定费用。第 79 条规定：当事人可以申请人民法院通知有专门知识的人出庭，就鉴定人作出的鉴定意见或者专业问题提出意见。《司法鉴定程序通则》第 43 条规定："经人民法院依法通知，司法鉴定人应当出庭作证，回答与鉴定事项有关的问题。"

《江苏省司法鉴定管理条例》第 35 条规定：人民法院通知鉴定人出庭作证的，应当在开庭 3 日前将通知书送达鉴定人。

《关于建立司法鉴定管理与使用衔接机制的实施意见》第 8 条规定：人民法院应在案件开庭审理 5 个工作日前将出庭通知书送达司法鉴定机构和司法鉴定人，人民法院变更出庭作证的时间、地点的，应在案件开庭审理 5 个工作日前重新将通知书送达司法鉴定机构和司法鉴定人。司法鉴定人确因特殊原因无法出庭的，经人民法院书面准许，应当书面答复当事人的质询。

参照上述规定，专利商标行政管理机关在专利侵权纠纷行政裁决中，委托进行技术鉴定的，在举行口头审理时，当事人申请鉴定人参加口头审理的，专利商标行政管理机关应当准许，并通知鉴定人员出庭质证。鉴定人员拒不参加质证的，鉴定意见不得作为认定事实的证据。

（二）技术鉴定结论的采信

2016 年国家知识产权局发布的《专利行政执法证据规则（试行）》第 4.3.6.2 条 "鉴定意见的审核认定" 规定：对鉴定意见应当从 "证据资格" 和 "证明力大小" 两个方面进行审查。

鉴定意见的证据资格审查应当从以下方面进行：

（1）鉴定书是否符合形式要求；

（2）鉴定机构和鉴定人是否合格；

（3）鉴定程序是否合法；

（4）鉴定人有无受到不正常干扰和影响。

鉴定意见的证明力审查应当从以下几个方面进行：

（1）鉴定意见依据的材料是否充分、可靠；

（2）鉴定的方法是否科学，使用的设备和其他条件是否完备；

（3）鉴定意见是否符合逻辑；

（4）鉴定意见是否超越职权；

（5）鉴定委托人是否为当事人一方（鉴定委托人为案件一方当事人的，其鉴定意见证明力低于鉴定委托人为管理专利工作的部门、人民法院或者其他中立机构的鉴定意见）；

（6）鉴定意见证明力的大小。在证明同一个事实的数个证据中，鉴定意见优于其他书证、视听资料和证人证言。

第七节　鉴定终止、补充鉴定和重新鉴定

在司法实践中，技术鉴定始终面临保障当事人诉权与提高司法效率之间的矛盾。一方面，赋予当事人提起重新技术鉴定的权利，有利于保障其充分行使诉权；另一方面，多头鉴定、重复鉴定也成为影响司法效率的重要因素。因此，相关的制度设计必须找到适当的利益平衡点，对终止鉴定、重新鉴定和补充鉴定的条件和程序作出合理的规范。

一、终止鉴定

（一）终止鉴定的法定事由

《司法鉴定程序通则》第 29 条第 1 款规定，司法鉴定机构在鉴定过程中，有下列情形之一的，可以终止鉴定：

（1）发现有本通则第 15 条第（2）项至第（7）项规定情形的；

（2）鉴定材料发生耗损，委托人不能补充提供的；

（3）委托人拒不履行司法鉴定委托书规定的义务、被鉴定人拒不配合或者鉴定活动受到严重干扰，致使鉴定无法继续进行的；

（4）委托人主动撤销鉴定委托，或者委托人、诉讼当事人拒绝支付鉴定费用的；

（5）因不可抗力致使鉴定无法继续进行的；

（6）其他需要终止鉴定的情形。

（二）终止鉴定的程序

终止鉴定的，司法鉴定机构应当书面通知委托人，说明理由并退还鉴定材料。

二、重新鉴定

（一）重新鉴定的法定事由

依照《专利行政执法证据规则（试行）》第 2.2.2.3.4 条规定，对于当事人提出的重新鉴定的理由，管理专利工作的部门应当严格审核。但具体的法定事由并未规定。

《司法鉴定程序通则》第 31 条规定，有下列情形之一的，司法鉴定机构可以

接受办案机关委托进行重新鉴定：

（1）原司法鉴定人不具有从事委托鉴定事项执业资格的；

（2）原司法鉴定机构超出登记的业务范围组织鉴定的；

（3）原司法鉴定人应当回避没有回避的；

（4）办案机关认为需要重新鉴定的；

（5）法律规定的其他情形。

值得注意的是，在重新鉴定的法定事由中，各地方立法的具体规定各不相同。《湖北省司法鉴定条例》第34条删除了上述第（4）项"办案机关认为需要重新鉴定的"，同时将"原司法鉴定程序严重违法"作为重新鉴定的法定事由，从而使重新鉴定的法定事由更具体，更具可操作性。《山东省司法鉴定条例》第40条明确将"原司法鉴定严重违反规定程序、技术操作规范或者适用技术标准明显不当的""当事人对原鉴定意见有异议，并能提出合法依据和合理理由"作为重新鉴定的法定事由，同时将上述第（5）项"法律规定的其他情形"改为"法律、法规、规章规定可以委托重新鉴定的其他情形"，从而使重新鉴定的法定事由更宽泛，更具可操作性。

（二）重新鉴定的启动程序

对于重新鉴定的启动程序，《司法鉴定程序通则》并未作出具体规定。《专利行政执法证据规则（试行）》第2.2.2.3.4条规定，当事人对鉴定意见不服，申请重新委托鉴定的，由当事人协商一致决定是否重新委托新的鉴定机构；当事人不能协商达成一致意见的，由管理专利工作的部门决定是否重新委托鉴定。需要进一步明确以下事项。

1. 当事人提出申请后、办案机构作出决定前是否需要进行专家论证程序？

《江苏省司法鉴定管理条例》第34条规定：当事人对司法鉴定意见有异议的，应当向办案机关提出。办案机关认为需要重新鉴定的，应当委托原鉴定机构以外的其他鉴定机构进行。

《湖北省司法鉴定条例》第35条规定：办案机关应当对重新鉴定事项的必要性和可行性进行审查，必要时可以组织专家评审。《辽宁省司法鉴定条例》第30条第2款规定：对初次鉴定有争议的重大疑难鉴定事项或者经重新鉴定仍有争议的鉴定事项，司法鉴定行业协会可以接受司法机关的委托组织有关专家进行论证，提供咨询意见。《山东省司法鉴定条例》第41条规定：当事人对司法鉴定意见有异议并经人民法院同意，或者人民法院认为需要的，可以委托司法鉴定协会组织有关专家进行论证，提供咨询意见。

综合各地方立法相关规定，重新鉴定的启动都包括当事人提出异议、裁判机构审查决定两个阶段。而审查的具体标准则宽严不一，湖北省、辽宁省和山东省的规定对重新鉴定采取较为谨慎的态度，强调专家论证程序；而江苏省的规定则并未明确要求专家论证程序。

2. 裁判机构能否依职权提出重新鉴定？

北京市高级人民法院《关于知识产权民事诉讼证据适用若干问题的解答》第23条对"法院可否依职权决定重新鉴定"的答复是：一般不得依职权决定重新鉴定。如认为存在法定的重新鉴定情形的，应当告知当事人，由当事人决定是否申请重新鉴定。而《山东省司法鉴定条例》则并不排除人民法院依职权提出重新鉴定。

（三）重新鉴定的实施

《司法鉴定程序通则》第32条规定：重新鉴定应当委托原司法鉴定机构以外的其他司法鉴定机构进行；因特殊原因，委托人也可以委托原司法鉴定机构进行，但原司法鉴定机构应当指定原司法鉴定人以外的其他符合条件的司法鉴定人进行。接受重新鉴定委托的司法鉴定机构的资质条件应当不低于原司法鉴定机构，进行重新鉴定的司法鉴定人中应当至少有1名具有相关专业高级专业技术职称。

三、补充鉴定

（一）法定事由

《司法鉴定程序通则》第30条规定，有下列情形之一的，司法鉴定机构可以根据委托人的要求进行补充鉴定：

（1）原委托鉴定事项有遗漏的；

（2）委托人就原委托鉴定事项提供新的鉴定材料的；

（3）其他需要补充鉴定的情形。

另外，《浙江省司法鉴定条例》第37条将"委托人增加新的鉴定要求"也作为补充鉴定的法定事由。

（二）补充鉴定的实施

《司法鉴定程序通则》第30条第2款规定：补充鉴定是原委托鉴定的组成部分，应当由原司法鉴定人进行。

第十章　特殊领域专利商标行政执法

第一节　展会期间专利商标行政执法

为加强展会期间知识产权保护，维护会展业秩序，推动会展业的健康发展，根据《对外贸易法》《专利法》《商标法》和《著作权法》及相关行政法规等，国家商务部、国家工商总局、国家版权局、国家知识产权局于 2006 年制定并颁布了《展会知识产权保护办法》（2006 年 3 月 1 日起实施）。《展会知识产权保护办法》的实施对遏制打击在中华人民共和国境内举办的各类经济技术贸易展览会、展销会、博览会、交易会、展示会等活动期间的知识产权侵权行为起到了积极的作用。值得注意的是，现阶段我国展会侵权现象仍较为严重，尤其是展会中专利侵权问题比较突出。根据上海知识产权法院《关于近三年涉展会知识产权案件的调研报告》，截至 2018 年 9 月，上海知识产权法院共受理各类涉展会（博览会）知识产权案件 133 件，2015 年受理 50 件，2016 年受理 40 件，2017 年受理 36 件，截至 2018 年 9 月受理 7 件。已经判决结案的案件中，法院认定构成侵权的案件 92 件，不构成侵权的为 27 件，权利人的胜诉率较高，达 77.31%。从侵权行为的种类看，展会涉及的侵权行为涵盖侵害专利权、商标权、著作权、商业秘密、擅自使用他人企业名称、商业诋毁、虚假宣传等各种类型，但主要集中于侵害专利权，共有 82 件案件涉及侵害专利权，占 61.65%。[1]鉴于展会期间知识产权侵权多发，加强展会期间知识产权执法，尤其是专利、商标执法具有重要意义。

一、展会期间专利、商标行政执法前期工作

（一）展会信息获取

展会举办地的专利商标行政管理机关应当主动对接本地的展会管理部门、商务部门、公安机关、展览场馆运营单位，提前获取预备在本地举办的各类展会信息，并及时向省级专利商标行政管理机关报告，由省级专利商标行政管理机关进行综合调度。

---

[1] 凌宗亮，杨洁. 上海知识产权法院关于近三年涉展会知识产权案件的调研报告 [J/OL]. 上海司法智库，2018（13）. [2019 - 11 - 11]. http://www.sohu.com/a/273612460_100017141.

专利商标行政管理机关应获取的展会信息包括以下内容：

（1）展会开始的时间、厂商入驻的时间、结束的时间等时间节点信息，展会的主办方、协办方和承办方的相关信息，展会的实际举办地点、参展广告的投放区域、参展展板的投放区域等信息。

（2）展会的主题、入驻展会的厂商名单、现场布展的区域分配详图、参展厂家的主营业务和参展项目。

（3）展会主办方的知识产权管理制度、管理组织和联系人信息。

（4）展会主办方已经掌握的参展厂商参与展出的专利、商标相关信息和参展厂家的知识产权纠纷行政处理、民事诉讼、专利商标无效宣告相关情况。

（5）法律、行政法规、各级规范性文件规定的其他信息、材料或者展会举办地的专利商标行政管理机关认为其他需要掌握的相关信息。

（二）展会专利商标保护工作的组织和力量调度

省级专利商标行政管理机关接到展会信息后可以调度以下专利商标行政管理机关、维权援助中心相关人员入驻相应展会参与展会知识产权保护工作：

（1）省级专利商标行政管理机关的执法人员和省级知识产权维权援助中心的工作人员。

（2）展会举办地的专利商标行政管理机关的执法人员和知识产权维权援助中心的工作人员。

（3）参展厂商所在地的专利商标行政管理机关的执法人员和知识产权维权援助中心的工作人员。

（4）为了满足展会需要，提高保护效率，省级专利商标行政管理机关指定的其他地区的专利商标行政管理机关的执法人员和知识产权维权援助中心的工作人员。

主要由本地厂商参会，范围和影响力仅限于本地区，不涉及本地区以外厂商的小型展会，省级专利商标行政管理机关接到展会所在地专利商标行政管理机关的信息以后也可以不调度外地专利商标行政管理机关和维权援助中心参与展会知识产权保护工作，由本地专利商标行政管理机关和维权援助中心自行组织开展展会知识产权保护工作。

（三）入驻前的准备工作

（1）展会举办地的专利商标行政管理机关应当通知展会主办方在展会内设置知识产权现场维权援助工作站，在展会内部公布展会知识产权投诉联系电话、知识产权现场维权援助工作站的地址，为参与展会的专利商标行政管理机关的行政执法人员和维权援助中心（包括分中心）的工作人员办理相关证件。

（2）展会举办地的知识产权维权援助中心（包括分中心）应当派员入驻主办方在展会内设置的知识产权现场维权援助工作站，设立展板，提供维权援助宣传资料，现场接受展会专利、商标、地理标志纠纷投诉举报，提供知识产权维权援助服务现场咨询，驻展人员应当不少于 2 人。

（3）参与展会监管的专利商标行政管理机关行政执法人员应当提前准备并携带有效的执法证件、数码相机、执法记录仪、相关执法空白文书并着执法制服入驻展会，开展知识产权执法监管。

二、展会期间专利、商标侵权的投诉处理

（一）知识产权投诉机构的设立、职责

1. 展会知识产权投诉机构的设立

为了加强展会期间的知识产权保护、及时处理展会期间的知识产权侵权行为，依照《展会知识产权保护办法》的规定，展会时间在 3 天以上（含 3 天），展会管理部门认为有必要的，展会主办方应在展会期间设立知识产权投诉机构。设立投诉机构的，展会举办地专利商标行政管理机关应当派员进驻，并依法对侵权案件进行处理。

展会管理部门认为不需要设立知识产权投诉机构的，展会举办地专利商标行政管理机关应当加强对展会知识产权保护的指导、监督和有关案件的处理，展会主办方应当将展会举办地的相关专利商标行政管理机关的联系人、联系方式等在展会场馆的显著位置予以公示。❶

设立展会知识产权投诉机构的，知识产权投诉机构应由展会主办方、展会管理部门、专利、商标、版权等知识产权行政管理部门的人员组成。

2. 展会知识产权投诉机构的职责

根据《展会知识产权保护办法》的规定，展会知识产权投诉机构的职责包括：（1）接受知识产权权利人的投诉，暂停涉嫌侵犯知识产权的展品在展会期间展出；（2）将有关投诉材料移交相关知识产权行政管理部门；（3）协调和督促投诉的处理；（4）对展会知识产权保护信息进行统计和分析；（5）其他相关事项。❷

（二）专利、商标侵权投诉的接受、移交

1. 投诉的受理

展会期间专利权人、商标权人投诉侵权行为的，可以向展会知识产权投诉机构投诉，也可直接向专利商标行政管理机关投诉。专利权人、商标权人及其利害

---

❶ 《展会知识产权保护办法》第6条。
❷ 《展会知识产权保护办法》第7条。

关系人向投诉机构投诉的，应当提交相关权属证明、涉嫌侵权的证据、涉嫌侵权者信息等材料。

投诉材料具体包括以下方面。（1）合法有效的权属证明：涉及专利的，应当提交专利证书、专利授权公告文本、专利权人的身份证明、专利法律状态证明；涉及商标的，应当提交商标注册证明文件，并由投诉人签章确认，商标权利人身份证明；（2）涉嫌侵权当事人的基本信息；（3）涉嫌侵权的理由和证据；（4）委托代理人投诉的，应提交授权委托书。❶

直接向展会知识产权投诉机构投诉的，如果投诉材料不符合上述规定的，展会知识产权投诉机构应当及时通知投诉人或者请求人补充有关材料。未予补充或补充后仍不符合要求的，则对侵权投诉不予接受。

就展会知识产权投诉主体而言，尽管《展会知识产权保护办法》仅规定了知识产权权利人，但根据我国相关法律的规定，这里的知识产权权利人，对于专利权而言，既包括专利权人，也包括专利权的相关利害关系人，主要有专利实施许可合同的被许可人、专利财产权利的合法继承人等。❷对于商标权而言，既包括商标注册人，也包括相关利害关系人。❸ 相关利害关系人，包括注册商标使用许可合同的被许可人、注册商标财产权利的合法继承人等。❹

值得注意的是，投诉人提交虚假投诉材料或其他因投诉不实给被投诉人带来损失的，应当承担相应法律责任。

2. 投诉的移交

根据《展会知识产权保护办法》的规定，如果专利权人、商标权人向展会知识产权投诉机构投诉的，展会知识产权投诉机构经审查接受投诉材料后，应于24小时内将其移交有关专利商标行政管理机关。❺ 对展会期间专利、商标侵权的投诉处理，应注意以下几方面的问题。

（1）相关专利商标行政管理机关受理投诉或者处理请求的，应当通知展会主办方，并及时通知被投诉人或者被请求人，同时，在处理侵犯专利权、商标权的投诉或者请求程序中，地方专利商标行政管理机关可以根据展会的展期指定被投诉人或者被请求人的答辩期限。❻

（2）对涉嫌侵犯专利权、商标权的投诉，地方专利商标行政管理机关认定侵权成立的，应会同会展管理部门依法对参展方进行处理。❼

（3）对于展会结束时案件尚未处理完毕的，案件的有关事实和证据可经展会

---

❶ 《展会知识产权保护办法》第8条。
❷ 《最高人民法院关于对诉前停止侵犯专利权行为适用法律问题的若干规定》（2001）第1条。
❸ 《商标法》第65～66条。
❹ 《最高人民法院关于审理商标民事纠纷案件适用法律若干问题的解释》（法释〔2002〕32号）第4条。
❺ 《展会知识产权保护办法》第11条。
❻ 《展会知识产权保护办法》第12～13条。
❼ 《展会知识产权保护办法》第24条。

主办方确认，由展会举办地专利商标行政管理机关在 15 个工作日内移交有管辖权的专利商标行政管理机关依法处理。❶

三、展会期间专利行政执法

（一）展会期间专利行政执法的范围

根据《展会知识产权保护办法》的规定，对展会期间涉嫌专利侵权、假冒专利等专利违法行为，权利人或者利害关系人既可以向展会知识产权投诉机构进行投诉，由展会知识产权投诉机构移交专利商标行政管理机关处理，也可以直接向相关专利商标行政管理机关投诉或提出处理请求。专利商标行政管理机关在展会期间的专利行政执法范围包括以下几个方面❷：

（1）接受展会投诉机构移交的关于涉嫌侵犯专利权的投诉，依照专利法律法规的有关规定进行处理；

（2）受理展出项目涉嫌侵犯专利权的专利侵权纠纷处理请求，依照专利法相关规定进行处理；

（3）受理展出项目涉嫌假冒专利的举报，或者依职权查处展出项目中假冒专利的行为，依据专利法相关规定进行处罚。

（二）对专利违法行为的投诉或者处理请求的受理

1. 向专利商标行政管理机关提交材料的要求

《展会知识产权保护办法》对展会知识产权权利人或者利害关系人向展会知识产权投诉机构进行投诉应提交的材料进行了明确的规定，而对直接向相关专利商标行政管理机关投诉或提出处理请求，专利权人或者利害关系人应当提交相关材料没有作出明确规定。但基于证明并要求查处专利侵权、假冒专利等违法行为的投诉目的，专利权属、专利违法行为、相关当事人的信息等都是必需的，因而，可以认为，专利权人或者利害关系人直接向相关专利商标行政管理机关投诉或提出处理请求时应提交相关投诉材料，在内容上应该与《展会知识产权保护办法》规定的向展会知识产权投诉机构提交的材料相同。因而，展会期间涉嫌专利侵权、假冒专利等专利违法行为的投诉或处理请求，无论是展会知识产权投诉机构向专利商标行政管理机关移交的材料，还是专利权人或者利害关系人直接向相关专利商标行政管理机关提交的材料，都要符合《展会知识产权保护办法》的要求，只有投诉材料符合要求，专利商标行政管理机关才能予以受理。

---

❶ 《展会知识产权保护办法》第33 条。
❷ 《展会知识产权保护办法》第16 条。

2. 专利商标行政管理机关不予受理的情形

根据《展会知识产权保护办法》的规定，即使专利权人或者利害关系人按照要求提交了相关材料，但如果存在下列情形之一的，相关专利商标行政管理机关对投诉或者处理请求不予受理：

（1）投诉人或者请求人已经向人民法院提起专利侵权诉讼的；

（2）专利权正处于无效宣告请求程序之中的；

（3）专利权存在权属纠纷，正处于人民法院的审理程序或者管理专利工作的部门的调解程序之中的；

（4）专利权已经终止，专利权人正在办理权利恢复的。❶

（三）展会期间专利行政执法的措施

根据《展会知识产权保护办法》的规定，相关专利商标行政管理机关在受理专利违法行为投诉或处理请求后，可以采取的措施包括以下三类。

1. 调查取证

专利商标行政管理机关在将专利违法行为的投诉或请求处理的信息通知被投诉人或者被请求人时，可以即行调查取证，查阅、复制与案件有关的文件，询问当事人，采用拍照、摄像等方式进行现场勘验，也可以抽样取证。值得注意的是，专利商标行政管理机关收集证据应当制作笔录，应由承办人员、被调查取证的当事人签名盖章。被调查取证的当事人拒绝签名盖章的，应当在笔录上注明原因；有其他人在现场的，也可同时由其他人签名。❷

2. 对专利侵权行为的处罚措施

对涉嫌侵犯发明或者实用新型专利权的处理请求，专利商标行政管理机关认定侵权成立的，应当依据专利法关于禁止许诺销售行为的规定以及专利法关于责令侵权人立即停止侵权行为的规定作出行政裁决，责令被请求人从展会上撤出侵权展品，销毁介绍侵权展品的宣传材料，撤除介绍侵权项目的展板。

对涉嫌侵犯外观设计专利权的处理请求，被请求人在展会上销售其展品，专利商标行政管理机关认定侵权成立的，应当依据专利法关于禁止销售行为的规定以及专利法关于责令侵权人立即停止侵权行为的规定作出处理决定，责令被请求人从展会上撤出侵权展品。❸

值得注意的是，专利商标行政管理机关认定专利侵权成立的，应会同会展管理部门依法对参展方进行处理。

---

❶《展会知识产权保护办法》第17条。
❷《展会知识产权保护办法》第18条。
❸《展会知识产权保护办法》第25条。

3. 对假冒专利行为的处罚措施

在展会期间，专利商标行政管理机关认定假冒专利行为成立的，应当依据专利法相关规定进行处罚。❶ 可采取包括责令改正、没收违法所得、罚款等处罚措施。

四、展会期间商标行政执法

（一）展会期间商标行政执法的范围

根据《展会知识产权保护办法》的规定，对展会期间涉嫌商标侵权的违法行为，权利人或者利害关系人既可以向展会知识产权投诉机构进行投诉，由展会知识产权投诉机构移交专利商标行政管理机关处理，也可以直接向相关专利商标行政管理机关投诉或提出处理请求。相关专利商标行政管理机关在展会期间的商标行政执法范围包括以下几个方面❷：

（1）接受展会投诉机构移交的关于涉嫌侵犯商标权的投诉，依照商标法律法规的有关规定进行处理；

（2）受理符合商标法规定的侵犯商标专用权的投诉；

（3）依职权查处商标违法行为。

（二）对侵犯商标权的投诉或者处理请求的受理

1. 向专利商标行政管理机关提交材料的要求

《展会知识产权保护办法》对展会知识产权权利人或者利害关系人向展会知识产权投诉机构进行投诉需提交的材料进行了明确规定，而对直接向相关专利商标行政管理机关投诉或提出处理请求，商标权人或者利害关系人应当提交相关材料则没有明确规定。但基于证明并要求查处商标侵权等违法行为的投诉目的，商标权属、商标违法行为、相关当事人的信息等都是必需的，因而，可以认为，商标权人或者利害关系人直接向相关专利商标行政管理机关投诉或提出处理请求时应提交相关投诉材料，在内容上应该与《展会知识产权保护办法》规定的向展会知识产权投诉机构提交的材料相同。因而，展会期间涉嫌商标侵权等违法行为的投诉或处理请求，无论是展会知识产权投诉机构向专利商标行政管理机关移交的材料，还是商标权人或者利害关系人直接向相关专利商标行政管理机关提交的材料，都要符合《展会知识产权保护办法》的要求，只有投诉材料符合要求，专利商标行政管理机关才能予以受理。

---

❶ 《展会知识产权保护办法》第26条。
❷ 《展会知识产权保护办法》第19条。

2. 专利商标行政管理机关不予受理的情形

根据《展会知识产权保护办法》的规定，即使商标权人或者利害关系人按照要求提交了相关材料，但如果存在下列情形之一的，相关专利商标行政管理机关对投诉或者处理请求不予受理：（1）投诉人或者请求人已经向人民法院提起商标侵权诉讼的；（2）商标权已经无效或者被撤销的。❶

（三）展会期间商标行政执法的措施

相关专利商标行政管理机关在受理商标违法行为投诉或处理请求后，可以采取的措施包括以下两类。

1. 调查取证

根据《展会知识产权保护办法》的规定，专利商标行政管理机关决定受理商标违法行为投诉或处理请求后，可以根据商标法律法规等相关规定进行调查和处理。❷ 根据《商标法》规定，县级以上工商行政管理部门根据已经取得的违法嫌疑证据或者举报，对涉嫌侵犯他人注册商标专用权的行为进行查处时，可以行使下列职权❸：

（1）询问有关当事人，调查与侵犯他人注册商标专用权有关的情况；

（2）查阅、复制当事人与侵权活动有关的合同、发票、账簿以及其他有关资料；

（3）对当事人涉嫌从事侵犯他人注册商标专用权活动的场所实施现场检查；

（4）检查与侵权活动有关的物品；对有证据证明是侵犯他人注册商标专用权的物品，可以查封或者扣押。

2. 对商标侵权行为的处罚措施

根据《展会知识产权保护办法》的规定，对有关商标案件的处理请求，相关专利商标行政管理机关认定侵权成立的，应当根据《商标法》《商标法实施条例》等相关规定进行处罚。❹

根据《商标法》《商标法实施条例》的规定，处罚的内容主要包括：（1）责令立即停止侵权行为；（2）没收、销毁侵权商品和主要用于制造侵权商品、伪造注册商标标识的工具；（3）违法经营额5万元以上的，可以处违法经营额5倍以下的罚款，没有违法经营额或者违法经营额不足5万元的，可以处25万元以下的罚款。对5年内实施两次以上商标侵权行为或者有其他严重情节的，应当从重

---

❶ 《展会知识产权保护办法》第20条。
❷ 《展会知识产权保护办法》第21条。
❸ 《商标法》第62条。
❹ 《展会知识产权保护办法》第27条。

处罚。❶

五、展会专利、商标行政执法文档管理

展会档案归档原则上一会一档，由展会所在地专利商标行政管理机关制作存档，其他参与展会的部门只保留具体经办的案件档案。主要有以下几个部分。

（1）展会召开的相关档案资料，包含本地的展会管理部门、商务部门、公安机关、展览场馆运营单位通知召开展会的相关文件，展会的举办情况说明文件。

（2）展会主办方的知识产权管理制度、管理组织和联系人信息等档案资料。

（3）展会主办方向专利商标行政管理机关提供的参展厂商参与展出的专利、商标相关信息和参展厂家的知识产权纠纷行政处理、民事诉讼、专利商标无效宣告相关情况档案资料。

（4）省级专利商标行政管理机关调度相关力量参加本次展会从事知识产权行政保护的相关文件，其他专利商标行政管理机关和知识产权维权援助中心、保护中心、快维中心参加本次展会从事知识产权行政保护工作的人员名单。

（5）各检查组在本次展会开展巡查、检查的相关记录、处理投诉举报的相关档案、做出现场处理决定的案件详情的登记。

（6）展会期间无法办结需要事后单独通过一般程序处理案件的，应当留有案件登记和移交按一般程序处理的相关材料的复印件（相关检查记录等原件资料由按一般程序办理单位存档）。

（7）做出现场处理决定的案件原件资料单独成档，由经办单位按照本单位档案管理规定存档。

第二节　电子商务领域专利商标行政执法

随着我国电子商务的飞速发展，电商网络服务在方便大众生活的同时，专利、商标等知识产权侵权假冒问题也日渐突出。尤其是近年来，电子商务领域专利、商标侵权假冒行为多发，已成为社会公众和行政管理机关高度关注的对象。电商领域知识产权侵权及假冒行为具有隐蔽性、易逝性、扩张性强、范围广等特点，侵权难以根除，在知识产权侵权及假冒行为呈增长的态势下，知识产权行政执法的有效介入，是电商领域知识产权保护的必然选择。❷为加强电商领域知识产权保护，维护电子商务秩序及相关主体的合法权益，推动电商行业的健康发展，在中华人民共和国境内举办的各类电子商务交易平台、电子商务展示平台、线上交易

---

❶ 《商标法》第60条。

❷ 苏冬冬. 电子商务领域专利行政执法的困境及优化路径［J］. 时代法学，2018（5）：100.

等活动中应加强专利、商标行政执法保护。专利商标行政管理机关对电商领域的专利、商标违法行为的行政执法在内容上包括：（1）对电商平台经营者及平台内经营者侵犯知识产权等违法行为的投诉举报的处理；（2）对电商平台经营者及平台内经营者是否存在侵犯知识产权等违法行为进行主动巡查。

一、电商领域专利、商标行政执法的前期工作

（一）电商相关信息获取

电商平台运营单位总部所在地的专利商标行政管理机关应当主动对接本地的电子商务平台运营方，建立专门的信息交流和沟通渠道，获取入驻该平台的经营者及其销售或展示商品的相关信息。电子商务平台具有较大规模或者在多个地区设有分部进行运营的，应当及时向省级专利商标行政管理机关报告。

专利商标行政管理机关应获取的电商信息包括以下内容：

（1）入驻电商平台经营者的基本信息，包含经营者的营业执照信息、与其经营业务有关的行政许可信息或者上述信息的链接标识等信息，不需要办理市场主体登记的经营者的自我声明，以及经营地址、联系方式等信息，或者上述信息的链接标识等信息。

（2）入驻电商平台销售、展示的商品的名称、商标、生产厂家、专利标注信息、商品信息详情的展示内容等商品信息。

（3）该商品入驻电商平台的时间、销售数量、销售记录、挂牌价格、实际成交价格等商品交易信息。

（4）该商品入驻电商平台后的涉及专利、商标的标注、侵权纠纷等方面被他人举报投诉和被行政机关主动查处的信息。

（5）法律、行政法规、各级规范性文件规定的其他信息、材料或者电商平台总部所在地的专利商标行政管理机关认为其他需要掌握的相关信息。

（二）电商领域专利商标保护工作的组织与力量调度

省级专利商标行政管理机关可以调度以下专利商标行政管理机关、维权援助中心相关人员从事电商领域的专利、商标行政保护工作：

（1）省级专利商标行政管理机关的执法人员和省级知识产权维权援助中心的工作人员；

（2）电商平台总部、各分部所在地的专利商标行政管理机关的执法人员和知识产权维权援助中心的工作人员；

（3）入驻电商平台的经营者、公司所在地的专利商标行政管理机关的执法人员和知识产权维权援助中心的工作人员；

（4）对电商平台上销售、展示的商品进行投诉举报的人和单位所在地的专利商标行政管理机关的执法人员和知识产权维权援助中心的工作人员；

（5）在电商平台上购买的商品的消费者所在地的专利商标行政管理机关的执法人员和知识产权维权援助中心的工作人员；

（6）为了满足工作需要，提高保护能力，省级专利商标行政管理机关指令其他地区的专利商标行政管理机关的执法人员和知识产权维权援助中心的工作人员。

二、对电商平台专利、商标违法行为投诉举报的处理

（一）投诉举报的管辖

根据我国相关法律、法规，专利商标行政管理机关对电商领域违法行为投诉举报的管辖分以下情况。

（1）投诉由被投诉人实际经营地或者住所地县级专利商标行政管理机关处理。对电子商务平台经营者以及通过自建网站、其他网络服务销售商品或者提供服务的电子商务经营者的投诉，由其住所地县级专利商标行政管理机关处理。对平台内经营者的投诉，由其实际经营地或者平台经营者住所地县级专利商标行政管理机关处理。

上级专利商标行政管理机关认为有必要的，可以处理下级专利商标行政管理机关收到的投诉。下级专利商标行政管理机关认为需要由上级专利商标行政管理机关处理本行政机关收到的投诉的，可以报请上级专利商标行政管理机关决定。❶

（2）对电子商务平台经营者和通过自建网站、其他网络服务销售商品或者提供服务的电子商务经营者的举报，由其住所地县级以上专利商标行政管理机关处理。

对平台内经营者的举报，由其实际经营地县级以上专利商标行政管理机关处理。电子商务平台经营者住所地县级以上专利商标行政管理机关先行收到举报的，也可以予以处理。❷

值得注意的是，专利商标行政管理机关对电商领域商标侵权、专利侵权及假冒专利等违法行为的投诉举报管辖，在《专利法》《商标法》等法律法规另有规定情况下，应按照《专利法》《商标法》等法律法规的规定执行。❸

① 对于电商领域专利侵权行为的投诉举报管辖，根据我国《专利法实施细则》的规定，首先，由被请求人所在地或者侵权行为地的管理专利工作的部门管辖；❹ 其次，具有管辖权的专利行政管理部门是指省、自治区、直辖市人民政府以

---

❶ 《市场监督管理投诉举报处理暂行办法》（国家市场监督管理总局令第 20 号）第 12 条。
❷ 《市场监督管理投诉举报处理暂行办法》（国家市场监督管理总局令第 20 号）第 27 条。
❸ 《市场监督管理投诉举报处理暂行办法》（国家市场监督管理总局令第 20 号）第 38 条。
❹ 《专利法实施细则（2010）》第 81 条。

及专利管理工作量大又有实际处理能力的设区的市人民政府设立的管理专利工作的部门。两个以上管理专利工作的部门都有管辖权的，当事人可以向其中一个管理专利工作的部门提出请求；当事人向两个以上有管辖权的管理专利工作的部门提出请求的，由最先受理的管理专利工作的部门管辖。管理专利工作的部门对管辖权发生争议的，由其共同的上级人民政府管理专利工作的部门指定管辖；无共同上级人民政府管理专利工作的部门的，由国务院专利行政部门指定管辖。❶

② 对于电商领域的假冒专利行为的投诉举报管辖，根据我国《专利行政执法办法》的规定，查处假冒专利行为由行为发生地的管理专利工作的部门管辖。管理专利工作的部门对管辖权发生争议的，由其共同的上级人民政府管理专利工作的部门指定管辖；无共同上级人民政府管理专利工作的部门的，由国家知识产权局指定管辖。❷ 同时，管理专利工作的部门可以依据本地实际，委托有实际处理能力的市、县级人民政府设立的专利管理部门查处假冒专利行为、调解专利纠纷。❸

③ 对于电商领域的商标侵权等违法行为的投诉举报管辖，根据《商标法》及2018年国家机构改革的决定，应由商标违法行为的被投诉人实际经营地或者住所地县级专利商标行政管理机关管辖。

投诉举报人除直接向有管辖权的专利商标行政管理机关投诉举报外，也可以向电商平台经营者投诉举报平台内经营者的商标、专利违法行为。根据我国《电子商务法》的规定，电商经营者在接到投诉举报信息后，应当及时采取必要措施，并将该投诉举报信息转送平台内经营者，❹平台内经营者接到转送的投诉举报信息后，可以向电商平台经营者提交不存在侵权行为的声明。电商平台经营者接到声明后，应当将该声明转送投诉举报人，并告知其可以向有关专利商标行政管理机关投诉或者向人民法院起诉。❺

（二）投诉举报材料要求

根据我国相关法律、法规，投诉举报电商领域商标、专利违法行为的，一般情况下，投诉举报人应向专利商标行政管理机关提供符合规范要求的投诉举报材料。投诉举报材料通常应包含以下内容。

（1）投诉人、举报人的名称（姓名）、电话号码、通信地址等信息。

（2）被投诉人的名称（姓名）、地址等经营信息。

（3）被投诉人或被举报人涉嫌商标侵权、专利侵权、假冒专利等违法行为的理由和证据，具体包括被投诉举报的商品名称、展示图片、违法信息详情、相关

---

❶ 《专利法实施细则（2010）》第79条。
❷ 国家知识产权局《专利行政执法办法》第29条。
❸ 国家知识产权局《专利行政执法办法》第6条。
❹ 《电子商务法》第42条。
❺ 《电子商务法》第43条。

网络链接等。

（4）投诉人、举报人的具体的投诉请求。

（5）投诉人、举报人合法有效的知识产权权属证明：涉及专利的，应当提交专利证书、专利公告文本、专利权人的身份证明、专利法律状态证明；涉及商标的，应当提交商标注册证明文件并由投诉人签章确认，商标权利人身份证明等。

（6）委托他人代为投诉的，除提供上述材料（1）~（5）外，还应当提供授权委托书原件以及受托人身份证明。授权委托书应当载明委托事项、权限和期限，由委托人签名。

（三）违法行为判断及行政处罚措施

电商领域的商标、专利违法行为按侵权主体可以分为两大类：电商平台内经营者的违法行为、电商平台经营者的违法行为。

1. 电商平台内经营者的违法行为判断及行政处罚措施

专利商标行政管理机关根据投诉举报的商标、专利违法行为的类型，结合相关证据，以商标法、专利法等法律、法规为依据，就被投诉举报人是否存在商标侵权、违反商标使用规定、专利侵权、假冒专利等违法行为进行判断。

专利商标行政管理机关认定专利、商标侵权，假冒专利等违法行为成立的，可以依据《专利法》《商标法》等法律法规的规定采取责令停止侵权、停止违法行为、罚款等行政处罚措施。同时，应当通知电商平台经营者对相关网页采取删除、屏蔽、断开链接、终止交易和服务等必要措施。❶我国《专利行政执法办法》对此进行了明确规定，根据《电子商务法》，管理专利工作的部门认定电子商务平台上的专利侵权行为成立，作出处理决定的，应当通知电子商务平台提供者及时对专利侵权产品或者依照专利方法直接获得的侵权产品相关网页采取删除、屏蔽或者断开链接等措施。管理专利工作的部门认定电子商务平台上的假冒专利行为成立的，应当通知电子商务平台提供者及时对假冒专利产品相关网页采取删除、屏蔽或者断开链接等措施。❷

2. 电商平台经营者的违法行为判断及行政处罚措施

根据《电子商务法》的规定，知识产权权利人（投诉人、举报人）认为其知识产权在电商平台上受到侵害的，有权通知电子商务平台经营者采取删除、屏蔽、断开链接、终止交易和服务等必要措施。电子商务平台经营者接到通知后，应当及时采取必要措施，并将该通知转送平台内经营者。❸同时，电子商务平台经营者知道或者应当知道平台内经营者侵犯知识产权的，应当采取删除、屏蔽、断开链

---

❶ 《电子商务法》第42条。
❷ 《专利行政执法办法》第43条。
❸ 《电子商务法》第42条。

接、终止交易和服务等必要措施。❶

如果电商平台经营者违反上述义务，对平台内经营者实施侵犯知识产权等违法行为未依法采取必要措施的，根据《电子商务法》的规定，有关知识产权行政管理部门可以责令限期改正；逾期不改正的，处 5 万元以上 50 万元以下的罚款；情节严重的，处 50 万元以上 200 万元以下的罚款。❷

值得注意的是，专利商标行政管理机关经投诉人和被投诉人同意，可以采用调解的方式处理投诉举报，专利商标行政管理机关可以主持调解，也可以委托消费者协会或者依法成立的其他调解组织等单位代为调解。调解可以采取现场调解方式，也可以采取互联网、电话、音频、视频等非现场调解方式。

（四）不予立案或处理的情形

根据相关法律、法规，有以下情形之一的，专利商标行政管理机关对电商领域商标、专利违法行为将不予立案或处理：

（1）投诉举报人已经向人民法院提起诉讼，人民法院尚未作出有效判决、裁定的；

（2）专利权正处于无效宣告请求程序之中的；

（3）专利、商标存在权属纠纷，正处于人民法院的审理程序或者行政部门的处理、调解程序之中的；

（4）专利权已经终止，专利权人正在办理权利恢复的；

（5）商标权已经无效或者被撤销的；

（6）除法律另有规定外，投诉举报人知道或者应当知道自己的权益受到被投诉举报人侵害之日起超过 3 年的。

三、对电商平台的主动巡查

对电商领域商标、专利违法行为的线索，专利商标行政管理机关除通过接受投诉举报途径获取外，还可以通过对电商平台的主动巡查来获取。

（一）主动巡查的对象

专利商标行政管理机关在电商平台巡查的对象包括电商平台内经营者在电商平台上销售、展示的商品，其外包装、商品本体、商品名称、宣传信息等处包含商标、专利的相关标注和宣传内容。

---

❶ 《电子商务法》第 45 条。
❷ 《电子商务法》第 84 条。

（二）主动巡查的内容

专利商标行政管理机关针对电商平台巡查的内容包括电商平台内经营者在电商平台上销售、展示商品的外包装、商品本体、商品名称、详细信息是否存在专利侵权、假冒专利行为，是否存在商标侵权、违反商标使用管理规定的行为等违法行为。

（三）主动巡查的组织

（1）对电商平台的主动巡查遵从"双随机、一公开"的原则和具体部署，具体的组织按照年度"双随机"工作计划实施。一般不在"双随机"抽查以外开展对电商平台的主动巡查。

（2）对电商平台的主动巡查的行政执法人员原则上不得少于2人一组，并应具备执法资格。检查意见应当经执法部门负责人核准后方可下达。

（3）主动巡查结果和相应处理意见可以通过专门建立的沟通管道反馈，也可以通过常规方式送达，但均应当制作送达回证，确认留存。

（四）对主动巡查发现案件的处理

专利商标行政管理机关在主动巡查中发现商标、专利违法行为的，按照相关法律的规定，如果属于自己管辖范围的，则应进行受案处理。如果不属于自己管辖范围的，则应移送给电商平台所在地专利商标行政管理机关汇总，由电商平台所在地专利商标行政管理机关根据工作安排自行处理或者移送有权管辖的专利商标行政管理机关受案处理。

四、电商平台专利、商标行政执法文档管理

电商领域的执法档案归档原则分别按照"双随机"抽查工作开展的单个周期、投诉举报归档，由具体经办的专利商标行政管理机关制作存档，统筹分配电商信息的部门只保留信息分配的记录。主要有以下几个部分。

（1）"双随机"巡查案件：巡查计划表（部署"双随机"工作的具体文件）、信息来源、电商平台的商品详细信息抓取记录、比对和检查记录表、处理意见书、移交一般程序处理的文书。

（2）投诉举报案件：信息来源、补正通知书、电商平台的商品详细信息抓取记录、比对和检查记录表、处理意见书、移交一般程序处理的文书。

第十一章　专利商标行政执法协作与监督

第一节　专利商标行政执法协作

一、专利商标行政执法协作概述

(一) 专利、商标行政执法协作的概念和种类

1. 专利、商标行政执法协作的概念

《国务院关于促进市场公平竞争维护市场正常秩序的若干意见》(国发〔2014〕20 号) 提出要规范和完善监管执法协作配合机制，建立健全跨部门、跨区域执法协作联动机制；要做好市场监管执法与司法的衔接，完善案件移送标准和程序，细化并严格执行执法协作相关规定。该意见虽未对"执法协作"本身作定义，但明确执法协作由三个部分构成，即行政系统内跨部门的执法协作、行政系统内跨区域的执法协作以及行政系统与司法系统之间的执法协作。

有研究者认为，行政系统内跨部门执法协作"是指不同行政部门之间为了实现同一行政目的，相互协作、相互配合，共同实施的行政活动"❶。行政系统内跨区域执法协作"是指在区域经济一体化的背景下，区域内的各行政主体在针对区域的共同事务进行行政执法过程中所采取的信息沟通、执法协助、联合执法等活动，以及对各执法主体的法律地位、职责权限、执法标准与程序、协作形式以及监督机制等予以规范的总称"❷。

综上所述，笔者认为，专利、商标行政执法协作是指专利商标政管理部门与海关、公安等行政部门以及司法部门之间就专利商标侵权、专利商标违法行为的行政裁决、行政调解和行政处罚进行相互协作、相互配合，共同实施制止专利商标侵权等违法行为的机制。这种协作机制既可以由专利商标行政管理机关与其他行政管理机关、司法机关之间通过达成行政协议予以建立，也可以由法律法规、

---

❶ 刘福元. 部门间行政协作的困境与出路——以城市管理综合执法为例 [J]. 当代法学, 2016 (5): 78. 基于不同的研究目的，该研究者又认为，这种部门间行政协作并不包括因部门间权限划分而引起的程序性关联，如案件移送 (移交)、征求 (认定) 意见，以及在同一管理事项上不同部门因职权分工所产生的程序性衔接。笔者认为，在专利、商标行政执法协作机制上，这些程序性协作不能完全排除在行政协作之外。

❷ 杨桦. 论区域行政执法合作——以珠三角地区执法合作为例 [J]. 暨南学报 (哲学社会科学版), 2012 (4): 26.

规章、地方性法规和规范性文件直接规定。❶

2. 专利、商标行政执法协作的种类

（1）按照协作主体的区域划分，可分为跨部门协作与跨区域协作。前者如2015年福建省专利、商标、版权等知识产权行政管理部门与海关联合建立福建自贸试验区知识产权行政执法与海关保护协作机制，这类行政执法协作属于同一地区不同部门之间的协作，需要重点解决各部门之间对于某一执法事项各自职权、义务和责任的有机配合与衔接，以形成整体执法合力，提升执法效能。后者如东北四省（区）知识产权局于2008年8月签订的《东北地区知识产权行政执法合作协议》，福建、江西、湖南、广东、广西、海南、四川、贵州和云南等9省区2009年签署的《泛珠三角区域间内地九省（区）专利行政执法协作协议》，2019年6月上海、江苏、浙江、安徽四省（市）知识产权局签署的《长三角区域知识产权执法协作协议》，这类行政执法协作是相同职能部门、跨行政管理区域的执法与协作，需要重点解决行政执法自由裁量基准的统一，协作提升执法质量与效率，形成打击知识产权侵权假冒违法行为合力，克服地方保护主义，维护地区发展的共同利益，有效遏制知识产权违法行为。

（2）按照协作启动机制划分，可分为无隶属关系的行政部门之间自主协调的"行政协助"❷与上级部门统一部署的"联合执法"协作。前者包括行政部门之间基于法律法规的规定或基于协商达成的执法协作协议，通过"请求–接受"的程序而建立的各种协作机制。其中，通过达成行政执法协作协议开展协作，具有机动灵活、节约执法成本的优势，但行政执法协议并无国家法律法规那样的强制约束力，其效力主要源自"软法"的内在约束力，❸可能面临"软约束"的问题。后者如2011年《国务院关于进一步做好打击侵犯知识产权及制售假冒伪劣商品工作的意见》，这类协作机制由于各部门的共同上级机关牵头，执法协作的程序和各方的职责较为明确，具有"硬约束力"，但需要避免各种法律依据不足的质疑。❹

---

❶ 有研究者认为，知识产权行政执法协作机制只能通过具有知识产权行政管理与执法职能的机关之间签署行政协议而建立。王宇红，宋晓洁，冶刚，等. 自贸区知识产权行政执法协作机制的完善——以陕西自贸区为例 [J]. 西安电子科技大学学报（社会科学版），2019（3）：80.

❷ 有学者认为，"行政协助"是指行政主体基于无隶属关系的其他行政主体的请求，依法为请求方执行行政任务提供帮助的行为。唐震. 再论行政协助概念之界定 [J]. 东方法学，2012（4）：152.

❸ 虽然根据《行政诉讼法》第49条及由于我国《行政诉讼法》第25条和《最高人民法院关于适用〈中华人民共和国行政诉讼法〉的解释》第68条第（6）项规定，当事人可以就履行有关行政协议的争议提起行政诉讼，但由于《行政诉讼法》第25条将行政诉讼的原告限定为"行政行为的相对人以及其他与行政行为有利害关系的公民、法人或者其他组织"，因此，《最高人民法院关于适用〈中华人民共和国行政诉讼法〉的解释》第68条第（6）项所指"行政协议"，只限于行政相对人与行政机关之间的协议，不包括行政机关之间的协议。

❹ 有研究者认为，我国知识产权部门联合执法长期面临是否有"联合"的法律依据、联合执法主体是否符合法律规定的质疑。武善学，张献勇. 我国知识产权部门联合执法协调机制研究 [J]. 山东社会科学，2012（4）：107.

（二）专利、商标行政执法协作的意义和作用

1. 专利、商标行政执法协作的意义

专利、商标行政执法协作的意义可以从两个理论视角上理解。

首先是"行政协作理论"。行政协作是指"两个或者两个以上的机构从事的任何共同活动，通过一起工作而非独立行事来增加公共价值"❶。依法行政要求职权法定，行政机关各职能部门在各自的法定职权范围内行使权力，不得擅自逾越。但是，"职责分工不能排除地方政府在执行职务时彼此之间的合作，因为这种合作同分工一样也有必要。"❷ 在法律对各部门的职能分工明确且机构设立科学合理的情况下，各行政职能部门各司其职，行政目标就能实现。但在社会关系日益复杂化、社会分工日益精细化的今天，很多行政目标很难由单个行政机关各职能部门独自完成。政府各职能部门都是政府的工作机构，而非独立的利益主体，彼此间的权限分工是相对的，其目标是一致的，行政任务的有效完成需要各部门在分工基础上的通力协作，发挥行政的整体优势。因此，分工和协作是实现行政目标的两种手段，是依法行政的一体两翼，"职能分工是依法行政的基础，行政协作也是依法行政的体现"。❸ 与行政部门间的协作一样，行政权与司法权虽属不同性质的权力，但权力运行的最终目的都是在保护个体利益的基础上推动社会整体利益的最大化，实现社会的和谐协调发展，二者价值追求的一致性为其执法衔接奠定了合理性基础。专利、商标行政执法涉及知识产权、市场监管、海关、公安、检察等部门，各自均具有制止知识产权侵权、违法行为的法定职权；同时，随着新技术和新型商业模式的不断出现，专利、商标行政执法面临的问题和挑战越来越多，需要各职能部门强化协作，发挥知识产权保护体系的整体效能。

其次是"行政执法权限冲突理论"。"所谓行政权限，是指行政部门在行使法律赋予的职权时不得超越一定的界限，或是赋予行政部门行使职权时在地域、层级或事务上的界限。"❹ "行政权限因行政职权而产生、变更……行政权限是行政职权的最外界限。"❺ 当不同行政部门的行政职权在范围上发生重叠时，行政权限便会发生冲突。一些行政立法造成的行政权限冲突可以通过修法得到解决，但由于法律规范的局限性、公共事务的复杂性和部门立法时的利益驱动，实践中行政权限的冲突难以避免，表现为两个或两个以上的行政执法主体均认为自己对某一事项具有管辖权，或者均认为自己没有管辖权。这种行政权限上的冲突大多通过

---

❶ ［美］尤金·巴达赫. 跨部门合作——管理"巧匠"的理论与实践［M］. 周志忍，张弦，译. 北京：北京大学出版社，2011：6.

❷ 王名扬. 英国行政法［M］. 北京：中国政法大学出版社，1987：74.

❸ 金国坤. 行政协作法律机制研究［J］. 河北法学，2008（1）：55.

❹ 胡建淼. 行政法学［M］. 北京：法律出版社，2010：116.

❺ 万里鹏. 我国专利行政执法的权利冲突及其规制路径［J］. 延边大学学报（社会科学版），2018（2）：95.

行政执法协作机制予以解决。专利、商标行政执法上的权限冲突虽然因国家重新组建知识产权管理部门而得以部分解决，但由于我国实行知识产权司法保护和行政保护"二元体制"，且海关、公安部门对专利、商标保护也有法定职权，因此，专利、商标行政执法依然需要健全与其他行政执法部门及司法部门之间的执法协作机制，发挥知识产权"大保护"制度的综合优势。

2. 专利、商标行政执法协作的作用

（1）促进专利、商标行政执法更趋公正、高效。由于现代市场经济的开放性，专利、商标侵权假冒等违法行为必然突破区域甚至国家的界限，而专利、商标行政执法受地域管辖的限制，且涉及诸多管理部门，专利商标行政管理机关开展行政执法，面临跨区域、跨部门调查取证困难，处罚标准宽严不一，竞相争抢管辖或推诿管辖等问题，导致行政执法的公正性、合理性、权威性受损。通过建立跨区域案件移送、委托调查、协助执行以及跨区域、跨部门联合专项行动等行政执法协作机制，将使专利、商标行政执法更趋公正、高效。

（2）有效降低专利、商标行政执法成本。专利、商标的创造、运用、管理和保护与技术创新、商业模式创新和产业发展的关系是全方位的，专利、商标行政执法应当提供一种"全链条"式的行政服务。由于现代法治政府对行政职权的限制，往往造成各专利商标行政管理机关之间以及与其他行政部门之间的权限冲突，导致专利、商标行政执法效率的耗损。通过建立健全跨部门、跨区域专利、商标行政执法协作机制，调动各部门协作配合的积极性、主动性，可以有效降低专利、商标行政执法成本，提高行政效能，有效解决专利、商标行政执法取证难、立案难、周期长等问题。

二、专利、商标行政执法协作的法律依据

（一）基本法律依据

《民事诉讼法》和《最高人民法院关于适用〈中华人民共和国民事诉讼法〉的解释》有关审理民事纠纷案件中委托调查取证、委托送达司法文书以及委托执行的规定，为专利、商标行政执法，特别是委托调查取证、委托送达法律文书以及委托执行提供了基本法律依据。

（二）参照性依据

1. 国家政策

首先是关于强化行政执法协作的纲领性政策。例如，2014 年中共中央《关于全面推进依法治国若干重大问题的决定》提出要"深入推进依法行政，加快建设法治政府"，"有条件的领域可以推行跨部门综合执法"。2014 年国务院《关于促

进市场公平竞争维护市场正常秩序的若干意见》提出要"建立市场监管部门、公安机关、检察机关间案情通报机制"。国务院《法治政府建设纲要（2015～2020）》提出要"支持有条件的领域推行跨部门综合执法"，"健全行政执法和刑事司法衔接机制，完善案件移送标准和程序，建立健全行政执法机关、公安机关、检察机关、审判机关信息共享、案情通报、案件移送制度"；要"完善行政执法程序"，"完善行政执法权限协调机制，及时解决执法机关之间的权限争议，建立异地行政执法协助制度"。

其次是知识产权行政执法的专项政策。例如，2011年国务院《关于进一步做好打击侵犯知识产权和制售假冒伪劣商品工作的意见》提出要"建立跨地区跨部门执法协作机制"："各地区、各有关部门要建立联络员制度……建立线索通报、案件协办、联合执法、定期会商等制度，完善立案协助、调查取证、证据互认、协助执行及应急联动工作机制，形成打击合力，增强打击效果。规范执法协作流程，加强区域间执法信息共享，提高跨区域执法协作监管效能。"

2. 地方规章

例如，2015年《江苏省行政程序规定》第14条规定："地方各级人民政府之间为促进经济社会发展，有效实施行政管理，可以按照合法、平等、互利的原则开展跨行政区域的合作。""区域合作可以采取签订合作协议、建立行政首长联席会议制度、成立专项工作小组等方式进行。"第15～17条则规定了行政机关在行使职权过程中的跨部门移送和协助。

3. 部门规章、规范性文件

2015年《专利行政执法办法》第41条规定："管理专利工作的部门需要委托其他管理专利工作的部门协助调查收集证据的，应当提出明确的要求。接受委托的部门应当及时、认真地协助调查收集证据，并尽快回复。"第42条规定："海关对被扣留的侵权嫌疑货物进行调查，请求管理专利工作的部门提供协助的，管理专利工作的部门应当依法予以协助。""管理专利工作的部门处理涉及进出口货物的专利案件的，可以请求海关提供协助。"2016年国家知识产权局印发的《专利行政执法操作指南》第6章专门规定了"跨区域、跨部门专利行政执法协作"。

4. 跨部门、跨区域间行政执法合作协议

"如果行政协助有法律的明文规定，则依法律的规定进行；如果没有法律的明文规定，行政机关单独不能完成行政任务而需要其他行政机关协助的，则需要通过签订协助协议的方式进行。"❶ 跨部门行政执法合作协议主要有广东、福建、上海和武汉等省（市）近年来出台的建立自贸区知识产权行政执法与海关保护协作

---

❶ 杨桦. 论区域行政执法合作——以珠三角地区执法合作为例 [J]. 暨南学报（哲学社会科学版），2012（4）：31.

机制的相关文件。跨区域知识产权行政执法合作协议主要有 2019 年《长三角区域知识产权执法协作协议》，以及 2019 年 12 月北京、天津、河北、江苏、山东、广东、重庆、四川、湖北、浙江、安徽、上海等 12 省市知识产权局共同签署的《十二省市知识产权行政保护协作协议书》。根据以上协议，各省（市）知识产权局将在专利、商标、地理标志保护领域进一步打通相关案件线索移送通道，加强在案件调查取证、处理文书送达、处理决定执行等方面合作，推动建立知识产权侵权判定互认机制、重点商标保护互认名录等，并加强知识产权侵权纠纷检验鉴定、仲裁调解、海外维权援助等服务资源共享。

三、专利、商标行政执法协作的内容及实施

（一）跨区域专利、商标侵权纠纷的行政裁决

2015 年《江苏省行政程序规定》第 12 条、第 13 条对跨区域行政执法的案件移送和管辖冲突处理作了具体规定；2016 年《专利行政执法操作指南》第 6 章第 1 节对"跨区域专利纠纷的处理"协作作出了详细的规定；另外，2019 年 6 月上海、江苏、浙江、安徽三省一市签署的《长三角区域知识产权执法协作协议书》就长三角区域内跨辖区专利、商标执法的案件移送、委托送达、协助调查、协助执行、协作办案等事项作了详细规定。这些规定在不违反法律法规的前提下，可以准用于跨区域专利、商标纠纷的处理。因此，实施跨区域专利、商标侵权纠纷的处理应当遵循以下规则。

1. 请求协作条件

请求专利商标行政管理机关跨区域裁决专利、商标侵权纠纷，应当符合以下条件：

（1）请求人是专利权人、商标权人或者利害关系人，属于受案机关所辖行政区域；

（2）被请求人的住所地或侵权行为实施地在受案机关所辖行政区域以外的区域；

（3）有明确的请求事项和具体事实、理由；

（4）属于专利商标行政管理机关的受案范围，但不属于受案机关管辖；

（5）当事人没有就该专利、商标侵权纠纷向人民法院起诉。

2. 提交材料

请求专利商标行政管理机关跨区域裁决专利、商标侵权纠纷，请求人应当提交以下材料：

（1）专利、商标侵权纠纷裁决请求书；

（2）专利证书及有效性证明文件、商标注册证和专利授权公告文本、商标文本复印件；

（3）证据和证明材料；

（4）个人身份证复印件；

（5）单位营业执照副本复印件；

（6）单位法定代表人身份证明；

（7）授权委托书；

（8）其他材料，包括被请求人所在地专利商标行政管理机关立案要求出具的实用新型、外观设计的专利权评价报告等。

请求书及专利有效性证明文件、商标注册证和专利授权公告文本、商标文本，应当按照被请求人的数量提供副本。

3. 初步审查

办案机关收到请求人提交的跨区域专利、商标侵权纠纷裁决请求后，应进行初步审查，并核查专利有效性证明文件、商标注册证原件、身份证原件等材料。

请求符合条件的，办案机关应当在收到请求书之日起 5 个工作日内向请求人出具《跨区域专利、商标侵权纠纷行政裁决材料接收单》；请求不符合规定条件的，专利商标行政管理机关应当在收到请求书之日起 5 个工作日内通知请求人，并说明理由。

4. 管辖

（1）案件移送规则。2015 年《江苏省行政程序规定》第 12 条规定："行政机关受理公民、法人和其他组织的申请或者依职权启动行政程序后，认为不属于自己管辖的，应当移送有管辖权的行政机关，并通知当事人；受移送的行政机关也认为不属于自己管辖的，不得再行移送，应当报请其共同上一级行政机关指定管辖。"因此，专利、商标侵权纠纷的办案机关收到请求后发现案件不属于本部门管辖的，不予立案，但应当将案件线索移送有管辖权的专利商标行政管理机关处理，移送前应告知请求人。受移送的专利商标行政管理机关应当受理或者立案。受移送的专利商标行政管理机关认为受移送的案件依照规定不属于其管辖的，应当报请上一级专利商标行政管理机关指定管辖，不得再自行移送。

参照《专利行政执法操作指南》第 6.1.4 条的规定，移送案件应当填写《跨区域专利、商标侵权纠纷裁决材料移送单》一式两份，并在 3 日内将其中的一份与请求人提交的请求书和证据等材料一并移送给有管辖权的专利商标行政管理机关，并告知被移送方，被移送方应当出具《跨区域专利、商标侵权纠纷行政裁决材料接收单》。

（2）管辖冲突解决规则。按照有关管辖冲突的处理规则，两个以上的办案机关都认为对专利、商标侵权纠纷案件有管辖权的，应当依照下列规则处理：两个以上行政机关对同一行政管理事项都有管辖权的，由最先受理的行政机关管辖；发生管辖权争议的，由其共同上一级行政机关指定管辖。情况紧急、不及时采取措施将对公共利益或者公民、法人和其他组织合法权益造成重大损害的，行政管理事项发生地的行政机关应当进行必要处理，并立即通知有管辖权的行政机关。

5. 立案

有管辖权的专利商标行政管理机关自收到移送材料之日起 5 个工作日内决定是否立案。予以立案的，应当填写《跨区域专利、商标侵权纠纷裁决材料接收回执》一式两份，将其中的一份发送给移送方；不予立案的，填写《跨区域专利、商标侵权纠纷裁决不予立案通知书》，说明理由，发送给移送方，并将相关材料一并退回。

有管辖权的专利商标行政管理机关立案后，按照有关法律、法规和规章裁决专利、商标侵权纠纷。必要时，受理案件的部门可以请移送方派员，或者移送方主动派员协助调查和处理。

6. 结案

专利、商标侵权纠纷裁决结案后，有管辖权的专利商标行政管理机关应当填写《跨区域专利、商标侵权纠纷裁决结案通知书》一式三份，将其中一份发送给移送方。

（二）跨区域专利、商标纠纷的调解

2016 年《专利行政执法操作指南》第 6 章第 2 节对"跨区域专利纠纷的调解"作了详细规定，这些规定在不违反法律法规的前提下，可以准用于跨区域商标纠纷的调解。因此，实施跨区域专利、商标纠纷的调解应当遵循以下规则。

1. 提交材料

请求专利商标行政管理机关调解跨区域专利、商标纠纷，应当提交以下材料：

（1）专利、商标侵权纠纷处理请求书；

（2）专利有效性证明材料、商标注册证和专利授权公告文本、商标文本复印件；

（3）证据和证明材料；

（4）个人身份证复印件；

（5）单位营业执照副本复印件；

（6）单位法定代表人身份证明；

（7）授权委托书；

（8）其他材料。

专利、商标纠纷调解请求书应当按照被请求人数量提供副本。

单独请求调解侵犯专利权、商标权赔偿数额的，应当提交专利商标行政管理机关作出的认定侵权行为成立的处理决定书副本。

2. 接收

请求符合规定条件的，专利商标行政管理机关应当在收到请求书之日起 7 日

内向请求人出具《跨区域专利、商标纠纷调解材料接收单》；请求不符合规定条件的，应当在收到请求书之日起 7 日内通知请求人，并说明理由。

3. 管辖

跨区域专利、商标纠纷调解的管辖参照跨区域专利、商标侵权纠纷处理的管辖。

4. 材料移送

专利商标行政管理机关移送案件应当填写《跨区域专利、商标纠纷调解材料移送单》一式两份，并在 3 日内将其中的一份与请求人提交的请求书和证据等材料一并移送给有管辖权的专利商标行政管理机关，并告知被移送方，被移送方应当出具《跨区域专利、商标纠纷调解材料接收单》。

有管辖权的专利商标行政管理机关自收到移送材料之日起 5 个工作日内决定是否立案。予以立案的，应当填写《跨区域专利、商标纠纷调解材料接收回执》一式两份，将其中的一份发送给移送方。

有管辖权的专利商标行政管理机关不予立案的，应当书面通知移送方，并将材料一并退回。

5. 结案

专利、商标纠纷调解结案的，有管辖权的专利商标行政管理机关应当填写《跨区域专利、商标纠纷调解结案通知书》一式三份，其中两份分别发送给移送方和有管辖权的专利商标行政管理机关的上级机关备案。

未能达成协议，以撤销案件的方式结案的，有管辖权的专利商标行政管理机关应当书面通知移送方。

（三）跨区域假冒专利、商标违法行为的查处

2015 年《江苏省行政程序规定》第 12 条、第 13 条对跨区域行政执法的案件移送和管辖冲突处理作了具体规定；2016 年《专利行政执法操作指南》第 6 章第 3 节对"跨区域假冒专利的行政查处"作了详细规定，这些规定在不违反法律法规的前提下，可以准用于跨区域商标违法行为的查处。因此，实施跨区域假冒专利、商标违法行为的查处，应当遵循以下规则。

1. 移送

专利商标行政管理机关在执法过程中，对发现的假冒专利和商标违法行为线索或者收到的专利、商标侵权假冒投诉举报案件，经判断、审核，发现没有管辖权的，发现地专利商标行政管理机关应当填写《跨区域查处假冒专利、商标违法行为材料移送单》一式两份，将其中的一份与相关证据材料移送给有管辖权的专利商标行政管理机关。

发现地省级以下专利商标行政管理机关跨省移送案件的，应当报告省级专利

商标行政管理机关，并由省级专利商标行政管理机关及时将案件线索信息和投诉举报材料向有管辖权的省级专利商标行政管理机关书面通报。

对受移送的省级多个部门对移送案件皆有管辖权的，移送部门应当向最有利于案件查处的有管辖权的部门移送，不得多部门移送。

2. 受理

有管辖权的专利商标行政管理机关自收到《跨区域查处假冒专利、商标违法行为材料移送单》和相关材料之日起 7 日内决定是否立案。予以立案的，应当填写《跨区域查处假冒专利、商标材料接收回执》一式两份，将其中一份发送给移送方；不予立案的，说明理由，书面通知移送方，并将相关材料一并退回。

3. 结案

有管辖权的专利商标行政管理机关查处假冒专利、商标违法行为结案后，应当填写《跨区域查处假冒专利、商标违法行为结案通知书》一式三份，将其中的两份分别发送给其上级机关和移送方备案。

（四）跨区域案件协办

2015 年《江苏省行政程序规定》第 16 条规定："有下列情形之一的，行政机关可以书面请求相关行政机关协助：（一）独立行使职权不能实现行政目的的；（二）因人员、设备不足等原因不能独立行使职权的；（三）执行公务所必需的文书、资料、信息为其他行政机关所掌握，自行收集难以获得的；（四）应当请求行政协助的其他情形。""请求行政协助的内容主要包括：调查、提供具体信息和协助作出行政行为。"第 17 条规定："被请求协助的行政机关应当依法及时履行协助义务，不得推诿或者拒绝。不能提供协助的，应当以书面形式及时告知请求机关并说明理由。""因行政协助发生争议的，由请求机关与协助机关的共同上一级行政机关裁决。"同时，《民事诉讼法》及《最高人民法院关于适用〈中华人民共和国民事诉讼法〉的解释》对司法审判中跨区域案件调查、文书送达和协助执行作了规定，2016 年《专利行政执法操作指南》第 6 章第 4 节对专利案件的跨区域协办作了详细规定。以上规定均可以作为专利、商标案件跨区域协办的参照依据。

1. 委托证据调查
（1）委托程序。

经办案件的专利商标行政管理机关委托证据所在地的专利商标行政管理机关调查收集有关证据，应当填写《跨区域专利、商标案件协助调查取证委托书》一式两份，提出明确的调查事项、要求和期限，并将其中的一份和案件相关材料复印件一起移送给证据所在地专利商标行政管理机关。必要时，应当简要介绍案情或附具调查提纲。

证据所在地的专利商标行政管理机关接到《跨区域专利、商标案件协助调查取证委托书》后 7 日内决定能否接受委托。能够接受委托的，应当填写《跨区域专利、商标案件委托调查取证回执》一式两份，将其中的一份发送给委托方；不能接受委托的，应当说明理由，书面通知委托方，并将相关材料一并退回。

（2）完成委托事项后的通知程序。

证据所在地的专利商标行政管理机关完成调查取证后，应当填写《跨区域专利、商标案件调查取证结果通知书》一式两份，将其中一份连同取证结果一起发回委托方。

（3）完成委托事项的期限。

依照 2016 年《专利行政执法操作指南》的规定，证据所在地专利商标行政管理机关接受委托后，应当在其要求的期限内完成调查取证，一般不超过 15 日。有特殊情况的，应当与委托方商定调查取证期限。而《民事诉讼法》第 131 条规定："人民法院在必要时可以委托外地人民法院调查。……受委托人民法院收到委托书后，应当在三十日内完成调查。因故不能完成的，应当在上述期限内函告委托人民法院。"因此，参照该法律规定，即使有特殊情况，委托调查取证的期限也不应超过 30 日，否则就不能体现行政执法协作机制的便捷高效性优势。

2. 协助证据调查

经办案件的专利商标行政管理机关请求证据所在地专利商标行政管理机关协助调查收集有关证据的，应出具正式公函提出明确的请求协助事项和时间。协助方应当在指定期限内完成协助调查事项，在实施调查过程中必要时可以派出执法人员配合调查取证。

3. 委托送达

《民事诉讼法》第 88 条规定："直接送达诉讼文书有困难的，可以委托其他人民法院代为送达，或者邮寄送达。"《最高人民法院关于适用〈中华人民共和国民事诉讼法〉的解释》第 134 条第 1 款规定："依照民事诉讼法第八十八条规定，委托其他人民法院代为送达的，委托法院应当出具委托函，并附需要送达的诉讼文书和送达回证，以受送达人在送达回证上签收的日期为送达日期。"参照以上规定，结合 2016 年《专利行政执法操作指南》第 6.4.3 条规定，专利、商标案件跨区域送达应当遵循以下规则。

（1）委托程序。专利商标行政管理机关在处理或者查处专利、商标案件中，因当事人及相关人员或者单位不在本辖区，相关执法文书和案件材料直接送达存在困难的，可以委托当地专利商标行政管理机关帮助查询，协助送达。委托方应当填写《跨区域专利、商标案件送达委托书》一式两份，将其中的一份移送给送达地专利商标行政管理机关。

（2）完成委托送达事项的期限。2016 年《专利行政执法操作指南》未规定完成委托送达事项的具体期限，只规定受托方"应当及时"将法律文书和案件材料送达当事人及相关人员或者单位，并将送达回执发回委托方或者将送达情况回复委托方。而《最高人民法院关于适用〈中华人民共和国民事诉讼法〉的解释》第134条第2款则明确规定："委托送达的，受委托人民法院应当自收到委托函及相关诉讼文书之日起十日内代为送达。"因此，参照该规定，完成委托送达事项的期限应当不超过10天。

4. 协助执行

（1）协助执行部门的选择。依照2016年《专利行政执法操作指南》第6.4.4条的规定，对涉及其他专利商标行政管理机关辖区的案件，有管辖权的专利商标行政管理机关作出的行政处理、处罚决定，可以请求被请求人所在地、侵权行为地或财产所在地专利商标行政管理机关予以协助执行。

（2）协助执行的程序。专利商标行政管理机关作出生效的处理、处罚决定，当事人拒不执行，且被请求人、侵权行为地或其财产所在地不在本辖区内，作出处理、处罚决定的专利商标行政管理机关可以请求被执行人所在地、侵权行为地或其财产所在地专利商标行政管理机关协助执行。被请求协助执行的专利商标行政管理机关接收协助执行请求后，应当派出执法人员依据处理、处罚决定书督促被执行人履行处理、处罚决定，并将履行情况向作出处理、处罚决定的专利商标行政管理机关反馈。属于强制执行的，协助执行的专利商标行政管理机关应协调本地人民法院协助强制执行。

（3）协助执行的期限。《民事诉讼法》第229条规定："被执行人或者被执行的财产在外地的，可以委托当地人民法院代为执行。受委托人民法院收到委托函件后，必须在十五日内开始执行，不得拒绝。执行完毕后，应当将执行结果及时函复委托人民法院；在三十日内如果还未执行完毕，也应当将执行情况函告委托人民法院。"这一司法协助执行的期限规定，对专利、商标行政执法中的协助执行期限具有参照意义。

（4）协助执行请求的效力。2016年《专利行政执法操作指南》只规定接到协助执行请求的部门"应当予以协助"，但没有规定应当协助而不予以协助的救济措施。《民事诉讼法》第229条规定："受委托人民法院自收到委托函件之日起十五日内不执行的，委托人民法院可以请求受委托人民法院的上级人民法院指令受委托人民法院执行。"2006年修正的《湖北省行政执法条例》第30条规定："行政执法机关对其他行政执法机关依法实施的行政执法活动有协助义务的，应当在法定职权范围内予以协助；应当协助而不予协助的，本级人民政府或者上级主管部门应当责令改正。"这一规定对理解专利、商标行政执法中协助执行请求的效力具有启发意义。

（五）跨区域专利、商标执法专项行动

2016年《专利行政执法操作指南》第6章第5节对跨区域专利执法专项行动的基本程序作了规定，第7.4.1条对跨区域专利执法专项行动的重点领域作了规定；第 7.4.3 条对跨区域专利行政执法协作调度的组织架构、任务分工作了详细规定。2017 年国家工商总局制定的《开展打击商标侵权"溯源"专项行动方案》对开展查处商标违法行为"专项行动"的重点商品、重点领域作了规定。这些规定在不违反法律法规的前提下，可供跨区域专利、商标执法专项行动参照适用。

1. 专利、商标侵权案件

对于跨区域专利、商标群体侵权行为，权利人或利害关系人可以向被请求人所在地、侵权行为地专利商标行政管理机关同时提出专利、商标侵权处理请求，专利商标行政管理机关可以开展专项行动的方式，协调各侵权行为人住所地、侵权行为实施地专利商标行政管理机关对各地侵权行为进行调查、处理，制止专利、商标侵权行为。

权利人或利害关系人也可以向其所在地专利商标行政管理机关提出专利、商标侵权纠纷裁决请求，按照专利、商标侵权纠纷行政裁决的地域管辖规则，通过案件移送处理方式，对跨区域专利、商标侵权纠纷进行裁决。

请求人所在地专利商标行政管理机关移送处理案件，应当协调各有管辖权的专利商标行政管理机关公平、高效、同步处理，及时结案。

对重大、疑难和涉及法律适用争议的案件，处理机关可以请求上级专利商标行政管理机关予以指导和协调。

2. 假冒专利、商标案件

对于重点商品（产品）、重点领域的跨区域假冒专利和商标违法行为，发现地专利商标行政管理机关可以协调各违法行为发生地专利商标行政管理机关联合开展专项行动。

假冒专利、商标违法行为发现地商标行政管理机关也可以按照专利商标违法行为行政处罚的地域管辖规则，将案件分别移送各违法行为发生地专利商标行政管理机关进行查处。

发现地专利商标行政管理机关也可以联合各专利、商标违法行为发生地专利商标行政管理机关同时开展专项行动，各自对本地区专利、商标违法行为进行查处。

（六）跨部门执法协作

2015 年《江苏省行政程序规定》第 15 条规定："行政管理涉及多个政府工作部门的，可以建立由主要部门牵头、其他相关部门参加的部门联席会议制度。""部门联席会议制度应当明确牵头部门、参加部门、工作职责、工作规则等事项。""部门联席会议协商不成的事项，由牵头部门将有关部门的意见、理由和依据列明并提出意见，报本级人民政府决定。"2016 年《专利行政执法操作指南》第 6 章第 6 节对涉及专利侵权和假冒专利的"跨部门行政执法协作"作了详细规定，这些规定在不违反法律法规的前提下，可供专利、商标跨部门执法协作参照适用。

1. 与公安机关的执法协作

专利商标行政管理机关依法查处假冒专利行为或商标违法行为时，对于情节严重、构成犯罪的，应当按照同级移送的原则，填写移送案件通知书，连同案件材料，及时移送公安机关。

对移送的案件，公安机关立案侦查后，认为没有犯罪事实，或者犯罪情节轻微，不追究刑事责任，将案件退回专利商标行政管理机关的，专利商标行政管理机关应当依法及时进行处理。

专利商标行政管理机关在查处假冒专利、商标违法行为过程中，对情节严重、社会影响大，可能追究刑事责任的案件，也可以协调公安机关提前介入。

2. 与版权、海关等部门的执法协作

对当事人同一行为同时侵犯专利权、商标权和/或著作权的，专利商标行政管理机关应当以专利、商标相关法律为依据进行处理，必要时可以通报同级版权管理部门对著作权违法行为进行处理。

专利商标行政管理机关处理专利、商标案件时，需要海关协助调取与进出口货物有关的证据的，可以要求海关予以协助。海关对专利、商标嫌疑侵权货物进行调查，需要专利商标行政管理机关提供咨询意见的，专利商标行政管理机关应当予以协助。

3. 专利、商标联合执法

（1）专利、商标联合执法的必要性。知识产权部门联合执法具有力量集中、查处迅速等优势，国外许多国家亦建立了高级别的知识产权联合执法协调机构。[1] 知识产权部门联合执法，首先"是国家执行公共政策的需要"，也"满足了知识产权行政管理部门整合的需要"[2]。一方面，为保障国家知识产权战略的顺利实施，营造鼓励创新的良好营商环境，对反复侵权、群体性侵权以及大规模假冒、盗版等行为采取联合执法，就是一种快速、有效的措施。另一方面，目前我国知识产权管理主体多元、执法标准不统一、行政执法资源分散，通过整合各知识产权行政机关的执法资源，加强部门间联合执法的协调，能够逐步形成执法高效、标准统一的知识产权部门联合执法协作机制。

（2）专利、商标联合执法的政策依据。2011年《国务院关于进一步做好打击侵犯知识产权和制售假冒伪劣商品工作的意见》提出，要建立联合执法工作机制，"充分发挥联合办案优势"；2008年国家知识产权局、公安部《关于建立协作配合机制共同加强知识产权保护工作的通知》中指出，公安机关在办理知识产权犯罪案件过程中，"必要时可会同知识产权部门商请有关行政执法部门共同研究案情和

---

[1] 武善学. 美日韩知识产权部门联合执法概况及其借鉴 [J]. 知识产权，2012 (1)：95.

[2] 武善学，张献勇. 我国知识产权部门联合执法协调机制研究 [J]. 山东社会科学，2012 (4)：108 - 109.

制定工作方案，开展联合执法行动"。

第二节　专利商标行政执法监督

一、专利、商标行政执法监督的概述

（一）专利、商标行政执法监督的概念

行政监督有狭义和广义之分。"广义的行政监督包括了所有对行政权行使的监督体系和方式，而狭义的行政监督则仅仅包括行政系统内部的监督体系和方式。"❶ 广义的行政监督包括行政机构内部的监督，以及立法机关、司法机关、社会与公众舆论的监督。狭义的行政监督一般包括上下级行政机关之间的监督，行政系统内部的审计监督和监察监督，以及复议监督。本节所述专利、商标行政执法监督主要是指上级专利商标行政管理机关对下级部门的行政执法活动所进行的督导和检查。

（二）专利、商标行政执法监督的意义与作用

1. 专利、商标行政执法监督的意义

2014 年《关于全面推进依法治国若干重大问题的决定》将"严密的法治监督体系"作为中国特色社会主义法治的五大体系之一，提出要"强化对行政权力的制约和监督"，"完善政府内部层级监督和专门监督，改进上级机关对下级机关的监督，建立常态化监督制度"，从而将行政执法监督与权力制约紧密结合，使行政监督行为本身趋于常态化、程序化。行政执法监督的规则，既是约束行政执法权的，也是约束行政执法监督者的，这种全方位的权力监督是建设法治社会的必然要求。就专利、商标行政执法监督制度而言，既能制约专利商标行政管理机关滥用行政执法权，又能防止其他力量对专利商标行政管理机关正当合理地行使职权的干涉。

2. 专利、商标行政执法监督的作用

专利、商标行政执法监督的作用主要有三种。

（1）行政督察。专利、商标行政执法督察的目的是监督指导专利商标行政管理机关及其工作人员执行国家法律法规、行政规章、规范性文件与行政纪律，通常分为长期、中期、短期以及专项督导。

（2）行政纠错。专利、商标行政执法监督一方面是对专利商标行政管理机关及其工作人员执行国家法律法规、行政规章、规范性文件和行政纪律的情况进行

---

❶ 关保英. 拓展行政监督的新内涵 [J]. 探索与争鸣，2015（2）：24.

监督；另一方面是通过监督发现专利商标行政管理机关及其工作人员有违法、违规、违纪等行为时对其进行纠错改正。行政纠错的突出特点是，在发现问题之后的一种补救行为。也就是说，行政纠错不能防患于未然，是一种被动的行政监督。

（3）行政防护。专利、商标行政执法防护作为行政监督的一种功能，既可以防止行政违法、违规、违纪等行为的发生，又可以防止专利商标行政管理机关及其工作人员在行政活动中违法、违规、违纪等行为的再次或重复发生。

二、专利、商标行政执法监督内容与实施

2016年《专利行政执法操作指南》第7章第7节对专利行政执法的督查、督导、督办和指导作了详细规定，在不违反法律法规的情况下，这些规定可以参照适用于商标行政执法监督的实施。根据以上规定，专利、商标行政执法监督内容主要包括：行政执法主体的合法性，行政执法程序的合法性，执法文书的建立和使用的规范性，案卷归档管理的规范性，行政执法制度的制定和执行的有效性，具体行政行为的合法性和适当性，法律、法规、规章的贯彻执行有效性等。

（一）执法督查、督办、督导和指导

1. 执法工作督查

省市专利商标行政管理机关可以对本行政区域内专利商标行政管理机关执法工作组织年度督查和专项督查。

实施督查，应重点核验受查专利商标行政管理机关执法档案、执法数据、办案条件、知识产权维权援助服务、举报投诉接收和移送办理等情况。接受督查的专利商标行政管理机关应就督查中提出的突出问题进行整改。

2. 执法案件督办

省市专利商标行政管理机关对本辖区内具有重大影响的专利、商标侵权案件和假冒专利案件及商标违法案件进行督办。根据实际情况，也可以对有关重大案件进行公开挂牌督办。

负责督办案件的专利商标行政管理机关应跟踪案件办理进程，也可以根据案情对案件实施个案指导。接受督办的专利商标行政管理机关对督办案件应尽快办理并及时报送办理结果。

3. 重大专利、商标案件报告备案

（1）备案原则。

重大专利、商标案件报告备案，必须坚持真实、全面、高效的原则。

（2）重大案件。

所谓重大专利、商标案件，是指专利商标行政管理机关处理的以下案件：①被侵权人为外国或我国香港、澳门、台湾地区的当事人，侵权损害额超过10万

元，或者侵权人为外国或我国香港、澳门、台湾地区的当事人的专利、商标侵权纠纷案件；②信息技术、生物技术、医药技术、环境保护、食品安全等高新技术领域专利侵权损害超过 10 万元的纠纷案件；③跨 2 个以上省、自治区、直辖市，或群体侵权、后果严重的专利、商标侵权纠纷案件；④侵权造成的损失超过 20 万元的纠纷案件；⑤违法所得在 3 万元以上的假冒专利案件；⑥罚款额超过 4 万元的假冒专利案件；⑦在处理中需要省级专利商标行政管理机关指导、协调或组织查处的疑难案件。

（3）报送部门和时间要求。

重大专利、商标案件应当自结案之日起 1 周内，也可以在办案过程中，由承办案件的专利商标行政管理机关报告省级专利商标行政管理机关。

对关系经济安全与人身安全的特别重大的专利、商标案件，办案机关应当在立案前或立案之日起 1 周内向省级专利商标行政管理机关报告，由其根据案情决定是否向国家知识产权局报告。

重大专利、商标案件处理后，当事人不服专利商标行政管理机关决定，向人民法院提起诉讼的，或专利商标行政管理机关请求人民法院强制执行的，应当在诉讼结束或执行完毕后 1 周内将诉讼结果或执行情况报告省级专利商标行政管理机关。

（4）报送内容。

承办案件的部门在报告案件时，应当填写重大专利、商标案件报告表，经单位负责人审签后报告。重大专利、商标案件报告应当包括以下内容：①受理单位名称；②立案日期、案卷号；③涉案专利号或商标注册证号；④涉案专利的发明名称或商标式样；⑤涉案当事人情况；⑥案件情况简要说明；⑦案件处理的工作计划或工作总结。

必要时还应当报送调解书、行政裁决书、处罚决定书、案件涉及的主要书面证据等有关材料复印件。

省级专利商标行政管理机关认为需要补送有关材料的，可以要求办案机关补送。

报告备案应当按规定的格式填写，有关表格可以复印使用。

（5）备案。

省级专利商标行政管理机关自收齐办案机关报告材料之日起 1 周内编号备案，填写备案通知书，通知办案机关。

（6）对重大专利、商标案件指导。

根据办案机关的报告，省级专利商标行政管理机关认为有必要对案件进行指导、协调或组织查处的，应当组织有关部门、专家研究讨论后提出意见，并通知办案机关。

在报告过程中，不停止办案程序，但办案机关认为有必要的除外。

省级专利商标行政管理机关的意见对案件不发生法律效力。

（7）备案管理。

省级专利商标行政管理机关对报告备案的重大专利、商标案件材料实行规范管理，按年度进行综合分析，并通告地方专利商标行政管理机关和报告国家知识产权局。

对在全国或某些行业有重大影响的案件，省级专利商标行政管理机关可以随时报告国家知识产权局、省级人民政府和通告相关部门。

（8）监督检查。

省级专利商标行政管理机关对重大专利、商标案件报告情况按年度进行检查。有关备案和工作情况，可以作为评价地方工作绩效的内容。

4. 执法指导

省级专利商标行政管理机关应当加强对地方专利、商标行政执法工作的业务指导，及时对执法办案中遇到的疑难问题作出行政解释或行政答复，建立健全重大疑难案件逐级上报、逐级请示制度。

（二）执法绩效考核

专利、商标行政执法绩效考核是上级专利商标行政管理机关评价下级专利商标行政管理机关执法绩效的方式之一，其目的和作用是评价地方专利、商标行政执法效能，促进地方依法行政，不断提升执法效能，切实加强知识产权保护，优化地方营商环境。一般分为国家知识产权局组织的全国专利商标行政执法考核和地方省级专利商标行政管理机关组织的考核。省级考核一般包括下列范围和程序。

1. 考核范围
（1）各设区市、县（市、区）专利商标行政管理机关；
（2）知识产权保护中心；
（3）知识产权维权援助中心；
（4）知识产权快维中心。

2. 考核流程
（1）各地填报。绩效考核一般由省级专利商标行政管理机关统一组织实施，由各设区市专利商标行政管理机关组织考核材料申报，参加考核单位填报相应表格和材料，报设区市专利商标行政管理机关汇总后，报送省级专利商标行政管理机关。

（2）统一考核。省级专利商标行政管理机关自行或者委托第三方机构根据统一标准，对各地提交的材料进行初步考核。

（3）反馈核查。完成初步考核后，省级专利商标行政管理机关向各参加考核单位反馈初步考核结果，参加考核单位对初步考核结果如有疑问，可在收到反馈结果之日起5个工作日内以书面形式提出更正要求，并提交证明材料，由省级专利商标行政管理机关进行复核和更正。

（4）公布结果。完成绩效考核后，由省级专利商标行政管理机关发布考核结果。

（三）责任追究

1. 行政执法过错责任

行政执法过错责任，是指专利商标行政管理机关的工作人员，在专利、商标行政执法过程中，有故意侵犯当事人利益或执法相对人合法权益的行为，应当承担的民事、刑事、行政等法律责任。

追究行政执法过错责任，应当以法律为准绳，以事实为依据，坚持实事求是和批评、教育、改正的原则。

2. 应当追究过错责任的情形

执法人员有下列行为之一的，应追究其责任：

（1）故意违反法定的行政处罚程序，擅自改变行政处罚种类、幅度的；

（2）故意违反行政执法程序，行政执法适用法律、法规和规章错误的；

（3）截留、私分罚没款物的；

（4）有以权谋私、贪污受贿、徇私舞弊、枉法裁决处罚行为的；

（5）不履行法定义务及应负责任的其他违法行为。

3. 过错责任处理

对执法人员的行政执法过错，视情节给予下列处理：

（1）批评教育，限期改正；

（2）责令书面检查，通报批评；

（3）调离原岗位；

（4）行政处分；

（5）刑事处分。

4. 执法人员的责任追究

专利、商标行政执法人员在同一职务行为中，既有过错责任又有违纪行为的，在追究其过错责任时，应同时根据违纪情节，予以行政处分。

（1）从轻或免于追究责任的情形。

专利、商标执法人员有以下情形之一的，可以从轻或免于追究其责任：①主动发现其执法过错并及时纠正，未造成严重后果的；②过错行为情节轻微，经过批评教育后改正的；③非主观故意的过失行为，未造成严重后果的。

（2）不承担责任的情形。

属于下列情形之一的，执法人员不承担责任：①行政执法相对人虚假陈述或出具伪证，致使发生执法过错的；②因不可抗拒的客观原因导致行政不作为的；

③有书面记录表明对执法过错的行政行为，在作出该行政行为前的讨论、合议时持保留反对意见的；④其他不应当追究责任的情形。

（3）责任追究决定的批准。

对需要追究行政执法过错责任的，经专利商标行政管理机关执法监督机构调查核实后，提出处理意见，由领导集体研究决定。作出决定前，应当认真听取过错人的申诉，在充分听取意见和调查核实的基础上，根据规定作出处理意见或提出移送司法机关追究刑事责任的意见。

经批准追究执法过错责任的，应当制作行政执法过错责任追究决定书，并送达过错人。

（4）责任追究决定的申诉。

执法过错责任人对责任追究决定不服的，可以在接到行政执法过错责任追究决定书之日起15日内向上级监察部门提出申诉。

第十二章　专利商标执法行政复议程序

第一节　专利商标执法行政复议概述

专利、商标执法行政复议，是指自然人、法人或非法人组织不服专利商标行政管理机关在专利、商标执法过程中作出的具体行政行为，认为该行为侵犯其合法权益，依照法定的程序和条件，向特定的行政机关提出申请，由受理该复议申请的机关依法对原具体行政行为的合法性和适当性进行审理，并最终作出行政复议决定的行政行为。

在专利、商标执法过程中，行政相对人对于专利商标行政管理机关作出的具体行政行为不服的，可以依法选择行政复议作为救济手段。

一、行政复议范围

专利、商标执法行政复议的范围，是指申请人可以申请行政复议的事项范围。这既是申请人提出行政复议申请的范围，也是行政复议机关有权审查的行政行为或处理的行政争议的范围。根据《行政复议法》、国家知识产权局《专利行政执法复议指南（试行）》（2017 年 12 月）等相关规定，对专利、商标行政执法可以申请行政复议的事项包括以下几类：

（1）对专利商标行政管理机关查处假冒专利、商标侵权违法行为时作出的责令改正、罚款、没收违法所得等行政处罚决定不服的；

（2）对专利商标行政管理机关查处假冒专利、商标违法行为时作出的财产查封、扣押等强制措施不服的；

（3）认为专利商标行政管理机关在专利、商标执法过程中侵犯其法律、法规规定的经营自主权的；

（4）申请专利商标行政管理机关履行法定职责，专利商标行政管理机关没有依法履行的，主要包括请求专利商标行政管理机关处理专利、商标侵权纠纷不予受理或无正当理由驳回请求的，或者举报假冒专利、商标侵权违法行为，专利商标行政管理机关不予立案处理的；

（5）认为专利商标行政管理机关执法信息公开的具体行政行为侵犯其合法权益的，或者申请专利商标行政管理机关依法公开信息而不予公开或逾期不答复的；

（6）认为专利商标行政管理机关的其他具体行政行为侵犯其合法权益的。

值得注意的是，根据我国相关法律的规定，以下事项不属于专利、商标行政执法行政复议范围，当事人可以依据相关法律直接向人民法院提起行政诉讼或民事诉讼：

（1）当事人对专利商标行政管理机关作出的专利、商标侵权纠纷行政裁决不服的；

（2）当事人对专利商标行政管理机关作出的行政调解不服的；❶

（3）当事人对专利商标行政管理机关作出的侵犯商标专用权赔偿数额的调解不服的；❷

（4）当事人对由各地知识产权维权援助中心协助办理的以调解形式结案的电商、展会领域专利、商标案件不服的。

二、行政复议管辖

专利、商标执法行政复议管辖，是指依照《行政复议法》《行政复议法实施条例》等有关法律法规的规定，行政机关对专利、商标行政复议的权限与分工。

专利、商标执法行政复议，可以按照以下原则确定行政复议机关：

（1）对各省、自治区、直辖市专利商标行政管理机关作出的具体行政行为不服的，申请人可以向国家知识产权局或者省、自治区、直辖市人民政府申请行政复议；

（2）对县级以上地方各级人民政府专利商标行政管理机关作出的具体行政行为不服的，申请人可以向该专利商标行政管理机关的本级人民政府或者其上级专利商标行政管理机关申请行政复议；

（3）对专利商标行政管理机关委托的执法部门作出的具体行政行为不服的，申请人可以向委托部门的本级人民政府或者其上级主管部门申请行政复议；

（4）对被撤销的专利商标行政管理机关在撤销前作出的具体行政行为不服的，申请人可以向继续行使其职权的部门的本级人民政府或者其上级主管部门申请行政复议。

三、行政复议机关的职责

专利商标行政管理机关作为行政复议机关时，需要依照《行政复议法》和《行政复议法实施条例》的规定履行行政复议职责。专利商标行政管理机关可以由内设的处（科）室（以下简称"复议机构"）办理具体行政复议事项。需要注意的是，复议机构是以行政复议机关的名义履行行政复议职责，并由行政复议机关

---

❶《行政复议法》第8条第2款；《专利法》第60条。

❷《商标法》第60条。

领导、支持、保障、监督和指导其行政复议工作。在涉及专利、商标执法的行政复议工作中，复议机构应履行的职责主要包括以下几个方面：

（1）接收并审查专利、商标执法行政复议申请，对于不符合受理条件的不予受理，符合受理条件的予以受理；

（2）向有关部门及人员调查取证，调阅有关文档和资料；

（3）审查被申请复议的具体行政行为是否合法与适当；

（4）申请人在对专利、商标执法过程中作出的具体行政行为申请复议时，同时对该具体行政行为所依据的规定提出审查申请的，复议机构应当对该规定进行合法性审查或转送制定机关审查；

（5）对下级专利商标行政管理机关违反《行政复议法》《行政复议法实施条例》等法律、法规的规定作出的具体行政行为，依照法定的权限和程序提出处理建议；

（6）办理因不服专利、商标执法行政复议决定而提起行政诉讼的行政应诉事项；

（7）办理《行政复议法》第29条规定的行政赔偿事项；

（8）按照职责权限，督促下级专利商标行政复议机关对符合规定的复议申请进行受理，以及督促被申请人或申请人对生效行政复议决定的履行；

（9）办理专利、商标执法行政复议、行政应诉案件统计分析，以及下级专利商标行政复议机关重大行政复议决定备案事项；

（10）研究专利、商标执法行政复议工作中发现的问题，及时向有关机关提出改进建议，重大问题及时向本行政复议机关领导报告。

第二节　行政复议申请

一、申请方式

行政复议申请人可以书面提出行政复议申请，也可以口头提出行政复议申请。书面提出行政复议申请的，可以采取面交、邮寄或者传真等方式。

口头提出行政复议申请的，行政复议机关应当制作专利、商标执法行政复议申请笔录，记录申请人的基本情况、被申请人的基本情况、复议请求、申请复议的事实和理由，申请人提交的证据材料等内容，将笔录交申请人核对或向其宣读，并由申请人签字确认。

二、提交材料要求

提起专利、商标执法行政复议申请应当提交《专利、商标执法行政复议申请书》及相应证据材料，申请书应当载明以下内容。

（1）申请人的基本情况：申请人是公民的，写明姓名、身份证号码、住所、邮政编码等；申请人是法人或者其他组织的，写明名称、住所、邮政编码和法定代表人或者主要负责人的姓名、职务等。申请人委托代理人的，还应当写明委托代理人的基本情况，包括委托代理人的姓名、工作单位、住所、联系方式等内容。

（2）被申请人的基本情况：被申请复议机关的正式名称（不能使用简称）、主要负责人姓名、地址、邮政编码、联系电话等。

（3）行政复议申请的请求事项、主要事实和理由。其中，请求事项要写明申请人的复议目的，如要求撤销或变更具体行政行为，确认具体行政行为违法，申请行政赔偿或者要求履行法定职责等。事实和理由部分要写明：①被申请人作出专利、商标执法具体行政行为的时间、地点，依据的事实和法律依据；②与复议请求事项相关的事实和法律依据，如要求撤销被申请人的具体行政行为，是否有证据，依据哪些法律、法规等。

（4）申请人签名或者盖章。

（5）申请行政复议的日期。

（6）证据材料清单。

虽然专利、商标执法行政复议主要举证责任由被申请人承担，但是有下列情形之一的，申请人应当提供证据材料。

（1）认为被申请的专利商标行政管理机关不履行法定职责的，应提供材料证明曾经向被申请人申请其履行法定职责的事实。例如，申请人提出专利、商标执法行政复议申请，要求专利商标行政管理机关履行处理专利、商标侵权纠纷的法定职责，必须提供证据证明自己曾经向专利商标行政管理机关提出过请求，而其未予受理。

（2）申请行政复议时一并提出行政赔偿请求的，应当提供材料证明被申请的专利商标行政管理机关的具体行政行为侵害其合法的人身、财产权益，并且对于造成损失的数额也应提供证据。

（3）需要申请人提供证明材料的其他情形。例如，申请人因不可抗力或者其他正当理由耽误申请专利、商标执法行政复议的法定期限的，申请人需要提供发生不可抗力或有其他正当理由的证明材料。

三、行政复议参加人

1. 申请人

专利、商标执法行政复议申请人应当是权利人及其利害关系人。在请求专利商标行政管理机关处理专利、商标侵权纠纷而专利商标行政管理机关无正当理由不予受理、不予处理案件中，复议申请人是专利权人、商标权人或其利害关系人。在假冒专利、商标违法行为查处案件中，复议申请人可以是假冒专利、商标违法行为的举报人、投诉人、被查处人等行政相对人；在申请专利、商标执法信息公开案件中，复议申请人可以是信息公开申请人，也可以是认为专利、商标执法信息公开行为侵害其合法权益的行政相对人。

专利、商标执法行政复议申请人的资格可以因发生法定情形而被继承或变更。继承的情形是指，有专利、商标执法行政复议申请权的公民死亡的，其近亲属可以作为申请人申请行政复议，这里的近亲属主要是指父母、配偶、子女和兄弟姐妹等。变更的情形是指，有专利、商标执法行政复议申请权的法人或者其他组织被解散、撤销、合并的，承受其权利义务的法人或者其他组织可以申请行政复议。

如果同一行政复议案件有 5 个以上申请人的，可以由申请人推选 1～5 名代表参加专利、商标执法行政复议。

2. 第三人

第三人，是指除专利、商标执法行政复议申请人外，同申请行政复议的具体执法行为有利害关系的其他公民、法人或者组织。例如，专利商标行政管理机关在查处假冒专利、商标违法行为时，对违法行为人的专用工具进行销毁，专用工具出借人认为侵害其合法权益的，可以作为第三人申请参加复议。

第三人参加专利、商标执法行政复议有两种形式：一种是第三人主动向行政复议机关申请，另一种是行政复议机关依职权主动通知第三人参加复议。

3. 被申请人

应当按照以下原则确定专利、商标执法行政复议申请的被申请人：

（1）公民、法人或者其他组织对专利商标行政管理机关作出的具体行政行为不服申请行政复议的，作出该具体行政行为的专利商标行政管理机关为被申请人，这是确定复议被申请人的一般原则。

（2）对受专利商标行政管理机关委托作为专利、商标执法具体行政行为申请行政复议的，委托的部门是被申请人。

（3）被撤销的专利商标行政管理机关在撤销前作出的具体行政行为申请复议的，继续行使其职权的部门为被申请人。

如果申请人提出行政复议申请时错列被申请人的，行政复议机关应当告知申请人变更被申请人。

四、委托代理

申请人委托代理人代理行政复议的，应当向专利商标执法行政复议机关提交由委托人签名或盖章的授权委托书。

授权委托书应当载明委托事项、权限和日期。授权委托书如果是在国外或者我国港澳台地区形成的，应按照我国法律的规定办理公证、认证或其他证明手续。授权委托书为外文的，应当附其中文译文。

第三节　行政复议申请受理与立案

一、受理条件

专利商标行政管理机关在收到行政复议申请后，应审查该复议申请是否符合法定的受理条件。受理条件包括以下方面。

（1）有明确的申请人并且申请人与专利商标行政管理机关作出的具体行政行为存在利害关系。对申请人的审查，主要是形式审查，应当审查申请人身份是否合格、申请人是否明确提出了专利、商标执法行政复议申请，一个合格的行政复议申请应当有明确的请求事项，并且申请人在申请书上进行了签字或盖章。只要上述条件合格，形式审查就合格了。对于"申请人与具体行政行为存在利害关系"的审查，则属于资格审查的内容，在审查中需要注意以下两点：①专利商标行政管理机关作出的具体行政行为侵犯的应当是申请人自身的合法权益，不能是别人的合法权益；②侵犯的权益必须是合法的。

（2）有符合规定的被申请人。被申请人的资格审查，主要审查被申请人是否符合上节所述的被申请人资格的规定。如果申请人提出行政复议申请时错列被申请人，复议机关应当告知申请人变更被申请人；申请人对被申请人进行更正的期间，不计入行政复议审理期限。

（3）有具体的行政复议请求事项和事实理由。

（4）在法定期限内提出。

（5）属于本机关的行政复议管辖范围。

（6）没有重复受理的情况，或申请人没有提起行政诉讼。重复受理是指申请人已经就同一专利、商标执法具体行政行为向其他复议机关提出复议申请，并被受理。提起行政诉讼是指申请人申请行政复议时已经就同一专利、商标行政复议事项向人民法院提起行政诉讼，并被受理。需要注意的是，如果其他行政复议机关或者人民法院对其复议申请或行政诉讼不予受理，只要符合法定条件，本机关仍然可以受理其行政复议申请。

二、补正

专利商标行政管理机关对行政复议申请材料进行审查后，发现申请材料不齐全或者表述不清楚的，复议机构承办人员应当自收到该行政复议申请之日起5日内一次性通知申请人补正。通知补正时，应当向申请人发出《专利、商标执法行政复议申请补正通知书》，载明需要补正的事项和合理的补正期限。

对补正的行政复议申请，复议机构可以根据不同情况作出以下处理：

（1）受理。经申请人补正后，行政复议申请符合受理条件的，应当受理，并向申请人发出《专利、商标执法行政复议受理通知书》。受理日自收到补正合格的材料之日起计算。

（2）不予受理。行政复议申请材料经补正仍不符合受理条件的，应当自收到补正材料之日起5日内作出不予受理决定，并向申请人发出《专利、商标执法行政复议不予受理决定书》。

（3）告知。经申请人补正后，发现行政复议申请不属于本机关受理的，应当告知申请人向有权机关提出。

（4）视为放弃行政复议申请。申请人无正当理由逾期不补正的，视为放弃该行政复议申请。

三、受理

专利、商标执法行政复议申请符合法定受理条件的，经行政复议机关负责人审批后予以受理。

根据《行政复议法》第17条第2款的规定，行政复议的受理为推定受理，即只要行政复议机关自收到申请之日起5日内未作出补正、告知、不予受理等其他处理，即视为已经受理。专利、商标执法行政复议机关决定受理后，应当制作《专利、商标执法行政复议申请受理通知书》并发送申请人，告知其行政复议程序已启动。

专利、商标执法行政复议申请人就同一事项向两个或者两个以上有权受理的行政机关申请行政复议的，由最先收到行政复议申请的行政机关受理；同时收到行政复议申请的，由收到行政复议申请的行政机关在10日内协商确定；协商不成的，由其共同上一级行政机关在10日内指定受理机关。协商确定或者指定受理机关所用时间不计入专利、商标执法行政复议审理期限。

四、不予受理

专利、商标执法行政复议申请不符合法定受理条件的，承办人员应当拟定《专利、商标执法行政复议申请不予受理决定书》，经复议机构负责人审核后，报复议机关负责人审批。《专利、商标执法行政复议申请不予受理决定书》应自收到该行政复议申请之日起5日内制作完成，并发送申请人，在决定书中应说明不予受理的事实和理由。

对于不属于本行政复议机关受理范围的复议申请，承办人员应拟定《专利、商标执法行政复议告知书》，经复议机构负责人审核后，报行政复议机关负责人审批。《专利、商标执法行政复议告知书》应自收到该行政复议申请之日起5日内制作完成，并发送申请人，在告知书中需告知申请人应依法向有权管辖的行政复议机关提出行政复议申请。

五、复议期间原具体行政行为停止执行的情形

原则上，专利、商标执法行政复议期间被复议的具体行政行为不停止执行，但是有下列情形之一的，可以停止执行：

（1）被申请人认为需要停止执行的；

（2）专利、商标执法行政复议机关认为需要停止执行的；

（3）申请人申请停止执行，专利、商标执法行政复议机关认为其要求合理的；

（4）法律规定停止执行的。

第四节　行政复议审理

行政复议机关受理行政复议申请后，就进入对原具体行政行为进行审理并作出行政复议决定的阶段。专利、商标执法行政复议审理程序主要包括以下几个方面。

一、确定审理人员

行政复议机关受理专利、商标执法行政复议申请后，应当确定 2 名或者 2 名以上行政复议人员负责复议案件的审理。

二、通知被申请人

行政复议机关应当自专利、商标执法行政复议申请受理之日起 7 日内，将专利、商标执法行政复议申请书副本或者专利、商标执法行政复议申请笔录复印件发送给被申请人，并同时通知被申请人在规定期限内进行答复。

三、被申请人答复

被申请人在收到答复通知以及专利、商标执法行政复议申请书副本或者申请笔录复印件后，应在 10 日内提出书面答复，对具体行政行为是否合法、是否适当、是否认同申请人的行政复议请求作出明确答复，并提交当初作出具体行政行为的全部证据、依据和其他有关材料。

专利商标行政管理机关作为行政复议被申请人，应重视对行政复议申请书的答复，因为答复内容是行政复议机关判断专利、商标行政执法行为是否合法、适当的重要依据。

1. 答复材料要求

被申请人的答复材料主要包括以下几个方面：

（1）书面答复意见。被申请人的答复意见应当包括作出被复议的专利、商标行政执法行为的事实和理由、反驳申请人请求的理由，以及向行政复议机关提出的主张和请求。

（2）表明被复议的专利、商标行政执法行为存在的书面材料，如处理假冒专利、商标违法案件时作出的《限期整改通知书》《处罚决定书》等。

（3）依据、证据和其他有关材料。依据是指被复议的专利、商标行政执法行为所依据的法律、法规等规范性文件。证据则是指在包括专利、商标执法过程中，当事人提供和被申请人依职权获得的证据，具体包括书证、物证、视听资料、证人证言、当事人的陈述、鉴定意见、勘验笔录和现场笔录、电子数据等。当然，上述证据并不直接成为作出行政复议决定的根据，而是必须经行政复议机关查证属实，才能成为行政复议的根据。

2. 答复的注意事项

被申请人在答复时需要注意以下几个事项：

（1）提交的材料应当是当初作出被复议的专利、商标执法行为的全部证据、依据和其他有关材料；

（2）提交的证据应当是当初作出被复议的专利、商标执法行为时的证据，不能是执法行为作出后补充的证据，更不能是在复议过程中自行收集的证据；

（3）答复的期限是在收到答复通知之日起10日内提出书面答复。

3. 申请人、第三人对答复材料的查阅

对于被申请人提交的答复材料，申请人和第三人可以依法申请查阅。但是，如果被申请人提供的证据和其他材料涉及国家秘密、商业秘密和个人隐私等内容的，行政复议机关可以拒绝申请人、第三人的查阅请求。

四、审阅案卷并确定审理方式

行政复议人员在接收专利、商标执法行政复议案件后，应当从以下几个方面审阅行政复议的相关材料：

（1）了解申请人的请求和理由，了解被申请人的答复意见，确定案件的争议点；

（2）对申请人提供的证据以及被申请人提交的在专利、商标执法过程中作出原具体行政行为的证据及其他材料进行审查，判断案件事实是否足以认定，进而决定是否需要作进一步调查取证；

（3）经过审阅案卷材料，根据对案件复杂程度的判断，确定采用书面审理方式、听证审理方式或者其他审理方式。

需要注意的是，专利、商标执法行政复议原则上采用书面审理方式，但是申请人提出要求或者复议机构认为有必要的，可以向有关组织和人员调查情况，并听取行政复议参与人的意见。❶也就是说，专利、商标执法行政复议审理一般采取书面审理为主、调查取证为辅的审理方式。对于重大、复杂的案件，申请人提出要求或者复议机构认为有必要的，也可以采取听证审理方式。

五、行政复议中止

专利、商标执法行政复议中止，是指在行政复议过程中因出现法定情形，暂停对行政复议的审理。中止审理的，应当制作《专利、商标执法行政复议中止通知书》并发送当事人。中止审理的情形包括以下几种：

（1）作为申请人的自然人死亡，其近亲属尚未确定是否参加行政复议的；

（2）作为申请人的自然人丧失参加行政复议的能力，尚未确定法定代理人参加行政复议的；

（3）作为申请人的法人或者其他组织终止，尚未确定权利义务承受人的；

（4）作为申请人的自然人下落不明或者被宣告失踪的；

（5）申请人、被申请人因不可抗力，不能参加行政复议的；

（6）案件涉及法律适用问题，需要有权机关作出解释或者确认的；

（7）案件审理需要以其他案件的审理结果为依据，而其他案件尚未审结的；

（8）其他需要中止行政复议的情形。

一旦专利、商标执法行政复议中止的原因消除，行政复议机关应制作《专利、商标执法行政复议恢复审理通知书》并发送当事人，恢复行政复议。恢复行政复议后，行政复议期限继续计算。

第五节　行政复议决定

专利、商标执法行政复议决定是指行政复议机关在对专利商标行政管理机关作出的具体行政行为进行依法审查后，基于查清的事实，根据法律、法规、规章以及其他规范性文件的规定，以《专利、商标执法行政复议决定书》的形式作出的结论性意见。

一、行政复议决定作出前的审查

专利、商标执法行政复议机关在作出行政复议决定前，需要对行政复议所针

---

❶ 《行政复议法》第 22 条。

对的专利、商标执法行为的合法性和适当性进行全面的实体审查，并依据审查结果作出专利、商标执法行政复议决定。审查内容主要包括以下方面。

（一）主体及其职权的审查

1. 主体审查

主体审查的内容主要包括：（1）专利、商标执法主体存在的组织法依据；（2）专利、商标执法主体的权限来源是否有法律、法规的明确授权。

2. 职权的审查

职权审查的内容主要包括是否超越职权和是否滥用职权两个方面。

超越职权的情形是指：（1）下级行政机关非法行使了上级行政机关的职责；（2）超越地域管辖权限越权行权，如某案件本应由违法行为发生地的专利商标行政机关管辖，但由违法行为人户籍所在地的专利商标行政管理机关进行了处理；（3）行政机关的内设工作机构行使了本机关的权限，如专利商标行政管理机关内设的执法处（科）室以自己的名义对外作出了执法行为；（4）受委托进行专利、商标执法的组织超越了委托权限范围行权。

滥用职权则是指被申请的专利商标行政管理机关虽然在形式上是在职责范围内作出专利、商标执法行为，但是其在行使职权过程中违背了赋予其权限的法律、法规的宗旨。

（二）事实证据的审查

事实清楚和证据确凿是具体行政行为合法的前提，对事实和证据的判断，直接影响审理的结果。对案件事实的审查，主要标准就是看证据是否确凿充分，因此在审理涉及专利、商标执法的行政复议案件时，要对证据的质量和数量进行全面判断。对证据具体有以下几个方面的要求：

（1）证据是真实客观存在的，不是由执法人员主观臆造出来的；

（2）证据和具体行政行为之间存在关联性，如处罚假冒专利、商标行为的依据应当是能证明其假冒行为存在的证据，而不能是与假冒专利、商标行为无关的违法经营证据；

（3）取证的主体和程序必须合法，如进行现场取证的人员应具有执法权限、符合法定人数以及在现场收集证据时应履行法定的程序和手续；

（4）作出的具体行政行为所依据的全部证据完整、充分、确凿，据以定案的证据之间在逻辑上没有冲突，所有的证据都相互印证，形成一个完整的证据链。

(三) 依据的审查

对依据的审查，是指在查明事实的基础上，对被复议的专利、商标执法行为是否正确适用法律、法规、规章以及其他规范性文件进行的审查。主要从如下几个方面进行判断：

（1）该依据是否适用于专利、商标执法行为；

（2）是否本应适用甲依据时，却适用了乙依据；

（3）是否错误地适用了法律、法规、规章、规范性文件的条款；

（4）适用依据是否全面；

（5）适用依据是否已失效或尚未生效；

（6）适用的法律规范位阶是否正确，如有法律、法规明确规定的，不能适用位阶低于法律、法规的规范性文件。

(四) 程序的审查

对程序的审查，是指审查专利、商标执法行为作出时是否符合法律、法规、规章规定的方式、形式、手续、顺序和时限的要求。例如，专利商标行政管理机关查封、扣押涉嫌违法产品的，应当经其负责人批准；查封、扣押时，应当向当事人出具有关通知书，当场清点，制作笔录和清单，由当事人和执法人员签名或者盖章。当事人拒绝签名或者盖章的，由执法人员在笔录上注明。清单应当交当事人一份。专利、商标执法人员查封、扣押涉嫌违法产品时应当遵循上述程序，否则就是程序不合法。

对程序的审查具体包括如下几个方面：

（1）是否履行法定手续。如执法人员是否在执法时表明执法身份，是否在处罚前告知了行政相对人其享有的权利，是否依法经领导批准，是否依法完成了送达等。

（2）是否符合法定形式。如法律规定用书面形式的，是否使用了书面形式；是否依法制作笔录等。

（3）是否符合法定步骤和顺序，即执法人员实施专利、商标执法行为是否严格依照法定程序进行，如是否在作处罚决定前听取当事人的意见和陈述。

（4）是否在法定期限内完成具体行政行为。

(五) 适当性的审查

适当性审查，是指专利商标行政管理机关实施专利、商标执法时是否公正合理地行使其自由裁量权。在进行适当性审查时，可以采取三种方法：（1）横向比较法，即对于情节性质类似的案件，与所在地区同系统其他行政机关的处理结果相比是否大体类似；（2）纵向比较法，即对于情节、性质类似的案件，与本机关此前作出的处理结果相比是否大体类似；（3）内部比较法，如在涉及多个违法行为人的案件中，对于违法性质和情节相类似的两个违法行为人，给予处理的结果是否大体类似。

二、行政复议决定的类型

根据专利、商标执法行政复议的审理结果，可以作出的行政复议决定主要包括以下类型。

1. 维持决定

行政复议机关经过对专利、商标执法行为的审查，认为该执法行为同时满足事实清楚、证据确凿、适用依据正确、程序合法、内容适当这五个方面要求的，应当作出维持该执法行为的复议决定。

2. 撤销决定

专利、商标执法行为存在以下任何一种情形的，行政复议机关可以依法作出撤销该具体行政行为的决定：（1）主要事实不清，证据不足的；（2）适用依据错误的；（3）违反法定程序的；（4）超越或滥用职权的；（5）具体行政行为明显不当的；（6）被申请人没有提出书面答复，未提交当初作出具体行政行为的证据、依据和其他有关材料的。

专利、商标执法行政复议撤销决定的类型可以分为两种：（1）全部撤销具体行政行为，如处理决定是没收违法所得，同时处以罚款的，行政复议决定将两种处罚一并撤销；（2）部分撤销具体行政行为，如将前例中的没收违法所得的处罚予以保留，而对罚款的处罚予以撤销。

3. 变更决定

除作出撤销决定外，专利、商标执法行政复议机关还可以作出决定直接变更被申请人的具体行政行为。变更决定主要适用于以下两种情形：（1）案件事实清楚，证据确凿，程序合法，但具体行政行为明显不当或适用依据错误的；（2）案件认定事实不清，证据不足，但是经行政复议机关审理查明，事实清楚，证据确凿的。

行政复议机关在作出变更决定时，在申请人的专利、商标执法行政复议请求范围内，不得作出对申请人更为不利的行政复议决定。

4. 确认违法决定

确认违法决定是指，行政复议机关确认被复议的专利、商标执法行为违法的行政复议决定。当专利、商标执法行为有以下几种情形之一，且不能适用撤销或变更决定时，行政复议机关可以作出确认违法决定：（1）主要事实不清，证据不足；（2）适用依据错误；（3）违反法定程序；（4）超越或滥用职权；（5）具体行政行为明显不当。

5. 责令重作决定

当专利、商标执法行政复议机关作出撤销或确认违法决定的同时，还可以责令被申请人在一定期限内重新作出具体行政行为。

专利、商标执法行政复议机关责令被申请人重新作出行政执法行为的，被申请人不得以同一事实和理由作出与原具体行政行为相同或者基本相同的执法行为。但对于因程序违法而被撤销或确认违法的执法行为，如果重新作出的执法行为遵循了法定程序，修正了程序瑕疵，则不受上述限制。

专利、商标执法行政复议机关责令被申请人重新作出执法行为的，被申请人应当在相关法律、法规、规章规定的期限内重新作出具体行政行为；相关法律、法规、规章没有规定期限的，重新作出具体行政行为的期限为 60 日。

6. 责令履行决定

复议申请人要求被申请人履行法定职责，而被申请人不履行法定职责的，行政复议机关应当作出责令其履行的复议决定。在专利、商标执法中责令履行决定主要适用于三类案件：（1）被申请人没有履行保护专利权、商标权等财产权的法定职责的案件；（2）被申请人没有履行查处假冒专利、商标违法行为职责的案件；（3）被申请人没有应申请人的申请依法公开执法信息的案件。

专利、商标执法行政复议机关作出责令履行的行政复议决定应当具备以下几个条件：（1）存在申请人已提供材料证明曾经申请被申请人履行法定职责的事实；（2）要求作出的具体行政行为在被申请人的职权范围内，也就是说，被申请人负有履行法定职责的义务；（3）被申请人未履行法定职责且无正当理由；（4）责令被申请人继续履行法定职责对申请人而言还具有实际意义。

专利、商标执法行政复议机关决定被申请人履行法定职责的，应当同时明确被申请人履行该职责的期限。

7. 驳回复议申请决定

有下列情形之一的，专利、商标执法行政复议机关应当决定驳回行政复议申请：

（1）申请人认为专利商标行政管理机关不履行法定职责申请行政复议，行政复议机关受理后发现该部门没有相应法定职责或者在受理前已经履行法定职责；

（2）受理专利、商标执法行政复议申请后，发现该专利、商标执法行政复议申请不符合《行政复议法》和《行政复议法实施条例》规定的受理条件。

三、行政复议决定书制作

除终止审理和达成调解协议的情形外，行政复议机关应当及时作出专利、商标执法行政复议决定，并制作《专利、商标执法行政复议决定书》。

《专利、商标执法行政复议决定书》应当满足以下要求：事实叙述清楚，理由论述充分，法条引用准确，复议决定具体、明确。具体而言，《专利、商标执法行政复议决定书》可以按照以下内容进行撰写。

（1）行政复议参加人的基本情况。申请人与第三人是公民的，应写明姓名、公民身份证号码、住所等；申请人与第三人是法人或其他组织的，应写明其全称，并写明法定代表人或主要负责人的姓名、职务；申请人与第三人委托代理人或者有法定代理人的，还应写明代理人的情况。被申请人应写明其名称的全称以及法定代表人或主要负责人的姓名、职务。

（2）行政复议案件的程序陈述，包括案由、立案审查、审理、结案等程序环节的记载。

（3）申请人的申请内容、被申请人的答复内容；如有第三人参与，还应写明第三人的陈述内容。

（4）本行政复议机关审理查明的案件事实，以及证明上述事实的证据。

（5）作出决定的理由和依据。

（6）行政复议决定的最终处理结果。

（7）复议决定书的效力及申请人和第三人诉权的告知。

（8）作出行政复议决定的日期。

《专利、商标执法行政复议决定书》应加盖行政复议机关公章或行政复议专用章。

第六节　结　案

一、结案形式

专利商标行政管理机关作为行政复议机关处理专利、商标执法行政复议案件，应当在查清事实的基础上，依法及时结案。

根据案件处理结果，结案形式可分为以下三种：

（1）作出《专利、商标执法行政复议决定书》，以行政复议决定形式结案；

（2）终止审理，发出《专利、商标执法行政复议终止决定书》，终止行政复议程序；

（3）申请人和被申请人经行政复议机关调解达成协议的，作出《专利、商标执法行政复议调解书》，经履行法定程序结案。

二、结案具体事项

1. 作出行政复议决定

行政复议机关对专利、商标执法行政复议申请经审理认为可以依法作出复议决定的,应当依法制作《专利、商标执法行政复议决定书》,作出行政复议决定。

2. 终止复议

专利、商标执法行政复议案件出现下列情形之一的,行政复议机关可以终止复议程序:

(1)申请人要求撤回专利、商标执法行政复议申请,行政复议机关准予撤回的。对于申请人撤回专利、商标执法行政复议申请的案件,申请人不能以同样事实和理由再次申请复议,除非其能证明撤回行政复议申请违背其真实意思表示。

(2)作为申请人的自然人死亡,没有近亲属或者其近亲属放弃行政复议权利的。

(3)作为申请人的法人或者其他组织终止,其权利义务的承受人放弃行政复议权利的。

(4)对专利商标行政管理机关行使法律、法规规定的自由裁量权作出的具体行政行为不服申请复议的案件,申请人与被申请人在行政复议决定作出前自行达成和解协议,并经行政复议机关准许的。

(5)专利、商标执法行政复议,案件出现《行政复议法实施条例》第42条第2款规定的中止情形而中止的,满60日中止的原因仍未消除的,行政复议终止。

3. 达成调解协议

有下列情形之一的,专利、商标执法行政复议机关可以按照自愿、合法的原则进行调解:

(1)公民、法人或者其他组织对专利商标行政管理机关行使法律、法规规定的自由裁量权作出的具体行政行为不服申请复议的;

(2)申请复议事项为申请人与被申请人之间的行政赔偿或者行政补偿争议的。

申请人与被申请人经调解达成协议的,行政复议机关应当制作《专利、商标执法行政复议调解书》。调解书应当载明行政复议请求、事实、理由和调解结果,并加盖行政复议机关公章或行政复议专用章。《专利、商标执法行政复议调解书》经双方签字,即具有法律效力。当《专利、商标执法行政复议调解书》生效后,一方不履行的,另一方可以申请强制执行。

三、结案审批

复议机关对专利、商标执法行政复议案件依法需要作出复议决定的,办案人员应当制作《专利、商标执法行政复议案件结案审批表》,拟定《专利、商标执法行政复议决定书》,经复议机构负责人审核后,报行政复议机关负责人批准。

专利、商标执法行政复议案件依法需要终止审理的,办案人员应当制作《专利、商标执法行政复议案件结案审批表》,经复议机构负责人审核,报行政复议机关负责人批准后,终止审理。

四、结案后的其他工作

为了更加妥善地解决行政争议，专利、商标执法行政复议机关在复议结案后应当根据复议工作需要做好如下工作：

（1）提出复议意见书。行政复议机关在办理复议案件过程中发现被申请人或其他下级专利商标行政管理机关在办理专利、商标违法案件过程中普遍存在违反行政执法相关法律法规和规范性文件规定行为，或者被复议案件还存在其他需要做好善后处理工作事项的，可以制作《专利、商标执法行政复议意见书》，指导其纠正或处理。有关专利商标行政管理机关应当自收到《专利、商标执法行政复议意见书》之日起 60 日内，采取纠正措施或作出相应处理，并将纠正相关专利、商标执法违法行为或善后处理情况通报复议机关。

（2）发出复议建议书。行政复议机关在复议期间，发现相关法律、法规、规章、规范性文件实施中对专利、商标行政执法存在带有普遍性的问题，可以制作《专利、商标执法行政复议建议书》，向有关机关提出改进和完善专利、商标执法有关法律、法规、规章和规范性文件的建议。

（3）做好复议报备工作。复议机关在复议案件办结后，应当及时将重大专利、商标执法行政复议决定报上级复议机关备案。

第七节　文书送达

一、送达和送达回证

专利、商标执法行政复议文书的送达，是指行政复议机关按照法定的程序和方式，将依法制作的专利、商标执法行政复议法律文书交付复议参加人的行为。

根据《民事诉讼法》的相关规定，送达相关文书必须有送达回证，由受送达人在送达回证上记明收到日期，签名或者盖章。

受送达人在送达回证上的签收日期为送达日期。

二、法定送达方式

1. 直接送达

直接送达是指将专利、商标执法行政复议法律文书直接送交受送达人签收的送达方式。原则上直接送达应当由受送达人本人或其代理人签收。本人不在时，可送交与其同住的成年家属签收。受送达人为法人或其他组织的，应当由法人的法定代表人、其他组织的主要负责人或者法人、其他组织的负责收件的人签收。受送达人向专利、商标执法行政复议机关指定代收人的，也可以由代收人签收。

2. 留置送达

留置送达是指在受送达人无正当理由拒绝签收行政复议法律文书的情况下，送达人可以邀请有关基层组织或者所在单位的代表到场，说明情况，在送达回证上注明拒收事由和日期，由送达人、见证人签名或者盖章，将文书留在受送达人的住所；也可以把文书留在受送达人的住所，并采用拍照、录像等方式记录送达过程，即视为送达。

3. 委托送达

委托送达是指在直接送达方式确有困难的情况下，由专利、商标执法行政复议机关委托受送达地的行政机关代为送达的送达方式。

4. 邮寄送达

邮寄送达是指行政复议机关将专利、商标执法行政复议法律文书交付邮局，由邮局通过寄送邮件的形式送交受送达人的送达方式。邮寄送达的，以送达回证上注明的收件日期为送达日期。受送达人没有寄回送达回证的，或送达回证上填写的日期明显错误的，以从邮局查询的受送达人实际收到日期为送达日期。

5. 转送送达

转送送达是指行政复议机关将专利、商标执法行政复议法律文书交由受送达人所在单位转交给受送达人的送达方式。转送送达适用于受送达人是军人和受送达人被监禁等情形。

6. 公告送达

在受送达人下落不明，或者采取其他方式均无法送达的情况下，可以使用公告送达。公告送达可以在专利商标行政管理机关公告栏、官方网站公告，在受送达人原住所地张贴公告，也可以采取登报形式公告。自公告发布之日起，经过 60 日即视为送达。公告送达的，应当在行政复议案卷中载明原因和经过。

第八节　行政复议决定的执行

对生效的专利、商标执法行政复议决定，被申请人应当履行。根据行政复议决定类型的不同，被申请人的履行方式可分为以下几种：

（1）行政复议机关作出维持决定的，被申请人主要义务就是保持原具体行政行为确定的状态；如果原具体行政行为还未执行的，应继续执行。

（2）行政复议机关作出撤销决定的，若原具体行政行为已经执行的，要恢复原状，如解除对申请人的行政强制措施；若尚未执行的，不再执行。

（3）行政复议机关作出变更决定的，被申请人要协助行政复议机关执行变更后的具体行政行为，如将罚款变更为责令改正的，被申请人就不得再对申请人处以罚款，而要以行政复议机关的名义责令申请人改正。

（4）行政复议机关作出确认行为违法决定的，被申请人不得维持原具体行政行为的效力，并依申请人请求采取相应的行政赔偿措施。

（5）行政复议机关作出责令限期履行决定的，被申请人应在规定期限内履行完毕，并将履行的情况报告行政复议机关。

（6）行政复议机关作出撤销或者确认行为违法决定的同时，责令被申请人限期重新作出具体行政行为的，被申请人要依照法律的规定，在规定期限内重新作出具体行政行为，并将履行情况报告行政复议机关。

第九节　期　限

一、行政复议申请期限

申请人认为专利商标行政管理机关实施专利、商标执法的具体行政行为侵害其合法权益的，可以自知道该具体行政行为之日起60日内提出行政复议申请。

对于上述60日的期限，按照以下规定进行计算：

（1）专利、商标执法具体行政行为是当场作出的，自具体行政行为作出之日起计算。

（2）载明具体行政行为的执法文书直接送达的，自被送达人签收之日起计算。

（3）载明具体行政行为的执法文书通过邮局以邮件形式邮寄送达的，自被送达人在邮政签收单上签收之日起计算；没有邮政签收单的，自通过给付邮件跟踪查询系统查询的受送达人实际收到之日起计算。

（4）载明具体行政行为的执法文书留置送达的，自送达人和见证人在送达回证上签注的留置送达之日起计算。

（5）具体行政行为依法通过公告形式告知被送达人的，自公告规定的期限届满之日起计算。

（6）被申请人在专利、商标执法过程中作出的具体行政行为未当场告知申请人，事后补充告知的，自该申请人收到补充告知通知之日起计算。

（7）有证据材料能够证明申请人知道具体行政行为的，自证据材料证明其知道具体行政行为之日起计算。

（8）申请人曾申请专利商标行政管理机关履行法定职责，专利商标行政管理机关未履行的，行政复议申请期限计算如下：①有履行期限规定的，自履行期限届满之日起计算；②没有履行期限规定的，自专利商标行政管理机关收到申请满60日起计算。

（9）因不可抗力或者其他正当理由耽误法定申请期限的，申请期限自障碍消除之日起继续计算。

二、行政复议审理期限

专利、商标执法行政复议的审理期限原则上为 60 日，期限的计算以复议机关收到合格的专利、商标执法行政复议申请书之日为起算日。

对于情况复杂的案件，办案人员可以申请延长审理期限，经行政复议机关负责人批准的，审理期限可以延长，但最多不超过 30 日，并且应当及时将延期决定通知申请人和第三人。

三、期限的计算单位

专利、商标执法行政复议期限的主要计算单位为"日"。例如，公民、法人和其他组织申请专利、商标执法行政复议的期限为 60 日，行政复议机关对专利、商标执法行政复议申请进行审查以决定是否受理的期限为 5 日。

根据《行政复议法》第 40 条第 2 款的规定，行政复议期限有关"5 日""7 日"的规定是指工作日，不含节假日。除此之外，其他期限的"日"指自然日。

四、期限的计算方法

1. 期限的起算

专利、商标执法行政复议期限开始的第一日不计算在期限内，即专利、商标执法行政复议期限从法定或指定日期的第二日开始计算。例如，申请人于 2020 年 3 月 16 日向行政复议机关提出专利、商标执法行政复议申请，如果行政复议机关经审理决定不予受理的，则其作出不予受理决定的最后日期应从 2020 年 3 月 17 日开始计算的 5 个工作日。

2. 期限的扣除

"5 日""7 日"的期限不包括节假日，应当扣除。除此之外，其他期限如"10 日""30 日""60 日"等不能扣除节假日，但是如果这些期限的最后一日恰好为节假日，则期限届满的日期也要顺延到节假日后的第一个工作日。

专利、商标执法行政复议法律文书在邮寄过程中所花费的时间也应当扣除，如行政复议机关邮寄送达《专利、商标执法行政复议决定书》的时间、行政复议申请人邮寄递交行政复议申请书的时间。

第十三章　专利商标执法行政应诉

第一节　专利商标执法行政诉讼概述

行政诉讼，是指公民、法人或者其他组织认为行政机关及其工作人员的具体行政行为侵犯其合法权益，依照法律规定向人民法院提起的诉讼。专利、商标执法行政诉讼，是指当事人对专利商标行政管理机关作出的专利、商标执法具体行政行为不服，依法向人民法院提起的行政诉讼。

一、专利、商标执法行政诉讼案件的类型

根据专利商标行政管理机关行政执法的类型，可以将专利、商标执法行政诉讼划分为两类。

1. 针对专利、商标侵权纠纷行政裁决提起的行政诉讼

专利商标行政管理机关对请求人提出的专利、商标侵权纠纷处理请求进行以下处理，当事人不服相应处理决定的，可以向人民法院提起行政诉讼：

（1）认为请求人提出的专利、商标侵权纠纷处理请求不符合立案条件，向请求人发出《专利、商标侵权纠纷处理请求不予受理通知书》的；

（2）经审理作出行政裁决，向当事人发出《专利、商标侵权纠纷案件行政裁决书》的；

（3）经审理认为应当撤销案件，向当事人发出《撤销专利、商标侵权纠纷案件决定书》的；

（4）自受理当事人请求之日起2个月内不履行纠纷处理职责的。

2. 针对专利、商标违法行为行政处罚提起的行政诉讼

专利商标行政管理机关对专利、商标违法行为作出以下处理，当事人对处理决定不服的，可以向人民法院提起行政诉讼：

（1）收到投诉举报人对涉嫌专利、商标违法行为的投诉举报，专利商标行政管理机关认为不构成违法，向投诉举报人发出《不予立案通知书》或者《撤销案件通知书》，投诉举报人不服的；

（2）专利商标行政管理机关向当事人发出《查封（扣押）决定书》，查封或者扣押涉嫌假冒专利或商标违法行为的产品，被查封人（被扣押人）不服的；

（3）专利商标行政管理机关认为当事人专利、商标违法行为成立，向当事人发出《责令整改通知书》，当事人对责令整改不服的；

（4）专利商标行政管理机关认定专利、商标违法行为成立，向当事人发出《行政处罚决定书》，没收其违法所得、单处或者并处罚款，被处罚人不服的。

（5）专利商标行政管理机关认为专利、商标代理服务机构存在代理服务违法行为，对其作出《行政处罚决定书》，当事人对处罚决定不服的。

（6）当事人对专利商标行政管理机关作出的具体行政行为不服，依法向其上级主管部门申请行政复议，上级主管部门作出维持原具体行政行为的决定，当事人不服的，可以作出复议决定的专利商标行政管理机关和作出原具体行政行为的专利商标行政管理机关作为共同被告，向人民法院提出行政诉讼。

二、专利、商标执法行政诉讼案件的管辖

依据《行政诉讼法》，专利、商标执法行政诉讼案件实行两审终审制度。

1. 一审案件管辖

对不服专利商标行政管理机关作出的具体行政行为提起的行政诉讼，第一审行政诉讼管辖法院，最高人民法院对专利、商标案件的规定有所不同。

（1）不服专利商标行政管理机关对专利违法行为作出的具体行政行为提起的第一审行政诉讼案件，由各省、自治区、直辖市人民政府所在地中级人民法院和最高人民法院指定的中级人民法院或基层人民法院管辖。例如，最高人民法院规定如下：

① 不服北京市、上海市专利商标行政管理机关对专利案件作出的具体行政行为提起的行政诉讼，分别由北京知识产权法院、上海知识产权法院管辖。

② 不服广东省内（深圳地区除外）各专利商标行政管理机关对专利案件作出的具体行政行为提起的行政诉讼，由广州知识产权法院管辖；不服深圳地区专利商标行政管理机关对专利案件作出的具体行政行为提起的行政诉讼，由深圳市中级人民法院管辖。

③ 不服其他省、自治区、直辖市专利商标行政管理机关对专利案件作出的具体行政行为提起的行政诉讼，由各省、自治区、直辖市人民政府所在地中级人民法院或者最高人民法院指定的中级人民法院或基层人民法院管辖。例如，不服南京、镇江、扬州、泰州、盐城、淮安、宿迁、徐州、连云港市专利商标行政管理机关及苏州、无锡、常州、南通市专利商标行政管理机关对专利案件作出的具体行政行为提起的行政诉讼，分别由南京、苏州知识产权法庭管辖。

④ 受省、自治区、直辖市专利商标行政管理机关委托进行执法的县、市级专利商标行政管理机关对专利案件作出的具体行政行为，当事人不服提起行政诉讼的，通常由各省、自治区、直辖市人民政府所在地中级人民法院或者最高人民法院指定的中级人民法院或基层人民法院管辖。

⑤ 由地方性法规授权的县、市级专利商标行政管理机关对专利案件作出的具体行政行为，当事人不服提起行政诉讼的，除地方性法规另有规定的外，由各省、自治区、直辖市人民政府所在地中级人民法院或者最高人民法院指定的中级人民法院或基层人民法院管辖。

专利商标行政管理机关作为专利案件行政复议机关的，根据复议决定的类型、当事人提起的行政诉讼请求，结合以上①~⑤所述的管辖原则确定具体的管辖法院。例如，复议机关维持原行政行为的，作出原行政行为的行政机关和复议机关作为共同被告，两被告所在地有管辖权的人民法院均可管辖；复议机关改变原行政行为的，由复议机关所在地有管辖权的人民法院管辖；复议机关在法定期限内未作出复议决定，当事人起诉原行政行为的，由作出原行政行为的行政机关所在地有管辖权的人民法院管辖；起诉复议机关不作为的，由复议机关所在地有管辖权的人民法院管辖。

（2）不服专利商标行政管理机关对商标案件作出的具体行政行为提起的第一审行政诉讼案件，由最初作出具体行政行为的专利商标行政管理机关所在地人民法院管辖。经复议的案件，如复议机关改变原具体行政行为的，也可以由复议机关所在地人民法院管辖。

在前述山特公司销售侵犯"SANTAK"商标专用权不间断电源案中，广州市工商局天河分局对广州山特公司作出责令停止侵权行为、没收侵权产品、罚款25万元的行政处罚决定。广州山特公司不服上述行政处罚决定，在广州市工商局复议维持原处罚决定后，广州山特公司又向天河区人民法院提起诉讼，并在败诉后上诉至广州知识产权法院。该案中，广州市天河区人民法院是最初作出具体行政行为的工商行政管理机关（广州市工商局天河分局）所在地人民法院，所以该案中商标行政诉讼第一审管辖法院是天河区人民法院。

值得注意的是：①在北京市、上海市、广州市辖区内，对县（区）级以上地方人民政府所作的涉及专利权、著作权、商标权、不正当竞争等行政行为提起诉讼的第一审行政案件，分别由北京知识产权法院、上海知识产权法院和广州知识产权法院管辖。②全国设置知识产权法庭的省、市，其境内发生的对县级以上专利商标行政管理机关所作的商标行政行为提起行政诉讼，第一审案件的管辖权通常归属该知识产权法庭。例如，在江苏境内的商标行政诉讼第一审案件的管辖，按最高人民法院规定，南京知识产权法庭管辖发生在南京市、镇江市、扬州市、泰州市、盐城市、淮安市、宿迁市、徐州市、连云港市辖区内，对国务院部门或者县级以上地方人民政府所作的商标行政行为提起诉讼的第一审行政案件；苏州知识产权法庭管辖发生在苏州市、无锡市、常州市、南通市辖区内，对国务院部门或者县级以上地方人民政府所作的商标行政行为提起诉讼的第一审行政案件。

2. 二审案件管辖

（1）对专利行政案件第一审判决、裁定不服提起上诉案件，按照最高人民法院的规定，由最高人民法院管辖。

（2）对商标行政案件第一审判决、裁定不服提起上诉案件，通常由第一审法院的上级法院管辖。值得注意的是：①在上海市辖区内，对基层人民法院作出的第一审商标行政案件的判决、裁定不服提起上诉的案件，由上海知识产权法院管辖；在广州市辖区内，对基层人民法院作出的第一审商标行政案件的判决、裁定不服提起上诉的案件，由广州知识产权法院管辖。②在设置有知识产权法庭的市，在其辖区内，对基层人民法院作出的第一审商标行政案件的判决、裁定不服提起上诉的案件，管辖权通常归属于该市知识产权法庭。例如，在深圳市辖区内，对基层人民法院作出的第一审商标行政案件的判决、裁定不服提起上诉的案件，由深圳知识产权法庭管辖；在南京市辖区内，对基层人民法院作出的第一审商标行政案件的判决、裁定不服提起上诉的案件，由南京知识产权法庭管辖；在苏州市辖区内，对基层人民法院作出的第一审商标行政案件的判决、裁定不服提起上诉的案件，由苏州知识产权法庭管辖。

3. 再审案件

根据相关法律规定，对已经发生法律效力的专利行政案件第二审判决、裁定不服，当事人可以向最高人民法院申请再审，但原判决、裁定不停止执行。

对于已经发生法律效力的商标行政案件第二审判决、裁定不服，当事人可以向第二审法院的上级法院申请再审，但原判决、裁定不停止执行。

第二节　专利商标执法行政诉讼应诉

专利、商标执法行政诉讼案件启动后，专利商标行政管理机关应当做好立案建档、代理人指派、开庭前准备、出庭应诉、庭后事务处理以及结案工作。

一、案件启动

除专利商标行政管理机关自行提起上诉或再审申请的案件外，专利、商标执法行政诉讼案件通常由案件的当事人向人民法院提起诉讼，专利商标行政管理机关作为被告、被上诉人、被申请人参加诉讼。

（一）一审程序的启动

专利、商标执法行政诉讼案件的第一审程序均由行政决定所涉当事人启动，专利商标行政管理机关只能作为被告进行应诉。

1. 起诉期限

（1）一般情形：通常情况下，当事人启动第一审程序的期限为自知道或者应当知道作出行政行为之日起 6 个月内。例如，针对假冒专利行为查处中的《查封（扣押）通知书》，责令停止假冒专利行为和采取改正措施的《责令整改通知书》、没收违法所得、罚款等《行政处罚决定书》提起行政诉讼的，起诉期限为自知道或者应当知道作出行政行为之日起 6 个月内。

（2）特殊情形：有两类案件，第一审程序的启动期限为自收到处理通知之日起 15 日内。一是针对《专利侵权纠纷案件行政裁决书》提起行政诉讼的，起诉期限为自收到行政裁决书之日起 15 日内；二是当事人先向上级专利商标行政管理机关申请复议，对行政复议决定不服再向人民法院提起诉讼的，起诉期限为自收到复议决定书之日起 15 日内。

（3）当事人针对专利商标行政管理机关在接到专利、商标侵权纠纷处理请求之日起 2 个月内不履行法定职责的，2 个月期限届满后，当事人可以向人民法院提起行政诉讼。

2. 当事人地位

当事人针对专利、商标侵权纠纷行政裁决提起行政诉讼的，该当事人为原告，专利商标行政管理机关为被告，涉及的其他当事人作为第三人参加诉讼。

当事人针对专利、商标违法行为行政处罚决定提起行政诉讼的，该当事人为原告，专利商标行政管理机关为被告。

当事人针对维持原行政行为的复议决定提起行政诉讼的，该当事人为原告，作出原行政行为的专利商标行政管理机关和复议部门为共同被告。当事人针对改变原行政行为的复议决定提起行政诉讼的，该当事人为原告，复议部门为被告。

当事人提出行政复议请求，但履行复议职能的上级专利商标行政管理机关在法定期限内未作出复议决定，当事人起诉作出原行政行为的专利商标行政管理机关的，该当事人为原告，作出原行政行为的专利商标行政管理机关是被告；当事人起诉履行复议职能的上级专利商标行政管理机关的，该当事人为原告，履行复议职能的上级专利商标行政管理机关为被告。

（二）二审程序的启动

专利、商标执法行政诉讼案件的第二审程序可由一审程序的任何一方启动，包括原告、被告和第三人。

原告不服一审判决或裁定提起上诉的，该当事人为上诉人，专利商标行政管理机关作为被上诉人参加应诉，其他当事人通常被列为原审第三人。第三人不服一审判决或裁定提起上诉的，该原审第三人为上诉人，原审原告作为被上诉人参加应诉，专利商标行政管理机关通常被列为原审被告。专利商标行政管理机关不服一审判决，也可以作为上诉人主动提起上诉，此时原审原告为被上诉人，原审第三人仍作为第三人参加诉讼。

针对判决书提起上诉的期限为自一审判决书送达之日起 15 日内，针对裁定书提起上诉的期限为自裁定书送达之日起 10 日内。送达之日是指当事人收到人民法院送达的裁判文书的日期，上诉期限从该日期的第二天起算。

（三）再审程序的启动

再审程序是对两审终审制的补充。再审程序的启动有三种渠道：当事人申请、法院主动再审和检察院抗诉。

1. 当事人申请再审

任何一方当事人，包括专利商标行政管理机关，对已经发生法律效力的第二审判决、裁定不服，可以依法申请再审。对于已经发生法律效力的专利行政案件第二审判决、裁定不服，当事人可以向最高人民法院申请再审，但原判决、裁定不停止执行。对于已经发生法律效力的商标行政案件第二审判决、裁定不服，当事人可以向第二审法院的上级法院申请再审，但原判决、裁定不停止执行。原则上，申请再审应当在判决、裁定发生法律效力后 6 个月内提出。当存在以下情形时，可以自知道或者应当知道之日起 6 个月内提出：

（1）有新的证据，足以推翻原判决、裁定的；

（2）原判决、裁定认定事实的主要证据是伪造的；

（3）据以作出原判决、裁定的法律文书被撤销或者变更的；

（4）审判人员审理该案件时有贪污受贿、徇私舞弊、枉法裁判行为的。

原告或第三人提出再审申请时，该当事人为再审申请人，专利商标行政管理机关为被申请人，另一方当事人通常被列为原审原告或原审第三人。专利商标行政管理机关主动提起再审申请的，原审原告为被申请人，原审第三人仍作为原审第三人参加诉讼。

2. 法院主动再审

最高人民法院对地方各级人民法院已经发生法律效力的判决、裁定，发现有《行政诉讼法》第 91 条规定情形之一的，有权提审或者指令下级人民法院再审。

各级人民法院院长对本院已经发生法律效力的判决、裁定，发现有《行政诉讼法》第 91 条规定情形之一，认为需要再审的，经提交审判委员会讨论决定后，可以启动再审程序。

专利商标行政管理机关应当根据人民法院的再审通知和要求参加诉讼。

3. 检察院抗诉

最高人民检察院对各级人民法院已经发生法律效力的判决、裁定，上级人民检察院对下级人民法院已经发生法律效力的判决、裁定，发现有《行政诉讼法》第 91 条规定情形之一的，有权按照审判监督程序提出抗诉，进而由人民法院启动再审程序。

地方各级人民检察院对同级人民法院已经发生法律效力的判决、裁定，发现有《行政诉讼法》第 91 条规定情形之一的，可以向同级人民法院提出检察建议，并报上级人民检察院备案；也可以提请上级人民检察院向同级人民法院提出抗诉，进而由人民法院启动再审程序。

专利商标行政管理机关对抗诉再审案件，应当根据人民法院的通知和要求参加诉讼。

二、立案建档和代理人指派

（一）立案建档

立案建档是行政诉讼案件处理的第一环节。

专利商标行政管理机关应当根据实际情况，指定专门处（科）室（以下称"行政诉讼处室"）负责行政诉讼应诉工作。如果行政诉讼处室与办案机构不一致，一般应当由办案机构负责行政诉讼应诉工作，做好二者的衔接和分工。

行政诉讼处室在收到法院的应诉通知书等材料后，应当签收送达回证并进行登记，注明收到日期，生成诉讼案件编号，制作诉讼案卷。

（二）代理人指派

专利、商标执法行政诉讼案件通常应当指派两名代理人参加诉讼，其中应包括一名被诉行政行为的承办人或者熟悉相关案件情况的工作人员。根据工作需要，专利商标行政管理机关也可以委托本单位以外的专业人士，如律师或专利代理师等作为委托代理人参加行政诉讼。两名代理人的分工由专利商标行政管理机关根据实际情况确定。

三、诉讼材料准备

专利商标行政管理机关在行政诉讼中需要准备的材料依据其在诉讼中的地位不同具有一定的差异。

（一）当事人启动的行政诉讼案件

针对当事人启动的行政诉讼案件，专利商标行政管理机关作为被告、被上诉人或者再审被申请人，应当在自收到应诉通知书及起诉状副本之日起 15 日内提交答辩材料。具体包括：统一社会信用代码证书、法定代表人身份证明、授权委托书、答辩状、作出行政行为依据的证据及证据清单、作出行政行为所依据的法律及规范性文件等。

1. 授权委托书

授权委托书应当由专利商标行政管理机关主要负责人签批。出庭前代理人发生变更的，应当对变更后的代理人准备授权委托书。

代理人应当在委托代理权限范围内进行应诉。代理人的代理权限包括以下一项或多项：（1）出庭参加诉讼活动；（2）进行调解；（3）进行法庭质证和辩论；（4）其他需要委托的事项。

2. 答辩状

答辩状是专利商标行政管理机关针对起诉状、上诉状或者再审申请书的内容，在法定期限内根据事实和法律法规的规定进行回答和辩驳的法律文书。提交答辩状是法律赋予当事人的一种权利，有利于保护其正当合法权益，也有利于人民法院全面了解案情，判明是非，作出正确的判决或裁定。

代理人应当在收到应诉材料之日起 7 日内针对原告的起诉资格、诉讼时效、诉讼请求及理由等事项提出应诉意见，形成答辩状，连同整理的证据材料和证据清单一起报分管负责人或主要负责人审批。

（1）答辩状的形式。

一份完整的行政答辩状应当包括首部、正文、尾部及附项三方面的内容。首部即标题"行政答辩状"。正文部分由三部分组成：当事人栏、案由部分和答辩部分。尾部及附项部分包括三方面的内容：①致送机关；②答辩人及答辩日期；③附项，包括答辩状副本份数、证物或书证件数、法律和法规复印件份数。

（2）答辩状的撰写。

撰写答辩状时，应当针对原告、上诉人或者再审申请人提出的全部理由并结合证据和法律依据逐一进行答辩，答辩内容应当具有针对性且不能遗漏。答辩理由应论证详尽、条理清楚、逻辑严密，必要时可以用证据（主要是行政程序中采用的证据）和/或相关法律依据予以支持。没有证据或法律依据的答辩理由尽量不要写入答辩状，确保答辩理由符合法律规定。

① 正确使用不同审级当事人的称呼：一审程序中为原告/被告/第三人，二审程序中为上诉人/被上诉人/原审第三人，再审程序中为再审申请人/再审被申请人等。

② 针对程序问题进行答辩。包括诉讼主体是否适格、起诉或上诉期限是否超期、当事人是否提交了在行政程序中未出现的新证据和新理由等。如果经核实原告不是被诉具体行政行为的当事人或者起诉或上诉期限超出法定期限，则需要在答辩状中说明，请求法院依法裁定驳回其诉讼请求；如果原告提交了在行政程序中没有出现过的新证据，或者提出了在行政程序中没有提出过的新理由，则需要在答辩状中说明，请求法院对该证据不予采信，对该理由不予审理或请求法院准许补充证据。

③ 针对实体问题进行答辩。可以引述被诉行政决定中的论述，必要时针对诉

讼请求对被诉具体行政行为作出的理由作进一步解释和论述。对于原告所叙述的案件事实与实际情况不符之处，应明确提出，予以辩驳，并清楚、简要地描述案情，就争议的重点事实进行详细阐述。

根据案情，可以采取以下几种答辩技巧：

第一，认为行政行为完全正确的，需明确指出原告诉讼请求没有依据。针对原告诉讼请求的论点，提出确实充分的证据证明案情事实，列举有关的法律、法规，并适当摘引其相应的条款进行辩驳，说明作出行政行为所适用的实体法和程序法正确。

第二，认为行政行为有欠缺的，可先就行政行为的正确部分，根据事实、证据以及法律、法规进行答辩，然后实事求是地说明行政行为的瑕疵或不妥之处，并提出改正意见。

第三，发现行政行为确属不当的，可不进行答辩。

④ 准确提出答辩请求。在答辩状正文的最后部分，准确提出答辩请求，例如："综上所述，×××专利商标行政管理机关作出的第×××号行政处罚决定书认定事实清楚，适用法律法规正确，处理程序合法，处理结论正确，原告的诉讼理由不能成立，请贵院驳回原告诉讼请求。"

3. 证据和证据清单

行政诉讼是法院对行政行为的合法性进行审查的制度。在行政诉讼中，行政机关对其作出的行政行为的合法性负有举证责任，如果行政机关不能在举证期限内提交证据或者无正当理由逾期提交证据证明其行政行为合法，将要承担不利的法律后果。

证据应当与答辩状中的内容相对应，以证明行政行为合法性为目的，通常包括两种类型：

（1）证明行政行为程序合法的证据。例如，受理通知书、答辩通知书、送达回执、接收当事人证据材料清单、证据登记保存清单、查封（扣押）物品清单、现场笔录、口头审理记录、听证笔录等。

（2）证明行政行为实体合法的证据。例如，调查取证的照片或录像、现场笔录、口头审理记录等。

对于需要提交的证据，应当制作证据清单，详细列明每个证据的证据名称和证明目的，其中，证明目的可以逐项列出，也可以综合概括。在形成证据清单时，需要注意以下几点：

① 被诉具体行政行为是行政诉讼审查的对象，原告或上诉人没有提交作出该具体行政行为的行政裁决书、处罚决定书或通知书的，专利商标行政管理机关应当将其以附件的形式提交，不应当将其列为证据；

② 原告提交过的证据不用重复提交，但是如果这些证据同时也是被诉具体行政行为所依据的证据，则需要在证据清单中列出，同时注明"以上证据××已由原告提交，不再另行提交"；

③ 被诉具体行政行为依据多份证据的，根据需要可以注明"被诉×××中的证据××"。

4. 行政行为所依据的法律法规或规范性文件

一般情况下，提供能够证明行政行为程序、实体合法的法律法规或规范性文件的相关条款即可。必要时，可打印或复印将其作为应诉材料的一部分。

（二）专利商标行政管理机关启动的行政诉讼案件

专利商标行政管理机关启动的行政诉讼案件仅限于两种类型：一是专利商标行政管理机关不服一审判决或裁定，决定提起上诉的案件；二是专利商标行政管理机关不服二审判决或裁定，决定提起再审申请的案件。

1. 上诉案件

专利商标行政管理机关决定提起上诉的，应当在收到判决书之日起15日内或收到裁定书之日起10日内向二审法院提起上诉。专利案件向最高人民法院提起上诉，商标案件向原审人民法院的上一级人民法院提起上诉。

（1）启动上诉案件前的报批。

专利商标行政管理机关收到一审判决书或裁定书后，行政诉讼处室应当于收文之日起3日内商定是否提起上诉，撰写是否上诉的分析说明材料，并报分管领导或主要领导审批，决定是否上诉。

（2）上诉材料的准备。

专利商标行政管理机关决定提起上诉的，应当准备上诉材料，通常包括：统一社会信用代码证书、法定代表人身份证明、授权委托书、上诉状、证据清单、证据材料、用于供二审法院参考的其他材料等。

上诉状内容由指定的代理人共同商定。代理人应当根据具体分工，在收文之日起8日内起草上诉状，准备拟提交的证据材料和证据清单等诉讼材料，报分管领导或主要领导审批后，在上诉期限内提交二审法院。

（3）上诉状的撰写。

上诉状是当事人不服一审判决或裁定，按照法定程序和期限向二审法院提起上诉时使用的文书。一份完整的上诉状应当包括首部、正文、尾部及附项三方面的内容。

首部即标题"行政上诉状"。

正文通常由三部分组成：当事人栏、诉讼请求、上诉的事实与理由。

① 当事人栏。除列明上诉人的情况外，还要列出被上诉人的情况。

② 诉讼请求。诉讼请求部分应当写明上诉人请求二审法院依法撤销或变更原审裁判以及如何解决争议的具体要求。上诉请求应当明确、具体。

③ 上诉的事实与理由。首先，应当概括叙述案情及原审人民法院的处理经过

和结果，为论证上诉理由奠定基础；其次，针对原审判决或裁定中的错误和问题进行分析论证，表述正确主张，阐明上诉理由，为实现上诉请求提供事实和法律依据，针对判决或裁定中存在的错误和问题的分析应当有理有据；最后，概括性地重申诉讼请求的内容，即撤销原审判决或裁定。通常可以从以下几个方面具体阐述上诉理由：事实认定错误的，应当列举证据，否定其认定的全部或部分事实；适用法律不当的，应当援引有关法律加以反驳；违反法定程序的，应当依据法律规定指出错误之处。

尾部和附项包括三方面的内容：①致送机关；②上诉人和上诉日期；③附项，包括上诉状副本份数、证物或书证件数、法律和法规复印件份数。

（4）证据材料和证据清单的准备。

提起上诉时证据和证据清单的准备与应对当事人启动的行政诉讼案件的相应要求相同。

2. 再审申请案件

专利商标行政管理机关申请再审的，通常应当在判决、裁定发生法律效力后6个月内提出。

（1）启动再审申请前的报批。

专利商标行政管理机关收到生效判决书或裁定书后，行政诉讼处室应当于收文之日起5日内商定是否提起再审申请，撰写是否申请再审的分析说明材料，并在收文之日起2周内报分管领导或主要领导审批，决定是否提起再审申请。

（2）再审申请材料的准备。

专利商标行政管理机关决定申请再审的，代理人应当在完成报批程序之日起15日内准备再审申请材料，通常包括：统一社会信用代码证书、法定代表人身份证明、授权委托书、再审申请书、证据清单、证据材料、用于供再审人民法院参考的其他材料等。

再审申请书内容由指定代理人共同商定。代理人应当根据具体分工起草再审申请书，准备拟提交的证据材料和证据清单等诉讼材料，一并报分管领导或主要领导审批后，在法定期限内按照规定将相应的再审申请材料提交人民法院。

（3）再审申请书的撰写。

再审申请书针对的是生效判决或裁定中存在的事实认定、法律适用等错误，在撰写格式和行文方式上与上诉状类似。

再审申请书与上诉状的不同之处主要体现在以下几个方面：

① 当事人地位。分别为再审申请人、被申请人。

② 诉讼请求。诉讼请求部分应当写明请求人民法院撤销、部分撤销或变更人民法院已经发生法律效力的判决、裁定的具体事项。该部分应当明确具体、简明扼要。

③ 事实与理由。除了针对所涉案件二审判决或裁定中存在的认定事实不清、适用法律不当、违反法定程序等进行分析论证外，再审申请书还可以就该案的争

议焦点从更深层次进行详细分析和说明。例如，可以从法律、法规如何适用才更符合立法本意角度进行充分阐释，而不仅限于具体个案情况。

（4）证据材料和证据清单的准备。

提起再审申请时证据和证据清单的准备与应对相对人启动的行政诉讼案件的相应要求相同。

四、出庭前的准备

开庭前，应当针对庭审中可能遇到的情况进行充分的准备，以确保庭审顺利进行。

（一）确定出庭人员

专利商标行政管理机关主要领导或分管领导应当尽可能出庭应诉；对于涉及重大公共利益、社会高度关注或者可能引发群体性事件等的案件以及人民法院书面建议行政机关负责人出庭的行政诉讼案件，主要领导或分管领导应当出庭应诉。

主要领导或分管领导不能出庭的，应当委托工作人员代理出庭。

（二）做好庭前合议

开庭前，代理人应当全面阅卷，并就案件情况进行合议。针对起诉状、上诉状或者再审申请书中涉及的内容，分析庭审中可能遇到的问题，并确定应对方案。

庭前合议通常包括以下内容：（1）梳理案件处理过程；（2）熟悉案件中可能涉及的技术问题；（3）讨论起诉状、上诉状或者再审申请书中涉及的主要争议焦点，逐一商议应对方案；（4）讨论庭审中可能出现的其他问题并准备应对预案；（5）确定开庭中的分工以及是否需要准备代理词，例如，可以根据实际情况，由其中一名代理人重点负责程序和法律问题（下称"第一代理人"），另一名代理人负责实体问题（以下称"第二代理人"）。

专利商标行政管理机关的领导出庭应诉的，应当参加庭前合议，听取代理人的案情汇报，了解庭审应对思路和注意事项，准备预案。

（三）视情拟定代理词

代理词主要用于在人民法院开庭审理中或者开庭后向合议庭陈述意见。代理人可以根据案件的具体情况，决定是否在开庭审理时准备并提交代理词。

对于庭审前确需拟定代理词的，代理词内容由两名代理人共同商定。根据庭审合议中确定的分工，各自起草所负责陈述部分的代理词，汇总后，根据需要提交人民法院。

撰写代理词时，应当将重点放在答辩状、上诉状或再审申请书中遗漏的内容上，对于答辩状、上诉状或再审申请书中已经全面阐述的内容可以不必重复。

（四）准备开庭所需材料

开庭前，代理人应当整理好诉讼案卷，将开庭所必需的材料装订入诉讼案卷中。对于需要质证的证据，根据实际情况准备证据原件。必要时，准备庭审中可能涉及的法律、法规及其他相关的规范性文件的复印件。

五、出庭应诉

开庭审理是人民法院审判的核心阶段，是人民法院在完成审判前的准备工作后，在人民法院或其他适宜场所设置的法庭内，对案件进行审理的过程。

（一）庭审过程

庭审通常主要包括确认出庭人员资格、法庭调查、法庭辩论、最后意见陈述、核对笔录、签字等几个步骤。

1. 确认出庭人员资格

确认当事人及出庭人员资格是法院庭审的第一阶段。通常由审判长主持，各方介绍姓名或单位名称、住所地、法定代表人及其职务、出庭人员情况及各代理人代理权限，并核实各方当事人身份。

之后，审判长宣布案由和审判人员、书记员名单，告知当事人诉讼权利义务，并询问当事人是否对审议庭组成人员提出回避申请等事项。

该阶段通常由第一代理人负责陈述。

2. 法庭调查和法庭辩论

法庭调查和法庭辩论可能分阶段进行，但针对专利、商标行政执法行政诉讼案件，这两个阶段通常合二为一，没有严格的界线。法庭调查开始时，通常先由各方简单陈述诉讼请求或答辩意见、出示证据并与对方当事人进行证据质证；之后，合议庭归纳庭审要点，并由各方围绕每个庭审要点陈述意见。

在法庭调查和法庭辩论阶段，两名代理人应当根据事先确定的分工，分别负责对涉案决定的程序、法律及实体问题陈述意见。二人应当相互配合，必要时相互补充；对于庭审中新出现的、庭审前未准备的其他问题，应当协商后作出答辩。

对于专利商标行政管理机关提起上诉或再审申请的案件，专利商标行政管理机关处于主动提出诉求的地位，在庭审中需要明确上诉或再审申请请求，并针对在前判决或裁定中存在的问题逐一反驳，必要时结合证据进行论述。

3. 最后意见陈述

最后陈述阶段由诉讼代理人作最后陈述，一般情况下坚持当庭陈述意见即可，如有必要，可以对需要补充说明的法律适用等问题再进行陈述。这一阶段通常由第一代理人负责。

4. 核对笔录及签字

庭审结束后，所有出庭人员均需要在开庭笔录上逐页签字。两名代理人需要核对开庭笔录，尤其是要仔细核对本方陈述的意见是否记录完整、准确，之后再签字确认。

（二）出庭注意事项

1. 着装

代理人开庭穿着应当庄重简洁，尽量着正装，避免穿着暴露、过于休闲。

2. 态度

庭审中应当尊重审判人员及对方、第三方出庭人员；庭审前后注意保持行政机关的中立立场，避免与对方、第三方出庭人员有过于密切的行为或者交谈；对对方出庭人员在庭审中的过激言辞要不卑不亢，态度礼貌地提醒法官注意当事人的不当行为，避免直接与对方当事人争论。

3. 表达

庭审中语言表达以沟通为目的。代理人发言要用词礼貌，发言清晰、自信，语速适中，注意根据不同问题掌握发言节奏。对于案情的描述应当客观、完整、清楚、简洁；回应对方当事人的问题时，应当客观阐述，避免使用过激言辞激怒对方。两名代理人之间要注重沟通，不要独自贸然回答，特别是对案件可能有重要影响的事实，更需要在沟通后再回答。

4. 应对合议庭提问

在专利、商标行政诉讼中，合议庭的提问一般包括两种情形：一是针对具体案件情况进行提问，二是针对法律适用问题进行提问。

合议庭对具体案件情况提问通常意味着相关内容很重要，行政裁决、处罚决定或通知书中针对该部分内容的认定可能影响到判决或裁定的结论，此时应当关注合议庭针对该部分问题的疑惑，重点解释并详细阐述行政裁决、处罚决定或通知书中的观点。

合议庭对法律适用问题所作的一般性提问可能只意味着合议庭希望了解专利商标行政管理机关的普遍做法，此时可以简洁、系统地介绍现有的规定和处理方式。对于尚存在争议、部门没有统一结论的问题，可以从不同角度阐述不同观点，切忌将个人观点作为统一观点进行回复，以避免产生不必要的误导。

5. 应对突发情况

庭审中不可避免地会遇到一些突发情况。代理人应当冷静面对，及时沟通。

（1）是否需要提出回避请求。根据《行政诉讼法》的相关规定，当事人认为审判人员与本案有利害关系或者有其他关系可能影响公正审判的，有权申请审判人员回避。

（2）对方当事人未到庭或者中途退庭。应当要求法庭明确对方仅是迟到还是无法参加。对于一审程序，如果确定原告经合法传唤未到庭，可以请求人民法院按撤诉处理。

（3）当事人资格或出庭人员身份存在问题。针对对方出庭人员，如果发现其身份资格或者授权委托书存在问题（尤其当对方当事人为境外公司，出庭人员为境外公司职员时），可请求合议庭核实当事人或者委托代理人的出庭手续是否合法有效。

（4）起诉或上诉期限超期。庭审中，如果发现对方当事人可能存在起诉或上诉期限超期的问题，可请求合议庭当庭核实立案信息。

（5）证人、专家辅助人、鉴定人等出庭作证。对于对方当事人在未告知或通知的情况下，有证人出庭作证或者邀请专家辅助人的，应当请求合议庭查核其申请程序是否合法，提请合议庭注意相关出庭人员身份是否适格；在申请程序和资格均无瑕疵的情况下，可以根据具体案情重点针对证人的证言是否与事实相符、是否存在逻辑错误，鉴定人或专家辅助人的陈述是否超出其鉴定范围或专业知识范围等问题陈述意见或发表质证意见。

（6）庭审中对方当事人突然提出新理由和要求提交新证据。对于对方当事人在庭审过程中突然提出新理由、要求提交新证据的情况，代理人一般情况下可以请求合议庭不予接受；对于在起诉状、上诉状或者再审申请书中未涉及的新的诉讼理由，如果确实无法回应，可以要求合议庭再次开庭；对于对方当事人提出的之前未提及、在庭前合议中也未准备的有关行政裁决、处罚决定或通知书中存在的瑕疵或者缺陷，代理人应当及时沟通，商量应对，如果确实没有把握回答，可以坚持决定或通知书中的内容；如果确实需要，可以向合议庭说明情况，请求庭后补交相关资料、补充意见或者提交代理词等。

六、庭后事务处理

庭审结束后，应人民法院要求或代理人认为确有必要的情况下，可以补交诉讼代理词或者证据，提交程序与答辩材料的提交相同；或者根据案件情况与人民法院进行电话沟通。

（一）补交诉讼代理词或证据

当合议庭明确要求代理人针对某些问题提交代理词时，可能意味着合议庭对某些事实的认定尚不明确，需要通过进一步的书面意见更准确地理解案情，促进心证形成。此时需要认真对待，针对所述问题，结合庭审中合议庭关注的事项，逐一详细阐述，论证行政裁决、处罚决定或通知书中对于该问题认定的合法性与合理性。

合议庭要求当事人庭后补充提交证据，通常是为了通过合议庭的依职权调取证据以突破《行政诉讼法》对被告举证期限的限制，以便于查清事实，解决原告当庭增加诉讼理由而被告对该理由没有机会提交证据的问题。对于合议庭明确要求补充提交证据的，代理人应当按时提交。

（二）收到判决书或裁定书后的事务

专利商标行政管理机关收到人民法院判决书或裁定书后，由行政诉讼处室负责登记归档，纸件原件装订入诉讼案卷中。

1. 收到一审判决书或裁定书

（1）一审判决或裁定的类型。

针对专利、商标执法行政诉讼案件，第一审人民法院经审理后，作出的判决或者裁定主要包括以下几种类型：

① 原告经合法传唤未到庭，裁定驳回起诉；

② 行政行为事实清楚，证据确凿，适用法律、法规正确，符合法定程序，判决驳回原告的诉讼请求；

③ 行政行为存在主要证据不足，适用法律、法规错误，违反法定程序，超越职权，滥用职权，明显不当等情形，判决撤销或部分撤销行政行为，责令专利商标行政管理机关重新作出行政行为；

④ 行政行为程序轻微违法，但对原告实体权利不产生影响，判决确认行政行为违法；

⑤ 行政处罚明显不当，判决变更。

（2）一审判决或裁定后的报批。

专利商标行政管理机关收到一审判决书或裁定书后，行政诉讼处室应当于收文之日起3日内商定是否提出上诉，撰写是否提出上诉分析材料，并报分管领导或主要领导审批，决定是否提起上诉。

对于决定不提起上诉的案件，如果确认原告也未提起上诉，代理人应当根据原定分工在判决或裁定生效后1个月内结案。其中，针对判决撤销或部分撤销原行政行为，并同时要求专利商标行政管理机关重新作出行政行为的案件，应当重新立案处理。

对于决定提起上诉的案件，行政诉讼处室应当按法律规定准备上诉材料。

2. 收到二审判决书或裁定书

（1）二审判决或裁定的类型。

针对专利、商标执法行政诉讼案件，二审法院经审理后，作出的判决或者裁定主要包括以下几种类型：

① 原判决、裁定认定事实清楚，适用法律、法规正确，判决或者裁定驳回上诉，维持原判决、裁定；

② 原判决、裁定认定事实错误或者适用法律、法规错误，依法改判、撤销或者变更原判决、裁定；

③ 原判决认定基本事实不清，证据不足，或者存在遗漏当事人或者违法缺席判决等严重违反法定程序的情形，裁定发回原审法院重审；

④ 原判决认定基本事实不清、证据不足的，在查清事实后直接改判。

（2）二审判决或裁定后的报批。

专利商标行政管理机关收到二审判决书或裁定书后，行政诉讼处室应当于收文之日5日内商定是否提起再审申请，撰写是否申请再审分析材料，并在收文之日起2周内报分管领导或主要领导审批，决定是否提起再审申请。

对于决定不提起再审申请的案件，如果确认对方当事人也未提起再审申请，代理人应当根据原定分工在判决或裁定生效后1个月内结案。其中，针对二审判决撤销或部分撤销原行政行为，并同时要求专利商标行政管理机关重新作出行政行为的案件，应当重新立案处理。

对于决定提起再审申请的案件，行政诉讼处室应当按法律规定准备再审申请材料。

七、结案

对于决定不提起上诉或再审申请的案件，如果确认对方当事人也未提起上诉或再审申请，代理人应当根据原定分工在判决或裁定生效后1个月内结案。

代理人在结案前，应当整理诉讼案卷，并将下列法律文书归档：

（1）应诉通知书原件、起诉状及证据材料副本；

（2）一审答辩状、证据清单及证据材料副本；

（3）一审判决书或裁定书原件；

（4）其他重要的法律文书，如上诉状、证据清单和证据材料副本、二审判决或裁定书、诉讼代理词等。

归档时案卷顺序依次为：应诉通知书、起诉状、原告提交的证据、诉讼代理人指派书、统一社会信用代码证书、法定代表人身份证明书、授权委托书、答辩状、证据清单、依照证据清单顺序的一套完整的证据副本、第三人的答辩状及证据、传票、诉讼代理词、判决书或裁定书、诉讼案件分析报批表。其余未尽文件依时间顺序排列。

退档前,代理人应当将行政诉讼工作档案表填写完整,检查诉讼案卷的完整性,符合退档要求的,退档;不符合退档要求的,应当进行整理,不能弥补的,应当在行政诉讼工作档案表的备注栏中记录。

行政诉讼结案归档后,专利商标行政管理机关应当对案件情况进行登记,并定期进行统计和分析。专利商标行政管理机关可以通过举行行政诉讼案件分析研讨会或案例交流会等形式,组织业务处室和行政诉讼处室共同就行政诉讼中反映出的问题进行讨论交流,进一步规范行政执法,提高执法能力和水平。

第三节　诉讼程序中其他事宜

1. 送达回证、宣判笔录的签署

送达回证、宣判笔录由代理人根据原定分工签收,签收后及时送达相应人民法院。

2. 诉讼用印的使用管理

需要用印的诉讼文书包括法定代表人身份证明、授权委托书、答辩状、上诉状、再审申请书、代理词以及必须以专利商标行政管理机关名义出具的公函等。

3. 诉讼费用缴纳

根据诉讼程序的进展,专利商标行政管理机关应当及时向人民法院交纳相应的诉讼费用。

需要交纳诉讼费用的,由代理人根据原定分工记录判决编号、书记员姓名以及收到日期,具体办理交费事宜,凭人民法院或者人民法院指定银行开具的收据到财务部门办理诉讼费报销手续。

对于一审败诉后专利商标行政管理机关提起上诉的案件,二审胜诉发生退费的,代理人依据二审法院的退费通知单到财务部门领取收据,再到二审法院换取支票交回财务部门。

第十四章　专利商标行政执法文书档案管理

第一节　专利商标行政执法文书概述

行政执法文书是行政执法机关根据法定的职权、依照一定程序制定的、用于行政管理和行政处罚的书面文本和格式，它是行政执法活动的书面形式。行政执法文书必须由具有行政执法职权的行政机关制定，而且符合法定的要求，具有规范的格式，任何其他机关和个人均无权制定行政执法文书。

专利、商标行政执法文书是专利商标行政管理机关按照法定的执法程序和执法内容，在行政执法过程中根据《专利法》《商标法》及其实施细则、实施条例和其他有关法规，所制作发布的反映专利、商标行政执法活动过程和每个环节内容并且具有法律效力或者有法律意义的规范性文件。

专利、商标行政执法文书是行政执法活动的真实记录，是专利商标行政管理机关档案的重要组成部分。

专利、商标行政执法文书具有以下特征：

（1）文书作者法定。专利、商标行政执法文书的作者，只能是依法具有行政执法权的专利商标行政管理机关。

（2）制作格式特定。对专利、商标行政执法文书的具体文种和格式，由专利商标行政管理机关统一制定，任何单位和个人不得随意修改。

制作执法文书应当使用 A4 纸，双面打印，纵向使用。每页顶部应当留有 25 毫米空白，左侧应当留有 25 毫米空白，右侧应当留有 25 毫米空白，底部从页码下沿至页边应当留有 20 毫米空白。

文字应当自左向右横向书写。每页 25 行。标题文字使用二号宋体加黑，正文使用三号仿宋体。字体颜色为黑色。行距采用单倍行距。

应当用阿拉伯数字顺序编写页码，页码应当置于每页下部页边的上沿，并左右居中。

执法文书应当加盖专利商标行政管理机关骑缝章。

（3）制发程序严格。执法文书按公文发文办理，专利商标行政管理机关严格按国家有关规定执行，一般包括草拟、审核、签发、复核、用印、登记、分发等程序。

（4）法律效率确定。特别是决定性外发文书，对受文对象来讲，其应承担的法律后果或应履行的义务是确定的，不允许有半点含糊不清。任何闪烁其词、模棱两可的表述，不仅会使文书的法律效力模糊，也会使当事人无法履行。

（5）法律后果明朗。专利、商标行政执法文书的后果具有明显的双面性。内容合理、形式合法的专利、商标行政执法文书，是依法行政的基本要求。内容不合理、形式不规范的专利、商标行政执法文书，往往成为办案人员不当行政甚至违法行政的证据。

第二节　专利商标行政执法文书分类

根据不同的标准，可以将专利、商标行政执法文书分为多种不同的类型。

（1）根据文书制作主体名义的不同，可以将专利、商标行政执法文书分为以个人名义制作的文书和以机关名义制作的文书。其中，以个人名义制作的文书是指以行政执法人员个人名义制作，由制作人对文书的真实性、准确性、正确性负责，如调查笔录。以机关名义制作的文书是指行政执法人员以机关的名义制作的文书，由该机关对文书的真实性、准确性和正确性承担法律责任，如行政处罚决定书等。

（2）根据制作主体级别的不同，可以将专利、商标行政执法文书分为上级机关制作的文书和基层机关制作的文书。其中，上级机关制作的文书，如行政复议决定等。基层机关制作的文书，如案件办理报批书、行政复议答辩书等。

（3）根据文书内容的不同，可以将专利、商标行政执法文书分为描述事实的文书和表达意见的文书。其中，描述事实的文书是指制作人只对看见的、了解的、掌握的事实进行客观的记录，不掺杂任何个人意思，不做任何主观评价的文书，如调查笔录、现场检查笔录等。表达意见的文书是指制作人针对事实情况依据法律法规作出处理决定的文书，如行政处罚决定书、登记保存（封存）（扣押）决定书等。

（4）根据文书外在表现形式的不同，可以将专利、商标行政执法文书分为表格类文书、填空类文书和笔录类文书。其中，表格类文书如立案审批表、送达回证等；填空类文书如当场处罚决定书等；笔录类文书如现场检查笔录、调查笔录等。

（5）根据文书使用范围的不同，可以将专利、商标行政执法文书分为内部使用的文书和外部使用的文书。内部使用的文书对外不具有法律效力，如立案审批表等。外部使用的文书是指对制作机关以外的机关、公民、法人或者其他组织适用的文书，如封存决定书、行政处罚决定书等。

（6）根据文书用途的不同，可以将专利、商标行政执法文书分为行政强制措施文书、行政处罚文书、行政执法笔录文书、行政执法函件文书和行政执法档案文书等5种。其中，行政强制措施文书包括决定采取行政强制措施的命令、决定、意见等文书，一般多在现场检查时使用。行政处罚文书是作出行政处罚决定的文书，只限于实施行政处罚时使用。行政执法笔录文书主要是行政执法人员实施现场检查、调查取证、核实情况或者申请行政复议时所使用的书面笔录。行政执法函件文书是指传递行政执法的告知、移送、建议、回执等信息的文书。行政执法档案文书是行政执法立卷建档所需要的文书。

（7）根据办案需要的不同，可以将专利、商标行政执法文书分为必用类文书和择用类文书两大类。

其中，立案的必用类文书共 11 种：①行政执法案卷封面；②卷内文件目录；③现场检查笔录；④立案审批表；⑤调查笔录；⑥通知书；⑦案件审理记录；⑧行政处罚告知书；⑨行政处罚决定书；⑩送达回证；⑪结案报告。

当场处罚案件的必用文书共 5 种：①行政执法案卷封面；②卷内文件目录；③现场检查笔录；④当场处罚决定书；⑤结案报告。

其余各种文书均为择用类文书，根据实际情况选择使用。

第三节　专利商标行政执法文书入档编排规则

一、专利、商标执法案件档案

专利、商标行政执法案件档案是行政执法工作中直接形成的，具有查证、考究利用价值的，应当保存的文字、图表、声像等不同形式的原始历史记录。

归档的专利、商标行政执法案件材料必须完整、准确，保证相互关联，全面客观地反映专利、商标行政执法工作的全过程。

1. 专利、商标执法案件档案立卷的原则

专利、商标执法案件档案立卷应遵循以下原则：

（1）真实原则，即收集的内容应当是执法过程中产生的原始文件。

（2）独立原则，即每一个案件应当建立一份独立的案卷。

2. 专利、商标行政执法案件文件材料形式要求

专利、商标行政执法案件文件材料必须用 A4 规格纸张，或折叠为 A4 规格大小。文字应当是打字、印刷，或用签字笔或钢笔（用碳素或蓝黑墨水）书写、签发，字迹工整、签字手续完备。图片、图纸、照片应当保证图像清晰，并折叠为 A4 规格大小或粘贴于 A4 纸张上。

专利、商标行政执法案件档案的案卷包括案卷夹、卷宗封面、卷内目录、案卷夹内的各种文件。

3. 专利、商标行政执法案件文件材料收集份数

归档的专利、商标行政执法文件材料，一般只保存一份（有领导批示的除

外），重份的材料应当剔除。多余的调解书、处理决定书、撤销案件通知书，为备日后查考，可以保留三份夹在已装订好的卷内。

4. 不予归档的文件材料

下列专利行政执法文件材料可以不归档，由承办人员自行处理：

（1）没有参考价值的信封、转办单、工作材料；

（2）内容相同的重份材料；

（3）与本案无关的材料。

二、专利、商标行政执法文件材料编排

专利、商标行政执法文件材料的排列顺序，应当按照行政执法程序的客观进程所形成文件材料时间的自然顺序，兼顾文件之间的相互联系进行排列，具体编排次序如下。

1. 专利、商标侵权纠纷案件行政裁决文书入档编排次序

（1）卷宗封面；

（2）卷内目录；

（3）行政裁决书或结案通知书；

（4）立案审批表；

（5）请求书、请求人身份证明材料、委托代理材料及证据材料；

（6）案件受理通知书、合议组成员告知书、举证通知书；

（7）答辩通知书、合议组成员告知书、举证通知书；

（8）答辩状、被请求人身份证明材料、委托代理材料及证据材料；

（9）专利商标行政管理部门调查取证材料；

（10）口审通知书、口审公告、口审笔录；

（11）合议笔录；

（12）撤回处理请求书、调解协议（撤回处理请求或达成调解的）；

（13）结案审批表；

（14）送达回执。

2. 专利、商标违法行为行政处罚案件文书入档编排次序

（1）卷宗封面；

（2）卷内目录；

（3）处罚决定书或责令改正通知书；

（4）举报、投诉书，或市场检查材料；

（5）立案审批表；

（6）调查笔录；

（7）违法嫌疑人身份资料，包括企业营业执照副本复印件、法定代表人身份

证明、居民身份证复印件；

（8）违法嫌疑人委托代理资料；

（9）违法事实证据材料；

（10）违法嫌疑人陈述、申辩材料及相关证据；

（11）处罚前告知书；

（12）听证通知书（有听证的）；

（13）听证笔录（有听证的）；

（14）结案审批表；

（15）送达回执。

3. 专利、商标行政调解案件文书入档编排次序

（1）卷宗封面；

（2）卷内目录；

（3）调解协议书或者撤案通知书；

（4）调解请求书，请求人身份证明材料，委托代理材料及证据材料；

（5）被请求人意见陈述书，被请求人身份证明材料，委托代理材料及证据材料；

（6）案件受理通知书；

（7）调解通知书；

（8）调解笔录；

（9）送达回执。

4. 专利、商标案件行政诉讼文书入档编排次序

（1）卷宗封面；

（2）卷内目录；

（3）行政诉讼应诉通知书、行政诉状副本；或者行政上诉状、法定代表人证明、委托代理书、代理人身份证明；

（4）答辩书及相关证据材料；或者被上诉人答辩书及证据材料；

（5）意见陈述书或代理词；

（6）判决书、裁定书；

（7）送达回执。

5. 专利、商标案件行政复议文书入档编排次序

（1）卷宗封面；

（2）卷内目录；

（3）行政复议申请书或口头申请笔录及证据材料；

（4）受理通知书，立案审批表，答复通知书；

（5）被复议人意见陈述或答复材料及证据、依据和其他材料；

（6）第三人意见陈述及证据材料；

（7）复议决定书或调解协议书，结案审批表；

（8）送达回执。

第四节　专利商标行政执法文书归档与管理

专利、商标行政执法文书归档与管理涉及归档的程序、要求、期限、保障等内容。

（1）专利商标行政管理机关应当将行政执法活动中形成的全部档案作为机关档案的一部分集中交由档案部门，按照档案管理要求统一管理，任何个人和部门不得据为己有或者拒绝归档。

（2）专利商标行政管理机关受理案件后，承办人员应当立即收集、整理该案件的行政执法文书。案件办结后，归档的行政执法文书材料应当真实、准确、法律手续完备。

案件材料实行档案管理人员（书记员可以兼任）立卷制度，做到谁承办，谁立卷，案结卷成。

案件承办人员在结案后15日内，应当认真检查案件的全部材料是否收集齐全，若发现文件材料不齐备的，应当及时补齐或补救，并去掉与本案无关的材料，再行排列整理。

（3）专利商标行政管理机关在行政执法活动中形成的下列文书材料应当归档：

① 行政处罚。包括立案审批材料、询问材料、其他证据材料、行政处罚告知书、陈述材料、听证材料、处罚决定书、送达回证、执行凭证、结案文书等。

② 行政强制。包括采取行政强制措施的批准文件、现场笔录、查封（扣押）或解除查封（扣押）清单、督促催告的书面材料、当事人陈述申辩记录、行政强制决定书、代为履行材料、申请法院强制执行材料、法院裁定等。

③ 行政检查。跟踪监督检查和日常监督检查情况所形成的材料，包括现场勘查（书面检查）记录、询问笔录、检查结论、现场采取的措施等。

④ 其他行政执法活动。复核、鉴定性材料，当事人申请及提供的材料，其他有关证据材料，行政执法机关的审查意见。

⑤ 档案行政管理部门规定的其他材料。

（4）行政执法文书应当组成案卷，一般应当一案一卷。材料页号超过200页的，也可以一案数卷。涉及国家机密、商业秘密、个人隐私的案件，可以一案二卷，即正卷和副卷。行政执法文书档案应当采用软卷皮装订。

（5）卷内行政执法文书材料，一般应当保存原件。重份的文书材料应当剔除。照片应当写好文字说明，随纸质文件一起立卷。

（6）行政执法文书档案的卷内材料应当按照排列顺序，采用阿拉伯数字逐页编号。凡有文字的页面都应当编号，页码的位置正面在右下角，背面在左下角。

一本案卷编一个流水页号。案卷封面、卷内文件目录、卷内备考表、封底不编页码。

（7）卷内目录应当按文件材料排列顺序逐件填写。一份文件材料编一个顺序号。立卷时根据案件性质选用相应的编排顺序，并在目录的相应"材料名称"之后填上所在页次。属卷内目录所列范围之外的应当归档材料，放在"其他"栏填写或归入"附书证"栏中。

（8）案卷装订前，应当对文件材料进行全面检查，材料不完整的应当补齐，破损或褪色的应当修补、复制。订口过窄或有字迹的应当粘贴衬纸。纸张过大的材料应当修剪折叠。加边、加衬、折叠均以 A4 规格纸张为准。对字迹难以辨认的材料，应当附上抄件。需要附卷保存的信封，应当打开展平加贴衬纸，邮票不得取掉。文件材料上的金属物应当剔除干净。卷宗的装订必须牢固、整齐、美观、不丢页、不压字、不损坏文件，不妨碍阅读，便于保管和利用。

（9）案卷封面所列的各个项目，应当用耐久性字迹逐项填写齐全，书写要工整。

封面的第一行，填写行政执法单位的全称；"自×××年 ××月至××××年××月"栏，填写立案日期和结案日期；"归档号"栏，填写行政执法单位给本卷宗归档时的保管序号。

（10）案卷归档前由案件主要负责人检查质量，符合规定要求的，应当签字确认。不符合规定要求的，应当重新整理。

（11）案卷检查合格后，应当在案卷卷皮上端的空白处加盖归档章。案卷归档后，如果该案卷仍有需要归入案卷的材料，应在备考表中注明。

（12）归档的照片、影片、录音带、录像带、磁带、磁盘、光盘等载体的档案管理，应当按照国家有关规定执行，并与同一案件的案卷互设参见号。

归档的证物，凡是能够附卷保存的，应当装入案卷或者证物袋。装入证物袋的，应当在证物袋上写明名称、数量、特征、来源。

（13）专利、商标行政执法的文件材料，按年度、一案一号的原则，单独立卷。每个案件从立案到结案所形成的法律文书、公文、函电等一律使用立案时编定的案号。

独立成册的书证材料，应当与案卷材料一起组卷，作为案卷的附件编号。

（14）案卷采用左侧三孔一线方法装订，以底边和翻口取齐。每卷的厚度以不超过 20 毫米为宜。材料过多的，应当按顺序分册装订。

（15）案件自立案之日 6 个月内由案件承办人员向案件档案管理员移交。

案件档案管理员应当逐卷清点，检查案卷质量，对不符合规定要求的案卷应当及时地采取措施予以补救。案件档案管理员确认移交案卷符合要求后，交接双方要在案卷移交清单上签字。

所有在行政执法过程中形成的行政执法文书档案均应归入本部门档案管理机构统一保管。

（16）重大行政执法活动及适用一般程序的行政裁决、行政处罚案卷保管期为永久，适用简易程序的行政执法案卷保管期为定期。

（17）专利商标行政管理机关内部需要调阅行政执法案卷的，应当履行审批手续。外单位或个人查阅行政执法案卷的，应当按照《中华人民共和国档案法》及有关规定执行。

（18）建立专利、商标行政执法案卷评查制度，将行政执法档案管理纳入依法行政评议考核指标体系。

对在行政执法档案收集、整理、保护等方面成绩显著的单位或者个人，档案行政管理部门或者行政执法单位应当给予表彰和奖励。对未按照规定归档、不按期移交或者接收档案的；擅自涂改档案内容或者伪造档案材料的；档案保管不善造成档案损失的；损毁或者擅自销毁档案的单位和人员给予严肃处理。